suhrkamp taschenbuch 5119

Eine Stadt ist in Aufruhr. Drei Kinder sind verschwunden. Die erfolglosen Ermittlungen befeuern die Gerüchte. Verdächtigungen und Schuldzuweisungen greifen um sich. Gehetzt wird gegen die »Katzenfresser«, die Zigeuner. Im Radio und im Internet lodert die Sprache des Hasses. Als Alicja Tabor in die Stadt ihrer Kindheit zurückkehrt, um als Journalistin Nachforschungen über die rätselhaften Entführungen anzustellen, ereignen sich unerklärliche Dinge, die Atmosphäre ist unheimlich. Joanna Bator schildert, wie Stimmungen kippen können, wie latente Ängste und Traumata sich in jähe Ausbrüche von Wahnsinn verwandeln. Ein Roman über die Brüchigkeit einer Gesellschaft, die ihre gemeinsame Sprache verloren hat.

Joanna Bator, 1968 geboren, gilt als eine der wichtigsten neuen Stimmen der europäischen Literatur. Ihr Roman *Sandberg* war ein literarisches Ereignis. Joanna Bator wurde mit mehreren Preisen ausgezeichnet, u. a. mit dem Internationalen Hermann-Hesse-Preis (2018), dem Usedomer Literaturpreis (2017), dem Internationalen Stefan-Heym-Preis der Stadt Chemnitz (2016). Für *Dunkel, fast Nacht* erhielt sie den NIKE-Literaturpreis, die bedeutendste literarische Auszeichnung Polens.

Joanna Bator

Dunkel, fast Nacht

Roman

Aus dem Polnischen von
Lisa Palmes

Suhrkamp

Die Originalausgabe erschien 2012 unter dem Titel
Ciemno, prawie noc
bei der Verlagsgruppe Foksal in Warschau.

Abweichungen der vorliegenden Übersetzung
von der Originalausgabe wurden mit der Autorin abgestimmt.

Die Übersetzerin dankt dem Freundeskreis Literaturübersetzer
und dem Europäischen Übersetzerkollegium Straelen
für die Unterstützung ihrer Arbeit.

Erste Auflage 2021
suhrkamp taschenbuch 5119

Umschlagabbildung: Maia Flore/Vu/laif
Umschlaggestaltung: Hermann Michels und Regina Göllner
Druck und Bindung: CPI books GmbH, Leck
Printed in Germany
ISBN 978-3-518-47119-7

Dunkel, fast Nacht

Gott steckt in den Details, aber der Teufel ist überall.
Carlos Ruiz Zafón

Der Weg zurück

Ich folgte den Spuren, die ich vor Jahren hinterlassen hatte, verwundert, wie mühelos meine Füße hineinfanden. Erst nach dem Umsteigen in Wrocław kam mir zu Bewusstsein, dass ich in die Stadt meiner Kindheit unterwegs war. Auf dieser Strecke gibt es keine Eilzüge mehr, Wałbrzych entfernt sich zunehmend vom großstädtischen Wrocław und dem Rest der Welt. Ich setzte mich auf einen Fensterplatz in einem alten Doppelstockwagen und tastete immer wieder nach dem Schlüssel, der durch das Leder meines Portemonnaies Wärme auszustrahlen schien.

Nach Vaters Beerdigung hatte ich den Schlüssel in einen billigen Geldbeutel aus dem Indienladen gesteckt und ihn fünfzehn Jahre lang mit mir herumgetragen. Ich musste ihn immer bei mir haben und gewöhnte mir an, bei jeder Gelegenheit nachzuprüfen, ob er noch da war, ein harter länglicher Gegenstand, wie ein Tier- oder Kinderknochen. Mit diesem Schlüssel hatte ich die Tür des Hauses, das auf Schloss Fürstenstein blickt, hinter mir abgeschlossen und die Stadt verlassen. Und bis vor kurzem gab es in Wałbrzych nichts, was mich zu einer Rückkehr oder auch nur einem Abstecher hierher hätte verlocken können. Um das Haus kümmerte sich Albert Kukułka, unser Nachbar, Freund meines Vaters, ein trauriger einsamer Mann mit Fliegermütze, der nur lächelte, wenn er Geige spielte. Als ich Kind war, hat er als Gärtner im Wałbrzycher Botanischen Garten gearbeitet, ich besuchte ihn in seinen tropischen Gewächshäusern, und er zeigte mir Bananenstauden, Euphorbien, bis unter das gläserne Dach wuchernde Araukarien, fleischfressenden Sonnentau und Leuchtmoos. Er hob mich hoch zum saftigen Grün der Bäume, sodass ich mein eigenes verkleinertes

Spiegelbild in den Wassertropfen auf den Blättern erkennen konnte. Wie gebannt wiederholte ich die Namen, die er mir vorsprach: Araukarie, Zantedeschie, Euphorbie. Seit ich nach Vaters Tod aus Wałbrzych weggegangen war, schickte ich Herrn Albert Geld, auch wenn er es nicht annehmen wollte, ab und zu mähte er den Rasen und lüftete die Zimmer, bis auf das größte Zimmer im Erdgeschoss, das auf meinen Wunsch geschlossen blieb. In diesem Zimmer hatte Vater seine letzten Jahre verbracht, hier lagerten noch zahllose Karten von unterirdischen Gängen unter Schloss Fürstenstein und Listen mit Dingen, die er sich von dem Schatz kaufen wollte, den er jedoch nie entdeckt hat. Auf dem mächtigen Schreibtisch aus deutscher Eiche stand eine Fotografie: Vater, Mutter und wir beiden Töchter vor dem berühmten Gebäude, in einen Sommernachmittag vor fast vierzig Jahren gegossen wie Fliegen in Bernstein. Geblieben waren nur ich und das Schloss. Ich wollte nicht, dass Herr Albert sich mit der Traurigkeit ansteckte, die in den Ecken des Zimmers lagerte wie Ektoplasma. Ektoplasma. Die Substanz, aus der Geister gemacht sind, wie meine Schwester Ewa immer sagte. »Und woraus ist Ektoplasma gemacht?«, fragte ich. »Aus Kohlenstaub und Tränen!« Herr Albert hatte auch mit Geistern zu tun, er pflegte das Grab meiner Verwandten, was er sicher auch ohne meine Bitte getan hätte, aber dass ich ihn darum gebeten hatte, linderte meine Schuldgefühle. Fünfzehn Jahre lang war ich nicht nach Wałbrzych gekommen, in Gedanken aber jeden Tag zurückgekehrt, in allen anderen Städten habe ich nur diese eine gesucht, und Herrn Alberts künstliche Tropen im Palmenhaus ließen mich die echten Tropen nur als billigen Ersatz für etwas unwiederbringlich Verlorenes empfinden.

Am Fenster des Zuges zogen Bilder vorbei, die mir bekannt vorkamen wie ferne Traumbilder. In der Dunkelheit hinter der Scheibe formten Licht und Nebel geisterhafte Reisende, zerfloss und versickerte die Stadt, als wären Bewegung und Leben nur eine Insel in einem Meer von Schatten und Leere. Neue Siedlungen und Einkaufszentren machten kahlen, von Schleh- und Weißdornhecken durchschnittenen Feldern Platz, auf den Bäumen am Straßenrand lauerten Raubvögel beharrlich auf allzu leichtfertige Katzen oder Füchse. Bald zeichnete sich in weiter Ferne der Berg Ślęża ab, unten an seinem Fuß gingen in den hingestreuten Häusern nach und nach die Lichter an, flackernd wie Kerzenflammen. Der Zug kroch voran, die Kleider der dicht gedrängten Menschen dampften, und Essensgeruch stieg auf, Plastikbeutel raschelten, Zungen schnalzten.

»Und ich hab meine Barbie im Backofen verbrannt«, sagte auf einmal eine helle Kinderstimme, doch niemand schenkte ihr Beachtung.

Armut klingt überall gleich, und einer ihrer Laute ist das Geschlürf und Geschmatz, wenn Essensreste aus löchrigen Zähnen und schlecht angepassten Kronen herausgesaugt werden. Neben mir knüllte ein Mann in dickem Wollpullover sein Butterbrotpapier zusammen, schmatzte aufdringlich und musterte mich unter buschigen Brauen, seine Augen waren hart wie Chitinpanzer. Ich fühlte mich wie früher als Studentin, wenn ich, was selten vorkam, freitags nach dem Seminar nach Wałbrzych fuhr. Damals änderte ich ständig meine Haarfarbe und erkannte manchmal mein eigenes Spiegelbild nicht, das mir in der Zugtoilette vorwurfsvoll entgegenstarrte. Meine Schwester sagte immer, meine Haare seien kamelfarben. Sie nannte mich »Kamelin«, und ich habe schon damals geahnt, dass dies das schönste Wort war, das sich für mein durchschnittliches Äußeres finden ließ, fühlte ich mich doch selbst mit schwarzen, blondierten oder roten Haaren unscheinbar und farblos. Im Zug nach Wałbrzych fragte ich mich jedes Mal, ob Vater zu Hause umständlich einen Teller Käsebrote zubereiten und eine Kanne georgischen Tee aufsetzen würde, damit wir uns für eine Weile der Illusion eines normalen Familienlebens hingeben konnten. Doch meistens war Vater nicht da, oder er hatte sich voller Verzweiflung in seinem Zimmer vergraben und streckte nur kurz den Kopf heraus, um mit trauriger Verwunderung »Alicja?« zu fragen, als gelte seine freudige Erwartung einer anderen Tochter. Ich antwortete »Papa?«, und vielleicht hörte auch er Enttäuschung in meiner Stimme.

Auf halbem Weg begann die Landschaft plötzlich Wellen zu werfen wie windgepeitschtes Wasser. Regen setzte ein, das Grau vor dem Fenster verdichtete sich zu einer wabernden Masse. Wir hatten eine Gegend erreicht, in der die Nächte schwärzer sind, der Winter schon im November hereinbricht und sich auch dann noch beharrlich hält, wenn andernorts längst die Krokusse und Forsythien blühen. Mit gegenüber saß eine stille Studentin, die ein Heft auf den Knien liegen hatte, neben ihr eine ältere Frau mit einer Miene, als stiege ihr ein unangenehmer Geruch in die Nase und als sei sie sich nicht sicher, ob er von uns ausging oder von ihr selbst. Auf dem Boden zwischen ihren Beinen klemmte eine große karierte Plastiktasche, die zwischen ihren Schenkeln herausstand, als hätte sie sie soeben zur Welt gebracht. Die Schenkel steckten in hautengen, glänzenden Leggings mit Zebramuster, und ihre Besitzerin hielt den Blick auf eine Illustrierte geheftet, von deren Titelbild uns ein blondes Schlagersternchen künstliche Brüste entgegenreckte, rund wie unter die Haut gestopfte Wassermelonenhälften. »Schock! Was soll sie jetzt tun?«, las ich die Schlagzeile. Meine Nachbarin leckte sich den Zeigefinger an und blätterte endlich weiter, ein Spuckefaden glänzte zwischen ihrem Mund und dem abblätternden rosa Nagellack. Sie saugte, schmatzte. Wie aus der Tiefe eines Wałbrzycher Stollens entfuhr ihr ein dumpfes »Ogottogottogott«. Auf der nächsten Seite wölbten sich die Lippen des Sternchens wie zwei pralle Gummireifen kurz vor dem Platzen, was zweifellos den ganzen Waggon mit einer klebrigen Masse überschwemmt hätte. Ohne den Blick von ihrem Heft zu lösen, holte die stille Studentin ein Döschen aus der Hosentasche und verkleisterte sich die Lippen mit künstlicher Himbeer-Glanzcreme. »Ogottogottogott«, seufzte die Frau in Leggings noch einmal und sah mich so starr an, als hätte sie jemanden in mir erkannt. Sie hatte Zebrabeine, aber die Augen gehörten einer Ziege.

»Früher da war ja alles wie SantorEleni wie Boney M war alles besser lebte man wie man lebte diese Jahre bringt uns keiner zurück.«

Ich schwieg, doch die Zebraziege ließ sich nicht beirren und nahm Fahrt auf:

»Boney M in Sopot SantorEleni Lebensmittel ohne Gene eingelegte Gurken Heringe lustig geht's in die Sommerfrische in die grünen grünen Wälder Gurken ohne Gene SantorEleni der ganze Bus am Singen Kinder ins Sommerlager an die polnische See oder in die polnischen Berge Lachen beim Schlangestehen für Fleisch für Knochen über GierekGomułka man lebte man wollte träumte und jetzt Beine in den Bauch Martermeinemarter.« Die Zebraziege begutachtete mich, als suchte sie beim Fleischer Suppenknochen aus. »Sie sehen auch blass aus müde.«

Das sollte offenbar eine Frage sein, und ich nickte, um jedes Gespräch im Keim zu ersticken.

»Sehen Sie selbst!«, freute sie sich und wurde lebhaft. »Müde! Gepeinigt! Mehr tot als lebendig! Sie wollen uns zugrunde richten. Das ganze polnische Volk peinigen. Oder die Haare.« Sie tippte mit dem Finger auf die künstlichen Haare der Sängerin.

»Die Haare?«, wiederholte ich erstaunt.

»Früher hielt eine Dauerwelle ein Jahr die Farbe wusch sich nicht aus«, erklärte Zebraziege und fuhr ohne Punkt und Komma fort. »Ei-Shampoo wie Goggelmoggel dass man Goggelmoggel wollte was Süßes mit Kakao Eigelb auf die Haare mit einem Tuch umwickeln einwirken lassen rumlaufen wie Mama mit Regenhaube für den Krebs Martermeinemarter und Regenhaube in die Waschwanne Bauchspeicheldrüse ganz zerfressen Regenhaube Regenhaut. Regenhaut?«, wiederholte Zebraziege, anscheinend erstaunt über den Klang dieses Wortes, sie schmatzte, zuckte die Achseln und kehrte zu ihrem Artikel zurück.

Die stille Studentin machte ihre glänzenden Lippen auf und zu wie ein Fisch, in ihrem Heft war der Querschnitt eines Fisches mit lateinischen Benennungen eingezeichnet. Der Mann im Schafwollpullover ächzte schwer. Das Stimmengewirr im Waggon nahm zu, nach der kräftigenden Mahlzeit hatten alle wieder Lust auf ein Gespräch. Der Zug beschleunigte ein wenig, es roch nach Alkohol.

»Ein schrecklicher Tod, so tief in die Erde gerammt«, sagte jemand hinter mir.

»Nur Blut, nichts als Fetzen«, fiel eine fistelnde Greisenstimme ein, und da ruckte der Zug und bremste so heftig, dass Gepäckstücke von der Ablage rutschten, ein Kind quiekte, die Zebraziege ächzte abgrundtief »Ogottogottogott« und stopfte die Zeitschrift in ihre karierte Tasche, als wollte sie aufstehen und gehen, zurück in die ersehnten alten Zeiten.

Ein großer Mann in dunklem Mantel durchquerte den Waggon, rempelte mich an, und statt sich zu entschuldigen, verschwand er durch die Schiebetür. An seinem Ohr zerrte ein runder Holzring das Ohrläppchen so weit auseinander, dass es ein saugendes schwarzes Loch umrahmte. Das Licht im Waggon flackerte und erlosch, uns umgab stockdunkle Nacht.

»Kellerkatzen«, sagte jemand, »Kellerkatzen gehören vergiftet.«

Etwas schlug laut auf dem Dach des Waggons auf, und mich durchfuhr eine irrationale Angst, die Erinnerung an stickige, beklemmende Finsternis.

Als der Zug Wałbrzych erreichte, war ich völlig erschöpft. Eine Zeitlang stand ich einfach auf dem verlassenen Bahnsteig herum, über den ein eisiger Regen peitschte, und atmete den Geruch von Kohlenstaub ein. Ich sah den Menschen nach, die schnell in der Unterführung verschwanden, und mich ergriff ein so heftiges Gefühl der Einsamkeit, dass ich mich zwang, zum Bahnhofsgebäude hinüberzugehen. Drinnen war keine Menschenseele. An die Wand hatte jemand KSGórnik Loser/KSGórnik Kings gesprüht, vielleicht sollten sich die Ankömmlinge, bevor sie die Stadt betraten, selbst aussuchen, in welche Richtung sich ihr Leben entwickelte. Draußen kauerte ein Obdachloser oder Alkoholiker an der Wand des Gebäudes, ein Häufchen Elend, dachte ich, und überströmt von einer plötzlichen Traurigkeit, klammerte ich mich an diese leeren Worte wie an einen Rettungsanker. Ich hatte keine Kraft, hinzugehen und den Mann zu fragen, ob er Hilfe brauchte. Der Regen prasselte mit solcher Heftigkeit herab, dass alles unwirklich schien, eine menschenleere Filmkulisse. Der Umriss eines mächtigen Gebäudes mit einem Giebeltürmchen und bogenförmig bekrönten Fenstern, das früher eine Fabrik für Abziehbilder gewesen war, zeichnete sich dunkel gegen den stahlgrauen Himmel ab. Als die Fabrik noch in Betrieb war, hatte die Luft in der Gegend chemisch-süßlich gerochen, und so rochen auch die angefeuchteten Bildchen, mit denen meine Schwester die Türen unseres Hauses verzierte. Die Veilchen und Maiglöckchen, durchscheinend und zart wie feine Häutchen, Ewas ins Wasser getauchte Hände. Ich war überrascht von der Wucht dieses Bildes, das vor meinem inneren Auge erschien, ein Geist aus Kohlenstaub und Tränen.

Am Taxistand vor dem Bahnhof stand ein einziger Wagen, ein schrottreifer Lada, und als ich einstieg und meine Adresse nannte, blickte der Fahrer mich über die Schulter vorwurfsvoll an. Vielleicht wäre er lieber woandershin gefahren. Er hatte das teigige Gesicht eines Menschen, der sich nach scharf Gebratenem die halbe Nacht mit Sodbrennen herumwälzt und um vier Uhr morgens bei dicht zugezogenen Vorhängen in einem Zimmer mit verstaubten Möbeln eine Zigarette raucht. »Fester!«, fuhr er mich an, und ich knallte die Tür noch einmal zu.

Die am Rückspiegel aufgehängte Muttergottesfigur erzitterte, als er den Motor anließ. In dem Haus, zu dem ich nun fuhr, gab es nur ein einziges Marienbild, eine Postkarte mit der Schmerzensmutter aus der gleichnamigen Wałbrzycher Kirche, und obwohl wir nie in die Messe oder zum Religionsunterricht gingen, dachte Ewa sich gereimte Gebete aus und brachte sie mir am Abend bei. Sie richteten sich alle an die Schmerzensmutter, die Patronin unserer Stadt. Wir knieten uns hin, und meine Schwester sagte: »Sprich mir nach, Kamelin: Gottesmutter Gluckenputte hat zwei Flügelein o behüt uns unter Flügeln unter Federn dein.« Und was kam dann?

»Vollidiot! Haben Sie diesen Vollidioten gesehen?« Der Taxifahrer ärgerte sich über das Hupen eines anderen Fahrers. »Deinen Arsch kannst du anhupen, Vollidiot, deinen eigenen Arsch! Deinen Arsch!«, bekräftigte er zufrieden, rülpste und fühlte sich danach offenbar besser, denn er verstummte.

Sein mehlsuppenfahles Gesicht war rot angelaufen. Unsere Blicke trafen sich im Rückspiegel.

»Sie haben wohl einen langen Weg hinter sich? Geht's heim zur Familie?«

Ich nickte wortlos.

»Trautes Heim, Glück allein!« Der Taxifahrer lachte, als stammte dieses Sprichwort von ihm persönlich.

Ich musste an die wenigen Fotos denken, die von meiner Familie geblieben waren, besonders glücklich sahen wir nicht aus. Die Luft in dem alten Lada war stickig von Zigarettenrauch und Schweiß, die sich in die Schondecken über den Sitzbezügen gefressen hatten. Ich habe schon viele Wohnungen gesehen, in denen hässliche, klobige und überflüssige Dinge auf diese Weise vor Abnutzung geschützt werden sollten, und all diese Überwürfe, Deckchen, Wachstücher und zu Parkettschonern umgearbeiteten alten Teppichstücke weckten Mitleid und die Furcht in mir, ein einziger falscher Schritt könnte reichen, und mein Leben würde auch so aussehen, ein verschwendetes Leben, beschwert von unansehnlichen Gegenständen und fehlgeleiteter Sorge.

Ich betrachtete die schlafende Stadt, und jede unverändert gebliebene Stelle weckte in mir zugleich Abneigung und jene Genugtuung, die sich einstellt, wenn man nach Jahren die Landschaft seiner unglücklichen Kindheit wiederentdeckt: das Kino Apollo mit abblätternder waldbeerenblauer Fassade, die Konditorei Oleńka mit ihrem unvergänglichen Angebot an Fettgebäck und Festtagstorten, die alten Romahäuser in der Pocztowa-Straße, die sich mit letzter Kraft aufrecht hielten. Die Muttergottes am Rückspiegel hypnotisierte mich mit ihrem gleichmäßigen Schaukeln, ihr Gesicht auf dem goldgerahmten Kitschbildchen war gelb, die Augen standen seltsam schräg: eine japanische Muttergottes aus Wałbrzych, Patronin der magenkranken Taxifahrer auf Nachtschicht. Neben ihr hing noch etwas, ein Stück Holz oder Knochen mit weiß-roter Schleife. Der Fahrer fing meinen Blick im Rückspiegel auf.

»Glauben Sie an Wunder?«

»Nein.«

»Ha!«, freute er sich, als hätte ich die richtige Antwort gegeben. »Ich auch nicht. Aber Wunder geschehen tatsächlich, wissen Sie. Es reicht, wenn man daran glaubt.«

»An was?«

»An das, woran man eben glauben soll. An eine höhere Macht, die alles lenkt und uns Polen Zeichen gibt. Wie diese Oblate, die sich in Fleisch verwandelt hat, vor ein paar Jahren in Sokółka. Haben Sie davon gehört?«

»Ja, habe ich.«

»Dann erzähl ich's Ihnen. Ich war auf einem Ausflug dort, wissen Sie, in der Kirche konnte man sich eintragen, Busse, Proviant, Mittagessen, alles mit drin. Der Priester hatte bei der Messe die Oblate fallen lassen, und es ist so Brauch, dass er sie in den Kelch ins Wasser werfen muss, wenn er sie fallen lässt. Und nach einer Woche sehen sie nach, und da ist alles rot, das Wasser hat sich in Blut verwandelt. Blut, verstehen Sie, und darin schwimmt ein Klumpen.«

»Ein Klumpen?«

»Warten Sie! Das Blut haben sie auf ein weißes Tuch gegossen, und da stellt sich heraus, es ist kein Klumpen, sondern ein richtiges Stück Fleisch. Sie haben es auf DNS und Blutgruppe testen lassen, und wissen Sie, was dabei rauskam?«

»Was denn?«

»Dass es ein Stück vom Herzen Christi war!«

»Das ist wirklich ein Wunder«, stimmte ich zu, doch den Taxifahrer interessierte meine Meinung nicht.

»Ein Wunder!«, wiederholte er. »Ich hatte zum Beispiel Magenprobleme, egal, was ich aß, Schmerzen, Rennerei ohne Ende, als ob mein Inneres sich, Verzeihung, nach außen stülpen wollte. Ich bin in Wałbrzych zum Arzt, nach Wrocław, zum Professor, Medikamente, alle möglichen Diäten so ein Schnickschnack nur Möhren sollt ich essen wie ein Karnickel alles verseucht Bier Wodka machen sie jetzt aus Pulver statt aus Hopfen oder Gerste schütten sie Pulver rein gehn Sie mal in 'ne Brennerei dann sehn Sie selbst mein Schwager arbeitet da der sagt Pulver schütten sie da rein so sieht's aus in unserm Land wie soll da einer gesund sein sagen Sie selbst dann bin ich zur Praxis und die gleich aufschneiden ich also weiter nach Wrocław zum Professor aufschneiden da weiß man ja was das heißt nicht wahr aufschneiden das sagt sich so leicht will jeder immer gleich aber hinterher tragen sie dich mit den Füßen voran da raus ich also zum Chefarzt und zum Chefarzt gehst du nicht mit leeren Händen ich sag Herr Doktor wenn's ohne Schneiden geht und er nimmt den Umschlag guckt rein sagt ums Schneiden kommen wir nicht drumrum undichdaraufherrdoktor.«

Ich schaltete ab. Mich von allem ringsum abzukapseln hatte ich schon als Kind gelernt, und diese Technik wandte ich auch heute noch häufig an, wobei ich mich immer auf meine Fähigkeit verlassen konnte, den Faden genau dann wieder aufzunehmen, wenn es darauf ankam. Wir fuhren links an Piaskowa Góra vorbei, einer Plattenbausiedlung, über die Vater immer die Nase gerümpft hatte, doch mit Ewa bin ich dort mal in einer italienischen Eisdiele gewesen, der ersten in der Stadt. Wir kauften uns ein Eis für beide, denn für zwei fehlte uns das Geld, wir gingen spazieren und bewunderten unser Spiegelbild in den Schaufensterscheiben. »Stell dir vor, wir wären in Paris, Kamelin, auf einem Boulevard an der Seine, auf den Champs-Élysées!« Ich erinnerte mich an den süßen Vanillegeschmack und wie eifersüchtig und stolz ich war, dass meine schöne Schwester alle Blicke auf sich zog. Dem Taxifahrer wollte ich meine Erinnerungen nicht preisgeben, aber wenn ich in meinem altgedienten Toyota unterwegs gewesen wäre, den mir in Warschau kurz vor der Abreise eine Straßenbande demoliert hatte, hätte ich jetzt einen Abstecher zu der Eisdiele gemacht.

»Betrüger!« Das Gebrüll des Fahrers riss mich aus meinen Gedanken. »Von außen wie echt aber die echten das weiß nur er wo die zu finden sind verstehen Sie und das ist der auf den wir seit langem gewartet haben ein Mensch ein großer Mann ein aufrechter ich habe es mir gekauft und mir nachts auf den Magen gelegt dazu Leinsamen Leinsamen abgebrüht und die sagen aufschneiden fürnarsch diemitihremaufschneiden. Fürnarsch«, schloss er mit Nachdruck und war endlich still.

Je näher wir unserem Haus kamen, desto schläfriger wurde ich, in einem tranceähnlichen Zustand stieg ich schließlich aus dem Taxi, es rauschte mir in den Ohren, mein Kopf schmerzte. Nach einer Weile, die mir unnatürlich lang vorkam, rollte der Lada davon und verschwand in der schlafenden Straße. Das Haus meiner Kindheit stand dunkel und verlassen vor mir. Ich musste plötzlich an ein Tierheim bei Warschau denken, in dem ich vor kurzem gewesen war, weil ein Kollege aus der Redaktion sich einen Hund aussuchen wollte. Er hatte sich schließlich für eine junge melancholische Mischlingshündin aus Rottweiler und Gott-weiß-was entschieden, aber ich konnte die ungewollten Tiere lange nicht vergessen, die vergeblich hinter den Käfiggittern warteten. Auch dieses deutsche Haus mit den kleinen verschämten Fenstern und dem moosbedeckten Schindeldach, das sich wie eine zu große Mütze darüberstülpte, hatte ich nie gewollt, dennoch gehörte es zu mir, und ich konnte nichts dagegen tun. Ich holte den Schlüssel aus dem Portemonnaie, schloss auf und stieg mit letzter Kraft die Treppe hinauf, zu dem Zimmer, das ich mit meiner Schwester geteilt hatte. So wie ich war, mit Jacke und Schal, vergrub ich mein Gesicht in das Kissen. Kurz bevor ich in Tiefschlaf versank, bemerkte ich noch, dass Herr Albert mein Bett bezogen hatte, das frisch gewaschene Leinen roch schwach nach Schimmel und Moder.

Ich träumte von meinem Vater. Ich sah ihn ganz deutlich, konnte aber seine Stimme nicht hören, ich starrte auf seine Lippen, die irgendwelche Worte formten, und auf sein angestrengtes Gesicht, Stille umgab mich. Vater sah aus wie in seinen letzten Lebensmonaten, grau und abgemagert, mit fieberglühenden Augen. Er trug eine Nylonjacke, eine an den Knien abgewetzte alte Hose und die Trapperschuhe, die er sich vor Jahren in der Tschechoslowakei gekauft hatte und in denen er auf seiner Schatzsuche die unterirdischen Gänge unter Schloss Fürstenstein erkundete. »Papa!«, rief ich, »Papapapapapa«, mein Atem ließ Staubkörnchen schweben schwül war es staubvoll schwerer Staub die Erde oben als wäre ich irgendwo anders als sähe ich durchs Schlüsselloch tanzenden Staubkörnchen zu kleine umnachtet hab keine angstkeineangst die in einem Lichtstrahl tanzten als wäre jemand neben mir verbirgdeingesicht und hielte mich nichtmich nichts zusehennichts leiseleise nichtatmennicht ich sah nicht wer noch dort war Angst als sollte ich schon jetzt erfahren woichwar wer nebenmir was ich getan hatte, »Papa Papa«, schrie ich, »ichbindapa pawobist dupapa, Papa!«, schrie ich, »Papa, ich höre dich!«, rief ich noch einmal oder wollte es gerade rufen, denn die Stille zerriss mein eigener Name. Im ersten Moment wusste ich nicht, wo ich war, warum nicht das heimelige warme Dunkel meines Warschauer Schlafzimmers, sondern helles Licht und Kälte mich umgaben. Wałbrzych, das Haus meiner Kindheit mit seinen Kachelöfen, den winters mit Watte abgedichteten doppelten Fenstern und Dielenböden mit breiten Ritzen, aus denen ich deutsche Nadeln, Knöpfe, Fingernägel und Haare geklaubt hatte. Diese Fundstücke bewahrte ich aus unerfindlichen Gründen in Streichholzschachteln auf. Ewa schüttelte sich: »Hast du schon wieder einen Deutschen ausgegraben, Kamelin!« Ritzen wie Gräber, wer hatte das gesagt? Ritze, Grab, Dreck, in meinem noch schlaftrunkenen Kopf blitzten diese drei Wörter auf und entwischten unter die Oberfläche des Tages, als ich aus dem Bett sprang. Ich trat auf meinen Schal, als ich die Treppe hinunterrannte, um die Tür aufzumachen, unfassbar, dass ich vor dem Schlafengehen nicht wenigstens die Jacke ausgezogen hatte.

»Alicja«, sagte Herr Albert, und ich sah einen gebrechlichen alten Herrn vor mir statt des kräftigen Mannes, dessen Bild ich in Erinnerung behalten hatte.

Wie war es möglich, dass diese Arme mich hochgehoben hatten bis zu den Kronen der exotischen Bäume? Herr Albert war geschrumpft, er war jetzt kleiner als ich. Sein Gesicht war von

Runzeln durchzogen und eingefallen, als hätte ein gefräßiger Schmarotzer es von innen ausgehöhlt, die Augenbrauen waren struppig. Nur die Fliegermütze war noch dieselbe. Dunkel von Schweiß und mehr schlecht als recht mit bunt gemusterten Stoffstücken geflickt, schien sie mit seiner Kopfhaut verwachsen. Ich hatte Herrn Albert nie ohne diese Mütze gesehen, und als ich klein war, dachte ich, er sei bereits mit ihr zur Welt gekommen. Er stand im Nebel, der den Garten eingehüllt hatte, sodass die Bäume wurzellos im milchigen Meer hinter seinem Rücken zu treiben schienen. Es hatte aufgehört zu regnen, doch die Luft war voll eisiger Feuchtigkeit.

»Du bist zurückgekommen.«

Das war keine Frage, aber ich antwortete trotzdem.

»Ich bin nur zum Arbeiten hier, wie ich Ihnen am Telefon gesagt habe. Ich soll eine Reportage über die verschwundenen Kinder schreiben. Danach fahre ich wieder nach Warschau.«

Herr Albert sah mich an, und unter seinen wilden Brauen waren die Augen immer noch so, wie ich sie in Erinnerung hatte, traurig wie die Augen eines Bassets.

»Du bist groß geworden.«

»Ich hatte viel Zeit dazu.«

»Du bist allein gekommen.«

Das war ganz sicher keine Frage, doch ich bejahte.

»Ich fahre überall allein hin.«

»Ich habe alle deine Reportagen gelesen.«

In mir erwachte der Stolz von früher, wenn ich die Namen der Gewächse aus dem Palmenhaus fehlerfrei aufzählte und Herr Albert mich lobte: »Tüchtiges Mädchen«.

»Araukarie, Zantedeschie, Euphorbie«, sagte ich deshalb auch jetzt, und meine Worte verflüchtigten sich in der kalten Luft. Araukarie, Zantedeschie, Euphorbie – wie die Namen aus italienischen Opern weckten diese Bezeichnungen eine leise Trauer in mir, die Trauer darüber, dass kein Name, und sei er noch so schön, das Wesen der Dinge ganz wiedergeben kann.

»Äpfel aus deinem Garten«, sagte Herr Albert und gab mir eine Plastiktüte. Der Duft war so stark und frisch, dass mir fast schwindlig wurde. »Ich habe zwei Steigen voll gepflückt. An dem alten Apfelbaum beim Brunnen sind jetzt die Äpfel reif. Weißt du, welcher?« Ich nickte. »Er muss zum Frühjahr gepfropft werden. Ich kann dir helfen. Das ist ein guter Baum.«

»Im Frühjahr bin ich nicht mehr hier.«

»Man weiß nie.«

»Mir ist es lieber, ich weiß es.«

Herr Albert rückte seine Fliegermütze zurecht und lächelte, und ich spürte, dass ich nur auf meinem Vorsatz beharrte, weil ich Angst hatte. Angst vor diesem Haus, dem November und den schweren Träumen, die mich hier fester an die Vergangenheit banden.

Auf dem Apfelbaum, der noch von den deutschen Eigentümern gepflanzt worden war, hatte ich mich als Kind immer versteckt und durch die Zweige die Welt beobachtet. Der knorrige, moosbewachsene Baum trug kleine rotgeäderte Äpfel. Sie waren so saftig, dass sich krachend die Süße entlud, wenn man hineinbiss. Die roten Adern im Fruchtfleisch riefen mir das feine Netz der Äderchen auf der Wange meiner Schwester in Erinnerung, und mich beschlich eine eigenartige Genugtuung, dass es diese saftige Herrlichkeit bald nicht mehr geben würde. »Alicja!«, rief mein Vater, »Alicja, wo bist du?!«, und ich drückte mich an den Baumstamm und meldete mich erst ein klein wenig später, und dieser winzige Ungehorsam erfüllte mich mit Schuldgefühl und Genugtuung zugleich. In dem Jahr, als meine Schwester starb, hatte der Baum aufgehört zu blühen, und Vater wollte ihn fällen, doch Herr Albert überredete ihn, dem Baum noch eine Chance zu geben. Und jetzt sah es so aus, als wolle Herr Albert mich zu etwas überreden. Ich bat ihn auf einen Tee herein, aber er musste schnell weiter zu dem Parkplatz, wo er sich als Wächter etwas zu seiner Rente dazuverdiente.

»Komm doch mal vorbei.« Er lächelte sein trauriges Lächeln, das genau wie damals vor vielen Jahren seine Augen erhellte.

Ich glaube, es war nicht leicht für ihn, ganz allein in dem Haus zu leben, das unserem glich wie ein Ei dem anderen. Er war nicht verheiratet und hatte auch keine Kinder, und als ich weggegangen war, gab es niemanden mehr, für den er hätte Geige spielen können. Herr Albert und ich sind die letzten Lebenden unserer Familien.

Er stand noch eine Weile schweigend da und sah mir forschend ins Gesicht, vielleicht wollte er die Geschichte der letzten fünfzehn Jahre von ihm ablesen. Als ich die Tür etwas zu schwungvoll hinter ihm zuwarf, fiel das Hufeisen herunter, jemand hatte es als Glücksbringer an der Innenseite aufgehängt, doch das Glück musste diesen Wink übersehen haben. Und das war nicht das Einzige, was an diesem Tag herunterfiel, auseinanderbrach oder sich als hoffnungslos kaputt erwies. Das Haus starb vor meinen Augen, wie zur Rache dafür, dass ich es so lange alleingelassen hatte. Im Tageslicht kamen die Flecken abblätternder Farbe an der Decke zum Vorschein, die Blasen unter den Tapeten, die verzogenen Böden und von Motten bis auf den weißen Kettfaden zerfressenen Sofas. Das Veilchen-Abziehbild an der Badezimmertür war zur Farblosigkeit verblasst, und die einst rosavioletten Blüten und grünen Blätter sahen aus wie Flügel toter Insekten. Ich stand in der rostgesprenkelten Wanne und wartete darauf, dass die betagte Gastherme ansprang und ich duschen konnte, doch als das warme Wasser endlich zu fließen begann, platzte der morsche Duschschlauch der Länge nach auf. »Wir nehmen Keramik- und Terrakottafliesen«, hatte mein Vater versprochen, »oder vielleicht lieber einen Zedernholzboden? Dazu ein Whirlpool, ihr könnt im Whirlpool plantschen wie die kleinen Seehunde im Zoo von Wrocław, was haltet ihr davon? Oder wir lassen uns aus Frankreich eine Messingwanne auf Löwenfüßen kommen?«, hatte er weiter überlegt und in großer Geste mit dem imaginären Geld um sich geworfen. Laufende Reparaturen schienen ihm bei solch hochfliegenden Plänen nicht der Rede wert. Ich ließ Wasser in diese furchtbare Wanne einlaufen und tauchte ganz unter, auch mit dem Kopf, wie als Kind, wenn meine Schwester danebensaß und aufpasste, dass ich nicht ertrank. Damals hatten mich die Geräusche unter Wasser fasziniert: das Klopfen, das Knirschen von Metall auf Stein, Rufe in verschiedenen Sprachen, hohle Klänge, Seufzer. Das war die Welt, in die unser Vater hinabstieg und für die er zuletzt mit dem Leben bezahlte. Wo wir auch gingen und standen, er zeigte mit dem Finger vor uns auf den Boden und sagte mit der Stimme dessen, der fest an etwas glaubt: Irgendwo hier ist er. Irgendwo hier ist Hitlers Schatz. Wenn ich ihn finde, und ich habe jetzt eine absolut akkurate Karte von punktgenauer Peilung, dann wird sich unser Leben zur Unkenntlichkeit verändern. So glücklich würde er uns machen, dass wir einander ganz neu kennenlernen müssten. Irgendwo unter der alten Wanne, in der die Geräusche der unterirdischen Stadt widerhallten, musste der Schatz liegen, den zu suchen sich unser Vater in seinen ausgetretenen tschechoslowakischen Stiefeln und mit einer Bergarbeiterlampe an der Stirn auf den Weg gemacht hatte. Ich hatte zu verstehen versucht, warum er lieber dort unten war als hier, bei mir und Ewa. »Bitte sehr, meine Damen und Herren«, pflegte meine Schwester zu witzeln, »hier sehen Sie Alicja Tabor, die Wasserkamelin, Forscherin der Meere und Ozeane, in die sie eintaucht, wenn sie von der Wüste genug hat! Die einzige Kamelin mit Flossen und Kiemen. Eine seltene Gattung. Unter strengem Artenschutz. Heute erzähle ich Ihnen, was sie im Unterwasserreich unserer Badewanne alles gesehen und gehört hat.« Der Spaß hatte darin bestanden, dass ich wahrheitsgemäß erzählte, was ich hörte – ein Klopfen, wie jemand auf Deutsch oder in einer ähnlichen Sprache zählte, wie ein Glas auf Steinboden zerschellte –, und Ewa dann den Rest dazudichtete. Sie dachte sich Geschichten aus, das konnte sie am besten. Und ich konnte zuhören.

Vielleicht, dachte ich, hatte ich mich geirrt in meinem Glauben, schon so stark zu sein, dass dieses Haus voller Tod und Geister mir nichts anhaben konnte. Ich wusste, dass ich der Angst nicht nachgeben durfte, und war deshalb hier abgestiegen statt in dem von der Redaktion reservierten Hotel, meine Kollegen hatten keine Ahnung, dass mir ein altes Haus in Wałbrzych gehörte. Ich redete nicht gern über die Vergangenheit und knüpfte selten einen so engen Kontakt, dass Vertraulichkeiten von mir erwartet wurden. »Ich habe keine Familie«, sagte ich, wenn mich jemand nach meinen Eltern und Geschwistern fragte.

Mein ganzes erwachsenes Leben hatte ich Kräfte gesammelt, wie man Vorräte für einen langen Winter zusammenträgt, und hatte geglaubt, einigermaßen vorbereitet zu sein auf diese Reise. Als in Wałbrzych Kinder verschwanden, wusste ich, dass die Zeit gekommen war. Nun war ich hier, und das Haus, dessen Schlüssel ich immer bei mir getragen hatte, schnappte mit seinem kariösen Kiefer nach mir. Nach dem Bad mit unterirdischem Konzert beschloss ich, sämtliche Räume zu inspizieren. Wollen wir doch mal sehen, wer hier gegen wen antritt, die Bruchbude gegen mich oder ich, Alicja Panzertier, gegen sie. Im ersten Stock gab es zwei Schlafzimmer, eines hatte früher Ewa und mir gehört. Der Tisch, an dem wir unsere Hausaufgaben gemacht hatten, zwei Stühle, ein leerer Schrank, Flickenteppich, weiter nichts. Das zweite Schlafzimmer war seit Jahren leer, dort stand nur ein Metallbett ohne Matratze, traurig wie ein verlassenes Schiffswrack auf einer Sandbank. Früher einmal, in Zeiten, an die ich mich nicht erinnerte, hatten sich meine

Eltern dieses Zimmer geteilt, doch später zog mein Vater nach unten, und von da an war das Arbeitszimmer für ihn Schlafzimmer, Esszimmer und Zufluchtsort in einem. Die Treppe knarrte so laut, dass ich fürchtete, sie könnte unter meinem geringen Gewicht zusammenbrechen. Die Banalität des Verfalls ärgerte mich, vielleicht weil ich im tiefsten Innern erwartet hatte, dieses Haus würde auf spektakulärere und weniger vorhersehbare Weise sterben. Als ich die Tür zu Vaters Zimmer öffnete, schlug mir eine Woge verdichteter Zeit entgegen. Vor dem Fenster wuchs aus einem Buchenwald Schloss Fürstenstein empor. Wenn unser Vater an seinem stets von verstaubten Papier- und Bücherstapeln überhäuften Schreibtisch arbeitete, hatte er, sobald er von historischen Abhandlungen, Karten und Plänen aufsah, dieses Gebäude im Blick. Schloss Fürstenstein, wie es jetzt vor mir lag, Nebelschwaden um seine Mauern, gehörte zu den wenigen Dingen, die mir immer noch so groß und schön erschienen wie in meiner Kindheit. Ich zog die Wanduhr auf, und als ihr Pendel zu schwingen begann, spürte ich, wie die hier eingesperrte Zeit in Bewegung geriet. Etwas machte klick, und die Zeit des Hauses und meine Zeit verhakten sich ineinander. Das mit gelblichem Leder bezogene Sofa, auf dem ich als Kind in den seltenen Momenten saß, in denen unser Vater nicht mit der Schatzsuche beschäftigt war und sich stark genug fühlte, dem Vatersein die Stirn zu bieten, gab einen tiefen Seufzer von sich, als ich mich setzte. Eine Zeitlang saß ich regungslos da und bemühte mich sogar, nicht zu atmen, aber ich empfand nichts als Trauer. Das Leder des Sofas war rauh und rissig, ich streichelte es zur Begrüßung. Ich warf einen Blick in die Küche, die in einem grauen Lichtschein schwamm, als wäre sie voller Wasser, und Wasser war es tatsächlich, das ununterbrochen in die Spüle tropfte, aus einem kleinen Stalaktiten, der sich im Laufe der Jahre gebildet hatte. Von der Tür, die in den Garten führte, zog es kalt herüber, Nebel drängte gegen die Fensterscheiben.

Der Tisch und die vier Stühle glichen Skeletten ausgestorbener Tiere, die niemand je hatte benennen oder ins Herz schließen können.

Blieb noch der Keller. Als ich die Tür unter der Treppe aufzog, wehte mir Modergeruch entgegen, die jahrelang eingesperrte Luft entwich wie Ektoplasma unter Druck. Ektoplasma – wie hatte meine Schwester dieses Wort geliebt! »Wenn es friert und du ausatmest, Kamelin, kommt ein besonderer Atem aus deinem Mund, der nicht verfliegt, sondern sich in Mauselöchern, Katzenohren und verlassenen Krähennestern sammelt. In Knallerbsen, in der Milch mit dem goldenen Deckel, in der weißen Milkaschokolade aus der BeErDe.« – »Warum denn das?« – »Wie, warum! Weil Ektoplasma daraus wird«, sagte sie. »Man muss nur ein paar Tränen untermischen, eine Prise Kohlenstaub, und fertig.« Wenn der Wald hinter unserem Haus im Nebel versank, der bis zu den Mauern von Schloss Fürstenstein hinaufkroch, so wie heute, flüsterte sie theatralisch: »Schau mal, Kamelin, hab Angst, Pipinelke, dort wabert das Ektoplasma, jetzt werden Geister geboren.« Ewa spürte überall die Anwesenheit von etwas, das außerhalb der gewöhnlichen Welt der Sterblichen lag. Ohne zu zögern, wäre sie auch jetzt mit mir in den Keller hinabgestiegen, vor dem ich etwas ratlos stand, weil das Licht nicht funktionierte und ich einen Moment lang glaubte, wieder das unterirdische Klopfen zu hören. Auf der Treppe hinunter ins Dunkel fragte ich: »Ist da wer?«, wie die zaudernde Hauptdarstellerin in einem schlechten Horrorfilm. Ich setzte einen Fuß vor, dann den anderen, leuchtete mir mit der Taschenlampe. An den Kellerwänden reihten sich bräunlich verklumpte, wellige Papierstapel: Jahrgänge von Vaters Zeitschriften, verworfene Notizen, Karten mit Wegen ins Nirgendwo, Briefe von anderen Schatzsuchern. Nach und nach erahnte mein Blick im Dunkel weitere Gegenstände, manche hatten die deutschen Hausbesitzer zurückgelassen, als sie nach dem Krieg die

Stadt übereilt verließen: eine metallene Singer-Nähmaschine mit der Aufschrift »Waldenburg«, ein Bild mit einem Schutzengel, der Kinder auf einem Steg über einen Abgrund führt, ein paar hässliche, von dickem Staub bedeckte Hirten- und Jägerfiguren aus Porzellan. Unsere Sachen hatten sich auf den älteren Hinterlassenschaften abgesetzt wie eine weitere Schicht, die unter einem schmelzenden Gletscher zum Vorschein kam, und vermoderten nun gemeinsam mit ihnen. Eine »Frania«-Waschmaschine voller Schuhe, eine metallene Kinderwanne, eine ausgediente Batterie, einige von Feuchtigkeit aufgequollene Koffer, eine Lampe mit einem Lampenschirm aus aschgrauen Schnüren und eine große Holztruhe mit aufgemalten Drachen und Blumen, die eine geradezu körperliche Abneigung in mir weckte. Neben ihr stand ein Frisiertisch, der Spiegel so fleckig und verschmutzt, dass ich mein eigenes Bild nicht erkannte, und sicher wäre ich vor diesem bleichen Gesicht mit den großen Augen erschrocken zurückgefahren, hätte ich nicht im selben Moment etwas Entsetzliches entdeckt. Ein großer Kopf, schlaffe Arme und Beine. Bitte nicht, schickte ich ein Stoßgebet an wen auch immer und kämpfte mich durch die dichte Luft dorthin vor. Ein Teddybär. Ein rostroter Plüschbär. Ich ging in die Hocke und leuchtete ihm mit der Taschenlampe in die Glasaugen.

Diesen Plüschbären von der Größe eines zweijährigen Kindes hatte Vater mir aus der DDR mitgebracht. Er war dort auf einer seiner tage- oder wochenlangen Expeditionen gewesen, von denen er immer um einige Złoty ärmer und um eine weitere Wegekarte reicher zurückkam, eine noch bessere Karte als alle vorherigen, aus noch zuverlässigerer Quelle. In Ostberlin traf er sich mit einem Deutschen aus Argentinien, vielleicht auch Bolivien. »Oho, der weiß Sachen, da stehen dir die Haare zu Berge!«, erzählte er aufgeregt. »Mit dieser Karte fühle ich mich wie zu Hause«, freute er sich, seine Augen blitzten, und ich wagte nicht, ihn zu erinnern, dass er hier bei uns zu Hause war und nicht unter der Erde. Kurz darauf machte Vater sich dann mit der neuen Karte wieder auf die Suche nach dem Schatz, winkte uns frohgemut vom Schlosspfad zu, nur um ein weiteres Mal geschlagen zurückzukehren. Wir tauften den rostroten Bären auf den Namen Hans, und an den Abenden erzählte Ewa mir statt Märchen von Prinzen und Prinzessinnen Geschichten von Hans aus der DDR. »*Guten Abend, meine Kleine**!« Meine schöne Schwester wurde zu Hans, sprach mit tiefer Stimme und deutschem Akzent von Hänschens Abenteuern an der Front, von seiner Begegnung mit den vier Panzersoldaten und von dem Schatz, der unter Schloss Fürstenstein verborgen lag. »Nur Hans weiß, wie man dort hinkommt, *meine Kleine*! Er hat es nicht einmal Marusia verraten, obwohl er sie heimlich liebte. Nur Hans hat die richtige Karte. Mit dieser Karte finden wir die Perlen von Fürstin Daisy, der letzten Herrin von Schloss Fürstenstein. Die Perlen, Kamelin! Sie sind das Einzige, was zählt.« Meine Schwester fand Hitlers Schatz weniger reizvoll als Daisys sechs Meter lange Kette aus ebenmäßigen Perlen, die schimmerten wie zu Kugeln gerolltes Mondlicht. Wenn wir sie in unseren Besitz gebracht hätten, würden alle unsere Wünsche in Erfüllung gehen, und das Leben läge so klar und rein vor uns wie der Garten nach einem großen Regen. »Hör zu, Kamelin, Pipinelke, hör gut zu, *meine Kleine*!« Der Bär aus der DDR hob eine Tatze und nickte, seine Augen glänzten. »Unser roter Hans ist ein guter Deutscher. Er hat keine Kinder, Hunde oder Kätzchen getötet, *meine Kleine*, er hat keine Kinderchen in den Ofen gesteckt, o nein, und wenn es nach ihm ginge, würde der verborgene Schatz von Schloss Fürstenstein schon längst uns gehören.« Die Stimme des Bären drang aus meiner Schwester: »*Ja ja, meine Kleine*, sagt einfach nur, was ihr wollt, macht die

* Im Original deutsch (Anm. d. Ü.)

Augen zu und *eins, zwei, drei*!« Meine Schwester wusste genau, was sie wollte. Sie wollte nach Warschau und Schauspielerin werden, den Künstlernamen Daisy annehmen, Daisy Tabor. Wie das klingt! Unser Nachname und der, wie Ewa fand, gloriose und geheimnisvolle Vorname der schönen Herrin von Schloss Fürstenstein. So wie Daisy wollte auch sie die ganze Welt bereisen! Von jedem Ort würde sie uns eine Postkarte schicken. Und welche Geschenke sie erst mitbringen würde!

Vater war es, der Ewa diese Faszination für Fürstin Daisy und die verschwundene Perlenkette einpflanzte. Vielleicht erkannte er in der älteren Tochter seine eigenen Sehnsüchte und wollte Ewa eine außergewöhnliche Gabe übermitteln, da er ahnte, dass die gewöhnlichen Träume sie nicht durchs Leben tragen würden. Wenn er gutgelaunt und hoffnungsfroh an einem neuen Plan saß, durften wir ausnahmsweise sein Zimmer betreten, und er erzählte uns die Geschichte von der letzten Herrin auf Schloss Fürstenstein. Dann saßen wir aneinandergeschmiegt auf dem alten Ledersofa, das Vater kamelfarben nannte und das ich liebte, weil ich Kamele mit Reisen und unendlicher Weite verband, mit all dem, wonach Ewa sich sehnte und was am Ende zu meinem Leben werden sollte. Vater stützte einen Ellbogen auf seinen Schreibtisch. »Vor langer, aber nicht allzu langer Zeit«, begann er, »fand in einem englischen Palast ein Ball statt.« Seine Geschichte war voller Begriffe, die ich noch nicht verstand, Kandelaber, Fräcke, Kotillons, Turnüren, Musselin, Lambrequins, doch der bloße Klang der Wörter reichte aus, um mich zu berauschen. Ich drückte mich enger an die Schulter meiner Schwester, denn ich fürchtete, ihre Empfindungen bei Vaters Geschichte könnten sie so weit von mir und diesem Haus entfernen, dass ich sie nicht einmal auf einem Kamel mehr einholen würde. »Fürstin Daisy hieß in Wirklichkeit Mary Theresa Olivia Cornwallis-West und war die Tochter eines Obersten der britischen königlichen Armee«, erzählte unser

Vater. »Cornwallis-West«, flüsterte meine Schwester andächtig. »Die junge Engländerin bezauberte schon damals alle mit ihrer Schönheit«, seufzte Vater, und meine Schwester setzte sich aufrecht hin und legte den Kopf schief, um zu zeigen, was schon bald viele bemerken sollten: dass auch sie alle bezauberte und ihre Schönheit der Anfang einer ebenso schönen Geschichte sein musste. »Mary Theresa Olivia Cornwallis-West heiratete im Alter von achtzehn Jahren den letzten Besitzer von Schloss Fürstenstein, Hans Heinrich XV. von Pless, was waren sie für ein schönes Paar! Bälle, Kandelaber, Crêpe de Chine, Taft, Kotillons«, seufzte Vater. »Auf Hochzeitsreise fuhren sie nach Paris und weiter nach Ägypten, wo sie bestimmt auch Kamelen begegneten«, ergänzte er eigens für mich, denn er wusste, wie sehr mich diese wenig ansehnlichen, dafür aber zähen und starken Geschöpfe faszinierten. Meine Schwester mochte Katzen, so wie Fürstin Daisy, doch mich erfüllten diese Tiere mit leiser Furcht. Bis heute kann ich nicht ganz begreifen, wie ein Wesen Zerbrechlichkeit und Stärke so vollkommen in sich vereinen kann. Doch meine Schwester verstand es, und wenn wir die streunenden Katzen beim Schloss füttern gingen, hatte ich das Gefühl, dass sie jemanden in ihr erkannten, der ihnen ähnlich war. Mir schien, als gehörten diese Schönheit und geheimnisvolle Aura auf so selbstverständliche Weise zu ihr wie damals zu Fürstin Daisy. Ich dachte, wenn ich mich in Ewas Nähe aufhielte, würde vielleicht auch auf mich, die unscheinbare kamelfarbene Schwester, ein wenig von ihrem Glanz und ihrer katzenhaften Anmut übergehen. Das Vibrieren, das Ewa umgab und die Luft um sie herum flimmern ließ wie die Hitze über heißem Sand, schien mir etwas Außergewöhnliches anzukündigen, etwas, das in seiner Herrlichkeit auch Mary Theresa Olivia Cornwallis-West und ihren Perlen eigen war.

In jenem letzten Winter sprach meine Schwester fast ausschließlich von Daisy und den Perlen. Sie weckte mich nachts, wenn ich mit dem roten Hans im Arm schlief, und erzählte mir ein ums andere Mal die Geschichte der Fürstin, immer wieder neu, und ich merkte nicht, dass ihre geweiteten Augen und der kalte Schweiß auf ihrer Stirn die Vorboten einer Katastrophe waren. »Kamelschwesterchen Kamelin, ich bin es, Daisy«, zwitscherte sie. »*Das ist Daisy*«, wiederholte Hans mit tiefer Stimme, »wach auf, *meine Kleine*, und hör zu.« Sie legte sich neben mich auf den Rücken und sagte: »Es war einmal ein schwarzer schwarzer Wald in diesem schwarzen schwarzen Wald war ein schwarzes schwarzes Haus in diesem schwarzen schwarzen Haus war ein schwarzes schwarzes Zimmer in diesem schwarzen schwarzen Zimmer war ein schwarzer schwarzer Tisch auf diesem schwarzen schwarzen Tisch war ein schwarzer schwarzer Sarg in diesem schwarzen schwarzen Sarg war eine weiße weiße Leiche.« Ich starb fast vor Angst, doch Ewa kitzelte mich und sprach weiter: »Weiße Leiche an der Leiche eine Perlenschnur Leichenglanz schwarzes Haus Perlenschnur. Nicht schlafen! Sprich mir nach«, sie wurde immer schneller, sodass ich mich verhaspelte. Ich konnte ihr nie folgen, und ich kam nicht zur rechten Zeit, als sie mich brauchte.

Ewas Lieblingsstelle in Vaters Geschichte war Fürstin Daisys Reise nach Ägypten. »Hör zu, Kamelin! Ägypten, der Golf von Aden. Es ist so heiß«, Ewa fächelte sich theatralisch Luft zu, als werde Wałbrzych gerade von einer ägyptischen Hitzewelle heimgesucht, »so heiß, dass man im Sand Eier kochen kann. Deine Lieblingskamele fressen Datteln unter Palmen, und die Kameltreiber träumen im Schatten von kalter Pepsi-Cola und Eskimos. In Ägypten, Schwesterchen, ist die Sonne fünfmal so groß wie hier, und im Süden zünden sich die feinen Männer an ihren Strahlen Zigaretten an. Paff, paff, blasen sie Rauchringe aus, die duften wie frische Basiatörtchen mit Sahne.« Diese Kremtörtchen aus dem Teehaus Madras am Wałbrzycher Marktplatz waren die besten Törtchen der Welt, Basiatörtchenrauch, mir lief das Wasser im Mund zusammen, und meine Schwester erzählte weiter von Daisy: »Ganz in Weiß stand die Fürstin am Meeresstrand und schützte sich mit einem chinesischen Schirmchen gegen die Sonne. Sie sah den ägyptischen Jungen beim Tauchen zu. Dunkelhäutige Jungen, Messer zwischen den Zähnen, Zähne wie Perlen, Pipinelke, hör gut zu. Sie fischten für sie nach Perlen, für die schöne Daisy, und die schaute zu und drehte ihren Schirm mit dem Bambusgriff.« Meine Schwester schmückte ihre Geschichte von Mal zu Mal weiter aus, nur der Höhepunkt blieb derselbe. Nach einiger Zeit begann Daisy sich in dem Provinzhafen zu langweilen, vielleicht erfasste sie die erste Welle der Melancholie und sie wollte weiterreisen in der Hoffnung, ihr zu entkommen. Sie drängte ihren Mann, und der Fürst von Pless trieb die angeheuerten Perlentaucher zur Eile an und beteuerte seiner jungen Frau in den heißen Nächten, dass sie ein wunderbares Leben auf Schloss Fürstenstein führen würden und ihre Melancholie lediglich von der Reisemüdigkeit und dem ungewohnten Klima herrührte. Die Erklärungen der Perlentaucher, dass man nicht gefahrlos wieder und wieder so tief tauchen könne, wollte er nicht hören. Es fehlten nur noch wenige Perlen, bis die Kette die ideale Länge von sechs Metern hätte. »Sechs Meter«, wiederholte Ewa fasziniert und fragte, ob ich mir das vorstellen könne, eine Perlenschnur so lang wie zwei große Pythons aus dem Wrocławer Zoo, wie fünf kleine Kamelschwestern übereinander. Am letzten Tag der Perlensuche machte Daisy eine Bootsfahrt, um dem Taucher noch einmal ganz aus der Nähe bei der Arbeit zuzusehen. Schließlich stieg der Perlentaucher, der immer die prächtigsten Perlmuscheln fischte, entkräftet aus dem Wasser. Er warf der Fürstin eine riesige Muschel vor die Füße, starrte ihr ins Gesicht und stieß ein paar Worte hervor. Dann quoll ihm Blut aus dem Mund, und er brach tot zusammen. Es hieß, der ägyptische Perlentaucher habe die Fürstin mit einem Bann belegt, dessen Folge all die Schicksalsschläge gewesen seien, die der Herrin von Fürstenstein später widerfuhren. »Bann Bann Bann«, wiederholte Ewa, und mir schien das bloße Wort in dieser zwanghaften Wiederholung eine schreckliche Macht zu entfalten. Meine Schwester, die zukünftige Filmdiva, die ein Zug nach Hollywood holen würde, war wie besessen von Daisys Perlen und dem Bann. Die sechs Meter lange Perlenschnur war auf einem berühmten Bild von Daisy verewigt, ein Kunstdruck davon stand auf unserem Schreibtisch. »Ich sehe ihr doch ähnlich, oder?«, fragte Ewa und hielt sich das Foto mit der Fürstin neben das Gesicht. »Sehe ich ihr ähnlich?«, sie piekste Hans in den Bauch und forderte eine Bestätigung. »Ja, du siehst ihr ähnlich«, bestätigte ich, dabei fand ich Ewa viel schöner.

Meine Schwester war überzeugt, dass Daisys Perlen noch in Wałbrzych sein mussten, wir würden sie finden und den Bann brechen. »Aber eine Person allein schafft das nicht. Wenn jemand die Kette für sich behält, wird er eines furchtbaren Todes sterben, es wird ihn von innen zerreißen. Deshalb muss man die Kette zerschneiden und die kostbaren Perlen verteilen. Unbedingt!« Ewa wirkte felsenfest überzeugt. Ich war neugierig, wer Fürstin Daisys Perlen bekommen sollte. »Kriegen wir auch welche?« – »Die Wächter der Perlen kriegen sie«, erklärte Ewa, und ihre Augen leuchteten. »Wer sind denn diese Wächter?« – »Die Wächter der Perlen sind Leute, die eine besondere Eigenschaft haben, eine Kraft, die den Bann des Perlentauchers aufheben kann.« – »Und was ist, wenn wir Fürstin Daisys Perlen nicht finden?« – »Dann wird etwas Schlimmes passieren.« – »Wie schlimm denn?«, wollte ich wissen. »So schlimm, dass auch die gutherzigsten Menschen durchlässig für das Böse werden. Wenn es in ihr Inneres eindringt, sind sie verloren.« – »Wie dringt es denn in sie ein?« Sie drückte mich an sich und kitzelte mich: »Durchs Näschen, durchs Mündchen, unter die Achselchen, zwischen die Fingerchen …« – »Wir müssen etwas dagegen machen!« – »Deshalb müssen wir ja die Perlen finden und sie ans Tageslicht befördern, aber wir brauchen unbedingt schwarze Sonnenbrillen, denn sonst erblinden wir von ihrem Glanz.« – »Lass sie uns doch unter die Johannisbeersträucher im Garten legen, da findet sie keiner«, schlug ich vor. »Versenken wir sie im Stausee von Zagórze! Sie sollen für immer verschwinden. Oder wir tauschen sie gegen Futter für die Katzen vom Schloss!« Ich war praktisch veranlagt und besaß im Vergleich zu Ewa wenig Phantasie. »Das dürfen wir nicht, Kamelin, sie gehören uns nicht. Aber wir gehen in Zagórze auf die Hängebrücke und schaukeln so hoch wie auf der Schaukel im Jordangarten, was meinst du?« So war Ewa: Trubel, Perlen, Brückenschaukel.

Ich hockte im Keller neben dem verschlissenen Plüschbären aus der DDR und weinte um meine verlorene Schwester. Sie war siebzehn und wusste, dass sie gehen würde. Ewas Geschichten endeten alle gleich. Dank der Karte von Fürstin Daisy kämpfte sich unser tapferes Schatzsuchertrio – Ewa, ich und der rote Hans – durch ein Labyrinth unterirdischer Tunnel, wir überwältigten mächtige Feinde, knackten einen Code und öffneten das große Tor, hinter dem die Perlenschnur im Dunkeln schimmerte. Wir waren schon ganz nah, aber im letzten Moment tauchten immer »sie« auf. »Wer?« – »Brauchen sie denn einen Namen, Kamelin?« – »Ja.« – »Warum?« – »Weil alles einen Namen hat, sogar das Ektoplasma und die Geister.« – »Na gut, dann nennen wir sie eben die Katzenfresser.« – »Katzenfresser?« – »Richtig!« – »Warum denn Katzenfresser?« – »Weil sie Katzen hassen. Die Katzen riechen sie als Erste, sie fauchen, sträuben sich und rasen auf ihren Katzenpfaden davon. Am empfindlichsten reagieren die Katzen von Schloss Fürstenstein. Das sind ganz außergewöhnliche Tiere! Empfindlich wie Seismographen. Fürstin Daisy hat sie als Wachen dagelassen. Manche sind so empfindlich, dass sie sterben, wenn die Katzenfresser auch nur in ihre Nähe kommen.« – »Sterben, bis sie tot sind?« – »Leider, Kamelin, unwiederbringlich tot«, antwortete meine Schwester. »Wie sind die Katzenfresser?« – »Ihre Haut ist kalt und dick, ihr Atem verpestet die Luft und verwirrt die Gedanken, er höhlt den Menschen aus, lässt ihn leer zurück. Und kalt sind sie, Pipinelke, kalt wie eine Leiche. Jemand, in den die Katzenfresser eingedrungen sind, ist kalt wie eine ganze Kühltruhe mit Tiefkühlkost!« – »Wann kommen sie?« – »Wenn die Eingänge offen sind. Meistens im November.« – »Wie sehen die Katzenfresser aus? Kommen sie aus Polen, aus der Sowjetunion oder aus Ägypten?«, fragte ich weiter, denn ich musste alles ganz genau wissen. »Die Katzenfresser«, sagte Ewa, »sind überall, sie nehmen jedes Mal eine andere Gestalt an, Kamelin. Sie sind zäher als Kamele, stärker als Nashörner. Gefräßiger als der Menschenfresserhai. Sie bleiben da und fressen. Sie dringen durch die Wände, in den Körper, und wenn sie erst mal drin sind, sorgen sie dafür, dass alles verfault und sich mit stinkendem Nebel füllt, als wäre eine ganze Tonne Schimmelkäse vergammelt. Sie lauern in den Badezimmerrohren, hinter den Spiegeln, im Kaninchenbau, in den Kaminen und in den Nasenlöchern. Unter den Betten von kleinen Kamelschwestern!« – »Wie erkennt man sie?«, ich ließ nicht locker. »Man muss fragen: Eins zwei drei und Stock und Hut, bist du böse oder gut?«, sagte Ewa, aber das war schon ein Scherz. Der rote Hans warf sich auf mich und kitzelte mich so heftig, dass ich mich vor Schreck und Lachen verschluckte. Ich vertraute darauf, dass Ewa mich vor den Katzenfressern beschützen würde, denn außer ihr hatte ich niemanden. Wie nah die Gefahr war, habe ich selbst dann noch nicht begriffen, als meine Schwester aufhörte zu essen und zu schlafen, als sie nackt am offenen Fenster unseres Schlafzimmers stand und vor sich hin sprach: »In diesem schwarzen schwarzen Haus war ein schwarzer schwarzer Tisch in diesem schwarzen schwarzen Sarg war eine weiße weiße Leiche an der Leiche Perlenschnur Kamelin Pipinelke bete zur Gottesmutter Gluckenputte schwarzes Haus schwarzer Sarg weiße Leiche.« Sie wiederholte es so schnell, dass ich hilflos und erschrocken zu weinen anfing, und da bat sie mich: »Bring mich zum Tierarzt und lass mich einschläfern, Schwesterchen. Und dann wirf mich den Krokodilen zum Fraß vor, lass ihre Haut verarbeiten und lauf in Krokodillederstiefeln in die Welt hinaus. Und sieh dich nicht um.«

Der Plüschbär lag jetzt vergessen und klamm im Keller und sah mich im Schein der Taschenlampe an. Hätte er Augenlider gehabt, dann hätte ich sie ihm geschlossen. Ich war nicht hergekommen, um meine Schwester zu beweinen, denn das würde ich ohnehin bis an mein Lebensende tun. Ich war zurückgekommen, um zu verstehen, was geschehen war.

Kinder verschwinden

Am Nachmittag setzte ich mich an den Küchentisch und sah mein Material für die Reportage durch. Die Küche war immer der wärmste und hellste Raum im Haus gewesen, und auch wenn der rostige Wasserhahn immer noch tropfte und der Holzboden beängstigend durchhing, als müsste er jeden Moment einbrechen, war es hier sauber. Herr Albert hatte viel Mühe darauf verwendet, das Haus am Leben zu erhalten, und ich wusste, dass ich mich ihm für all die Jahre erkenntlich zeigen sollte. Auf dem Tisch stand eine Schale mit Äpfeln aus meinem Garten. Sie leuchteten und dufteten. Ich nahm mir einen und biss hinein, und mir fiel wieder ein, dass Ewa, Vater und ich stets auf denselben Plätzen um den Tisch gesessen hatten. Ich an der einen Seite, sie mir gegenüber, als hätten sie geahnt, dass uns unterschiedliche Schicksale beschieden sein würden. Schon damals habe ich eine nagende Einsamkeit verspürt, denn sie gehörten trotz allem zusammen, durch die Vorsehung verbunden.

Am Tisch standen immer noch vier Stühle, und ich hatte mich auf den gesetzt, der auch vor Jahren meiner gewesen war. Ich starrte auf die leeren Plätze vor mir, warf das Kerngehäuse weg und schaltete den Computer ein. Es öffnete sich der Ordner KINDER VERSCHWINDEN, Texte und Bilder erschienen, angeordnet mit der mir eigenen Akribie. Im Dokument UMSTÄNDE hatte ich Informationen über die Ereignisse gesammelt, die dem Verschwinden der Wałbrzycher Kinder voraus- oder mit ihm Hand in Hand gegangen waren. Als ich das Material durchsah, beschlich mich wieder ein Gefühl, das mich schon die ganze Zeit verfolgte: als verdichte sich etwas um mich herum, nähme Gestalt an wie das Ektoplasma aus den Geschichten meiner Schwester. Im Januar war ein kleines Tierheim im entlegenen Wałbrzycher Stadtteil Rusinowa abgebrannt. Die Zufluchtsstätte hatte Małgorzata Felis betrieben, eine sechsundsiebzig Jahre alte pensionierte Archivarin, die als wunderlich galt und allein in ihrem Haus lebte. Jemand hatte die Gebäude nachts mit Benzin übergossen und Feuer gelegt. Die Eigentümerin und fast alle Katzen, die im Winter in geschlossenen Räumen schliefen, waren umgekommen. Einhundertsiebenundzwanzig Katzen, wie penibel gezählt wurde, und ich stellte mir einhundertsiebenundzwanzig säuglingsgroße verkohlte Körper vor und den schwärzlichen Rauch, der von dem bis auf die Grundmauern abgebrannten Backsteingebäude aufstieg. Die Brandstifter waren noch nicht gefunden, und das Verbrechen rief kaum Aufsehen hervor, wen kümmerten schon eine alte Verrückte und eine Horde lästiger Tiere? »Gestunken hat's«, sagt ein Bewohner des Stadtteils in einem Interview zur blonden Lokalreporterin Sandra Pędrak-Pyrzycka. »Gestunken von der ihren Katzenbälgen.« Eine junge Frau mit Kind findet, Małgorzata Felis hätte lieber Mütter und Kinder unterstützen sollen als obdachlose Tiere. Mütter hätten ein Anrecht darauf, erst recht Mütter kleiner Kinder. Die Aufregung um das abgebrannte Haus legt sich schnell. Dafür wächst der Unmut über die Armut und Arbeitslosigkeit. Im ehemals deutschen Stadtteil Sobięcin, einem der ärmsten Viertel in der ohnehin nicht reichen Stadt, tritt Schwefelwasserstoff aus, und die Bewohner der Plattenbauten und alten Mietshäuser klagen über eine Kakerlakenplage, so schlimm wie seit Jahren nicht. Im April verschwand das erste Kind, ein Mädchen, zwei Monate später ein Junge, kurz vor meiner Ankunft wieder ein Mädchen. Die Polizei hatte noch nicht die kleinste Spur gefunden, die Ermittlungen traten auf der Stelle. Andżelika, Patryk und Kalinka blieben wie vom Erdboden verschluckt. Wie in der Versenkung verschwunden. Als hätten sie sich in Luft aufgelöst. So reden die Leute über die verschollenen Kinder, die ganze Stadt ist in heller Aufregung. Im Romaviertel gibt es eine Schlägerei, eine Straßenbande zerstört Autos und schlägt Fensterscheiben ein. Im August betritt der arbeitslose Bergmann Jan Kołek den Wałbrzycher Marktplatz und stellt sich neben dem neuen schwarzen Steinbrunnen auf. In seinem Kohleschacht soll die Schmerzensmutter zu ihm gesprochen haben. Ich betrachte eine Weile das dunkle, hagere Gesicht des angeblichen Propheten. Jan Kołek steht vor dem Brunnen, der auf dem Foto wie ein Sarkophag wirkt. Er ist mager und gebeugt, trägt einen altmodischen Anzug und sieht weder wie ein Verrückter noch wie ein Hochstapler aus, sondern erinnert mich ein wenig an Herrn Albert. Jan Kołek behauptet, die Schmerzensmutter habe die Kinder zu sich geholt, und bei dieser Auslegung der Geschichte wird er bleiben bis an sein Lebensende.

Als Erste verschwand die sechsjährige Andżelika Mizera aus Nowe Miasto. Ich wiederholte den Namen laut und klickte auf dem Bildschirm das Foto des Mädchens an: ein großes rundes Kindergesicht, engstehende Augen, wirres, mit einer Schmetterlingsspange zusammengestecktes hellbraunes Haar. Ein aufgesetztes Fotolächeln entblößt die schlechten Zähne. »Wie als hätt sie sich in Luft aufgelöst«, sagt in einer Dokumentation Andżelikas Nachbarin, eine ältere Frau mit gewölbter glänzender Stirn. Ihr Mund sieht aus wie eingedrückt, vielleicht von einem Schlag, denn ihr linkes Auge ziert unübersehbar ein Bluterguss. »War das ein Wirbelwind immer am Rennen hier und da und hastenichtgesehn übern Hof zum Kiosk Zigaretten holen Treppe rauf Treppe runter Winter Sommer egal welches Wetter immer Hummeln im Hintern Treppe rauf Treppe runter und dann plötzlich wie als hätt sie sich in Luft aufgelöst. Zigeuner vielleicht?«, die Frau blickt fragend drein, doch darauf weiß auch die Reporterin keine Antwort. Ich berührte Andżelikas Gesicht auf dem Bildschirm, es fühlte sich weich, aber kalt an, die elastische Schicht gab nach und wölbte sich wieder vor wie echte Haut. Ich öffnete meine Aufzeichnungen. Am zweiten April hatte es vom Morgen an geschneit, und Andżelika war gegen Abend mit ihrem kleinen Bruder Oskar und ihrem Hund Pirat zum Schlittenfahren gegangen. An den Hügel bei ihrem Haus und den von Holundersträuchern und verkrüppelten Lärchen gesäumten kleinen Teich erinnerte ich mich noch aus meiner Kindheit. Ich konnte mir den pappigen Aprilschnee gut vorstellen, der dem Novemberschnee, dem Vorboten des langen Winters, ähnelte, ich sah die Schlittenkufen, die sich im graubraunen Brei festfuhren, die Atemwölkchen, die Fußstapfen. Als die Kinder nicht nach Hause kamen, ging die Suche los. Wann ihr Verschwinden bemerkt worden war, wusste niemand genau, der Bruder des Mädchens wurde erst am Morgen aufgegriffen, er irrte beim Bergbaudenkmal am Grunwald-Platz umher. Der Junge, der als geistig zurückgeblieben galt, konnte nicht sagen, was mit seiner Schwester und dem Hund geschehen war und wie er selbst so weit von zu Hause fortgeraten konnte. Er hielt Andżelikas Mütze in der Hand, und die rosa Mütze mit dem Hello-Kitty-Aufnäher, deren Bild in der Zeitung veröffentlicht wurde, war als Einziges von dem Mädchen übergeblieben. Das alberne japanische Kätzchen an der Mütze schien mir eigenartig mitteilsam, es hatte zwar keinen Mund, aber in seinen schwarzen Augen flackerte das Grauen.

Im Juni verschwand Patryk Miłka, ein schwerhöriger Fünfjähriger, der bei seiner Großmutter in Sobięcin aufwuchs, angeblich hatte sie ihn im Real-Markt nur eine Sekunde aus den Augen gelassen. Obwohl das Kind am helllichten Tag mitten in einem überfüllten Supermarkt verlorenging, gab es keine Zeugen, die Überwachungskameras hatten nichts Verdächtiges aufgezeichnet, ja, mehr noch, auf dem Band war angeblich zu sehen, wie die Großmutter allein den Laden betrat und wieder verließ, ohne ihren Enkel, der, wie sie sagte, in der Süßwarenabteilung verschwunden war. Leider wurde die Aufzeichnung später durch ein Versehen vernichtet, die Polizei entschuldigt sich für den Fehler, verspricht Konsequenzen, Nachforschungen, Strafversetzungen, aber das alles nützt Patryk Miłka aus Sobięcin nichts, einem sommersprossigen Jungen mit pfiffigem Blick und spitz zulaufenden Elfenohren. Seine Großmutter Zofia Socha sieht mich vom Foto mit einem schwer zu deutenden Gesichtsausdruck an. Verzweiflung ist es nicht, zumindest nicht nur, und beim Betrachten fällt mir seltsamerweise das Wort »Hunger« ein. Die Fotografie ihres Enkels hält sie vor sich wie einen Schild, ihr Gesicht kommt mir eigenartig bekannt vor, eine nie gesehene Landschaft, die dennoch ein eigentümliches Gefühl der Vertrautheit weckt. Patryk hatte nicht mehr Glück als Andżelika. »Wie vom Erdboden verschluckt«, seufzt Zofia Socha, »ich frage mich, ob die ihm da auch gut zu essen geben?« Nach dem Verschwinden des Jungen war das Gerücht von den zigeunerischen Kinderdieben aus der Pocztowa-Straße so weit erblüht, dass es streute wie Mohn. Eine große Frau mit Damenbart meinte auf die Frage der Reporterin: »Wer sagt denn, dass ein Zigeuner kein Pediphiler sein kann oder wie das heißt?« Viele Stadtbewohner teilten die Meinung der Bärtigen, und die Polizei verhörte zwei polnische Romafrauen, die Schwestern Luludia und Donka S., und durchsuchte die Wohnung eines gewissen Albin K. in Stary Zdrój, fand aber nichts Verdächtiges. Sandra Pędrak-Pyrzycka machte sich auf, um selbst mit den Roma zu reden, aber Luludia öffnete die Tür nur einen Spalt und sagte, sie solle ihr sonstwo runterrutschen. Indessen kam es auf der Pocztowa, der Hauptstraße des ärmlichen Viertels, zu einer Schlägerei, bei der zwei Roma und ihre ebenso zahlreichen Angreifer einander mit Baseballschlägern die Köpfe einschlugen.

Wegen der fehlenden Fortschritte bei den Ermittlungen schwand das allgemeine Interesse, und die Medien konnten sich einer neuen Sensation zuwenden, diesmal gab es wenigstens eine Leiche: die von Jan Kołek. »Dieweil mir einfachem Bürger jämmerlichem Wurm die himmlische Ehre zuteilwurde dass unsere allerheiligste Schmerzensmutter zum Gesandten ihrer Worte auserkor mich jämmerlichen Wurm«, so lautete der Anfang von Jan Kołeks Prophezeiung auf dem Wałbrzycher Marktplatz. Auf mich wirkte Kołeks hageres, dunkles Gesicht ähnlich anziehend wie ein Buch mit verheißungsvollem Titel, und ich war bereit, ihm seine Begegnung mit Maria zu glauben, die ihm angeblich erschien, als er drei Tage lang im Schacht verschüttet war. So etwas musste einfach Spuren hinterlassen, Jan Kołek hätte ja sicher auch weniger freundliche Gesellen in seinem Kohleschacht treffen können, zum Beispiel rachedurstige jüdische Ermordete aus dem Konzentrationslager Groß-Rosen, die irgendwo im Wald bei Schloss Fürstenstein verscharrt liegen.

Die gotische Figur der Schmerzensmutter steht in einem gedrungenen Kirchlein am Wałbrzycher Kirchplatz. Obgleich im achtzehnten Jahrhundert grundlegend umgebaut, hat die Kirche ihre plumpe Rundlichkeit bewahrt, und Ewa und ich haben diesen Ort immer geliebt. Nach einer Legende soll an der Stelle früher eine Quelle entsprungen sein, in deren Umkreis die erste Wałbrzycher Siedlung entstand. Die Bergleute tranken auf dem Weg zur Arbeit vom Quellwasser, und man glaubte, dass es sie vor dem unter der Erde lauernden Bösen schütze. Die Schmerzensmutter reichte Jan Kołek dieses Wasser in ihren zur Schale geformten Händen. »Fürwahr ist dieses Wasser wie das Leben gewesen«, sagte er beifällig, als sie ihn aus dem Schacht hoben. Ewa nannte die Schmerzensmutter »Mamusia«, und darin schwangen Ironie und Sehnsucht mit, die sie lachend überspielte. Wenn wir keine Lust auf die Bibliothek unter den Atlanten und kein Geld für Basiatörtchen im Madras hatten, gingen wir zu Mamusia. Vormittags war außer uns meistens niemand in der Kirche, sodass wir die Figur der traurigen Frau mit dem toten Jesus auf den Knien ausgiebig aus der Nähe betrachten konnten. Meine Schwester behauptete, die Gottesmutter würde mit Katzen auf dem Schoß um einiges besser aussehen als mit der jämmerlichen Leiche. Einmal beschloss Ewa einen Blick hinter den Altar zu werfen, ich folgte ihr wie immer, und wir entdeckten einen gemauerten Brunnen, er war zwar trocken, aber wir freuten uns, dass hier eine richtige Quelle existierte. Vielleicht hatten die Bergleute alles Wasser ausgetrunken, wenn es auch wahrscheinlicher schien, dass der Brunnen durch den Bergbau versiegt war wie die Mineralquellen in Stary Zdrój. Das Gesicht der Schmerzensmutter missfiel Ewa, »hässlich ist sie, unsere Mamusia«, bemängelte sie, aber ich mochte die Figur, denn sie erinnerte mich an die Frauen, die ich jeden Tag auf der Straße sah, müde Bergarbeiterfrauen, Fahrscheinkontrolleurinnen mit kopierstiftgeschwärzten Augenbrauen, mürrische Verkäuferinnen in Läden mit kümmerlichem Warenangebot, die Kellnerinnen im Madras, die Bibliothekarinnen. Ich hatte nichts gegen ein gewöhnliches Muttergesicht, denn anders als Ewa habe ich mich immer eher nach Mütterlichkeit als nach Schönheit gesehnt.

Diese Muttergottes war Jan Kołek erschienen, einem kinderlosen Witwer Mitte fünfzig, der vorher nie durch ausgeprägte Gottesfurcht oder dergleichen aufgefallen war. Mit der Schließung der Wałbrzycher Hüttenwerke hatte er seine Arbeit verloren, und wie viele andere ehemalige Bergleute ging er jeden Morgen mit einem Leinensack los, um in seinem Armeleuteschacht nach Kohle zu graben, es war das Einzige, was er konnte. Für die verkauften Kohlebrocken leistete er sich Brot, Grützwurst und Sauerkohl, manchmal auch ein Fläschchen billigen Schnaps. War ihm das Glück besonders hold gewesen, ließ er sich von der Verkäuferin außerdem eine Handvoll Karamellen geben, verzehrte sie auf der Bank vor dem Springbrunnen und trank dazu Amarenawein. Jan Kołek hatte keine Freunde, und die Nachbarn aus dem Haus wussten nur, dass er sich sonntags gern Naturfilme anschaute, denn er stellte den Fernseher sehr laut, und Löwengebrüll und Bisongetrappel mischten sich in die Übertragung der vatikanischen Messe, die bei ihnen im Wohnzimmer lief. An jenem Tag war er wie immer zum Armeleuteschacht aufgebrochen, zuvor hatte er sich aber noch in der Konditorei unten im Haus einen Liebesknochen gekauft, eine gehörige Abweichung von seiner bescheidenen Alltagsroutine. Die Konditorin, eine verhärmte Frau, die aussah, als bereite ihr schon der bloße Anblick von süßem Gebäck Übelkeit, erinnerte sich, Jan Kołek habe die Papiertüte mit dem Kuchen noch in eine Plastiktüte gesteckt und dabei höchst bedeutungsvoll geseufzt. Diese Begebenheit sollte sie nicht nur einmal erzählen, und im Laufe der Zeit glättete sich ihr verkniffenes Gesicht auf wundersame Weise, barg doch die Geschichte eine Süße, welche sie in ihren Konditoreiwaren stets vergeblich gesucht hatte. Sie taufte die gewöhnlichen Liebesknochen, die sie schon ihr Lebtag führte, in Jan-Kołek-Knochen um, kurz Kołki, und die Umsätze des Lädchens schnellten nach oben.

Jan Kołek entstieg der Erde schwarz von Kohlenstaub, ansonsten unversehrt. Er entkleidete und wusch sich, zog mangels Alternativen seinen Hochzeitsanzug an und begann, von seiner Marienerscheinung zu erzählen. Am Anfang achtete niemand auf ihn, er hatte weder das Auftreten noch die gewandte Redeweise eines Propheten, doch bald schon trug seine Hartnäckigkeit die ersten Früchte. Die Menschen liefen herbei, denn die Energie, die sich um die unscheinbare Gestalt im altmodischen Anzug zusammenballte, wuchs mit jedem Wort und schlug sie alle in Bann: Frauen mit vollen Einkaufstaschen, Rentnerinnen mit leeren Portemonnaies, Mütter in Sorge um ihre Kinder, schulschwänzende Gymnasiasten, Arbeitslose ohne Hoffnung, Wütende und solche, die schon keine Kraft mehr hatten, wütend zu sein. Sie lauschten Jan Kołeks Worten, und je mehr

Menschen um ihn herumstanden, desto mehr strömten herbei, die Kunde vom Propheten auf dem Wałbrzycher Markt drang in die entlegensten Winkel und bis über die Stadtgrenzen. Aus den umliegenden Dörfern reisten in Vorstadtbussen die Frauen an, von Kopf bis Fuß in knisterndem chinesischem Polyester, das Funken sprühte, wenn Hüfte an Hüfte, Schulter an Schulter rieb. Männer machten mit verächtlicher Miene Halt und gaben zu verstehen, dass sie diesen Firlefanz auf keinen Fall ernst nahmen, doch je länger sie zuhörten, desto sanfter wurden ihre Gesichter. Endlich wusste jemand, was hier vor sich ging, endlich kannte jemand das Schicksal von Andżelika und Patryk. Die Schmerzensmutter hatte Jan Kołek gesagt, sie habe die Kinder zu sich genommen. Warum? Um die Menschen für ihre Sünden zu bestrafen. Damit sie aufwachten und sich bereit machten zum Kampf mit dem Satan. Sie wolle weitere Kinder zu sich holen, so lange, bis die Menschen endlich zur Besinnung kämen. Warum gerade die Wałbrzycher Kinder? Die Bewohner von Wałbrzych seien auserwählt und würden der Schmerzensmutter bald schon danken für diese Ehre. So wie sie ihm, Jan Kołek, unter der Erde zu trinken gegeben hatte, würde sie kommen und ihnen allen zu trinken geben, und mit jedem Tropfen Wasser würden sie Hoffnung und neue Kraft schöpfen. Die Stadt würde auferstehen, schön wie nie zuvor. Was man tun solle? Beten und auf das Wort der Schmerzensmutter hören, das sie in Jan Kołek ausgesät hatte, dem einfachen Bürger und jämmerlichen Wurm. Die Schmerzensmutter werde die Kinder zurückbringen, heil und gesund, wenn die Stadtbewohner erst anfingen, ihr zum Wohlgefallen zu leben. Wenn der, der gestohlen hat, das Gestohlene zurückgibt und sich entschuldigt. Wenn der, der falsch Zeugnis gegen seine Nächsten geredet hat, seine Worte berichtigt. Wenn der Geizige seine Großzügigkeit entdeckt und der Missgünstige seine Nächstenliebe. Wenn der Hassende verzeiht. Wenn der Mörder seine Schuld bekennt, der

Verfressene mit dem Hungrigen teilt. Das Seltsamste aber war, dass Jan Kołek, als eine Reisegruppe aus dem westlichen Nachbarland auftauchte, vom Polnischen ins Deutsche wechselte, eine Sprache, die er zuvor nicht beherrscht hatte. Nun sprach er sie fließend, wenn auch etwas altertümlich und blumig. Sein Ruhm wuchs, als er mit einer Gruppe Franzosen mir nichts dir nichts französisch parlierte und – was letztendlich noch die größten Zweifler überzeugte – mit einer Gruppe Tschechen tschechisch. Seine Haare und sein Bart wurden länger, den Anzug durchnässte der Regen und befleckte Taubenscheiße. Er magerte ab, nur seine Augen glommen kohlschwarz, was um so eigenartiger erschien, als die, die ihn kannten, sich zu erinnern glaubten, er habe vorher graue und nicht besonders leuchtende Augen gehabt. Jan Kołek stand beim Brunnen und redete, während Hänseleien, Wetterumschwünge und Beschimpfungen an ihm abprallten.

Der Prophet vom Wałbrzycher Markt gewann immer mehr Anhänger und vor allem Anhängerinnen, die zu seinen Füßen Gebete für die verschwundenen Kinder und ihre eigenen Verluste sprachen. Nachtwachen wurden abgehalten, Gesänge angestimmt, Kerzen entzündet, doch Jan Kołek selbst blieb im Kreise herz-, engel- oder kreuzförmig angeordneter Grabkerzen ungerührt und in sich versunken. Er erschien jeden Morgen auf seinem Platz beim Springbrunnen und ließ sich nicht einmal dann etwas anmerken, wenn Frauen ihm Taubenkacke von der Anzugjacke kratzten, kleine Häppchen Schinkenbrot in den Mund schoben und selbstgestrickte Schals um den Hals wickelten. Ein schwunghafter Devotionalienhandel kam in Gang, den der Pfarrer der nahe gelegenen Kirche in so verworrenen und kraftlosen Worten verdammte, dass die Händler sie schlicht und einfach ignorierten und Jan Kołeks Zuhörern weiterhin eilends entworfene katholische Amulette in die Hand drückten. Die Anhängerinnen wichen ihrem Propheten keinen

Schritt von der Seite, sie wurden immer zahlreicher und traten selbstsicherer auf. Bald ging das Gerücht, im Rauschen des Springbrunnens sei das Raunen der Schmerzensmutter zu vernehmen, die Jan Kołeks Worte bestätige. Sie raune aber nur für Auserwählte und auch nicht jeden Tag. Auf einem Pressefoto beugte sich eine Frau in weißer Bluse lauschend über den Brunnen. Ich vergrößerte den Bildausschnitt. Hinter dicken Brillengläsern glänzte ihr Auge wie eine Sprotte unter Eis. Das Gesicht kam mir bekannt vor, aber ich konnte mich nicht erinnern, wo ich es schon einmal gesehen hatte.

Bald schloss sich eine wenn auch weniger fanatische, so doch ebenso zahlreiche gegnerische Gruppe zusammen, deren Mitglieder über den seherischen Bergmann und die Frauen mit ihren Kreuzen, Fotos und Butterstullen spotteten. »Alle Kołeks und Fanatiker raus aus Wałbrzych«, »Wir wollen unseren Springbrunnen zurück«, »Kreuze auf den Friedhof, Frauen an den Herd«, verkündeten die Transparente, mit denen sie über den Marktplatz marschierten, doch ihr Eifer versickerte bald in den umliegenden Bierlokalen. Schüler des Gymnasiums führten unter der Leitung eines Nachwuchstheatermachers ein ökologisches und antiglobalistisches Happening mit dem Titel »Lass dich nicht bescheißen« auf, bei dem sie eine Schmerzensmutter aus leeren Coladosen bastelten, vegetarisch kochten und Flugblätter zum Thema Recycling verteilten. Anhänger und Gegner Jan Kołeks verspotteten einander und warfen sich Beschimpfungen an den Kopf, bis es schließlich zu einem Zusammenstoß kam. Später konnte niemand mehr sagen, wer die Schlägerei angefangen hatte und wie es passiert war – jedenfalls stürzte Jan Kołek, der vom Wirbel um seine Person nichts bemerkt zu haben schien, unglücklich hin, schlug mit dem Kopf an den Brunnenrand und stand nicht mehr auf. Die Autopsie zeigte, dass er herzkrank gewesen und an einem Infarkt gestorben war, doch seine Anhänger schoben die Schuld am Tod ihres Sehers der gegnerischen Gruppe in die Schuhe. Die Gegner wiederum beschuldigten die Kołek-Anhänger der Manipulation oder warfen ihnen gar vor, Kołeks Tod selbst herbeigeführt zu haben, um den Konflikt anzuheizen. Vielleicht hatte am Ende Jan Kołek selbst die Kinder entführt und dann den Heiligen gespielt, um seine Spuren zu verwischen? Bei Kołeks Beerdigung prallten die verfeindeten Parteien wieder aufeinander. Flammende Reden und Deklarationen wurden vorgebracht, mehrere Frauen fielen in Ohnmacht, und es kam zu einem Handgemenge, bei dem eine gewisse Lidia B. eine Władysława G. so unglücklich mit einem Metallkreuz ins Gesicht traf, dass sie ihr drei künstliche Zähne ausschlug.

Die beiden verschwundenen Kinder gingen in Gebrüll und Gerangel unter, niemand konnte sich ihre richtigen Namen merken. Andżelika Mizera wurde einmal zur Aniela, dann wieder zur ganz normalen Ania, aus Patryk Miłka wurde Paweł Mikry. Das Sechswochenseelenamt für den seherischen Bergmann fand jedoch ohne die Spötter statt, und am Grab wurde erstmals der Gedanke laut, eine Statue auf dem Marktplatz aufzustellen. Eine dreißig Meter hohe Figur der Schmerzensmutter, die sich zum knienden Jan Kołek hinabbeugte, neben ihr die beiden verschwundenen Kinder. Der Entwurf stammte von der pensionierten Kunstlehrerin Stanisława Bryś, die angab, der Wille des Himmels und des polnischen Volkes habe ihr die Hand geführt. Beim Springbrunnen hatte bereits vor zwei Wochen eine große Demonstration für die Unterstützung der Idee stattgefunden, die, wie es hieß, ursprünglich von der Schmerzensmutter selbst stammte. Schon im Armeleuteschacht habe sie Jan Kołek mitgeteilt, sie wolle eine Statue genau hier, auf dem Wałbrzycher Markt, und zwar schnellstmöglich. Zweifelnde Stimmen, Jan Kołek habe nie von einer Figur gesprochen, wurden rasch zum Schweigen gebracht. Wer gegen die Statue sei, schmähe Jan Kołek, und wer Jan Kołek feind sei, der sei ein

Feind der Schmerzensmutter. Indessen hatten die Befürworter der Figur schon einen Anführer gewonnen, Jerry Swan, der als Jan Kołeks geistiger Erbe galt. Er organisierte eine Geldsammlung für die Schmerzensmutterfigur und war deren eifrigster Verteidiger. Darüber hinaus hatte er sich bislang durch nichts Besonderes hervorgetan.

In dieser Nacht, in der die Demonstration für die Figur stattfand, verschwand das letzte der drei Kinder, und zwar auf die entsetzlichste Weise, wenn sich ein so schreckliches Ereignis überhaupt noch steigern lässt. Am siebten November, nach der Gutenachtgeschichte, ging die fünfjährige Kalinka Jakubek hinauf in ihr Zimmer im zweiten Stock des Waisenhauses »Engelchenheim«, das sie mit fünf anderen Kindern teilte. Am nächsten Morgen war ihr Bett leer. Sie war wie vom Erdboden verschluckt. Als hätte sie sich in Luft aufgelöst. Informationen über die ursprüngliche Familie der kleinen Kalinka, die seit ihrer Geburt in Heimen betreut wurde, hatte ich nicht gefunden. In Archiven und Ämtern existierten die Familie und das Mädchen nicht. Aus meinen Unterlagen ging hervor, dass sie wie aus dem Nichts aufgetaucht und sofort in die Obhut anderer Menschen gekommen war. Kalinka spielte gern Verstecken, und die Erzieher suchten manchmal stundenlang nach ihr, weshalb man zuerst gedacht hatte, sie habe sich wieder einen ihrer Streiche erlaubt. Die Polizei war erst am Nachmittag informiert worden. Der Leiter des Kinderheims, ein erschüttert wirkender, großer kräftiger Mann, hielt Kalinkas Kuscheltier in die Kamera. Eine graue Plüschkatze. »Sie konnte überall reinkriechen, sich zu einem Ball zusammenrollen, sodass wir sie stundenlang suchen mussten. Kalinka! Kalinka! Und sie – keinen Mucks. In die Waschmaschine ist sie gekrochen, und wenn ich sagte: Pass auf, nachher wäscht dich noch einer mit, da lachte sie bloß. Manchmal ist sie in einem Versteck eingeschlafen, das war dann erst ein Spaß«, erzählt der Leiter des Engelchenheims im Interview.

»Sie versteckte sich immer zusammen mit ihrem Plüschkätzchen, das war schon ganz verdreckt, abgewetzt, aber sie wollte partout kein anderes, sie hat es überall mitgenommen, zum Essen, zum Baden.« Die Worte des Heimleiters über dieses Kind, das mucksmäuschenstill im Dunkeln in seinem Versteck saß, während die Erwachsenen in unmittelbarer Nähe nach ihm suchten, hinterließen aus irgendeinem Grund einen tiefen Eindruck bei mir, und ich wusste, dass ich darauf achten musste, mich nicht nur auf das schwarzäugige Mädchen zu konzentrieren.

Nach dem Verschwinden des dritten Kindes brachen sich die aufgestauten Emotionen schließlich Bahn und senkten sich als dunkle Wolke über Wałbrzych wie der Smog der Bergwerke und Kokereien, der die Stadt früher eingehüllt hatte. Erst bei Kalinka Jakubek drang das Grauen zu den Stadtbewohnern vor, es öffnete die Schleusen für die angestaute Angst und Wut, es trieb einen Keil zwischen die Menschen. Niemand hielt sich mehr länger als nötig in den Hinterhöfen auf, die Eltern brachten ihre Kinder zur Schule und holten sie wieder ab, behielten sie die ganze Zeit nervös im Blick. In den ersten beiden Fällen hatte man noch den sorglosen Betreuungspersonen die Schuld zuschieben können, aber Kalinka war aus ihrem eigenen Bett verschwunden. Die Kunstlehrerin Stanisława Bryś fügte ihrer Skizze für die Statue noch ein weiteres Kind hinzu, was die ohnehin nicht sonderlich ausgewogenen Proportionen vollends aus dem Lot brachte, und das Gerücht von der diebischen Zigeunerbande lebte mit neuer Stärke auf. In der Pocztowa-Straße kam es wieder zu Rangeleien zwischen Roma-Jugendlichen und einer Gruppe bewaffneter Halbstarker. Zwei funktionstüchtige Autos und ein kleiner Fiat, der als Hühnerkäfig diente, wurden angezündet und ein paar Fensterscheiben in Romahäusern eingeschlagen, auf beiden Seiten floss Blut.

Ich stellte die Fotografien der drei verschwundenen Kinder

nebeneinander: Andżelika, Patryk, Kalinka. Es wunderte mich, wie spärlich die Informationen waren, wie wenige Bilder es von den beiden Mädchen und dem Jungen gab. Vielleicht hatte der Täter gezielt Opfer ausgewählt, die wenig Spuren hinterließen: die Kinder der Schmerzensmutter von Wałbrzych. Andżelika Mizera aus Nowe Miasto wohnte mit fünf Geschwistern bei ihrer arbeitslosen Mutter, der Vater saß im Gefängnis. Patryk Miłka, der sommersprossige kleine Junge mit den großen Ohren, wuchs bei seiner kranken Großmutter auf, offensichtlich wollten seine Eltern ihn nicht. Über Kalinka Jakubek hatte ich noch weniger in Erfahrung bringen können. Von einem Foto mit Weihnachtsbaum blickte mir ihr ernstes Kindergesicht entgegen, umrahmt von schwarzen Haaren. Sie hatte kohlschwarze, unergründliche Augen. Warum adoptierte niemand so ein Kind? Warum hatte niemand sie gewollt? Eine Kollegin aus meiner Redaktion hatte sich jahrelang um eine Tochter oder einen Sohn bemüht und feststellen müssen, dass sehnsüchtige Elternschaftskandidaten nach gesunden Neugeborenen Schlange stehen, wobei ihre Veranlagungen geprüft werden, als hätten sie sich um den Posten des NATO-Oberbefehlshabers beworben. Ohne Warterei und Schmiergeld bekommt man ältere oder kranke Kinder angeboten. Würden alle Paare derart überprüft, bevor sie Kinder produzieren dürfen, wäre die Menschheit innerhalb von zwei Generationen ausgestorben, auch ich und Ewa wären nie auf die Welt gekommen. Ich betrachtete die Gesichter der drei verschollenen Kinder, über die ich schreiben sollte, und spürte, wie sich in meine Bedrücktheit ein winziger Kitzel der Erregung mischte, den ich zum Arbeiten brauchte. Ich musste die drei Familien besuchen und mich mit den Erziehungsberechtigten treffen, ich musste mit eigenen Augen die drei Unglücksszenarien sehen, die sogar für mich, die nie hatte Mutter sein wollen, unvorstellbar schmerzlich waren. Unsere Chefin in der Redaktion wusste, dass ich die ideale Reporterin für hoffnungslose Fälle war und selbst an Schauplätzen, wo etwas Gutes geschehen war, noch eine verbitterte alte Frau oder eine überfahrene Katze gefunden hätte, die ich zu den Heldinnen meiner Geschichte machen konnte. In diesem Jahr hatte ich eine Reportage über eine Fünfzehnjährige geschrieben, die ihr Neugeborenes getötet und in einen Rucksack gestopft hatte und dann in die Disco gegangen war. Und über einen älteren Mann, der seine verstorbene neunzigjährige Mutter unter der Küchenfensterbank eingemauert und in Frauenkleidern ihre Rente abgeholt hatte. Das Böse überrascht mich nie, verwundert mich aber immer wieder. Ich höre nie auf, mich zu wundern, und stelle deshalb die richtigen Fragen. Mein Lebensprinzip könnte einer Schweizer Bank als Reklame dienen: Tu das, was du am besten kannst. Und mach es besser. Ich hatte mir einen Plan mit mehreren Punkten zusammengestellt, jetzt war ich bereit. Morgen früh würde ich an die Arbeit gehen, aber bis dahin musste ich es noch in diesem Haus aushalten, allein mit dem roten Hans und dem Ektoplasma, das im Keller waberte.

Aus dem Schlaf gerissen

Mit einem Ruck wachte ich auf. Es war drei Uhr nachts, die Stunde der Geister, Selbstmörder und Diebe. Mein Schlaf ist immer schon leicht gewesen, etwas in mir bleibt stets auf der Hut, und deshalb schlafe ich auch nicht gern in Gesellschaft. Ein neben mir schlafender Körper, gefangen in sich selbst, wehrlos und still, erfüllt mich mit Unbehagen, da er einem toten ähnelt. Ich bekam keinen Zipfel des eben geträumten Traumes mehr zu fassen, aber das Geräusch, das mich herausgerissen hatte, hallte in mir nach. Das Knacken eines trockenen Zweiges. Sogar im Winter schlafe ich bei gekipptem Fenster, ich könnte die Nacht nicht in einem Zimmer verbringen, in dem alle Wandöffnungen geschlossen sind. Den Tag übrigens auch nicht. Aus diesem Grund hatte eine der wenigen Gelegenheiten, als Kind mit anderen Kindern zusammen zu sein, in einem Fiasko geendet. Beim ersten Pfadfinderappell im stickigen Schulkeller, wo die Anführerin die Tür schloss und den Vorhang vor dem einzigen Fensterchen zuzog, um die Stimmung zu erhöhen, pinkelte ich mir vor Schreck in die Hose und verlor das Bewusstsein. Meine Chancen auf Pfadfinderschaft und Gruppenzugehörigkeit hatten sich damit zerschlagen, und ich traute mich nie mehr zurück in die Gruft mit den künstlichen, auf einem elektrischen Lagerfeuer glimmenden Holzscheiten. »Nehmt Abschied, Brüder, ungewiss ist Pipinelkes Wiederkehr«, sang Ewa mir vor. Sie ahnte wohl, wie gedemütigt ich mich fühlte, als sie mich bei der Schulkrankenschwester abholte, wo ich, in eine Decke gewickelt, auf sie wartete. Kurz darauf kam eine Frau von der Fürsorge zu uns nach Hause, bestimmt hatte die beunruhigte Pfadfinderleiterin sie alarmiert, und befand unser fast leeres Zimmer ohne Vorhänge und Rollläden für nicht heimelig genug. »Ach, wir haben doch gerade erst rosarote, geraffte Lurexgardinen mit gerüschtem Lambrequin zum Nähen gegeben! Für solche Vorhänge war Fürstin Daisy ja berühmt, ohne sie wäre Lurex nie in Mode gekommen, Sie haben doch bestimmt davon gehört?«, brachte Ewa die Frau dermaßen aus dem Konzept, dass sie nie wiederkam und wir weiterhin unter dem unverhängten Fenster in unserem schmucklosen Zimmer einschliefen. Ohne Licht zu machen, ging ich nun zum gekippten Fenster, durch das die kalte Novembernacht in den Raum drang. Unter dem Apfelbaum, in den Nebelschwaden, die dicht geballt vom Wald herüberzogen, als wollten sie die ganze Stadt einhüllen, stand ein Mann und sah in meine Richtung. Groß und unbewegt, in dunklem Mantel erinnerte er mich an den Mann mit Ohrring, den ich im Zug gesehen hatte. Ich spürte seinen Blick, doch das Gesicht konnte ich nicht erkennen. Mir jagst du keinen Schrecken ein! Ich öffnete das Fenster und schrie in die feuchtkalte Dunkelheit hinaus, die Luft schlug Wellen, unter dem Apfelbaum stand niemand mehr. Ich beobachtete den Garten noch ein paar Minuten, aber es erschien nur eine getigerte Katze, die mich mit goldenen Augen ansah, sich beiläufig das Pfötchen leckte und verschwand. Vielleicht war sie eine dieser seismographischen Katzen, die Fürstin Daisy hier zur Wache zurückgelassen hatte. Schloss Fürstenstein lag da wie ausgestorben, doch seine mächtige Silhouette wirkte beruhigend auf mich. Der Unbekannte in meinem Garten und die Kälte, schneidend wie Eiswasser, hatten meine Schläfrigkeit restlos vertrieben. Ich neige nicht zu Halluzinationen, ich überlasse mich den düsteren Stimmungen erst gar nicht, weil ich ja ohnehin Tag für Tag in Düsternis lebe. Ohne Zweifel war jemand in meinem Garten gewesen. Es war kein Gebilde aus Ektoplasma, sondern ein Mensch, der höchstwahrscheinlich keine guten Absichten hegte. Ich wusste, dass ich nicht wieder einschlafen würde.

Also kochte ich mir eine Kanne grünen Tee und schaltete den Computer ein, um zu lesen, wie im Internet über Kalinka Jakubeks Verschwinden geschrieben wurde. Im Netz wird es nie Nacht. Worte, die früher einfach im Dreck untergegangen wären, nehmen hier die Haltbarkeit von Plastik an und überdauern für ewig in leblosem Glanz. Schon seit langem frage ich mich, ob und unter welchen Umständen dieses noch unausgegorene Böse sich in reale Gewalt verwandeln könnte. Welcher dieser getarnten Internetsurfer würde den ersten Stein werfen? Wer von ihnen auch mit eigener Hand?

Ich kam gerade recht. Eben war im Wałbrzycher Webforum neues Material eingestellt worden. Heute Nacht waren in der Pocztowa-Straße in Stary Zdrój wieder Unruhen ausgebrochen. Randalierer skandierten rassistische Slogans, schlugen Fensterscheiben ein, setzten eine Müllhalde in Brand und raubten ein Spirituosengeschäft aus. Einer von ihnen hatte angeblich ein hellhaariges Kind im Fenster eines alten Hauses gesehen, ein anderer im Auto eines Rom. Die User stürzten sich auf diese Nachricht wie eine ausgehungerte Meute auf Aas.

Schwall I

Krysia 02:35

!!!!!!1111111111111111!@#$ErsTE !!!!!!!!!!!!!!!!!!!!!!!!!!!!!!!!!!!
!!!!!!

!!!!!!!!!!!!!

TypOhneBart 02:41

scheiss dich nich an Krysia

TypMitBart 02:41

die zigeuner haben das kind verf*cktttttttttttttttttt

Benek 02:43

zigeuner verkloppen runter mit den peies

PolishKamikaze 02:44

abknallen is ja verboten … ich zahl steuern obwohl ichk eine zahle nwill … habich nix von und jetz füttern die sowas mit meinm heu durch …

Studentin 02:45

Rassist f*tze aus der platte

GanznormalesMädel 02:45

Ich persönlich bin ja keine rassistin, aber »fremde« kann ich nicht leiden.

Krätze 02:46

Respekt Mädel ich auch nicht

GanznormalesMädel 02:46

Nur als Beispiel, letztens wollte son Zigeunerbalg doch tatsächlich mein Kind ansprechen. Kann man da nichts gegen machen?!

TypischerTyp 02:49

Ich würd die Mütter bestrafen

HelleRosalia 02:50

Komm und lies in meinem Blog über Hellseherei, übernatürliche Dinge, Suche nach Vermissten usw.: rosaliasiehtdiehelle-derseele.blogspot.com

Krätze 02:54

den ganzen weibern sollte man in der f*tze chips montieren dann wär klar mit wem und wie oft und problem gelöst

Benek 02:55

f*tzenchips du fetzenschädel!!1!!1

Benek 02:56

Kastriiiieeeren und fresse poliiiieeeeeeeeeren!!!1!!! hi5

PolishKamikaze 03:00

die zigeuner sollte man rausschmeissen aus Polen denn hat schon mal jemand in einem islamischen oder zigeunischen land ne kirche gesehen?

StimmeDerWahrheit 03:03

!!!Betet zur Schmerzensmutter ihr satanische kanaille wütende horde ihr!!!!!!!!!

NeuerTyp 03:06

Aber worum geht es hier denn ich schnalls nicht? Wer entführt Kinder?

Krätze 03:06

Ein UFO boaaaah

Benek 03:07

judenweiber für matze

A-theist 03:09

ne pädophile priester bande

SexyRationalistin 03:09

Die zwei die vorher den Mond mitgehen lassen haben

Jan Kołek 03:10

Ich

TypischerTyp 03:11

Ich würd die Mütter bestrafen

UnzufriedenerPole 03:11

die polinnen sind schlampen das weiss die ganze welt in uk machen dies sogar mit den pakis

Benek 03:13

Fickt die neger die trotteligen zigeuner!11!11

Londonna 03:14

Mir ist jeder sweete Schokie lieber als die Säufer aus Sobiecin

Studentin 03:15

du blöde n*tte du blondine

Krätze 03:15

N*tte ist Hebräisch bei uns heisst das foooooooootzeee booaaaaaaaaah

Benek 03:16

Und woher kannst du häbreisch ich schneid dir die peies ab

BusinessmanUK 03:20

Ich wohn inLuton weil ich da ein kleines Geschaeft am laufen hab und eine Familie(eine polnische, keine Mischlinge ☺). Die Polinnen müssen sich nicht verkaufen, wenn die nen Schwatten zu sehen kriegen dann werden die gleich wild … dann laueft denen fast der sabber runter … ja ja polnische Frauen sind die groessten bitch auf der Welt … achja und noch was liebe damen, hoert endlich auf in den Foren zu schreiben, dass polnische Maenner nicht auf Hygiene achten, dick sind und immer nur Wodka trinken. Es hat sich ein bisschen was veraendert in unserer Menthalitaet, viele Typen gehen zum Bodybuilding und machen ganz schoen Geschaefte.

Studentin 03:22

Machst du dein kleines Geschäft oder dein grosses boooaaaaah

Benek 03:25

Alle scheissen auf uns PoLEN

Krätze 03:25

Immer obendrauf Die scheissen auf uns

MutterPL 03:26

Verkaufen unsere Kinder an Bulgarische Pädophile

TypischerTyp 03:26

Ich würd die Mütter bestrafen

UnzufriedenerPole 03:35

Kaffee Zigarettchen und WIR arbeiten dafür

Studentin 03:35

Man sollte die Zigeuner aber nicht mit den ungebildeten Rumänen verwechseln. Die sind nämlich sehr ordentliche aber arme Leute.

PolishKamikaze 03:38

..... Kein schwuchtel Zigeuner wird jemals mein Bruder sein .... no way ... reicht ja schon dassich steuern für die zahl ....

TypMitBart 03:40

Die können nichst anders als klauen, bätteln und mit entführten polnischen Mädchen handeln

PolishKamikaze 03:40

Vergewaltigen, klauen und rauben

TypOhneBart 03:40

Nie arbeiten gehn aber Mercedes fahren!!!!!

MutterPL 03:41

Verkaufen unsere Kinder an Bulgarische Pädophile

Bella 03:42

Debile faule Dreckschweine

TypischerTyp 03:42

Für mich ist nichts Seltsames daran dass der Mensch andere nicht leiden kann.

Benek 03:43

RAUSSCHMEISSEN DEN bODENSATZ!!!!1!!!!!

NeuerTyp 03:44

Vollfürnarsch ich geh schlafen

Benek 03:44

Studentin schrieb: Man sollte die Zigeuner aber nicht mit

den ungebildeten Rumänen verwechseln. Die sind nämlich sehr ordentliche aber arme Leute.

Hast du denen deinen *rsch hingehalten oder woher weisst du das?

A-theist 03:45

und wann hast du deinen letzztes mal hingehalten benek, bei der beichte?

Angep*ssterPilot 03:47

!!!!Und bei mir im treppenhaus pennt immer son obdachloser zigeuner und SCHEISST da extra nen fetten haufen hin!!!! Wenn ich die polizei ruf oder an die genossenschaft schreib dann SCHEISSEN die auf mich !!

!!!!!!!!!

Benek 03:48

Alle scheissen auf uns PoLEN

Krätze 03:48

Immer obendrauf Die scheissen auf uns

MutterPL 03:48

Verkaufen unsere Kinder an Bulgarische Pädophile

PolishKamikaze 03:49

.... Vielleicht kann mal einer schreiben was für privilegien der Polnische staat den zigeunern gibt, alle möglichen ausstattungen, hilfeleistungen u. ä ..... die den anständig und hart arbeitenden POLEN hier und im ausland nicht zustehen ...

GanznormalesMädel 03:51

Milchscheks big mäcs creme von Rossmann und wer zahlt dafür wir zahlen dafür

ProfessorHab. 03:51

... Europa und vor allem die POLNISCHE MITTE von Europa erinnern mich an das römische Reich ein paar Jahre zurückgerechnet vor dem grossen Niedergang. Ich denke, bald wird es in Europa so sein wie in Pakistan, Bangladesch und anderen afrikanischen Ländern, die Infrastruktur, die WEISSE MÄNNER aufgebaut haben wird nur noch kurze Zeit erhalten bleiben, bis auch sie irgendwann zerfällt … Muslime und Zigeuner überholen uns zahlenmässig und dann sperren sie die EUROPÄISCHEN CHRISTEN in Ghettos … Dafür sind dann vielleicht endlich die europäischen Frauen überglücklich wenn sie ordentlich durchgebumst werden von den wilden Horden … Seht euch das hier auf youtube an: DER NIEDERGANG DER WEISSEN FRAU (mit polnischem Sprecher)

Benek 03:52

hände weg von unseren frauen!!!!!11

PoleAusCroydon 03:53

Ich hatte mal ein unangenehmes Erlebnis das meine Frau es mit einem anderen getrieben hat und zwar mit einem Tschechen

Krysia 03:53

nach tschechien fahr ich kostenlos

TypischerTyp 03:54

Für mich ist nichts Seltsames daran dass der Mensch andere nicht leiden kann.

Homar 03:55

Menschen wie wir

Benek 03:55

Du vielleicht du zigeuner judentunte!!!1!!1

TypMitBart 03:55

Nie arbeiten gehn aber Mercedes fahren!!!!!

TypOhneBart 03:56

Die können nichst anders als klauen, bätteln und mit entführten polnischen Mädchen handeln

Benek 03:56

Alle scheissen auf uns PoLEN

Krätze 03:56

Immer obendrauf Die scheissen auf uns

MutterPL 03:57

Verkaufen unsere Kinder an Bulgarische Pädophile

Krätze 03:57

an jüdische

Benek 03:57

für organe

PolishKamikaze 03:58

für organe an die chinesen …

UnzufriedenerPole 03:59

wofür zum teufel brauchen die schlitzis organe?

Krätze 04:00

schlitzis fressen hunde dann fressen die auch organe booaaah

Gast 04:00

Wau, wau

StudentTechnische 04:01

Weiss jemand vielleicht einen guten Chinesen in Walbrzych?

Krätze 04:01

ein guter chinese ist ein toter chinese boaaaah

GanznormalesMädel 04:03

Ich persönlich bin ja gegen irgendwelche fremden »Diäten«, Chinesen und das ganze Kroppzeug die wissen wirklich nicht, was Menschen essen die essen statt normalem Essen irgendwelche »Absonderlichkeiten« da verderben sich die Kinder nur den Magen

MutterPL 04:03

Verkaufen unsere Kinder an Bulgarische Pädophile

StimmeDerWahrheit 04:04

!!!Betet zur Schmerzensmutter ihr satanische kanaille wütende horde ihr!!!!!!!!!!

UnzufriedenerPole 04:07

Kaffee Zigarettchen und WIR arbeiten dafür

Bella 04:07

Debile faule Dreckschweine

Londonna 04:08

ohhhijj ich wuerd mich durchnageln lassen von von nem geilen zigeuner oder araber mmmmmrrrrrrrr mrrrrrrrrrrrrrrrr rrrrrrr hot

Krätze 04:08

blas mir einen donnaaah ich bin zigeuner boooaaaaaaaahh

Benek 04:09

FFFick dich!!!! auch in den *rsch?

TypischerTyp 04:09

Schlampe Zigeunerdreck

Homar 04:09

verschwinden

KateFromEssex 04:13

Und ich bin Rassistin-wegen der Nachbarn stelle ich heute verwundert fest und ich schaeme mich nicht dafuer. Ich wohne in UK. ich kann keine Russkis, Ukrainer, Litauer, Letten leiden-keinen aus dem Ostblock. Ich kann keine Muslime leiden, und schon gar keine Bekenner des Islams. Die wollen und koennen sich nicht an Europa und die Regeln hier anpassen. Die bestehen zum Beispiel auf ihrer Religion und ihrer Kultur Aber kann man das Kultur nennen. Daher kommt der ganze Dreck und Siff auf den Strassen hier in UK! In meinem Viertel kam es auch mal zu dem falll dass ein Kind verschwunden ist und wo wurde es gefunden??? Unter dem Tisch in einem muslimischen Haus!!!!!!

POleInDerFremde 04:16

Hi ich bin auch Rassist,,,, aber aus Erfahrung und nicht wegen Vorurteilen gegen die. Ich hab schon genug Zigeuner gesehen ... bei denen zu Hause und ueberall wo sie immer sind. Andere Braeuche und Religion das reicht aus, dass ich die nicht als Nachbarn haben will ... Ich wuensche allen eine gute Nacht aus dem sonnigen Dublin☺

PoleAusMadrid 04:17

junge zigenuer terrorisieren auf den strassen von madrid junge Spanier weil sie ihnen geld rauben wollen. Wenn der Spanier sich wehrt, kommt der zigeuner mit einer ganzen rotte aehnlicher strassenjungs wieder und sie fangen eine pruegelei an. Hoechste zeit da mal ordnung zu machen,. Wenn die zigeuner in spanien mal ein kint stehlen gibts ein problem denn die lassen sich kaum unterscheiden

GanznormalesMädel 04:18

Das ist ja schon kriminell

StimmeDerWahrheit 04:18

!!!Betet zur Schmerzensmutter ihr satanische kanaille wütende horde ihr!!!!!!!!!

Homar 04:22

Menschen wie wir

Bella 04:22

Du vielleicht, WIR sind jedenfalls Polen

PolishKamikaze 04:23

..... Wer Kinder entführt hat ab an den Strick, in Wałbrzych auf dem Marktplatz Hinrichtungen wie in China Fast schade, dass Hitler den Krieg verloren hat. Er hätte das Problem in den Griff gekriegt :/ ...

Krätze 04:23

Respekt

TypischerTyp 04:24

Despekt

SexyRationalistin 04:24

Dich hätte hitler als ersten liquidiert, Kathotaliban debiler, denn Behinderte hat der ja auch weggemacht. bei den polnischen Katholen werfen die Frauen jedes Jahr, und dann züchten sie so hirnlose Rassisten, mit pimmelchen wie pistazien ... die Spiessbürgerei macht Kinder, stellt Denkmäler auf, kann aber nicht drauf aufpassen, in der Kirche sollten sie geweihte Gummis an euch verteilen … aber so ein Debiler wie du würd die ja glatt fressen wie ne hostie und noch messwein hinterherkippen

PolishKamikaze 04:25

… schade dass deine zigeunermutter dich nicht abgetrieben hat …

Studentin 04:25

Ich halts nicht aus. Ihr ungebildeten Rübenschädel bräuchtet echt einen neuen Hitler, ich bin überzeugt, wenn's den heute gäbe, dann würden dank solcher Leute wie ihr KZs entstehen. Ihr seid der idiotische letzte rassistische Dreck von Europa, ihr bringt Schande über Polen und euch sollte man auslöschen … ich hasse euch, ihr Blödschädel wie ich euch hassssssssssssssseeeeeeeeeeeeeeeeeeeee

PolishKamikaze 04:27

….. das ist kein rassismus!das ist patriotismus!dreckschweine raus aus Polen!!! …..

PolinAusCroydon 04:29

Solchen dreck wie dich kenn ich zur genuege ihr seid hier einfach nur peinlich dreckschweine fickt doch die negerinnen wenn die euch wollen hahahaha

Benek 04:30

Alle scheissen auf uns PoLEN

Krätze 04:30

Immer obendrauf Die scheissen auf uns

Angep*ssterPilot 04:34

!!!!Und bei mir im treppenhaus pennt immer son obdachloser zigeuner und SCHEISST da extra nen fetten haufen hin!!!! Wenn ich die polizei ruf oder an die genossenschaft schreib dann SCHEISSEN die auf mich!!

!!!!!!!!!

Angep*ssterPilot 04:36

Und wer wischt DIE SCHEISSE jetzt weg?!?!?!?!?!/ı/ı!/!?//

///???? Drei BRIEFe an die Wohnbaugenossenschaft und keeiinne Antwort!!!!!!!!!!!!!!!!!!!!!!!!!!!!!!!

!!!!!!!!!!!!!!!1 Sowas nennt sich Ignoranz eines rechtschaffenen Menschen!!!!!!!!!!!!!!!!!!!!!!!!!!!!!!!!111

PolishKamikaze 04:37

... zigeuner auf dem rost verbrennen und diesen ganzen siff vernichten igeuner sind eine seuche und pest Polen muss erneuert werden in UNSEREM vaterland Gewerk des Christentums ...

Vollekante 04:39

und ich will nur sgen dassich die russen hassse aber die saufköppe würden nicht malne katze entführt kriegen

Krätze 04:40

Schwarze Katze von rechts bedeutet was Schlechts doch ich bin so frei reiss ihr ein bein aus dann läuft sie auf drei

Benek 04:41

juden zigeuner viecher vergasen

Homar 04:41

retten

ProfessorHab. 04:42

Es ist allerdings wissenschaftlich bewiesen dass ein Zigeuner nicht so mordet wie ein Jude. Terroprismus, Überfälle auf humanitäre Schiffe, Hochwasser in Pakistan, TSUNAMI in Japan Challenger Katastrophe, Bankenpleite, AIDS, WTC.... liesse sich da aufzählen. Die ganze Wahrheit über die mutmasslichen polnischen Morde steht in dem Buch, das ich schreibe ... Zittert ihr Verräter des VATERLANDS Mehr zum Thema auf GOOGLE jüdische weltverschwörung oder jüdische machenschaften (nur auf polnisch)

Benek 04:43

Jüdishe matze Kkindermord in betlehm

GeileSau 04:43

ich kinderfick dich gleich Benk

Benek 04:45

Ab nach palästina zigeunerf*tze!!!11

Krätze 04:45

Zigeuner Kommt zum grillen!!!!1!1!booaaaah

PolishKamikaze 04:46

… tritt innen *rsch und unter die Erde Dawrins … gesetz

Benek 04:47

In die gaskammer mit denen in die gaskammer

Angep*ssterPilot 04:48

Und wer wischt DIE SCHEISSE jetzt weg?!?!?!?!?!/1/1!/!?// ///???? Ich ruf da an, schreibe, dass eine Endlösung für das Scheissproblem gebraucht wird, die ignorieren mich und ihr ignoriert mich auch

Doktor 04:48

Der Nächste bitte!

Benek 04:48

Alle scheissen auf uns PoLEN

Krätze 04:49

Immer obendrauf Die scheissen auf uns

Angep*ssterPilot 04:50

UND DIE SCHEISSE frage ich Wer wischt DIE SCHEISSE weg?!?1?1?1?1/1/1!/!?/??////???????????????????????????????????? ????????

Angep*ssterPilot 04:51

SCHEISSESCHEISSE SCHEISSESCHEISSESCHEISSE SCHEISSE SCHEISSESCHEISSESCHEISSESCHEISSE-SCHEISSE

UnzufriedenerPole 04:52

Kaffee Zigarettchen und WIR arbeiten dafür

TypMitBart 04:53

Die können nichst anders als klauen, bätteln und mit entführten polnischen Mädchen handeln

PolishKamikaze 04:54

Vergewaltigen, klauen und rauben

TypOhneBart 04:54

Nie arbeiten gehn aber Mercedes fahren!!!!!

MutterPL 04:55

Verkaufen unsere Kinder an Bulgarische Pädophile

Bella 04:55

Debile faule Dreckschweine

Benek 04:56

RAUSSCHMEISSEN DEN bODENSATZ!!!!ı!!!!!

Angep*ssterPilot 04:57

VVVVVVVVVVVVVVVVV

!!!!!!!!!!!!!!!!!!!!!! EEEEEEEEEEEEEEEEERRRRRRRRRDDDDDDDDDDD!!!!!!!!!!!!!AAAAAAAAAAAAAAAAAAAAAMMMMTTTTTEEEEEEE!!!!!!!!SCHEEEEEEEEEIIIIISSSSSEEEEEEEEE!!!!!!!!!!!AAAAAAAAAAAAAAAAAAAAAAAAAAAAAAAAAAAAAAAAAaaaaaaaaaaaaaaaarghhhhhhhhhhhhhhhhhhhh!!!!!!!!!!!!!!!!!!!!!!!!!!!!!!

Homar 04:57

Hallo Alicja.

Eine Weile starrte ich ungläubig auf den Bildschirm. Der graue Schein der Morgendämmerung sickerte in die Küche, glänzend wie Quecksilber. Von den undichten Fenstern zog es kühl herüber.

Homar 04:58

Dich meine ich, Alicja. Ich habe lange gewartet

Gast 04:58

fickt euch geht auf sex kamera

Ich legte die Hände auf die Tastatur und tippte:

Alicja 05:00

Wer bist Du?

Waldlauf

Ich wartete noch zehn Minuten vor dem Bildschirm, erfuhr aber nichts weiter von Homar. Im Forum wurde es still, alle gingen schlafen, ließen vom zerfledderten Aas ab. Mich beschlich das unabweisbare Gefühl, dass ich eigentlich wissen müsste, wer mein Gesprächspartner im Netz war. Doch mir fiel niemand ein, in dessen Herzen ich einen so tiefen Eindruck hinterlassen haben könnte, dass er bis heute lebendig war. Weder hatte ich jemals auf jemanden gewartet noch jemand auf mich. Und doch hatte Homar mich angeschrieben, und vielleicht war er es ja, der mir in dieser Nacht in meinem Garten aufgelauert hatte. Ich hatte einen steifen Nacken, meine Muskeln verlangten nach Bewegung. Normalerweise lief ich zehn Kilometer täglich. Diese Stunde Freiheit, in der ich meinen Körper und seine Kraft spürte, ließen mich den nächsten Tag überstehen, die nächste Nacht, die nächste schmerzhafte Geschichte, die mir jemand erzählte, ein Verständnis einfordernd, das ich mit mir herumtrug wie ein Arzt sein Stethoskop, und Hilfe, die ich oft nicht leisten konnte. Ich wusste, dass die Welt voll war von Kellern wie dem von Josef Fritzl und dass die meisten davon für immer verschlossen blieben, dass Menschen und Tiere in ihnen umkamen. Ich war bloß Reporterin, meine Arbeit bestand darin, Geschichten zusammenzutragen und sie unter die Leute zu bringen. Ich helfe fremden Geschichten auf den Weg, damit sie allein zurechtkommen, darin erschöpft sich meine Rolle. Diese Weisheiten wiederholte ich mir wie ein Mantra, und genauso oft zweifelte ich an ihnen. Dann fühlte ich mich hilflos und schwer wie ein Stein. Wenn ich lief, löste der Luftstrom meine Muskeln, die Anspannung nahm ab, und ich war wieder die alte Alicja Panzertier. Plötzlich überfiel mich Sehnsucht nach meiner Warschauer Wohnung, in der ich mich erst vor zwei Jahren niedergelassen hatte, um meiner Irrfahrt durch gemietete Zimmer voller fremder Gegenstände und Spuren anderer Leben ein Ende zu setzen. Bevor ich die wenigen Sachen auspackte, die es mitzunehmen lohnte, setzte ich mich auf den Boden und strich über das ebenmäßige Weißeichenparkett. Es hatte keine Ritzen, aus denen man einen Deutschen oder Juden hätte ausgraben können. Ich wohnte jetzt in der Nähe der Weichsel, in einem neuen Wohngebiet am südlichen Stadtrand, und lief jeden Tag durch Kohl- und Sonnenblumenfelder am Fluss entlang. Wenn ich wegfuhr, hatte ich meine Sportkleidung immer dabei. Nun zog ich mich rasch im Bad um. Ich wollte Homar nicht zeigen, dass ich Angst hatte, allerdings wollte ich ihm auch nicht die Befriedigung verschaffen, mich sehen zu können, während ich ihn nicht sah, falls er sich noch in der Dämmerung versteckte. Im fleckigen Badezimmerspiegel sah ich seltsam jung aus, kein Fältchen zwischen den Augenbrauen. Ich band meine Haare zusammen, zog mir eine Mütze tief in die Stirn und tauchte in den eisigen Nebel ein, der mich verschluckte, kaum dass ich aus der Tür getreten war.

Der Trampelpfad führte zwischen betagten Buchen und Schneeballbüschen in das graue Gewölk des Waldes beim Schloss. Das letzte Mal war ich vor fünfzehn Jahren hier gewesen. Nun begleitete mich die damalige Alicja wie ein Schatten aus Tränen und Kohlenstaub und hielt mit mir Schritt, obwohl sie viel schwächer war, unbeirrbar fanden meine Füße ihre Fußstapfen unter der welken Laubschicht. Damals, ein paar Tage vor der Abgabe meiner Magisterarbeit, hatte ich gerade von Vaters Tod erfahren, und mein damaliger Freund Radek, ein dunkelhaariger, magerer junger Mann, der wunderschöne Gedichte schrieb – oder wenigstens schienen sie mir damals so –, brachte mich mit seinem Motorrad aus Wrocław hierher.

An seinen Rücken geschmiegt, hätte ich am liebsten für immer im Rausch dieser Geschwindigkeit verharrt, immer auf Reisen, während die blutbeerenrote Sonne tief am Horizont stand. Als wir in Wałbrzych ankamen, umarmte und drückte mich Herr Albert fest, und ich begriff sein melodramatisches Verhalten erst, als er »Geh zu deinem Vater« sagte und die Tatsache zu mir vordrang, dass ich keinen Vater mehr hatte, dass ich allein zurückgeblieben war, die einzige Überlebende der Familie. Alicja, das Überbleibsel. Die Begräbnisfeier organisierte Herr Albert, und heute bin ich ihm dankbar für die Zigeunermelodien, die damals für den zerschundenen Körper gespielt wurden, aus dem Vaters Seele sich ins Jenseits aufgemacht hatte, auch wenn ich weder an ein Leben nach dem Tod noch an die Seele glaube. Herr Albert holte Vaters Leichnam aus der Leichenhalle nach Hause, und er war es auch, der beschloss, dass wir ihn so verabschieden würden, wie sie es im Osten taten, von wo ihre Familien stammten. Als sie nach dem Krieg in die Wiedergewonnenen Gebiete kamen, zogen meine Großeltern und Herrn Alberts Eltern in zwei benachbarte Häuser ein, obgleich sie zuvor ein gesellschaftlicher Abgrund getrennt hatte. Herrn Alberts Mutter trug bis an ihr Lebensende ein geblümtes Kopftuch, und auch ihre singende Sprechweise hat sie nie abgelegt. Meine Großmutter, eine prinzipientreue und kalte Frau, die mir das energische Kinn und die Ordnungsliebe vererbt hat, konnte bis ans Ende ihrer Tage nicht verwinden, dass sie nun ihre nächste Umgebung mit Menschen teilen musste, die sich früher nicht einmal in dieselbe Kirchenbank zu setzen gewagt hätten. Sie starb vor meiner Geburt, doch Ewa erinnerte sich vage an sie und ahmte ihren dünkelhaften Tonfall nach. Trotz der Abneigung meiner Großmutter gegen das gemeine Volk freundeten Vater und Herr Albert sich an, und diese Freundschaft hatte Bestand. Nicht lange vor Vaters Tod haben sie sich zerstritten, worüber keiner der beiden mit mir sprechen wollte. Doch Herr Albert bewies seine Verbundenheit, indem er sich nach dem Unfall um alles kümmerte und für mich sorgte. Vater war im Geröllhagel umgekommen. Er hatte in einem unterirdischen Gang unter Schloss Fürstenstein eine verschüttete Stelle per Sprengung freiräumen wollen, dabei stürzte die Decke ein und zertrümmerte ihm Wirbelsäule und Beine. Als nach der Trauerzeit die Erstarrung wich, schämte ich mich dafür, dass es mich erleichterte, außer Vater keine Familie mehr zu haben, denn wenn es mir gelänge, mich an keinen Menschen mehr zu binden, würde ich nie wieder jemanden verlieren.

»Du musst jetzt stark sein«, hatte mir Herr Albert geraten, als ich nach der Beerdigung aus Wałbrzych abfuhr, und ich nahm ihn beim Wort.

Ich war vierundzwanzig, als mein Vater starb, eine magere junge Frau, die zu viele zu starke »Carmen«-Zigaretten rauchte und wegen nicht auskurierter Erkältungen ständig hustete. Obwohl ich fast knochig wirkte, hatte ich weiche Oberschenkel und ein Speckröllchen am Bauch. Ich hielt mich für hässlich und plump. Nach Wrocław kehrte ich nur zurück, um meine spärlichen Habseligkeiten zusammenzuraffen und der Vermieterin den Schlüssel zurückzugeben. Mein Zimmer in ihrer alten Villa in Krzyki ließ sich nur durch die Garage betreten und war so feucht, dass sich unter der Decke ein seltsamer, im Dunkeln schillernder Pilz ausbreitete. Ich nahm den nächsten Zug, den ich am Hauptbahnhof erreichte, und fuhr nach Warschau. Dort fand ich ein Zimmer in einem baufälligen Holzhaus in der Siedlung »Freundschaft«, die sowjetische Bauarbeiter bewohnt hatten, während sie den Kulturpalast errichteten. Fünf Monate lang verkaufte ich überbackene Baguettes in einer Imbissbude am Warschauer Hauptbahnhof, dann bekam ich eine Stelle bei einer Zeitungsredaktion angeboten. Jeder junge Journalist träumte damals davon, und ich war eine Zugereiste ohne jegliche Vorleistungen oder Beziehungen. Am Anfang war die

Bezahlung so schlecht, dass ich bei den acht anderen Bewohnern im Haus in der Freundschaftssiedlung bleiben musste. Es schien mir eine Ironie des Schicksals, dass ich mich so weit von Wałbrzych entfernt hatte, nur um mit anderen Entwurzelten in einem übrig gebliebenen Haus zu leben. Wir waren Herumirrende, die nichts als einen Rucksack besaßen, keiner von uns hatte eine Wohnung in guter Lage oder sonst etwas geerbt, keiner hatte einen Namen, der Tür und Tor öffnete, doch außer diesem Mangel und dem Wunsch, ihn zu beheben, verband uns nichts.

In der Freundschaftssiedlung fing ich mit dem Laufen an. Eines Novemberabends verließ ich meine Baguettebude, ein Ketchup-Fleck prangte wie eine Stichwunde auf meinem Bauch. Es war ein schlimmer Tag gewesen, lauter gereizte Kunden, wie sie täglich, eher von Wut als von Hoffnung getrieben, in die Stadt kamen. Ein Geschäftsmann, dessen von glänzendem Anzugstoff umspannter Leib zwischen seinen Mantelaufschlägen schimmerte wie ein angriffslustiges Reptil, beschimpfte mich, meine Ablösung kam zu spät, und der veraltete Baguettegrill, der bisher nur dank einem Wunder nicht alles unter Strom gesetzt hatte, brannte durch. In unserem Haus war die Heizung ausgefallen, meine Mitbewohner betranken sich in der schmutzigen Küche und nahmen keine Notiz von mir. Ein Gefühl der Niederlage und Machtlosigkeit ergriff mich, ich hatte nichts und niemanden mehr. Mein Leben schien mir keiner weiteren Bemühungen mehr wert zu sein, und wenn ich von einem Hochhaus in Jelonki springen würde, so dachte ich, würde ich nichts zurücklassen, was es zu erhalten lohnte, und niemanden, der über meinen Tod verzweifelte.

Ohne Jacke, in alten Turnschuhen, Pullover und Hose, der Kluft, die ich in der Baguettebude getragen hatte, trat ich vors Haus und merkte, wie der fettige Gestank von billigem Käse und Ketchup sich um mich herum in der spätherbstlichen Luft verbreitete, ich stellte mir vor, dass der Luftstrom zwischen dem zehnten Stock und dem betonierten Gehsteig diesen Geruch aus meinen Haaren blasen würde. Auf dem Weg zu den Wohnblocks in Jelonki ging mein rascher Schritt unvermittelt in Laufen über, als hätte mir jemand einen Schubs gegeben. Da ist noch etwas anderes, schoss mir durch den Kopf, und bis heute scheinen mir diese Worte am treffendsten zu sein für das, was damals geschah. Da war noch etwas anderes. In mir, dem nach frittierten Baguettes stinkenden Überbleibsel, erwachte noch etwas anderes, und dieses Etwas wollte ich retten. Von noch etwas anderem durchdrungen war auch die Luft, ja, die ganze Welt mit ihren Abgasen, ihrer Novemberfeuchte und der Hundescheiße auf den Rasenflächen. Ich rannte zwischen den Holzhäusern hindurch, unbeholfen und schwerfällig, in meiner Kehle sammelte sich klebriges Sekret, meine Körpermitte schien eine widerliche Kugel aus Galle und Fett zu sein, und Arme und Beine schwangen in unterschiedlichem Rhythmus. Doch ich gab nicht auf. Irgendetwas trieb mich an. Noch in derselben Nacht schrieb ich einen Text über die Kundschaft von Imbissbuden und reichte ihn bei der Redaktion einer Zeitung ein, für die ich arbeiten wollte. Die schöne rothaarige Sekretärin sah mich mit einer Mischung aus Mitleid und Belustigung an, denn damals, vor Anbruch des Internetzeitalters, sprachen täglich scharenweise Leute mit Manuskripten unter dem Arm vor. Nach drei Tagen rief mich die Leiterin des Reportageressorts an, die während der folgenden Jahre zusehen würde, wie aus dem Überbleibsel von der Baguettebude Alicja Panzertier wurde. Ich habe ihr nie gesagt, dass sie mir das Leben gerettet hat, aber ich habe sie auch nie enttäuscht. Manchmal stellte ich mir vor – und diese Tagträume stürzten mich in Verlegenheit –, sie sei meine Mutter.

Ich lief nun regelmäßig, weil ich verstehen wollte, was mir an diesem Abend widerfahren war. Am Anfang war jeder Kilometer eine Anstrengung, und danach hockte ich in der Dusche, weil ich im Stehen umgefallen wäre, aber nach einigen Wochen fanden meine Arme und Beine einen gemeinsamen Rhythmus und es stellte sich heraus, dass sich unter meiner weichlichen Physis mit den spitzen Knien und Ellbogen ein starker, harter und schneller Körper verbarg.

Ich lief über die Wege zwischen Betongebäuden, die wie monströse, den Naturgewalten ausgelieferte und auf das Verderben ihrer nichtsahnenden Passagiere zutreibende Schiffe in der Dunkelheit lagen. Nach der Abenddämmerung wagte sich in diesem Warschauer Stadtteil niemand mehr auf einen Spaziergang hinaus, aber bei der Teppichstange standen manchmal Grüppchen junger Männer, deren Blicke und provozierende Zurufe ich nicht leiden konnte, so wenig wie die Mischung aus Aggression und Angst, die sie in mir weckten. Ich wurde beim Laufen immer schneller, doch je stärker ich mich fühlte, desto schlechter ertrug ich die Angst, die in mir aufkeimte, sobald ich Schritte hinter mir hörte. Es war nicht nur die drohende körperliche Gewalt, sondern etwas Unaussprechliches, das in der Luft lag wie das Ektoplasma aus Ewas Geschichten. »Katzenfresser«, der Name fiel mir wieder ein, den sie sich eigens für mich, die neugierige kleine Schwester, ausgedacht hatte, um das zu benennen, was sie quälte. Die Katzenfresser lauerten in Jelonki, ich spürte ihren Atem. »Ich kann nur schwer erklären, was sie sind«, sagte meine Schwester. »Sie existieren wirklich, aber wenn ich sage, dieser oder jener ist ein Katzenfresser, so ist das zu wenig. Sie sind nie einfach nur Herr X oder Frau Y. Sie sind wie Pflanzentriebe in der Erde. Sie können schlafend den Winter überdauern, sie können im Feuer überleben.« Ich begann zu begreifen, was meine Schwester meinte.

Meine erste große Reportage handelte von einer alten Frau, die streunende Katzen fütterte und in Jelonki nur die »Wilde Baśka« genannt wurde. Manchmal, wenn ich kreuz und quer durch das Betonviertel zwischen Lazurowa- und Powstańców-Śląskich-Straße lief, sah ich ihre kleine einsame Gestalt mit einer karierten Plastiktasche voller Essen für heimatlose Tiere. Aus unerfindlichen Gründen erschien mir ihre Gegenwart von Beginn an beruhigend, so als hielte diese Frau im nächtlichen Dunkel der Betonsiedlung die Waagschalen im Gleichgewicht, mit mir in der einen und den bedrohlichen Schatten der Katzenfresser in der anderen. Zumindest hätte ich gern geglaubt, dass diese Aufteilung so einfach und offensichtlich war. Ich erkannte sie immer schon von weitem, wenn sie plötzlich wie ein Nachtfalter im Lichtkegel einer Laterne auftauchte. Ungeachtet der Jahreszeiten trug sie einen kurzen katzenfellgrauen Mantel und sportliche rosa Stoffschuhe, die sicher von den Müllhalden stammten, die sie eifrig und nicht ohne Vergnügen durchsuchte. »So viele gute Sachen, so viele gute Sachen, und alle gehen sie hops«, murmelte sie, über alte Lumpen, Papierfetzen, Büchsen gebeugt. »Sie kaufen und kaufen, und auffressen können sie's doch nicht, fette Bäuche, große Mäuler, hohle Schädel«, schimpfte sie vor sich hin. In den Taschen der Wilden Baśka knüllten sich Plastiktüten, Trockenfutter rieselte heraus und zeichnete ihre nächtliche Bahn nach. Sie sprach mich als Erste an. »Muttergöttchen, nu mal flöttchen!«, rief sie mir hinterher und lachte krächzend. Sie hatte kleine spitze Zähne. Von da an machte ich immer Halt, um kurz mit ihr zu reden oder ihr dabei zu helfen, ein Kellerfenster zu öffnen. Ich bewunderte höflich ihre Fundstücke vom Müll, die sie mir voller Stolz zeigte, und lehnte diplomatisch Gaben in Gestalt angebrochener Leberwurstkonserven oder Butterkekse ab. Die Wilde Baśka trug stets eine große, bis fast über die Augen reichende Wollmütze, die mit Zeitungen ausgestopft war und ihr einmal das Leben gerettet hatte, indem sie den Schlag eines Baseballschlägers abmilderte. Die Halbwüchsigen von der Teppichstange hatten die Wilde Baśka, die einen misshandelten Kater vor ihnen retten wollte, so schwer verprügelt, dass sie für eine Woche ins Krankenhaus kam. Keiner von ihnen wurde je zur Rechenschaft gezogen. Auf meine Frage, warum sie nichts unternahm, sagte Baśka nur: »Das Böse vermehrt sich wie die Kakerlaken, erschlägst du eine, kommen sechs.« Ich erinnere mich an ihr runzliges Mädchengesicht, das blutunterlaufene, geschwollene Auge, die genähte Lippe und das rasierte Stück Kopfhaut, auf dem ein Verbandspflaster klebte wie ein extravagantes Hütchen. Nach meiner Reportage meldeten sich scharenweise freiwillige Helfer bei ihr, mit Taschen voller Katzenfutter, alten Decken und jeder Menge Spinnigkeit, die sich in einigen Fällen zu echter Hingabe an die Katzen entwickelte. Als ich vor kurzem zur Wilden Baśka fuhr, wurde mein Toyota von denselben halbwüchsigen Schlägern demoliert, die die Katzenfrau beinahe umgebracht hatten. Beim Betreten des Hochhauses spürte ich ihre Blicke auf mir.

Die Erinnerung an die Wilde Baśka machte mich leichter, ich verspürte eine Aufwallung von Kraft, als ob ihr Geist mich zum Laufen anspornte. Nach meiner Rückkehr würde ich sie wieder in ihrer von Katzen wimmelnden und dennoch erstaunlich sauberen kleinen Wohnung besuchen. Ich fuhr einmal im Monat zu ihr nach Jelonki und brachte ihr Essen, für Katzen und für Menschen, denn Geld hätte die Wilde Baśka bloß verloren oder weitergeschenkt. Am liebsten hatte sie süße Kondensmilch in der Tube, die sie sofort aussaugte. »Katziumke, mein Mädchen, katziumke«, sagte sie, »so viel liebes Viehzeug ist zusammengekommen, seitdem du das geschrieben hast«, und ich weiß nicht, ob sie mit »Viehzeug« die Freiwilligen meinte oder neue heimatlose Katzen oder beides. Die Wilde Baśka sagte nicht »danke«, sondern »katziumke« (für die Existenz dieses Wortes konnte ich keinen Beweis in irgendeiner menschlichen Sprache finden) und tischte mir jedes Mal eine neue verrückte Geschichte auf, in der Katzen und Menschen ebenbürtig miteinander kommunizierende Wesen waren. »Sie haben mir schon gesagt, dass du kommst«, verkündete sie, wenn sie die Tür öffnete, und auf meine ironische Erwiderung, bei mir seien die Katzen immer außerordentlich schweigsam, schüttete sie sich aus vor Lachen, bis sie einen Schluckauf bekam. Auf dem Tisch standen eine altmodische Kanne, zwei Teetassen und zwei Kuchenteller sowie eine Schale mit Butterkeksen, und diese Geste der Gastfreundschaft rührte mich so sehr, dass ich sogar bereit gewesen wäre, Kekse aus der Mülltonne zu essen. Bei meinem letzten Besuch sah die Wilde Baśka bedrückt aus, und anders als sonst konnte sie nicht einmal der Anblick mehrerer Tuben Kondensmilch aufheitern. »Sie sind überall, die Katzen spüren sie«, flüsterte sie. »Sie fressen uns, wenn wir nichts dagegen tun, mein Mädchen, sie fressen uns und sagen nicht einmal katziumke.« Ich dachte, die Wilde Baśka spräche von der Ungezieferplage, die Jelonki wie auch alle anderen, noch keiner postkommunistischen Kosmetik unterzogenen Plattenbausiedlungen in regelmäßigen Abständen heimsuchte.

Als ich nun durch den milchig eingehüllten Wald am Fuße von Schloss Fürstenstein lief, kam mir der Gedanke, sie könnte mich auf ihre Art vor einer viel ernsteren Gefahr gewarnt haben.

Meine Füße federten weich auf dem Waldboden, der mit Blättern und Bucheckernhülsen bedeckt war. Ewa hat Bucheckern geliebt, und ich erinnerte mich an den herben Geschmack, den ich seit Jahren nicht mehr gekostet hatte. Mit einem Mal drang die offensichtliche Wahrheit zu mir vor, dass ich mich an allen Orten der Welt nach dieser Landschaft zurückgesehnt hatte, mit dem unstillbaren Verlangen nach etwas Verlorenem. Mir wurde bewusst, dass ich alle meine Reisen wie unter Zwang stets für meine Schwester unternommen habe, weil ich geglaubt hatte, ich würde mich weniger leer und einsam fühlen, wenn ich mir das ansehen würde, was sie immer hatte sehen wollen. Der Trampelpfad endete im Dickicht, die Bäume standen hier sehr dicht, und obwohl der Morgen schon heraufgezogen war, herrschten Dämmerlicht und Stille. Nicht einmal Vögel waren zu hören, so als wäre ich das einzige lebende Wesen inmitten der alten Bäume und Schneeballsträucher und Rhododendren, die Fürstin Daisys Lieblingsgewächse gewesen waren. Durch die dichten Kronen der Buchen war der Himmel nicht zu sehen, nur schwaches, blässliches Licht sickerte ein. Ich wusste, dass das kein gewöhnlicher Wald war, davon hatten mir Vater, Herr Albert und auch Ewa erzählt, die auf ihrer Suche nach Fürstin Daisys Perlen alles über diese Gegend las, was es in der Bibliothek unter den Atlanten zu lesen gab. Der Wald, durch den ich lief, war Teil eines Komplexes, den die Nazis mit dem Kryptonym »Riese« belegt hatten. Mehrere Konzentrationslager gehörten dazu, die dem Lager Groß-Rosen untergeordnet waren und sich im Eulengebirge und auf Fürstenstein befanden. Durch diese Lager waren dreizehntausend jüdische Gefangene gegangen, größtenteils aus Ungarn und Polen, fünftausend davon sind umgekommen und ruhen in dieser Erde. »Das Ektoplasma sind die unruhigen Seelen der Ermordeten«, behauptete meine Schwester. Kurz vor Kriegsende ließen die Deutschen die Gefangenen einen Korridor unter Schloss Fürstenstein anlegen, was streng geheim bleiben musste. Von den Arbeitern, die für den Bau des Korridors abgestellt wurden, durfte niemand überleben. Ewa jagte mir Angst ein, indem sie behauptete, dass sich in Sabbatnächten das Ektoplasma um Schloss Fürstenstein verdichtete, dass um halb drei Uhr morgens Scharen durchscheinender Gestalten mit roten Augen aus dem Wald strömten, die Hauswände erklommen wie Spinnen, an die Fenster klopften, in die Keller krochen, von unten an die Fußböden hämmerten und um ein Glas Wasser, ein Stückchen Brot, Papier und Bleistift baten, aber niemand ihre Stimmen hören könne. Wir legten Brot für die jüdischen Geister auf unserer Fensterbank aus, und ich atmete immer auf, wenn es verschwunden war, auch wenn mir der gesunde Menschenverstand sagte, dass eine Ratte oder ein Vogel die Krumen gefressen haben musste.

Der Pfad wand sich hügelaufwärts, und ich ahnte ihn mehr unter meinen Füßen, als dass ich ihn sah, er war zugewuchert und selten begangen, Spinnweben legten sich über mein Gesicht. Ich lief bis ganz oben zum flachen, kahlen Gipfel. Durch die tiefhängenden Wolken kämpften sich die Sonnenstrahlen, und das Dunkel zwischen den Bäumen schien unwirklich wie ein lange zurückliegender Traum, der Wald flammte rot und golden. Von hier aus konnte ich das Schloss sehen, seine drei in verschiedenen Epochen erbauten Flügel gingen ineinander über und bildeten ein majestätisches und imposantes, dabei aber nicht erdrückendes Ganzes. »Es ist einfach das schönste, Alicja«, hörte ich wieder Vaters Stimme. Das schönste Schloss der Welt, daran hatte Vater nie gezweifelt, auch wenn es ihm nicht gelang, sein Geheimnis zu ergründen. An den Wänden rankte herbstlicher Efeu, und es wirkte, als züngelten Flammen am Gebäude, die vom glühenden Wald bis an seine Mauern emporgekrochen waren. Vor meinem inneren Auge blitzte für einen Moment das Bild eines Lagerfeuers im großen Schlosshof auf, so deutlich, dass ich den Brandgeruch wahrzunehmen vermeinte. Vielleicht hatte meine Schwester mir einmal eine Geschichte erzählt, von der mir ein Bruchstück im Gedächtnis geblieben war, eines von vielen kleinen Teilchen ihrer versprengten Geschichten. »Hier ist Daisy gern spazieren gegangen, Kamelin«, Ewa ahmte mit Hingabe den gemessenen Schritt der Dame nach, wedelte sich mit einem imaginären Fächer Luft zu. »Im Sommer trug Fürstin Daisy Brabanter Spitze, im Winter Merinowolle, und im Herbst sammelte sie Kastanien«, meine Schwester hörte sich so an, als wäre sie die ständige Begleiterin der letzten Herrin von Fürstenstein gewesen. Ich sah hinüber zum Schloss und dachte an Ewa, wie sie eine rotbraune, glänzende Kugel aufhob und sich freute, wenn sie ein »Buttertöpfchen«

gefunden hatte, eine Kastanie mit flacher Oberseite, die in der Schale dicht neben ihrem Zwilling gelegen hatte. Sie half mir, Kastanientiere mit Beinen aus Streichhölzern zu basteln, und mich überkam eine seltsame Traurigkeit, wenn ihre glänzenden Bäuche und Köpfe nach wenigen Tagen verschrumpelten und alterten. »Irgendwo hier«, sagte Ewa und klopfte auf den Boden, »sind Fürstin Daisys Perlen versteckt. Leg dein Ohr an die Erde und hör genau hin, manchmal singen die Perlen in der Dunkelheit, so behalten sie ihren Glanz.« Sie legte einen Finger an die Lippen. »Hörst du es?« Wenn ich mich hinkniete, um am Erdboden zu lauschen, begann meine Schwester zu summen.

Bis heute ist nicht bekannt, wo die letzte Herrin von Schloss Fürstenstein ruht. Die Russen, die hier im Mai 1945 einmarschierten, suchten verbissen nach ihrem Grab, in der Annahme, sie sei mit ihren berühmten Perlen beerdigt worden. Doch ein getreuer Diener der Fürstin, über den viele Legenden in Umlauf sind, hatte ihren Leichnam zuvor an einen anderen Ort gebracht und versteckt. Man weiß nicht, wer er war, und allen Nachforschungen zum Trotz wurde Fürstin Daisy bis heute nicht gefunden. Ihre symbolische Grabstätte, ein kleines Mausoleum am Fuße des Schlosses, ist leer. Abenteurer wie mein Vater irren bis zum heutigen Tag mit vergilbten Landkarten zwischen den Bäumen umher und zählen nach geheimen Chiffren ihre Schritte, trotzdem ist noch niemand auf eine sichere Spur gestoßen. Im Frühling blühen im ganzen Wald die Rhododendren, und als das Gerücht sich verbreitete, dass unter einem der Büsche Daisys Halskette versteckt sei, rissen die Leute viele Pflanzen aus. Doch wie durch ein Wunder tauchten an denselben Stellen neue Rhododendronbüsche auf und erblühten im Frühling in alter Pracht. Die Geschichte von Schloss Fürstenstein und seiner Herrin hatte mich schon immer fasziniert. Fürstin Daisy ließ mich nicht los, weil ich dachte, wenn ich nur das Geheimnis ihres Zaubers ergründen würde, könnte ich verstehen, was meine Schwester fühlte und wonach sie sich sehnte. Durch Ewas Geschichten nahm Daisy, die lange vor meiner Geburt starb, für mich eine so reale Gestalt an wie für andere Kinder ihre Onkel und Tanten. Ewa konnte stundenlang von ihr reden, von Bällen und Schlittenfahrten, Kleidern und Liebschaften, nie jedoch sprach sie von unserer Mutter, an die sie sich, anders als ich, schließlich erinnern musste. Wenn ich sie bat: »Erzähl mir von Mama«, alberte sie herum, stellte sich auf alle viere und rief »Sitz auf, Pipinelke!«, sodass jeder Gedanke an unsere Mutter im Kamelgetrampel unterging.

Zwischen den Bäumen regte sich etwas, das ich für ziehende Nebelschwaden oder das geriffelte Dunkel von Baumrinde hielt, bis mir bewusst wurde, dass ich nicht allein war. Vom unteren Rand der Lichtung, die immer noch in dichtem Grau versank, beobachtete mich jemand. Es trennten uns gut fünfzig Meter, ich lief auf die Gestalt zu, doch im Nebel, der den Wald durchflutete, vergrößerte sich die Entfernung mit einem Mal, als herrschten hier andere Gesetze von Raum und Zeit. Ich rannte hügelabwärts, folgte einem kaum sichtbaren Pfad, der sich bald im gelblichen Gras verlor, und meinte immer noch einen Rücken vor mir zu sehen, schnelle Schritte zu hören. Doch der Abstand verringerte sich nicht, die Luft leistete Widerstand wie in einem Alptraum, in dem man rennt und doch nie sein Ziel erreicht.

»Stehen bleiben!«, rief ich. »Wer bist du?« Doch zu spät, die Gestalt war schon verschwunden, und ich hörte nur meinen eigenen Atem.

Ich kehrte später zurück als geplant, da ich den Pfad nicht wiederfand und eine halbe Stunde durch den Wald irrte. Als ich zum Haus kam und die schwingende Gartenpforte sah, wusste ich sofort, dass jemand hier gewesen war oder sich sogar noch beim Haus aufhielt und mich im Nebel verborgen beobachtete. Auf der Fußmatte lag eine Barbiepuppe. Sie sah aus wie im Backofen verschmort.

Suche die Ungeliebten

Die Erste, mit der ich mich zu einem Treffen verabredete, war Barbara Mizera, die Mutter der kleinen Andżelika. Der Mann vom Autoverleih, mit dem ich zuvor telefoniert hatte, brachte mir morgens einen Wagen. Ich hatte mir einen Toyota ausgesucht, den ich auch in Warschau fuhr. Der hochgewachsene Mann mit Baseballkappe und unmodisch geschnittener Lederjacke schmatzte beim Reden, als klebten Plombenzieher zwischen seinen Zähnen. Er begrüßte mich mit »Hallöchen«, händigte mir das »Schlüsselchen« aus, meinte, dann sei ja alles »okidoki«, und rief mir zum Abschied ein »Tschüssikowski« hinterher.

Seinen Beteuerungen zum Trotz stimmte etwas mit dem Autoradio nicht, denn noch bevor ich es einschalten konnte, ging der lokale Radiosender los, und eine schrille Frauenstimme kreischte »flammäugigerkołeksohninleichenseufzernwillreimaufkreuz«. »Flammäugiger Kołeksohn in Leichenseufzern«, wiederholte ich leicht beunruhigt, aber die Stimme fügte nichts weiter hinzu. Ich atmete auf, als es mir nach mehreren Versuchen gelang, eine CD mit Didos Klage aus Purcells Oper anzustellen. Könnte ich singen, würde ich mit dieser Komposition meine Schwester beweinen. Ich fand es immer schon schade, dass die schönsten Arien den Göttern oder der Liebe zwischen Frau und Mann gewidmet sind. Die Schönheit der Musik öffnete meine Sinne, ließ meinen Geist zur Ruhe kommen und machte mich für die Menschen empfänglich, mit denen ich meine Interviews führte. Nun fuhr ich, eingehüllt in Lynn Dawsons Gesang, durch die verregneten Straßen nach Nowe Miasto, wo Barbara Mizera wohnte.

Dieser Stadtbezirk, der sich über den Parkowa-Berg und die

Butterberge erstreckt, ist einmal ein modernes und luxuriöses Viertel gewesen, eines der schönsten und abwechslungsreichsten Wohngebiete, die Polen nach dem Zweiten Weltkrieg zugefallen sind. Obwohl Nowe Miasto innerhalb weniger Jahre auf den Hund kam und zu einer schäbigen und ärmlichen Gegend wurde, hat sich der Stadtteil immer noch einen gewissen Charme erhalten, wie eine verlebte fleischliche Hülle, die sich über ein ebenmäßig geformtes Knochengerüst spannt. Die Menschen aber zogen so übereilt aus den schönen alten Wohnhäusern in erschreckend hässliche Plattenbauten um, als hätten die Geister der Vorbesitzer sie vertrieben. Die Straße hatte ihren Namen geändert, doch ihr Aussehen war nahezu dasselbe wie damals, als ich meine Klassenkameradin Małgosia hier besuchte, der ich auf Wunsch unserer ehrgeizigen jungen Lehrerin bei den Hausaufgaben helfen sollte. Małgosia wohnte mit ihrer Großmutter in einem einzigen, von einer weitläufigen Altbauwohnung abgeteilten Raum. Eine Schüssel in der Ecke übernahm halbherzig die Rolle des Badezimmers, das Gemeinschaftsklo auf dem Gang war ein furchteinflößendes Loch, wo abgerissenes Zeitungspapier aufgespießt an einem Nagel hing. Einmal hat mich ein Mann fast zu Tode erschreckt, der dort im Sitzen mit heruntergelassenen Hosen und einem Glas saurer Gurken auf den Knien schlief. Im Lebensmittelladen unten im Haus, der inzwischen mit Brettern vernagelt war, habe ich für Małgosia und mich Bonbons in kleinen Papiertüten gekauft. Ihren säuerlichen Geschmack kann ich heute noch auf der Zunge spüren.

Małgosia war eine Waise, sie litt an Epilepsie und konnte um nichts in der Welt begreifen, was Bruchzahlen waren und wozu ihr das Wissen über Satzteile dienen sollte, wahrscheinlich ist der Begriff des Subjekts nicht leicht zu verstehen, wenn man immer der Spielball anderer war. Die Kinder in der Schule verspotteten Małgosia wegen ihrer niedrigen Stirn und den zusammengewachsenen Augenbrauen. »Äffchen, Äffchen, dreh dich um, Äffchen, Äffchen fall nicht um«, sangen sie und ahmten Małgosias epileptische Anfälle nach, die nur dümmlich lachte und nicht begriff, dass der Spott ihr galt. Ich weiß noch, welchen Ekel ihre bis aufs Fleisch abgebissenen Fingernägel in mir weckten und ihre Angewohnheit, mehrere Bonbons zu betasten, bevor sie sich für eines entschied, immer ein rotes.

In dem Hauseingang, vor dem ich mein Auto abstellte, saßen auf der Treppe zwei Halbwüchsige, spuckten im Duett auf den Gehsteig und strahlten eine unterschwellige Wut aus, dass mich schauderte. Ein Stück weiter stand ein von Kopf bis Fuß rosa gekleidetes Mädchen und schaukelte hingebungsvoll einen Puppenwagen. Bei ihrem Anblick musste ich unwillkürlich lächeln, doch das Gesicht des Mädchens blieb ernst, es sah mich forschend an, drehte sich um und rannte, vom Rattern der Plastikräder begleitet, so schnell davon, als sollte es jemanden von meiner Ankunft benachrichtigen. Das Licht im Treppenhaus brannte nur auf jedem zweiten Stockwerk, und ich musste mich ab und zu am Geländer festhalten, um nicht zu stolpern, die Stufen waren flachgetreten von unzähligen deutschen und polnischen Füßen vor und nach dem Krieg. Abblätternde weiße Ölfarbe sprenkelte bis auf halbe Höhe die Wände, die seit Jahrzehnten keinen neuen Anstrich bekommen hatten. Das ganze Haus wirkte wie ein abgetragener Schuh, den jemand einfach stehengelassen hatte. Ich sah in meinem Kalender nach der Wohnungsnummer, Barbara Mizera wohnte im letzten Stock. Der Aufstieg dauerte eine ganze Weile, da ich immer wieder Halt machte, um mir die sechsjährige Andżelika Mizera in dieser Umgebung vorzustellen. Nach dem einzigen Foto zu urteilen, das ich besaß, war sie kein besonders hübsches Mädchen, und beim Gedanken daran zog sich mir das Herz zusammen vor Mitgefühl, wie es hässliche Kinder in einer Welt wecken, die so viel Wert auf Schönheit legt. Vor Barbara Mizeras Wohnungstür standen ein kaputtes Kinderfahrrad, eine Kiste mit leeren Flaschen und zwei Müllsäcke. An der Tür war noch die Stelle des früheren Namensschildes zu erkennen, der darübergeklebte Papierstreifen mit dem handgeschriebenen »Mizera« sah aus wie ein Wundpflaster. Plötzlich knirschte ein Schloss, doch nicht Barbara Mizera war so wachsam. Ihr linksseitiger Nachbar spähte in den Flur.

»Verdammt was isn hier immer fürn Gerenne«, knurrte er zur Begrüßung.

»Guten Tag«, erwiderte ich. Über die Türkette starrten mich die grauen, ölig glänzenden Augen eines älteren Mannes in langen Unterhosen und ausgeleiertem T-Shirt mit der Aufschrift »München 1972« an, das so fleckig war, als hätte er es der Leiche eines jener vor Jahrzehnten massakrierten Spieler entrissen.

»Verdammte Schlampe schleppt uns hier die Kakerlaken rein da gibt's kein Mittel dagegen«, knurrte er weiter, und bevor ich ihm auch nur eine Frage stellen konnte, bellte er: »Mit der Schlampe red ich nicht«, und knallte die Tür zu.

Ich wusste nicht, wem er die Schuld für die Ungezieferplage gab, mir oder Barbara Mizera. Aus deren Wohnung drang nun das Geräusch des Fernsehers, der plötzlich aufröhrte wie ein tödlich verwundetes Tier. Die Türklingel funktionierte nicht, und mein Klopfen hörte Andżelikas Mutter erst beim zweiten Mal.

Sie war eine gedrungene birnenförmige Frau. Alles an ihr strebte nach unten: das strähnig platte Haar, die herabhängenden Augen- und Mundwinkel, das bauchwärts zur Endmoräne getürmte Fettgewebe, die in Fellpantoffeln gerammten Füße, die aussahen wie zwei standfeste Knollen. Gelbe Haare, die dunklen Ansätze fett wie frische Ackerkrume, Jeans und Bluse mit einem Hündchenmotiv, dessen hysterisch fröhliche Miene hier seltsam fehl am Platze wirkte. Ihre engstehenden Augen, die gleichen wie bei der verschwundenen Tochter, starrten mich nicht unbedingt feindselig, eher prüfend an, als stünde Barbara

Mizera an der Fleischtheke und überlegte, ob sie zum Mittagessen Schweinekamm oder lieber die billige Hühnerleber nehmen sollte.

»Ich bin Alicja Tabor, die Journalistin. Wir haben am Telefon miteinander gesprochen.«

Sie ließ mich herein. Der Flur war schmal und dunkel, aus dem Augenwinkel erhaschte ich durch die angelehnte Tür einen Blick in das vorderste Zimmer, wo jemand in einem zerwühlten Bett lag, ich sah zwei große Füße mit schwieligen Sohlen, gelblich wie vertrocknete Zitronenschale. Im zweiten Zimmer spielten Kinder, ich hörte im Hintergrund ihre hellen Stimmen und den dröhnenden Fernseher. Wir setzten uns an den Küchentisch, über den die Wachstuchimitation einer Häkeldecke gebreitet war. Sie klebte und verströmte den unangenehmen Geruch eines schlecht getrockneten Spüllappens. Die Hausherrin hatte sich Mühe gegeben mit den Vorbereitungen für diesen Besuch, Lidschatten aufgetragen, das Gesicht mit getöntem Puder bestäubt und den Tisch abgewischt. Auf Letzterem lagen eine Schachtel Zigaretten und daneben ein Steingutaschenbecher in Form einer rücklings ausgestreckten Frau mit gespreizten Beinen. In ihrem aufgerissenen Bauch schmiegten sich zwei Zigarettenstummel aneinander wie verkohlte Zwillingsföten. Der Fernseher röhrte wieder auf, eine Kaskade fallender Gegenstände folgte. Barbara Mizera zuckte nicht mit der Wimper. Ich holte mein Diktafon heraus.

»Was wolln se denn nun wissen?«, Andżelikas Mutter hustete. »Frosch im Hals«, erklärte sie und langte nach den Zigaretten, steckte sich routiniert eine an und schnipste das Streichholz in den Bauch des Aschenbechers. Ich schüttelte den Kopf, als sie auch mir die Schachtel hinhielt.

»Ich möchte alles wissen.«

»Alles?« Als sie sich über den Tisch beugte, roch ich Alkohol und frisch verdautes Fleisch in ihrem Atem. »Alles würd ich Ihnen nicht mal bei der Beichte erzählen!« Sie zwinkerte mir zu und machte eine Geste, als nähe sie sich den Mund zu.

Ich wollte verstehen, was vorgefallen war, nur das zählte, und deshalb konnte ich mir nicht erlauben, Barbara Mizera, die mich erwartungsvoll ansah, unsympathisch zu finden. Sie tat nur so, als wollte sie nicht, in Wirklichkeit war sie vom Wunsch zu reden erfüllt und blickte unmissverständlich auf meine Ohren. Nach fünfzehn Jahren im Beruf weiß ich, wenn jemand auf meine Ohren blickt, will er reden. Wahrscheinlich lässt mein unscheinbares Äußeres die leicht abstehenden Ohren in den Vordergrund treten, jedenfalls ziehen sie die Aufmerksamkeit der Gesprächspartner auf sich.

»Wohnen Sie schon lange hier?«

»Haben mich direkt aus dem Krankenhaus hergebracht. Und so müssen sie mich auch wieder raustragen, mit den Füßen zuerst, wie Mamusia. Meine Großeltern sind nach dem Krieg gekommen, haben es hier getroffen wie die Faust aufs Auge.«

»Woher kamen sie?«

»Radomer Gegend. Hatten eigenes Land, ein schönes Stück Land, könnte man heute als Baugrund verkaufen für 'ne Wohnsiedlung, Einkaufszentrum, irgendwas, handeln könnt man damit, Stück Wald obendrauf, und im Wald Pilze, Reizker, Pfifferlinge, Hallimasche, die Deutschen mögen polnische Pilze, und hier – alles nur Scheiße.« Sie hustete, als wären ihr die entgangenen Morgen, Pilze und Verkäufe an die Deutschen im Hals steckengeblieben, und fügte hinzu: »Scheiße in Kokillen.«

»In Kokillen?«, versicherte ich mich.

»Scheiße ist Scheiße.« Barbara Mizera zuckte die Schultern. »Andere haben sich Häuser genommen, hat die Oma immer gesagt, alles wie auf dem Silbertablett, Betten bezogen, Tische gedeckt, Speisekammern voll, einfach reinspazieren und losmachen, so haben die es getroffen, die anderen, die hatten Glück, und hier war alles Scheiße.«

»Warum ist das so gekommen?«

»Die sind zu lange hockengeblieben, hatten irgendwas verloren, mit den Papieren was gedreht. Was weiß ich, sind halt zu spät gekommen, ungerecht behandelt hat man sie, und das Schlimmste, am Schluss hat sie noch so ein Jude in die Finger gekriegt, hat sie übers Ohr gehauen, das war aber dann schon hier.«

»Wie denn, was denn?«, wollte ich wissen.

»Die Oma hatte in Schmalzgläsern Goldmünzen versteckt gehabt, ihre Aussteuer, mit Grieben, für Beerdigungen war das, Zarengold, kaiserliche Goldmünzen für schlechte Zeiten. Und der hat sie so um den Finger gewickelt, so beschwatzt hat der sie, dass sie ihm alles fürn Appel und 'n Ei verkauft hat, und weg war's. Einmal hat ihr eine Zigeunerin weisgesagt, das war noch in Radom, dass sie kein Glück findet, wenn sie von da weggeht, und die Oma hat bis an ihr Lebensende hier in der Küche gesessen und gejammert.« Barbara Mizera beschrieb mit der Hand einen Kreis um die Küche mit Gertruds oder Elkes Schränken, das antike metallene Spülbecken und das darüberhängende Bild mit Kätzchen im Körbchen, das auch noch von den Vorkriegsbewohnern stammen musste. Offensichtlich hatten sich die beiden nachfolgenden Generationen ebenfalls darauf beschränkt, den Verlust der goldgefüllten Schmalzgläser zu bejammern.

»Aber Sie sind geblieben.«

»Erst wollt se nich, dann wollt se ja, und jetzt isse doch noch da«, reimte Andżelikas Mutter seufzend. »Eine bessere Wohnung kriegen wir nicht. Wir könnten vor Hunger verrecken, aber das geht niemand was an, vergiften können die uns, mit verseuchtem Wasser fluten wie die Bergwerke, in Stücke reißen, einsperren, ins Ausland verkaufen, mitm Arschtritt auf Nimmerwiedersehn, aber eine Wohnung – nein.«

»Und andere kriegen Wohnungen?«

»Oha!«, bejahte Barbara Mizera. »Mehrere sogar, und was für welche, hochglanzpolierte, aufgemotzte, in den Blocks auf Piaskowa Góra, im Schlossviertel, aber wer kommt schon auf anständige Weise zu so was?«

Diese Frage sollte rhetorisch bleiben. Barbara Mizera beugte sich zu mir herüber und raunte mir verschwörerisch zu:

»Das Wasser kommt schwarz raus, wie verbrannt, stinkt nach faulen Eiern, bei Licht kann man die Fusseln sehen, schwarze Haare, Chinahaare, Biowaffen. Vergiften wollen die uns! Wer arm ist, ist immer der Verarschte, und wenn er verreckt, singt nicht mal ein Zigeuner mit Hinkebein an seinem Sarg.«

Barbara Mizeras Redeweise begann mir sympathisch zu werden, die von Rauchwolken getragenen Worte entschwebten ihren borkentrockenen Lippen, und sie sah unentwegt auf meine Ohren. Sie schien zufrieden, dass diese nach wie vor an ihrem Platz saßen.

»Den Kindern schlägt's auf den Hals, den Magen, die Lunge, die Fingernägel blühn auf im Frühling, im Sommer, die Mandeln, Kinkerlitzchen, Flitzekacke, Pusteln. Und ständig dieser Frosch im Hals.« Sie hustete zur Bestätigung ratternd wie ein Kohlewagen tief im Bergwerksstollen.

»Wohin würden Sie denn gerne umziehen?«

»Meine Nachbarin aus der Drei ist nach England, wir haben früher mal bei Diora Radios zusammengeschraubt, wir zwei, am Fließband gesessen, manchmal gab's was zu lachen, manchmal auch nix, alte Zeiten. In England wäscht se jetzt Teller und kriegt zehnmal so viel, bar auf die Hand, zehnmal, zwanzigmal, können Sie das glauben? Jeden Tag ist die mit ihren Kindern bei McDonald's, hauen sich Milchscheeks und Fritten rein und all so 'n Schnickschnack. Andżelika mochte gerne Milchscheeks.« Barbara Mizera erwähnte ihre Tochter zum ersten Mal, hielt sich jedoch nicht länger bei ihr auf. »Wenn plötzlich einer was hat, wo sich die andern noch dran erinnern, dass er's früher auch nicht so dicke hatte, geht das etwa nicht gegen mich und die andern, die immer noch nichts haben? Gegen uns geht das!«, gab Barbara Mizera sich selbst die Antwort. »Ein H-a-u-s!« Sie zog das Wort so in die Länge, als wollte sie es aufsaugen und noch einmal doppelt so dick aufblasen. »Hier hat se nicht nach Geld gestunken, und drüben zahlt ihr der Staat ein Haus, Garten, nach Geld hat se nicht gestunken, und jetzt stolziert sie rum wie eine ganze Parfümerie, Reisen nach hier, nach da, zum Arsch der Welt. Und der polnische Staat zahlt einem armen, bedürftigen Menschen, einer alleinerziehenden Mutter einen Scheißdreck! Null!« Barbara Mizera ließ die geballte Faust vorschnellen. »Null und Pustekuchen, kannste lange suchen!« Daumen und Zeigefinger zum Kreis geformt wie ein Schlagring, schnellte ihre Hand noch einmal vor und machte wenige Zentimeter vor meinem Gesicht Halt.

»Würden Sie denn auch gern nach England gehen?«

»Erst wollte se, dann wolltse nich, jetzt hat se 'n Hosenschiss gekriegt«, reimte meine Gesprächspartnerin schnaubend und wurde von einem Hustenanfall geschüttelt, wobei sie mit dem Finger auf ihren Frosch im Hals zeigte. »Ich und weggehn, ach woher denn.«

»Warum nicht?«

»Kann mir die ganze Rumfahrerei sowieso nicht leisten, Papierkram, Organisiererei, von einem beschissenen Amt zum andern rennen, hier ausfüllen, da unterschreiben. Wenn mich wer einladen würd, mir helfen, was zustecken, dann schon eher, vielleicht einer aus Warschau?« Barbara Mizera sah mich an, als erwarte sie, dass ich Bargeld und eine Einladung nach England aus der Tasche ziehen würde.

Hinter der Wand brach ein Streit aus, helle Kinderstimmen schrien durcheinander, Fernbedienungen, Arschlöcher, jemand heulte los wie die Sirene zum Jahrestag des Warschauer Aufstands.

»Ruhe auf den billigen Plätzen!«, brüllte Barbara Mizera, ohne den Kopf zur Wand zu drehen. Die Blagen kloppten sich dauernd um die Fernbedienung, erklärte sie mir, aber sie könne ja schließlich nicht jedem eine eigene Glotze kaufen.

»Sieht Andżelika auch gerne fern?«

»Von morgens bis abends, rauf und runter!«, stimmte Barbara Mizera freudig zu.

»Welche Sendungen mag sie denn am liebsten?«

»Wie welche?«

»Welche Sendungen sieht Ihre Tochter am liebsten?«

»Ach, das ganze Kinderzeug, Kätzchen und Mätzchen, Eins-zwei-drei-Scheißerei, Auf den Mars mit den Stars, wie alle halt«, antwortete sie schließlich. »Was heißt denn das jetzt?« Sie sah mich misstrauisch an.

»Ich weiß es nicht. Ich kenne Ihre Tochter nicht.«

»Wenn ein Kind was zu essen und einen Platz zum Schlafen hat, dann braucht's nichts anderes kennen«, klärte mich Barbara Mizera auf.

»Erzählen Sie mir von dem Tag, an dem Andżelika verschwand.«

Barbara Mizera atmete auf. Darum hatte man sie schon öfter gebeten.

»Sie wollte Schlitten fahrn, Mama, Mama, lass uns zum Teich, Schlitten fahrn. Und ich zu ihr: Ändschi, was willste denn am Teich im Dunkeln, du holst dir noch den Tod bei der Nässe. Guck lieber fern. Und sie: Maaama, Maaama, nur eine Stunde, ich nimm auch Oskarchen mit. Hätt ich sie vielleicht anbinden sollen?« Barbara Mizera blickte mich fragend an.

»Nein, das wohl nicht«, gab ich zu.

»Diese Stadt liegt in einem beschissenen Loch, wissen se, hier sackt alles jedes Jahr mehr ab, und wenn in ganz Polen Frühling ist, schneit's hier, das reinste Sibirien, Hinterfotzingen, und aus dem Wasserhahn Chinahaare! Ein Kind kannste nicht anbinden. Die hatten zum Schlittenfahrn so Plastikdinger vom Real. Na, dann geh halt, in drei Teufels Namen, sag ich, geh!«

»Sie hat ihren dreijährigen Bruder mitgenommen?«

»Hat sich um ihn gekümmert wie eine Erwachsene, um alle, aber um ihn am meisten. Oskarchen hier, Oskarchen da, Oskarchen trallala. An dem Tag auch: Maaama, Maaama, ich pass schon auf ihn auf, und schon hat sie ihm die Mütze aufgesetzt, den Schal umgebunden.«

»Und hat sie auf ihn aufgepasst?«

»Na und wie! Ne richtige Glucke, ihr Augapfel war der, in den Schlaf gesungen hat sie ihn, gefüttert. Was willst du mal werden, wenn du groß bist? Mamusia will ich werden, hat sie immer gesagt. Hat sogar in einem Bett mit ihm geschlafen. Der Kleine hätte sonst Angst. Dabei hatte sie selber Angst.«

»Angst? Wovor?«

Barbara Mizera zögerte.

»Hat sich halt irgendwelchen Blödsinn angeguckt, den ganzen Abend, den ganzen Sonntag, wenn sie nicht draußen sind, dann fernsehen, fernsehen, fernsehen, Gekloppe um die Fernbedienung, Auf den Mars mit den Stars, Krampe mit Arsch, Heulerei, wer halten und drücken darf. In der Nacht hat sie mich geweckt, Maaama, Maaama, und sich mit Oskarchen zu mir ins Bett gepackt. Im Schlaf hat sie um sich getreten, dass ich den ganzen Tag nicht wusste, wo mir der Kopf steht.«

»Müssen Sie früh aufstehen?« Unsere Blicke trafen sich für einen Moment, Barbara Mizera sprach in verändertem Ton, wenn sie nicht auf meine Ohren sah.

»Kochen, waschen, Po abwischen, ich will 'n Eis, was ist das, wieso weshalb warum, ich brauch neue Hefte. Weißt nicht, wo du anfangen sollst mit fünf Kindern, abends fällste auf die Schnauze, und dann Maaama und Maaama. Sie haben sicher keine Kinder.« Das war keine Frage und ich hatte nicht vor, zu antworten. Barbara Mizera drückte ihre Zigarette im Bauch des Aschenbechers aus und nahm sich eine neue aus der Schachtel. »Bei Diora hab ich Radios zusammengeschraubt, aber dann ham se uns rausgeschmissen.«

»Wann war das?«

»War schon vor fünfzehn Jahren gewesen. Die sind vergangen wie nix«, seufzte sie und ließ einen melancholischen Rauchstrom entweichen.

»Hilft Ihnen denn keiner? Andżelikas Vater?«

»Dem hab ich 'nen Arschtritt gegeben, noch bevor er eingefahren ist, Diebsbrut elendige. Sein Bruder aus Sobięcin hat ihm Arbeit besorgt inner Werkstatt, da hat er Zeugs mitgehen lassen und für Wodka verkauft, so weit haben seine Kumpels ihn gebracht. Schwacher Charakter, für seine Kumpel würd der seine eigene Mutter zu Hackfleisch verarbeiten.«

»Und danach haben Sie nicht mehr geheiratet?«

»Aber sicher doch, ich träum ja nur davon, dreckige Unterhosen zu waschen. Ein Kerl ist, wissen se, wozu der gut ist?«

Ich wusste es nicht.

»Zum Inne-Tonne-Kloppen ist der gut, zum Inne-Tonne-Kloppen! Die von der Stütze werden Ihnen sagen, jedes von meinen hatn andern Vater. Sitzt da so 'ne vertrocknete, aufgeblasene Schachtel, die muss als Erste ihre Nase unter fremde Decken stecken, olle Lakenschnüfflerin die.« Barbara Mizeras Lachen hallte durch die triste Küche, und einen Moment lang sah ich sie so, wie die Männer sie gesehen haben mussten, die Väter ihrer Kinder, in diesem erstaunlichen Moment war sie hübsch.

»Hält der Vater denn Kontakt zu Andżelika?«

»Kontakt?« Sie verzog das Gesicht. »Als der aus dem Knast kam, isser gleich über alle Berge, die Alimente kann ich mir in die Haare schmieren. Ändschi hat er zuletzt vor zwei Jahren gesehen gehabt, als er hackevoll zum Betteln angeschissen kam.

Hat ihr zehn Złoty aus dem Sparschwein geklaut, das Sofa vollgepisst, und das wars dann mit Papa.« Sie steckte sich eine neue Zigarette an der alten an. Der Bauch des Aschenbechers war voll, und die Stummel kullerten auf den Tisch. Ich musste an die verbrannten Katzen aus Małgorzata Felis' Tierheim denken.

»Und Ihr neuer Partner? Wie kommt er mit Andżelika zurecht?«

»Roman?«, wunderte sich Barbara Mizera. »Womit soll der zurechtkommen? Wenn sie älter wär, dann hätt man ein Auge auf sie haben müssen, aber so sind sie sich eher aus dem Weg gegangen.«

»Ein Auge auf sie haben?«

»Ein Kerl ist kein Hund, der braucht Frischfleisch«, erklärte mir Barbara Mizera und lachte wieder dieses Lachen, das nicht zu ihren Worten und ihrem Gesicht passte.

»Mag sie denn Roman?«

»Ein Kerl kommt und geht, wie er will, und wenn ein Kind nicht seins ist, dann sitzt ihm der Geldbeutel nicht so locker. Roman hat ihnen diese Plastikdinger zum Rodeln gekauft, und das ist jetzt rausgekommen bei seiner Kauferei, da wär's schon besser gewesen, er hätte nichts gekauft, weil wenn ein Kerl von selbst was kauft, dann knallt das wie rohe Eier auf Beton. Eine von meinen Schwestern hat 'nen Kerl abgekriegt, wenn der Brot holen geht, dann kommt er mitm Schraubenzieher und 'nem Kilo Rüben wieder.«

»Haben Sie eine große Familie?«

»Vier Brüder, drei Schwestern, und alle sind wir hiergeblieben«, sagte Barbara Mizera mit düsterer Entschlossenheit, die ich nach kurzem Überlegen als eine Art von Stolz identifizierte. Es versetzte mir einen Stich, dass diese aus so vielen Gründen bemitleidenswerte Frau sieben Geschwister hatte, sieben potentielle Zuhause, in denen es Menschen gab, die ihr nahestanden.

»Sehen Sie sich oft?«

»Wo keine Kohle ist, ist auch nix mit Gästen, jeder jagt nur seinem eigenen Schwanz hinterher. Aber als wir klein waren, da sind wir zusammen in ganz Nowe Miasto rumgetobt, zum Teich, Kastanien sammeln beim Stadion, Kohle suchen auf den Halden oder Hallimasch auf den Hügeln. Ein Kind muss rennen, das kannste nicht anbinden wie 'n Hund.« Die Frau drehte ihr Gesicht zum Fenster und kurz dachte ich, sie würde anfangen zu weinen, sie nahm das Haargummi aus ihrem Zopf und band ihn neu, fasste die Strähnen nachlässig zusammen. In der Stille, die zwischen uns eingekehrt war, dröhnte unvermindert laut der Fernseher, und jemand schaltete fortwährend um, von einem idiotischen Programm zum nächsten. »Sie ist gerne abends draußen rumgerannt, gerannt, gerannt, und jetzt hat sich's ausgerannt«, fasste Barbara Mizera zusammen. »Glauben Sie, ich weiß nicht, was die Leute sagen?«

»Was sagen sie denn?«

»Dass die Mutter schuld ist, die Mutter soll Augen im Kopf und im Arsch haben, die Mutter soll ihre Augen überall haben. Und ich hab nichts gesehen, ich hatte keine Ahnung. Schlechtes Gefühl, so was hatte ich nicht. Wie vom Erdboden verschluckt!«

»Was haben Sie gedacht, als Ihre Tochter verschwunden ist?«

»Gedacht? Seh ich aus wie eine, die denkt?« Barbara Mizera zündete sich die nächste Zigarette an und sog den Rauch so tief ein, als hätte sie seit Stunden nicht geraucht, sie schloss die Augen und blies erst zwei elegante Rauchringe aus, dann einen grauen Strahl. Ich fürchtete, gleich in den Dämpfen zu ersticken, die ihre unverwüstliche Lunge ausstieß, zuletzt entrang sich deren Tiefen noch ein verirrter Kumulus und schwebte auf mich zu. »Erst dachte se, dann dacht se nicht, dann hat se 'n Hosenschiss gekriegt«, sprach sie schließlich den schon bekannten Reim. »Gedacht hab ich mir, den Armen weht der Wind immer ins Gesicht. Glauben Sie, es interessiert sich irgendwer für Andżelika Mizera? Nach einem anderen Kind hätten sie besser gesucht.«

»Wer hätte besser gesucht?«

»Polizei, Staat, auch die Gesellschaft hätte gesucht. Aber wir gehen denen allen am Arsch vorbei. Manche wollen uns am liebsten vergiften wie Kakerlaken, in Rauch aufgehn lassen wollen die uns!«

»Wer?«

»Was weiß denn ich? Politiker, die Reichen aus Szczawno-Zdrój. Oder die Zugewanderten. Früher gab's das nicht, dass jemand einfach so ungestraft irgendwo zuwandern konnte. Die haben Geld gemacht, und jetzt fahren se woanders hin, vergiften Wasser und Luft, lauern Leuten auf, saugen ihnen das Blut aus, ich weiß, was ich sage. Schwarzes Wasser, schreckliches Wasser, im Leitungswasser schwarze Haare. Chinesische Haare in polnischem Wasser! In polnischer Milch chinesische Chemie!«, reimte sie im Blankvers.

»Hat das irgendwas mit Andżelikas Verschwinden zu tun?«

»Hat es!« Barbara Mizera war sich ihrer Sache sicher. »Damit, dass Andżelika und die anderen Kinder verschwunden sind. Denn das ist auch erst neulich passiert!«

»Was ist passiert?«

Bevor sie antworten konnte, ereilte sie ein Hustenanfall. Sie zeigte mit dem Finger auf ihren Kehlkopf, der Frosch. Spucketröpfchen sprühten auf mein Gesicht.

»Dass sie Jan Kołek in Stücke gerissen haben!«

»In Stücke gerissen? Wer?«

»Na, die Entführer! Sie werden nicht glauben, wie.«

»Wie?«

»Sie haben ihm eine Krankheit eingespritzt, die was aussah wie 'n Herzinfarkt, aber das war kein Herzinfarkt. So was wie eine kleine Bombe im Blut, ferngesteuert.«

»Wer hat das gemacht?«

»Die waren nicht von hier. Die sind extra hergekommen, um ihn zu töten. Haben eine ganze Verschwörung ausgeheckt. Unter der Erde ausgeheckt, sich dagegen verschworen!« Barbara Mizeras Hängebacken waren rot entflammt.

»Woher wissen Sie das?«

»Alle wissen das. Wenn man die Ohren aufmacht, kann man's hören.«

»Was hat das Verschwinden der Kinder mit Jan Kołeks Tod zu tun?« Der Rauch hüllte uns ein, und einen Moment lang hatte ich das Gefühl, der dichte, seit meiner Ankunft allgegenwärtige Nebel sei nun auch in diese verwohnte Küche in Nowe Miasto eingedrungen. Die Zigarettenstummel im Bauch des Aschenbechers stanken nach Kohle und Teer. Jeden Moment konnten die Geister dieser Wohnung sich aus Ektoplasma materialisieren, uns feindselig anstarren und befehlen, schleunigst den scheußlichen Linoleumbelag mit Terrakottafliesenmuster einzurollen und mitzunehmen, bevor sie *Raus*! brüllen würden.

»Es geht um eine Kraft, die gegen uns gerichtet ist. Eine sehr schädliche, feindliche Kraft.«

»Was heißt gegen uns?«

»Die Polen, die polnischen Mütter«, sagte die polnische Mutter von sechs Kindern, von denen eines spurlos verschwunden war.

»Suchen Sie nach ihr?«

Sie zuckte die Achseln und verzog ihr Gesicht zu einer hässlichen Grimasse. Die zusammengepressten Lippen und das fliehende Kinn ließen sie wie eine Karikatur ihrer selbst aussehen.

»Ich bin gleich danach zum Teich gegangen, einmal, zweimal, aber was hätt ich finden sollen, wenn schon andere nichts gefunden haben, der Bezirkspolizist, die Polizei mit Hunden, sogar der Pfarrer war da. Nichts. Weil ich nicht zur Kirche geh, hat mich der Herrgott bestraft, hat er gesagt, und weg war er. Scheißdreck. Ich bin durch die ganze Siedlung, hab bei den andern Blagen rumgefragt, die was sie gekannt haben, in den Läden, ob sie da gewesen ist. Am Schluss bin ich sogar zum Fernsehn.« Die Frau hielt inne und sah zum Fenster, hinter dem die Dunkelheit dichter wurde, als rieselte es Kohlenstaub vom Himmel.

»Sie sind zum Fernsehen gegangen?«, hakte ich ein. »Warum?«

»Weil im Fernsehn, da hab ich Leute aus England gesehen, so Aufgetakelte, Aufgerüschte, denen ihr Kind war auch weg. Ein kleines Mädchen, irgendwo im Urlaub ist es verschwunden, war wie vom Erdboden verschluckt, wer kann sich denn heute Urlaub leisten? Und die sind dann zum Fernsehn und überallhin, Kontakte, Kohle, Plakate, und dieser Fußballer da, der Schönling mit den Tattoos, wie heißt er noch, der Mann von der dürren Viktoria, der hat auch was gesagt, im Fernsehn. Sucht dieses Mädchen.«

»Sie meinen Madeleine McCann. Sie wollten, dass nach Andżelika auch so gefahndet würde wie nach der kleinen Maddie.«

Barbara Mizera nickte.

»Mäddi hin, Mäddi her, irgendwer hat den Bonzen da ihr Kind geklaut, irgendein Entführer oder noch schlimmer, ein Schwuler, für solche gibt's keine Strafe, die leben mitten unter den Leuten. Aber Kohle haben sie gekriegt, Geld und Geld gesellt sich gern. Die wussten, wie man's macht, alle haben denen Geld zum Suchen geschickt. Aber mich hat nicht mal der Pförtner reingelassen.«

Bevor ich die nächste Frage stellen konnte, kam ein kleiner Junge mit steifen Soldatenschritten in die Küche marschiert, sein Auftritt wirkte wie geplant. Klein und schmal, barfuß und in einem grünen, viel zu großen Trainingsanzug. Seine Haut war weiß und so zart, dass sie fast durchscheinend wirkte, die Augen klar wie zwei Eiswürfel.

»Ja Oskarchen! Hat Mamusia dich denn gerufen, dass du zu uns kommst?«, zwitscherte Barbara Mizera.

Der Junge stand eine Weile reglos da und zeigte keine Reaktion, er sah uns nicht einmal an.

»Hat sie nicht«, sagte er, breitete theatralisch die Arme aus und zog seine mageren Schultern hoch wie ein Schauspieler in einem albernen Lustspiel. »Der schwarze Mann aus dem Fernseher.« Er sah in meine Richtung, blickte mich aber nicht an, und ich spürte fast körperlich, wie Barbara Mizera an der anderen Tischseite erstarrte.

»Der schwarze Mann, der schwarze Mann.« Sie wandte dem Kind ihr Gesicht zu, den Mund zu einem steifen mütterlichen Lächeln verzogen. »Macht man denn so was, die nette Dame aus Warschau anlügen?«

»Er lügt nicht«, antwortete der Junge, »er hat Andżelika nicht.«

»Sie hat ihn überall mit hingeschleppt, nicht wahr, Oskarchen?« Barbara Mizera sprach immer noch mit gekünstelter Stimme zu dem Kind, wie jemand, der sich seiner Rolle nicht sicher ist. »Komm zu Mamusia, kriegst auch ein Bonbon!« Das Kind rührte sich nicht, starrte auf einen Punkt hinter der feucht beschlagenen Scheibe. Es blinzelte nicht. Seine Wimpern waren weiß und sehr dicht.

»Er ist seltsam«, sagte Barbara Mizera. »Lässt sich von keinem anfassen, außer von Ändschi, die durfte. Immer nur vorm Fernseher, immer dasselbe, und wenn einer umschaltet, gibt's Geschrei.«

»Er hat Andżelika nicht.« Das Kind ignorierte seine Mutter vollkommen, breitete würdevoll wie ein Greis die Arme aus, in derselben übertriebenen Geste wie vorher, drehte sich um und stolzierte aus der Küche.

»Die Ärztin letztens hat gesagt, könnte sein, dass er leichten Artrismus hat«, seufzte Barbara Mizera. »Ich musste ihn aus dem Kindergarten nehmen, mit den andern Kindern hat er sich nicht vertragen, essen wollte er nicht, Mittagsschlaf auch nicht, hat eingepinkelt, jetzt sitzt er zu Hause, weil wo soll ich hin mit ihm?«

»Waren Sie mit ihm bei einem Spezialisten?«

»Nach Wrocław soll ich, haben sie mir gesagt, zu einer Spezialpraxis für solche, aber was weiß ich, vielleicht haben sie das nur gesagt, weil sie Extrakohle wollen, auf die Hand. Zwei Jahre war er und konnte auf einmal von selber zählen, da soll mir wer einreden, dass er dumm ist?«

»Nein, er ist nicht dumm«, gab ich Barbara Mizera recht, die ihren Zigarettenstummel so heftig ausdrückte, als wollte sie ihn durch den Aschenbecher in die Tischplatte pressen.

»Wegen diesem Artrismus da ist er so 'n Rührmichnichtan und denkt sich Sachen aus. Der schwarze Mann aus dem Fernseher. Na, kommt plötzlich so 'n Neger nach Wałbrzych geflogen aus Afrika, um Andżelika zu entführen? Oder irgend so 'n Schlitzauge, die sie da eingeschleppt haben zum Arbeiten bei Toyota?«

»Was glauben Sie denn, wer es war?«

Barbara Mizera griff nach einer Zigarette, aber die Schachtel war leer.

»Keine Kippen mehr, verdammt«, seufzte sie. »Weiß nicht«, sagte sie, »ich weiß wirklich nicht, wozu einer meine Tochter hätte entführen sollen.«

Ich wusste, Barbara Mizera sagte jetzt das, was sie in der Tiefe ihres Herzens fühlte, vielleicht selbst verwundert über ihre Ehrlichkeit. Sie begriff wirklich nicht, wieso jemand ein Kind entführen sollte, das nicht mal der eigenen Mutter viel wert war.

Für heute konnte ich von Barbara Mizera nichts Wichtiges mehr erfahren. Erleichtert lief ich die Treppe hinunter, noch zwei Stockwerke tiefer verfolgte mich das Dröhnen des Fernsehers, aber vielleicht waren es auch nur ähnliche Fernseher in ähnlichen Wohnungen, die da dröhnten. Ich trat aus dem Haustor und holte tief Luft, meine Haare und Kleider stanken nach Zigarettenrauch. Die beiden Jungs auf der Treppe waren einen halben Meter nach rechts gerutscht, zwei Bierflaschen waren dazugekommen, dafür war das rosarote Mädchen mit dem Puppenwagen nicht mehr da. Ich beschloss, noch zum Teich zu gehen, wo Andżelika an jenem Abend, als sie nicht wiederkam, mit dem kleinen Oskar Schlitten gefahren war. An der Rückseite des Hauses bog ich um die Ecke, hinter der ich den Pfad zum Teich vermutete, und gelangte in den Hof, ein Stück dunkle, festgestampfte Erde mit einer Teppichstange und einer Reihe Mülltonnen. Ich blickte hoch zu Barbara Mizeras Fenster. Hatte an dem Abend jemand gesehen, wie Andżelika mit ihrem Bruder hier entlangging, war jemand den beiden schneegesprenkelten kleinen Gestalten mit den Augen gefolgt? Eine Frau kam um die Ecke und ich hatte den seltsamen Eindruck, sie erkenne mich wieder, die Luft schlug Wellen, als flöge ein unsichtbarer Vogel zwischen uns hindurch. Sie war in eine dicke Wattejacke eingemummelt, trug ein kreuzweise über der Brust gebundenes Tuch wie die Dorffrauen im Osten, einen kleinen runden Hut und knallige Kinderhandschuhe, die an Schnüren aus ihren Ärmeln baumelten. Ihr Gesicht war eigenartig alterslos. Mir schoss der seltsame Gedanke durch den Kopf, die Wilde Baśka habe sich hier, von meiner Erinnerung herbeigerufen, materialisiert, denn die Frau mit dem Hut hockte sich vor ein Kellerfenster und raunte »miez miez miez«, es klang wie eine Beschwörungsformel gegen das Böse und die Kälte dieser Welt.

Ich ging einen Pfad hinter ein paar Holzschuppen entlang, die sich nur im Gedanken an die deutsche Disziplin vor siebzig Jahren noch einigermaßen aufrecht hielten, und durchquerte einen verwilderten Garten, in dem ein klobiges Kunstledersofa stand, davor war ein Tischchen samt Spielkarten und leerer

Wodkaflasche aufgebaut. Ein abgemagerter Hund lief zähnebleckend auf mich zu, verschwand dann aber spurlos zwischen den Bäumen. Der Teich war in Dunkel gehüllt, ich hörte das Rascheln trockener Schilfstengel, auf den Resten eines Stegs saß, kaum sichtbar vor dem grauen Wasserspiegel, ein Angler. Wie alles, was wir in der Kindheit zurückgelassen haben und als Erwachsene wiedersehen, kam mir der Teich eingeschrumpft vor, genau wie die Lichtung mit den Holunderbüschen. Es begann zu schneien, als wollte der Himmel die Szenerie von Andżelikas Verschwinden für mich nachbilden, und mir fiel ein längst vergangener Sommer wieder ein. Die Erinnerung daran war zu mächtig, als dass ich sie hätte beiseiteschieben können.

Vater hatte Ewa und mich mitgenommen zu einem Picknick, es müssen die letzten Sommerferien vor dem Tod meiner Schwester gewesen sein. Zuerst besichtigten wir die Ruine von Hitlers Mausoleum, die in der Nähe versteckt lag, auf einer hübschen Anhöhe mit Blick auf Nowe Miasto. Vater kannte jedes Detail der Stadtgeschichte. Der Bau des Mausoleums wurde nach Hitlers Besuch in Wałbrzych 1932 beschlossen, 1938 war die feierliche Eröffnung. Sogar eine Gasleitung wurde gelegt, dank der dort ein »Walhalla-Feuer« brannte, bis die Deutschen nach dem Krieg aus Wałbrzych flüchteten. Danach verfiel das Bauwerk langsam, aber unaufhaltsam und wucherte zu wie Angkor Wat. Es war Spätsommer, und die Wiese, auf der das Gebäude sich erhob wie eine Fata Morgana, duftete in einem letzten Auflohen, bevor sie in der Herbstkühle dahinwelken und sterben würde. Bienen summten, und Libellen mit hauchfeinen Flügeln standen reglos über den violetten Glockenblumen. Ich erinnerte mich an ein Gefühl der Unwirklichkeit, als sähe ich etwas, das nicht fortdauern konnte, weil es schon zur Vergangenheit gehörte. Ewa pflückte zwei Glockenblumen und klebte sie sich auf die Augenlider. Blasslila Wimpern, die Haare im Sonnenlicht fast weiß, sie war so schön. »Ich bin es, Daisy

Tabor, heute spiele ich Lady Macbeth. Ich brauche Blut!« Ich lachte, und Vater jagte uns übermütig umher, seine dunklen Augen blitzten jungenhaft. Damals war er überzeugt, dass der Schatz unter Hitlers Mausoleum lag, er musste nur den geheimen Eingang finden. Hier irgendwo musste er sein, er hatte eine Karte, einen Plan, sechs Schritte nach rechts, dreizehn nach links, endlich! Reich und glücklich würden wir sein, der Schatz würde uns verwandeln, andere Menschen aus uns machen, mit leuchtenden Gesichtern und ohne schlimme Erinnerungen. In den Ferien würden wir nach Bulgarien fahren und uns dort den ganzen Sommer über im goldenen Sand sonnen, während uns ein Kellner all die Früchte auf dem Tablett servieren würde, die wir aus den Enzyklopädien kannten. Persimonen, Mangos, Rambutans, zählte Vater auf, Kiwis, Litschis, Maracujas, fuhr Ewa fort, und sogar ich konnte etwas beisteuern, Japanische Birnen, die Herr Albert mir einmal im Gewächshaus gezeigt hatte, halb durchsichtig, voller Saft und Verheißung ferner Reisen. Bulgarien, goldener Strand, schwarzes Meer. »Und wer weiß«, zwinkerte Vater mir zu, »vielleicht findet sich dort sogar ein Kamel extra für dich, denn mit einem Schatz in der Tasche ist es schließlich kein Problem, ein Kamel per Luftpost geradewegs aus Afrika zu ordern, nicht wahr?« Im goldenen Sand am Schwarzen Meer würden wir unsere Kümmernisse vergraben wie ein Schildkrötenweibchen seine Eier, die in der Hitze aufplatzen, so dass kleine blinde Geschöpfe herausschlüpfen, die zum Meer flitzen und weit, weit fortschwimmen. »Bis zu den Fidschi-Inseln«, lachte Ewa und klimperte mit ihren violetten Wimpern, »bis zum Berg Fuji«, lachte Vater, »oder bis nach Frombork«, lachte das kleine Mädchen, das ich war. Vater stand im Torbogen, eine dunkle Gestalt gegen das Licht der Nachmittagssonne, flach wie in einem Schattentheater. Gestikulierend erzählte er uns, wie der Schatz seiner Ansicht nach genau hierhergelangt sei, doch wir kannten schon unzählige solche

Geschichten. Das Glück war unter unseren Füßen, unter der blühenden Wiese, unter den Glockenblumen und Libellen, unter diesem schrecklichen pseudoantiken Tempel, wie kleine Sadisten in Uniform sie schon immer gemocht haben. Bald darauf sollte Vater die nächste Enttäuschung erleben, weil er wieder einmal nichts fand.

In jenem Sommer mit Hitlers Mausoleum fuhren wir mit Vaters klapprigem Fiat zum Teich. Auf der Rückbank war nie genug Platz für uns, wegen der Spaten, Eimer und anderem für die ewige Schatzsuche unerlässlichen Plunder. Kurz darauf verkaufte Vater das Auto, er brauchte Geld für seinen nächsten Plan. Auf der Wiese, auf der ich jetzt stand und über der langsam Kälte und Dunkelheit heraufzogen, haben wir damals die Decke und unseren Proviant ausgebreitet, alles von ungeschickten Mädchenhänden zubereitet, denen nie jemand etwas im Haushalt gezeigt hatte. Unser Vater befasste sich nicht mit so prosaischen Dingen wie Butterbroten, er lebte von seinen Träumen, und ich habe ihn im Grunde nie mit wirklichem Appetit essen sehen. Langsam ließ seine Aufregung nach, die Augen fielen ihm zu, und er gähnte. Er legte das angebissene Butterbrot beiseite, streckte sich auf der Decke aus und schlief kurz darauf leise schnarchend ein, wir aber saßen ganz still da, denn wir spürten, dass man sich nicht rühren durfte und den Atem anhalten musste, damit der Augenblick, der jetzt war, so lange wie möglich dauerte. Ewa hatte immer noch ihre lila Wimpern, aber das Lächeln war von ihrem Gesicht verschwunden. Sie legte den Arm um mich und so saßen wir da, schauten aufs Wasser und die Lärchen, die sich in ihm spiegelten, die blindlings auf die Schilfstengel am Ufer zutreibenden Wolken. Heute glaube ich, wir haben geahnt, dass dieser Augenblick zum Schatz werden würde für diejenige, die überlebte und ihn weitertrug.

Auf einmal hörte ich Schritte hinter mir, doch erst nach einer Weile, mein Blick schweifte hügelabwärts, sah ich, wer sich näherte. Ich hatte nicht damit gerechnet, hier einem Kind zu begegnen. So jäh aus meinen Erinnerungen gerissen, glaubte ich einen Moment lang, mein eigenes vergangenes Ich hätte sich durch meine Sehnsucht materialisiert. Doch es war das rosarote Mädchen mit dem Puppenwagen, das mich forschend und unerschrocken musterte. Ich ging in die Hocke, unsere Gesichter waren auf gleicher Höhe.

»Hallo«, sagte ich, »einen schönen Puppenwagen hast du da.«

»Das ist keine Puppe.«

»Nein? Was ist es dann?«

»Willst du es sehen?« Das Mädchen trat einen Schritt zur Seite, sodass ich in den Wagen schauen konnte. Eine kleine graue Gestalt lag darin, in der Dämmerung, die uns immer dichter umgab, kaum erkennbar. Mir schoss durch den Kopf, dass dieses Etwas einmal lebendig gewesen sein musste, und ein Schauer lief mir die Wirbelsäule herab, doch dann sah ich zwei Plastikaugen glänzen.

»Wie heißt es?«, fragte ich.

»Andżelika. Äffchen Andżelika.«

Ich erstarrte.

»Dein Äffchen hat aber einen schönen Namen. Bestimmt geht Andżelika gern spazieren.«

Das Mädchen schwieg. Es überlegte wohl, ob es mir trauen konnte, auch wenn ich nicht sonderlich gescheit zu sein schien.

»Sie lebt doch gar nicht«, antwortete es und schaukelte den Wagen. »Sie ist doch gesterbt.«

»Das Äffchen?«

»Andżelika«, nickte das Mädchen. »Und wie heißt du?«

»Alicja.« Ich streckte ihr die Hand hin.

»Kamila.« Ihre Hand war klein und kalt.

»Nett, dich kennenzulernen, Kamila. Ich freue mich, dass ich dich und dein Äffchen getroffen habe. Woher hast du denn das Äffchen Andżelika?«

Kamila begann wieder, den Puppenwagen zu schaukeln.

»Mit Papa beim Angeln«, sagte sie und wies zum Teich. »Da war ich auch hier.«

»Da?«

»Da hab ich das Äffchen gekriegt.«

»Von wem? Kamila, wer hat dir das Äffchen gegeben?«

Bevor sie etwas erwidern konnte, ertönte eine Trillerpfeife.

»Papa«, sagte das Kind. Den Puppenwagen vor sich herschiebend, lief es auf den Teich zu. Ich beschloss, mich dem trillerpfeifenden Anglervater vorzustellen. Wir betraten den Steg, der unter unserem Gewicht knarrte, das Wasser war schwer und dunkel. Grubenwasser. Vielleicht sogar mit Chinahaaren.

»Guten Abend«, sagte ich zu der hockenden Gestalt, die uns den Rücken zuwandte. »Ich habe gerade Ihre Tochter kennengelernt. Wir haben uns kurz unterhalten.«

Der Mann drehte sich um, antwortete aber nicht. Er hatte ein kleines jungenhaftes Gesicht und wachsame himmelblaue Augen, deren schöne Farbe Kamila geerbt hatte, eine rosa Trillerpfeife hing ihm um den Hals. Sein Schädel war auf einer Seite verformt, als hätte jemand die Stirn mit einer Stahlzange zusammengequetscht. Kamila ging zu dem Mann und wiederholte meine Worte, alle Silben deutlich aussprechend.

»Mein Papa kann nicht hören und nicht sprechen«, erklärte sie. »Im Bergwerk war eine Explusion mit Mentholgas.«

Der Mann blickte mich an und gab ein paar kehlige Laute von sich.

»Papa fragt, was du willst.«

Ich zögerte.

»Ich will, dass die verschwundenen Kinder wiedergefunden werden.« Ich hatte das Gefühl, dass ich diesem Mann die Wahrheit sagen konnte, und beschloss, meiner Intuition zu vertrauen. »Andżelika Mizera, Patryk Miłka und Kalina Jakubek«, ich hatte das Bedürfnis, die Namen auszusprechen, um Andżelikas, Patryks und Kalinas Existenz zu untermauern, aber sie klangen wie ein Appell zu Ehren der Gefallenen. »Ich will, dass sie heil und gesund wiedergefunden werden.« In den hellen Augen des Anglers konnte ich keinerlei Unwillen erkennen, nur Trauer und Hilflosigkeit. »Sie haben etwas gesehen. Waren Sie in der Nähe, als Andżelika Mizera verschwand?«

Der Mann stand auf und begann, sein Angelzeug einzusammeln, in einem Plastikeimer schwammen zwei mickrige Fische. Ich musste an die plötzliche Dunkelheit und Stille im Bergwerk nach der Methangasexplosion denken, die ihm das Gehör geraubt und vielleicht noch andere Schäden in seinem eingedrückten Schädel angerichtet hatte. Der Mann sagte etwas, das ich nicht verstand.

»Papa sagt, du sollst dich um die Lebenden kümmern.«

»Heißt das, dass sie nicht mehr leben?« Der Mann schwieg. Er und seine Tochter musterten mich eindringlich. »Und wenn es Kamila gewesen wäre? Wenn Ihr eigenes Kind verschwunden wäre?«, wandte ich mich direkt an den Angler und machte einen Schritt auf ihn zu, sein verformtes Gesicht wirkte wie eine Spiegelung meines Gesichts im Wasser. »Was, wenn es Kamila gewesen wäre?«

Der Angler drängte sich an mir vorbei und ging über den Steg zum Ufer, in einer Hand Eimer und Angel, an der anderen Kamila, die ihren Puppenwagen hinter sich herzog. Sie schlugen einen schmalen Pfad ein, der durch das Gebüsch führte. Der Vater hinkte stark, schlug aber dennoch ein rasches Tempo an. Er sagte etwas, und wieder verstand ich ihn nicht.

»Was sagt er? Bitte sag mir, was dein Papa gesagt hat.«

Die Augen des Mädchens waren wie Spiegel, in jedem sah ich mein Gesicht.

»Mein Papa sagt: Suche die Ungeliebten.«

Suche die Ungeliebten? Ich spürte, dass es keinen Sinn hatte, ihn zu fragen, was das bedeuten sollte. Der Mann sagte noch etwas, und Kamila lächelte zum ersten Mal.

»Papa sagt, er heißt Gienek.« Bevor ich antworten konnte, röchelte der Angler, es klang unwillig. »Eugeniusz heißt er, nicht Gienek«, verbesserte sich das Mädchen.

»Und ich heiße Alicja. Alicja Tabor.«

Der Mann sah mich an, und ich war mir nun sicher, dass es die Augen eines vollkommen klar denkenden Menschen waren, der wusste, was er sagte. Wir näherten uns den Wohnblocks, die aussahen, als wären sie in der Zwischenzeit noch ein paar Jahre gealtert. Eugeniusz röchelte wieder wie ein erstickendes Tier in der Schlinge.

»Bitte komm uns nachher besuchen«, sagte Kamila. »Papa lädt dich ein. Wir wohnen in der Sieben.«

»Nachher?«

»Papa sagt, du weißt dann schon, wann nachher ist.«

»Ich will mir Mühe geben. Passt auf euch auf.« Ich hob zum Abschied die Hand, aber sie waren schon im Eingang des Hauses verschwunden, in dem auch Barbara Mizera wohnte.

*

Die Stadt glich um diese Uhrzeit dem Aquarell eines morbiden Malers. Braun, schmutziges Weiß und schale Grautöne zerliefen vor meinen Augen zu einer undefinierbaren Masse. Auf dem Rückweg wollte ich eine CD einlegen, die Bachkantate *Ich hatte viel Bekümmernis*, ich fühlte mich von Sorgen fast erdrückt. Doch wieder schaltete sich der lokale Radiosender ein, und anstelle von Barbara Schlicks Sopran kreischte die Frauenstimme von vorhin in den höchsten Tönen: »blutigbellend beißen reißen verbestien die heiligen gräber schnüffeln wollen ohne schamundschandeschänden«. Das Radio ließ sich nicht abdrehen, das rote Lämpchen blinkte wie verrückt. »Fleischderheiligen knochenzerfressen oder kołkas ächzen zerfetzen. Scheußlichejudenläuseräudige ächten!« Es kam mir so vor, als hätte ich diese nervenzersägende und zugleich mitleiderregende Stimme schon einmal irgendwo gehört. Einer plötzlichen Eingebung folgend, hielt ich auf dem Seitenstreifen unter einer blattlosen Kastanie an und stieg aus. An der Straßenseite erkannte ich ein verlassenes, noch von den Deutschen erbautes Sportgelände. Dort gab es außer einem Stadion auch ein offenes Schwimmbecken, versteckt zwischen Bäumen, deren Blätter auf die Wasseroberfläche fielen. Das Becken war schon zu meiner Kindheit ziemlich heruntergekommen, inzwischen aber völlig verfallen und sicher seit langem nicht mehr in Benutzung. Hier hatte Ewa mir das Schwimmen beigebracht.

Das Stadion mit den langsam zuwuchernden Zuschauerbänken erinnerte mich an die Ruinen eines Amphitheaters. Ich umrundete die Tribüne wie ein einsamer Geist vergangener Spiele und setzte mich auf eine morsche Bank am Schwimmbecken. In der feuchten Luft hing der Chlorgeruch aus meiner Erinnerung. »Wir fahren ins Schwimmbad, Kamelin!«, hörte ich meine Schwester sagen und spürte ihre Gegenwart wie einen Atem im Nacken. Die Tage mit Ewa im Schwimmbad sind wohl meine schönsten Kindheitserinnerungen. In den Urlaub fuhren wir nie, denn weder gab es jemanden, der uns begleitet hätte, noch hatten wir Geld. Während Vater die Sommermonate mit doppelt intensivierter Schatzsuche verbrachte, kümmerte meine Schwester sich um mich, was mir ganz natürlich erschien. Freundinnen hatte ich nicht, die Nachbarsmädchen luden mich nie zu sich nach Hause ein und kamen auch nicht zu uns. Einmal unternahm ich einen schüchternen Versuch, mich mit der stillen Danusia von gegenüber anzufreunden. Danusia sah sich befangen in unserer unordentlichen Küche um, während ich ihr, meinem ersten Gast, hingebungsvoll Tee einschenkte, als plötzlich ihre Mutter hereinstürmte, ihr einen Klaps auf den Kopf versetzte und sie am Ohrläppchen fortzerrte. Ich begriff nicht, was geschehen war, erzählte Vater und Ewa aber lieber nichts davon und gab mir lange Zeit die Schuld am Zorn der Mutter. So waren meine Schwester und ich immer allein, denn auch sie bekam niemals Besuch und wurde auch nicht eingeladen. »Was brauchen wir denn mehr, Kamelin?«, fragte sie, und ich weiß nicht, welche Antwort sie sich selbst gegeben hätte. An sonnigen Ferientagen fuhren wir mit dem Bus ins Schwimmbad. Wir kamen als Erste und gingen als Letzte, und auch wenn ich damals die anderen Kinder um ihre Obst schnippelnden Mütter, ihre wasserspritzenden Gummidelphin-Väter beneidete, heute sehe ich nur Ewa in ihrem bunten selbstgehäkelten Bikini vor mir. »Renn, Pipinelke!«, rief sie, und wir rannten von unserer Decke bis zum Beckenrand und tauchten in das kühle Wasser, noch bevor die ersten Badegäste ihre Lager ausbreiten und sich umziehen konnten. In der grünlichen Stille sanken wir bis zum Grund, mit offenen Augen, um nur ja nichts von der wunderbaren Verwandlung zweier Mädchen in leichte und freie Wasserwesen zu versäumen. Tief unten zeigte Ewa dann mit dem Finger hinauf zu den Blättern, die durchscheinend auf der sonnigen Wasseroberfläche schaukelten, und wir stießen uns gleichzeitig vom Boden ab, hinauf zum Licht.

Das Bild meiner Schwester mit ihrer türkisblauen Bademütze, wie sie inmitten von aufsteigenden Luftblasen neben mir schwamm, war so stark, dass ich die Kühle des Wassers auf meiner Haut spürte. Und da fiel mir plötzlich etwas auf. Barbara Mizera hatte gesagt, sie habe fünf Kinder, nicht sechs. Also hatte sie Andżelika schon aufgegeben. Die Worte des Anglers Eugeniusz fielen mir ein: »Suche die Ungeliebten.«

Du schrumpfst, Alicja, du wächst

»Du schrumpfst, Alicja«, diese Nachricht eines unbekannten Absenders leuchtete in der Nacht auf dem Display meines Telefons, und ich ahnte, dass sie von der Person stammen musste, die sich »Homar« nannte. Mit Scherzen über »Alice im Wunderland« bin ich immer schon aufgezogen worden, und ich hatte mich daran gewöhnt, aber diese Nachricht überraschte mich. Nach dem Gespräch mit Andżelikas Mutter fühlte ich mich tatsächlich schwach und klein. Obwohl ich müde war, konnte ich nicht einschlafen, die traurige Geschichte des ungeliebten Mädchens verschmolz mit meiner eigenen Trauer. Der Körper erinnert sich an Dinge, die man vergessen glaubt, und ich wusste, dass ich nun genauso dalag wie früher, wenn ich neben mir im Bett instinktiv Platz für meine Schwester ließ. In Nächten wie dieser, wenn der Winter noch nicht gekommen, der Herbst aber schon gegangen war und die Welt grau und leer zurückgelassen hatte, schliefen wir beide schlecht.

Der November sei ein Spalt in der Zeit, ein Riss, der zwischen dem Herbst und dem langen polnischen Winter verlief, meinte Ewa, die Menschen lebten am Rand dieses Spalts und warteten nur darauf, dass er sich mit den Dezemberfrösten wieder schließen würde. »Im November, Kamelin, kann es passieren, dass man Streichhölzer holen geht und nicht wiederkommt, im November siehst du, wenn du genau hinschaust, in jeder Pfütze Treppenstufen, die bis tief unter die Erde führen. Nachts dehnen sich die Abflüsse in den Badezimmern so weit, dass ein Erwachsener hindurchpasst. Und Pipinelken wie du müssen sich sogar vor Fußbodenritzen und Mauselöchern in Acht nehmen.« – »Warum denn?« – »Weil sich im November die Durchgänge öffnen«, antwortete meine Schwester. »Was für Durchgänge?« – »Durchgänge, die sonst geschlossen sind.« – »Aber Durchgänge wozwischen?«, fragte ich weiter. »Durchgänge zwischen Nacht und Tag, Weiß und Schwarz, Verlorenem und Gefundenem, zwischen Kamelen und Datteln, Jungen und Mädchen! Möchtest du es einmal ausprobieren?«, fragte sie, und ich schlotterte vor Angst, brannte aber gleichzeitig darauf, mehr zu hören. Meine Erinnerungen an diese Nächte umfassten mehr als die bloße Freude, bei Ewa zu sein und ihren Geschichten zu lauschen, mehr als die Sicherheit, die mir ihre Anwesenheit gab. In dieses Gefühl mischte sich auch die Angst, die wir beide empfanden und vor der Ewa mich beschützen wollte, eine Angst, in deren Schatten ich die ganzen Jahre gelebt hatte und deren Ursprung ich bis heute nicht kannte.

Wovor fürchteten wir uns? Warum habe ich nicht bemerkt, dass Ewa sich entfernte, dass das, was im Dunkel unseres Zimmers lauerte, sie bereits in den Fängen hatte? Warum habe ich sie nicht aufhalten können? Schließlich kannte niemand sie so gut wie ich. Selbst Dawid nicht. In jenem Sommer, in dem Vater uns mitnahm zu Hitlers Mausoleum und zum Teich in Nowe Miasto auf ein Picknick, erlebte meine Schwester ihre erste und letzte Liebe. Er hieß Dawid, und dieser exotische Name schien mir, dem kleinen unscheinbaren Mädchen, zur Welt der Schönen und der großen Abenteuer zu gehören, an der meine Schwester als zukünftige Filmschauspielerin Daisy Tabor selbstverständlich teilhatte. »Ich habe mich verliebt, Kamelin«, tanzte sie durchs Zimmer und sang *Es ist Liebe, die alles verzeiht*, und ich spürte mehr, als dass ich verstand, wie viel Ernst in dieser Albernheit steckte. Schon damals habe ich geahnt, dass ich selbst niemals so heftig entflammen würde, und auch heute ziehe ich mich lieber rasch zurück, bevor mich das Feuer ganz verbrennt. Ich war sicher häufiger mit den beiden zusammen, als es Ewa lieb war, denn ihr unverhofftes Glück ging vermutlich mit einem Schuldgefühl gegenüber der jüngeren Schwester einher, dem dritten Rad am Wagen. Doch sie ließ mich nicht im Stich, und Dawid betrachtete mich offenbar als ein etwas lästiges, aber unvermeidliches Anhängsel, er begann mich sogar »Kamelin« zu nennen.

»*Meine Kleine*, ich fliege! Mir sind Flügel gewachsen wie der Gottesmutter Gluckenputte, aber nicht nur zwei, o nein, Pipinelke, ich bin ganz und gar beflügelt.« Beflügelt! Ewa wiederholte dieses schöne Wort, das ich für mich selbst nie verwendet hätte, denn weder Kamele noch Panzertiere können fliegen oder in Liebe entbrennen. »Kamelin, Dawid meint, es ist egal, was die Leute sagen, sollen sie doch reden, nur wir beide zählen, ist das nicht wunderschön? Und wenn Dawid nach dem Abitur einen Studienplatz kriegt, bestimmt kriegt er einen, bei seinem Wahnsinnsverstand, dann ziehen wir zusammen nach Wrocław. Dawid und ich. Ich und Dawid. Du auch! Klar. Papa? Papa kommt uns natürlich besuchen, wir laden ihn an Sonn- und Feiertagen ein. Du möchtest doch in Wrocław wohnen? Weißt du noch, wie gut es dir im Szczytnicki-Park gefallen hat?« Meine Schwester sah mich mit leuchtenden Augen an. Ich stimmte ihr zu, aber wahrscheinlich habe ich damals schon gewusst, dass aus diesem schönen Leben, das sie sich ausmalte, nichts werden würde. Eine Mansardenwohnung mit Blick auf den Szczytnicki-Park – bis heute birgt das Wort »Mansarde« den Schatten meiner Schwester, einen leichten Hauch, der mich anweht, wenn ich es lese oder höre. »Eine Mansarde, Kamelin, ist das nicht ein wundervolles Wort? Wetten, dass Fürstin Daisy Mansarden liebte? Bestimmt träumte sie auf Schloss Fürstenstein von einem französischen Liebhaber und einer Pariser Mansarde! In unserer kleinen Mansarde mit Fenster zum Park werden wir morgens Kaffee trinken, du natürlich Carokaffee mit Milch, und die Bäume im Park werden dazu rauschen wie das Meer, Pipinelke. Du hast selbst gesagt, dass Wrocław dir gefällt, na, was meinst du, Kamelin? Ist das abgemacht?« An einem Frühlingstag hatte Vater uns ausnahmsweise mitgenommen nach Wrocław, und Ewa war sehr beeindruckt gewesen. Er fuhr zu einem Treffen mit einem anderen Schatzsucher und ließ uns mit einer Tüte Karamellen auf einer Bank im Szczytnicki-Park zurück, unter einem blühenden Forsythienstrauch. In einer Stunde, höchstens zwei, wollte er wiederkommen, doch er kam nicht, was uns nicht besonders beunruhigte, da er sich immer verspätete, oft vergaß er sogar, zum Elternsprechtag zu gehen oder mich vom Kindergarten abzuholen. Gegen Mittag wurde uns langweilig, und wir schlenderten durch den grünen Bogen einer Allee bis zu einem japanischen Garten, der in der strahlenden Frühlingssonne vor uns lag, als hätte ihn eine freundliche buddhistische Gottheit eigens für uns erschaffen. »Dieser Garten ist nur dazu da, um sich an ihm zu freuen, verstehst du, Kamelin? Keine Gemüsebeete, nichts, was man essen oder verwerten könnte, die reine Schönheit.« – »Und wenn keiner ihn sieht? Zum Beispiel in der Nacht, ist er dann auch schön?« – »Ja«, bestätigte Ewa, »denn der Garten lebt in der Erinnerung der Leute weiter, die ihn gesehen haben.« – »Und wenn die Katzenfresser kommen und ihn zerstören?« – »Psst, nicht ihren Namen aussprechen!« Wir hatten kein Geld, und nach den vielen Karamellen waren wir schrecklich durstig geworden, und um mich auf andere Gedanken zu bringen, dachte sich Ewa ein Spiel aus, das mir selbst nie eingefallen wäre. Wir gingen zu den Familien, die in Festtagskleidern im Park spazieren gingen, und fragten, ob sie unsere Eltern und unseren Bruder gesehen hätten. »Entschuldigung«, hob Ewa in ernstem Tonfall an, und die Leute blieben gern stehen, so nett und anmutig sah sie aus. »Wir haben unsere Eltern und unseren Bruder verloren. Haben Sie sie zufällig gesehen? Mama ist groß und blond, Papa trägt einen grauen Anzug und einen Hut, und Maciuś ist drei Jahre alt, ein kleiner Junge im Matrosenanzug. Eben waren sie noch hier, jetzt sind sie verschwunden. Sie haben sie nicht gesehen? Dann entschuldigen Sie bitte die Störung. Auf Wiedersehen.« Ein Herr und eine Dame beteiligten sich tatsächlich an unserer Suche und berieten sich in der typischen Weise alter Eheleute: »Könnten das vielleicht die da sein, du weißt schon?«, fragte er. »Ach, die meinst du? Vielleicht sind es ja auch die dort drüben«, entgegnete sie und beide zeigten auf einen Parkweg, auf dem sie unsere verlorene Familie gesehen hatten. Nie werde ich Ewas Gesichtsausdruck vergessen, diese Mischung aus Furcht und Entzücken habe ich nie wieder bei einem Menschen wahrgenommen.

Ewa plante unsere Zukunft in der Mansarde beim Szczytnicki-Park in allen Einzelheiten. Dawid würde Medizin studieren und sie selbst in Wrocław das Gymnasium beenden, danach auf die Schauspielschule gehen und gleich die ersten Engagements bekommen. Ich würde doch sicher bei den Proben zusehen wollen? Sicher wollte ich das! Dawid würde ein angesehener Herzchirurg werden oder bei »Ärzte ohne Grenzen« mitmachen und nach Afrika gehen, um hungernden Kindern zu helfen. Und ihre Schauspielerkarriere? Das wäre doch kein Hindernis! In Afrika würde sie afrikanische Tänze lernen und in die Geheimnisse der Schamaninnen eingeweiht werden, das wäre doch eine Bereicherung für ihre Schauspielkunst. Es würde sich alles wunderbar fügen, »denn das Wichtigste, Kamelin, ist die Liebe. Weißt du, wie das ist? Ich sehe an deiner Kamelmiene, dass du nichts weißt, *meine Kleine*. Es ist, als hättest du Licht getrunken, Pipinelke! Als hättest du Fürstin Daisys Perlen geknabbert und sie würden jetzt aufgelöst in deinem Blut schwimmen und strahlen!« Sie unterbrach ihre stürmische Rede: »Los, singen wir!«, und weil man Ewa nie etwas abschlagen konnte, sangen wir *Es ist Liebe, die alles verzeiht, sie findet so wunderbar Gründe, verkehrt in Lachen jede Traurigkeit, verbrämt Betrug und Lüge, und Sünde.* »Süüüünde«, zog Ewa das Wort in die Länge und riss den roten Hans aus der DDR zum Tanz mit, und Hans riss mich mit.

Dawid kam mitten im Schuljahr auf Ewas Gymnasium, als sie in der zehnten Klasse war. Seine Familie stammte aus Warschau und bezog eine alte Villa in Szczawno-Zdrój. In diesem Stadtteil lagen die Kurkliniken, dort herrschte eine völlig andere Atmosphäre, die Nähe zur Bergbaustadt Wałbrzych schien reiner Zufall zu sein. Dawids Vater war Gynäkologe, und seine Mutter arbeitete nicht, was die anderen Frauen mit neiderfülltem Seufzen kommentierten. Ewa sagte mir nie, was Dawids Familie in unsere Stadt verschlagen hatte, womit diese Stadt einen Warschauer Arzt hatte locken können, der sich in kürzester Zeit eine Schar begeisterter Patientinnen erarbeitete, die ihn mit »Herr Professor« anredeten. Angeblich hatte er in Warschau Schwierigkeiten gehabt, aber um was für Schwierigkeiten es sich handelte, erfuhr ich nie. Dawid war ein schmaler, hübscher Junge mit dunklerem Teint, der mir damals schrecklich alt vorkam: immer ganz in Schwarz, dichtes lockiges Haar, das ihm in die Stirn fiel, und eine leuchtend blaue, runde Brille. Die Brille war aus einem Paket, wie Ewa betonte, denn ein Teil der Familie lebte in Kanada. Am meisten aber faszinierten mich seine Schuhe, Schnürstiefel einer ausländischen Marke, die sich damals in Wałbrzych kaum jemand leisten konnte. Sie waren aus festem Leder, hatten dicke Profilsohlen und Schäfte bis zur Wade, es waren einfach wunderbare Schuhe. Mit solchen Schuhen konnte man besser auf Reisen gehen als mit meinen flachen Juniorki-Stoffturnschuhen aus unserem Wałbrzycher Warenhaus. Dawids Schuhe sahen aus, als seien sie nur dafür gemacht, auf Züge aufzuspringen und Schiffsleitern oder vielleicht sogar Flugzeugtreppen zu erklimmen. »Solche Schuhe sind sehr teuer«, klärte Ewa mich auf, »und sie kommen natürlich aus dem Paket. Wenn ich erst berühmt bin, dann kaufen wir beiden uns so viele, wie wir wollen! Welche Farbe möchtest du, Kamelin? Braun?

Ach was! Du kriegst smaragdgrüne, kobaltblaue und fuchsienrote.« Vorerst machte Dawid nicht allzu weite Reisen. »Dawid geht mit dem Rucksack in die Berge«, sagte meine Schwester begeistert, diese Worte verhießen etwas Wundervolles, sie kündeten von vollkommener Freiheit, von etwas, das niemand aus unserer Familie jemals gewagt hatte. Mit einem Rucksack in den Wałbrzycher Bergen wandern, einfach so, zum Spaß, nicht um einen Schatz suchen, sondern um in den Himmel zu schauen und die Füße in Gebirgsbächen zu kühlen! Ich wollte auch mit dem Rucksack in die Berge wandern und all das tun, was Dawid tat, so wie er wollte ich sagen können, dass das Leben eine Reise sei, und selbst heute, wo ich seinen Überschwang und jugendlichen Hang zur Dramatik durchschaue, kann ich verstehen, welchem Zauber meine Schwester erlag. Dawid hatte etwas, das wir aus unserer Umgebung nicht kannten: Lebensmut und die Gewissheit, dass es sich zu leben lohnte. Er versprach Ewa, gemeinsam mit uns einen Ausflug ins Riesengebirge zu unternehmen, und wir bereiteten uns mit einem Feuereifer auf diese erste wirkliche Reise unseres Lebens vor, als ginge es auf den Kilimandscharo. Im Pfadfinderladen kauften wir Kochgeschirr und Wollsocken, wir sparten für Wanderschuhe, ich legte das Geld beiseite, das Herr Albert mir zusteckte, wenn ich ihm im Palmenhaus half, und Ewa gab Mitschülern Nachhilfestunden. »Wenn wir mit Dawid in die Berge fahren«, sagte Ewa so oft sie konnte und zog genüsslich die Vokale in die Länge, ließ sich die Worte auf der Zunge zergehen wie ihr Lieblingseis Śnieżka, das aussah wie zwischen zwei Waffeln gepresster Schnee. Nie wieder habe ich einer Reise so entgegengefiebert wie dieser. Vor kurzem bin ich sogar auf den Kilimandscharo gestiegen, doch weder Ewa noch ich sind jemals im Riesengebirge gewesen.

Ich sah auf die Uhr meines Telefons, es war fast drei. Wäre meine Schwester hier gewesen, hätte sie gesagt, dass um diese

Uhrzeit die Geister der Deutschen aufs Klo gehen. »Hörst du, wie der Boden knarrt, Kamelin, eins zwei drei, gleich ist es vorbei!« Selbst für unsere Familie, in der so viele Mitglieder jung gestorben oder verschwunden sind oder aber von einer Leidenschaft aufgezehrt wurden, schien es fast unglaublich, dass ein einzelnes Mädchen sich so viele Geister ausdenken konnte. Die deutschen Geister wohnten in den Ritzen zwischen den Bodenbrettern und gingen frühmorgens aufs Klo, die jüdischen ernährten sich von den Brotkrumen auf der Fensterbank vor unserem Schlafzimmer, Fürstin Daisys Geist wandelte in den Schlosskammern umher und gab uns Zeichen mit einer brennenden Kerze. Ich musste verrückt geworden sein, in diesem Haus zu übernachten, das mir den Schlaf und die Seelenruhe raubte. Als ich nach der Wasserflasche neben meinem Bett griff, raschelte etwas, und aus einer Zeitung, die auf dem Boden lag, krabbelte ein Insekt, erstarrte kurz im kalten Lichtstrahl des Telefons, als stünde es stramm, und verschwand in der Dunkelheit. Wovon ernährte es sich in diesem stillen, verlassenen Haus? Die Kakerlakenplage sorgte immer wieder für neue Gerüchte, angeblich waren die Tiere immun gegen jedes Gift und vermehrten sich nach Leibeskräften. Kakerlaken bevölkerten die Wałbrzycher Häuser, angeblich hatten sie jegliche Angst vor Menschen verloren. In der Lokalzeitung, aus der mein Insekt herausgekrabbelt war, hatte ich ein Interview mit einem Insektenforscher von der Universität Wrocław gelesen, mit seinen vorquellenden Augen und dem borstigen Oberlippenbärtchen glich er entfernt seinem Forschungsobjekt. Zwar sei in einigen polnischen Städten eine mutierte Kakerlakenart aufgetaucht, Grund zur Panik gebe es jedoch nicht, sagte er beschwichtigend. Im Lichte der aktuellen Forschungen sei diese Art nicht bedrohlicher für den Menschen als ihr gewöhnlicher Verwandter, welcher die Menschheit von Anbeginn begleite. Der Insektenforscher riet, Ruhe zu bewahren, Lüftungsrohre abzudichten, Hygienevorschriften zu beachten und Kellerkatzen nicht zu verjagen. »Wo Katzen sind, gibt es keine Kakerlaken«, fasste er zusammen, und ich dachte, dass der schnurrbärtige Forscher der Wilden Baśka in diesem Augenblick ebenso sympathisch gewesen wäre wie mir. Unter dem Interview prangte die Reklame des Wałbzycher Insektenschutzfabrikanten Robax: »Nur eine tote Kakerlake ist eine gute Kakerlake.«

Die Kakerlake begrub meine Hoffnung auf Schlaf in dieser Nacht, und ich beschloss, mir in der Küche einen Tee aufzubrühen und bis zum Morgengrauen auszuharren. Aber da erregte ein winziger Wirbel im Ektoplasma, das durch das Fenster hineinsickerte, meine Aufmerksamkeit. Auf allen vieren kroch ich zur Fensterbank, damit mich von draußen niemand sah. Ich wusste nicht, ob es ein Mensch war, der mich beobachtete, oder ein Wesen mit eulenscharfen Augen, das meine Schwester sich vor Jahren ausgedacht und nicht mit ins Grab genommen hatte. Als ich mich aufrichtete, konnte ich den Teil des Gartens überblicken, in dem mein Apfelbaum stand, das kalte Mondlicht erleuchtete eine Szenerie vollkommener Stille und Leere. Trotzdem war ich noch nicht beruhigt. Ich ließ mich wieder auf die Knie und kroch unten am Fenster entlang. Jetzt konnte ich die verwilderten Johannisbeersträucher sehen. Vater hielt Schwarze Johannisbeeren für die gesündesten aller Früchte, doch ich konnte sie nie essen und bekomme sie bis heute nicht herunter, weil Ewa sagte, sie verströmten Leichengeruch. Sie wüchsen an Stellen, wo Leichen begraben liegen, und ihre schwarze Farbe verdankten sie dem Tod. Hinter den Sträuchern rankten sich Kletten durch vertrocknetes Unkrautgewirr. Keine Menschenseele. Ich atmete auf. Und da sah ich ihn. Den großen Mann im Ledermantel, den ich schon aus dem Zug kannte und der auch letzte Nacht in meinem Garten gelauert hatte. Er stand hinter einem Walnussbaum, sein Schatten, der auf den silbrig bereiften Rasen fiel, verriet ihn. Ich beobachtete ihn, irgendwann würde er schließlich etwas tun müssen. Nach einiger Zeit trat er hinter dem Stamm hervor und blickte zu meinem Haus herüber, sein Gesicht wirkte im Dunkel weiß wie eine Maske, er senkte den Kopf und fing an, auf seltsame Weise den Garten zu durchmessen. Zuerst dachte ich – ein verrückter Gedanke –, er tanze, aber dann erkannte ich, dass er ein Blatt Papier in der Hand hielt und etwas davon ablas. Mit gesenktem Kopf ging er ein paar Schritte nach rechts, blieb stehen, sah auf das Blatt und machte ein paar Schritte in die Gegenrichtung. Er erinnerte mich an Vater, wie er seine Schritte nach immer neuen Schatzkarten gemessen hatte. Der Mann suchte etwas auf meinem Grundstück.

Im Dunkeln lief ich in die Küche, deren Hintertür zum Garten hinausführte. Hinter einen Schrank geduckt, spähte ich hinaus. Der Mann war noch da. Mit dem Rücken zu mir, schritt er jetzt auf das welke Klettengestrüpp zu, steif und angespannt, als balanciere er über ein Seil. Ich beschloss, die Gelegenheit zu ergreifen, und öffnete leise die Tür. Das Schicksal meinte es gut, sie knarrte nicht einmal. Kalte Nachtluft schlug mir in das erhitzte Gesicht, mein Herz hämmerte, doch es war zu spät, mich eines anderen zu besinnen. Ich huschte aus der Tür und lief die paar Meter bis zu den Johannisbeersträuchern. Der Mann sah sich um, bemerkte mich aber nicht und setzte seine Tätigkeit fort. Er blickte auf seinen Zettel und ging ein paar Schritte auf mich zu, ich drückte mich an das reifüberzogene Gras und barg mein Gesicht in den Armen. Die Erde roch feucht und modrig, und mir kam der seltsame Gedanke, wie gut es wäre, einfach liegenzubleiben, das Gesicht in welkes Gras und aschgraue Blätter vergraben. Dicht an meinem Ohr hörte ich eine Stimme, oder spürte sie eher, etwas wie ein Flüstern, und mir war, als kennte ich sie aus einem ähnlichen, unheilschwangeren Dunkel. In meinem schwarzgrauen Schlafanzug bemerkte mich der Eindringling nicht. Nach einer Weile wagte ich, den Kopf zu heben und mich umzusehen. Der Mann stand immer noch mit dem Rücken zu mir, er beugte sich über die Klettenranken und tastete mit dem Fuß den Boden ab. Der Ledermantel stellte sich als Nylonjacke heraus, so eine ähnliche hatte ich mir selbst erst kürzlich gekauft. Ich entschied, meinen Vorteil zu nutzen, denn bei einem offenen Zusammentreffen hätte ich keine Chance gehabt. In zwei großen Sätzen war ich bei ihm, sprang ihm auf den Rücken und nahm seinen Kopf in den Schwitzkasten. Ihn umzuwerfen gelang mir nicht. Ich spürte seine harten Muskeln, er roch nach Rasierwasser und frischer Wäsche. Der Unbekannte wehrte sich nicht, als ergebe er sich, und obwohl ich darauf vorbereitet war, befreite er sich ganz plötzlich aus meinem Griff und warf mich auf die Erde. Ich sah die Überraschung in seinen Augen und nutzte den Moment, um mich zusammenzurollen, und als er sich über mich beugte, trat ich ihn in den Bauch. Ich traf die richtige Stelle, denn der Mann wich zurück und krümmte sich vor Schmerz. Dann griff ich an, er wich aus, er kannte die Regeln des Kampfes. Wir standen uns im Mondlicht gegenüber, das nun so hell schien, dass wir einander mustern konnten. In einer abwehrenden und leicht spöttischen Geste hob der Eindringling die Hände, er sah, wie viel kleiner und schwächer ich war. Das gefiel mir nicht. Er hatte dunkle Augen und lange Wimpern, die Wimpern eines Kindes, die nicht recht zu seinem zerfurchten, müden Gesicht passen wollten. Das war nicht der Mann aus dem Zug, ganz sicher nicht, denn auch wenn ich das Gesicht des anderen nicht genau sehen konnte, so hatte ich doch die Aura gespürt, die ihn umgab.

»Wer bist du?«

»Ich heiße Martin, Marcin Schwartz«, sagte der Unbekannte. Er hatte einen Akzent, seine Worte waren rauh wie Schmirgelpapier, doch die Stimme klang freundlich, wie die eines Menschen, der häufig den Zorn oder die Angst anderer besänftigen muss.

»Was tust du nachts in meinem Garten, Marcin Schwartz?«

»Wie bitte? Das ist dein Garten?« Der Mann sah erstaunt aus.

»Soll ich dir die Besitzurkunde zeigen? Schon zum zweiten Mal sehe ich dich nachts in meinem Garten. Was tust du hier und wer bist du, Marcin Schwartz?«

»Schon zum zweiten Mal? Interessant. Wann bin ich denn das erste Mal hier gewesen?« Das Gespräch nahm eine absurde Wendung.

»Soll ich dir Tag und Uhrzeit nennen?«

»Besser ja, denn ich habe keine Ahnung, bin gerade erst angekommen.« Der Mann hob ratlos die Arme.

Jetzt bemerkte ich den Rucksack, der am Stamm des Apfelbaums lehnte.

»Wer bist du denn und was machst du hier?«, wiederholte ich.

Marcin sah mich an, und plötzlich lächelte er, als hätte er eine alte Bekannte entdeckt.

»Du bist die Tochter!«

»Die Tochter?«

»Du bist die Tochter von Professor Tabor.«

»Du hast meinen Vater gekannt?«

»Nein, hat er nicht«, hörte ich auf einmal Herrn Alberts Stimme, der in einem altmodischen Flanellpyjama hinter mir stand. Auf dem Kopf hatte er seine Fliegermütze, die er anscheinend nicht einmal zum Schlafen abnahm. In der Hand hielt er eine Axt.

»Ich bin's«, sagte Marcin und hob wieder entwaffnend die Hände, um zu zeigen, dass er unbewaffnet war und nichts Böses im Schilde führte.

»Das sehe ich«, sagte Herr Albert und ließ das Werkzeug sinken, dessen Anblick mich erschreckte, weil mir klar wurde, dass mein sonst so sanfter Nachbar auch eine Gefahr gewittert hatte.

»Ich sehe, dass du es bist.« Er lächelte. »Ich habe schon auf dich gewartet.«

»Ich bin spät dran. Entschuldigung.«

»Hättest du nicht morgen damit anfangen können? Musst du immer alles überstürzen?« Herr Albert stauchte den Ankömmling zusammen, ohne ernsthaft ärgerlich zu wirken. Im Gegenteil, er sah aus, als könne er vor Wiedersehensfreude kaum an sich halten.

»Worum geht es hier? Könnt ihr mir erklären, was in meinem Garten los ist? Wer ist wer und wer kennt wen? Womit wollt ihr morgen anfangen? Was sucht dieser Mensch hier? Warum weiß ich nichts davon?«

Die beiden blickten sich vielsagend an, sie kannten sich gut, dessen war ich mir nun ganz sicher.

»Stellt sie immer so viele Fragen?«, meldete sich schließlich Marcin zu Wort.

»Normalerweise ist es noch schlimmer.« Herr Albert lächelte. »Ihre ersten Worte als Kind waren eine Frage.«

In mir stieg wieder die Wut hoch, ich mag es nicht, wenn Menschen, und besonders Menschen, die sich nachts in fremde Gärten schleichen, keine Antwort geben.

»Gleich erkläre ich dir alles. Wenn du mich nur nicht mehr trittst.« Marcin Schwartz lächelte schief.

»Sie hat dich getreten?«, fragte Herr Albert interessiert.

»Und wie! Erst springt sie mich von hinten an und nimmt mich mit einem Judogriff in die Zange. Danach hat sie mich getreten und versucht, gegen meinen Kehlkopf zu schlagen. Und erst dann hat sie gefragt, wer ich bin.« Er sprach mit starkem deutschem Akzent.

Herr Albert lächelte mir zu.

»Du machst Judo?«

»Ich habe Selbstverteidigung für Frauen gelernt«, bekannte ich. »Sieben Jahre lang.«

»Selbstverteidigung war das nicht«, warf Marcin ein.

»Also hast du nicht nur geschrieben die ganze Zeit.« Herr Albert sandte mir unter seiner geflickten Schirmmütze einen verschmitzten Blick.

Mein Ärger schmolz dahin, und ich erwiderte sein Lächeln, als wäre ich wieder das kleine Mädchen, das er dafür lobte, die Setzlinge im Gewächshaus so gut vorbereitet zu haben. Er hatte mir meine Aufgaben immer ganz ernst erklärt, damit ich keinen Zweifel an meiner Unverzichtbarkeit hegte, daran, dass ohne mich alles zu Unkraut verkommen würde. Wenn er mich danach zu Pommes frites einlud, wusste ich, dass es ein verdienter Lohn war und kein Almosen für ein ewig hungriges Kind. Wenn Herr Albert hier war, konnte Marcin Schwartz keine Gefahr sein.

»Meine Herren, es war mir ein Vergnügen, auch wenn ich keinen von euch hergebeten habe. Wenn ihr möchtet, könnt ihr hierbleiben, ich gehe rein. Ich habe kalte Füße.«

Wie auf Kommando blickten beide auf meine nackten Füße.

»Du bittest uns auf einen Tee herein?«, fragte Herr Albert.

»Warum nicht? Teeparty im Morgengrauen.«

Wir gingen in die Küche, ich machte Licht, und das Grauen dieser Nacht fiel von mir ab, mich erfüllte eine unerwartete Freude über die Gäste, die wir nie gehabt hatten, als ich Kind war. Der Morgen erhebt sich, die Geister gehen schlafen, hätte Ewa gesagt und geschworen, dass ich sie gähnen hören könnte, wenn ich nur die Ohren aufsperrte. Sie hätte darauf beharrt, dass jüdische Geister ganz anders gähnten als deutsche, und mich auf die Geräusche des in Dunkelheit getauchten Gartens lauschen lassen, der für mich ganz gewöhnlich und sehr irdisch war. Ich überließ die beiden Gäste für einen Moment sich selbst und lief nach oben, um mich wärmer anzuziehen. In Marcins Gesellschaft fühlte ich mich unwohl im Schlafanzug, ich konnte noch die Berührung mit seinem Körper spüren, als ich ihm auf den Rücken sprang. Das war keine gute Idee gewesen. Sieben Jahre Training unter Aufsicht eines Lehrers änderten nichts daran, dass ich klein und zierlich war. Wenn ich die Wahl hätte, würde ich gern aussehen wie Hilary Swank in *Million Dollar Baby*, aber leider ähnele ich viel eher Jodie Foster im *Schweigen der Lämmer*. Als ich das Schlafzimmer betrat, bemerkte ich, dass etwas nicht stimmte. Der Geruch, durchdringender Modergeruch. War jemand in der Zwischenzeit hier gewesen? In der Luft lag etwas Fremdes, Furchteinflößendes.

Ich öffnete den Schrank und fuhr zurück, als hätte ich einen Stoß in die Magengrube bekommen. Im Schrank baumelte an meinem Hosengürtel der rote Hans aus der DDR, den ich zuletzt verlassen im Keller gesehen hatte. Sein zerzaustes Fell erinnerte an ein echtes Tier, die kläglich herabhängenden Ohren sahen hilflos aus wie bei einem Wesen, das einmal gelebt und Schmerzen empfunden hatte. Ich trat mit voller Kraft gegen die Schranktür. Marcin stürmte herein, dicht gefolgt von Herrn Albert.

»Alicja«, sagte er und machte eine Bewegung, als wolle er mich in den Arm nehmen, aber ich wich zurück. Dann öffnete ich die Gürtelschnalle, und der Gehenkte fiel schlaff zu Boden. Ein harmloses Kinderspielzeug, nichts weiter. Ich holte tief Luft und ließ sie langsam entweichen.

»Gehen wir in die Küche«, sagte ich dann, so ruhig ich konnte, »trinken wir Tee, und ihr erzählt mir alles, was ihr wisst.«

In einer absurden Anwandlung von Mitgefühl hob ich Hans an seiner schmutzigen Tatze auf und setzte ihn an den Küchentisch zwischen meine neuen Gäste. Marcin Schwartz sah müde aus, eine Müdigkeit, die kein Schlaf lindern kann, weil sie von jahrelanger Erschöpfung herrührt. Er hatte eine Narbe von der Form einer Katzenpfote auf der Wange, seine Augenbrauen waren asymmetrisch. Herr Albert kratzte sich an seiner Fliegermütze, wie immer, wenn er über etwas nachdachte, und mir schien, als sei seit gestern ein weiterer Leinenflicken hinzugekommen, hellblaue Rosen. In einer Keramikkanne, groß wie ein Samowar, bereitete ich georgischen Nelkentee. Ich fand ein paar Teetassen aus chinesischem Porzellan, die Vater wie durch ein Wunder nicht versetzt oder gegen eine Schatzkarte eingetauscht hatte. Ich beschloss, sie nicht abzuwaschen, ein bisschen alter Staub würde dem Tee mehr Charakter geben. Ich musste an meine neue, fast unbenutzte Warschauer Küche denken, mit ihren sauberen Arbeitsplatten und weißen Schränken, den grauen Kacheln und den großen Fenstern zur Welt, ihrem Geruch nach Neuheit. Dieses Bild erschien mir jetzt so weit weg, als gehörte es zu einem anderen Menschen, den ich kaum kannte und nicht verstand. Vielleicht war die Warschauer Alicja nur ein Traum, und mein wahres Leben hatte sich immer hier abgespielt? Irgendwo krähte ein Hahn, und Marcin Schwartz seufzte, blickte auf die Uhr und verkündete, es sei vier.

»Wer soll erzählen?«, fragte er, und beide Männer sahen mich an. Ich trank einen Schluck Tee, seine belebende Wärme tat mir gut. Der leicht angestaubte georgische Nelkentee schmeckte wie ein vierzigjähriger taiwanesischer Oolong.

»Herr Albert. Ich will alles wissen. Von Anfang an.«

Albert Kukułkas erste Geschichte

Früher einmal habe ich in deinem Haus gewohnt, Alicja. Ich bin nicht mit den Kukułkas nach Wałbrzych gekommen, ich war schon hier, als sie das Haus nebenan bezogen. Eigentlich stamme ich aus einer deutschen Zigeunerfamilie, aber wo ich geboren bin und welchen Namen sie mir am Anfang gegeben haben, weiß ich nicht. Vor dem Krieg hatte kaum ein Zigeuner eine Geburtsurkunde. Die gebildeten und sesshaften unter ihnen fielen Hitler als Erste zum Opfer, sie ließen sich am leichtesten zählen und ausfindig machen. Danach kam die Reihe an die fahrenden Zigeuner, die waren arm, konnten weder schreiben noch lesen, ihr einziges Buch war ihr Gedächtnis. Zu denen gehöre ich, doch ich bin von keinem großen Nutzen, mein Gedächtnis ist löchrig wie ein Sieb.

Niemand stellte sich schützend vor die Zigeuner, kein Staat öffnete seine Grenzen, um ihnen Zuflucht zu bieten. Es gab keine Wissenschaftler, für die sich ausländische Universitäten eingesetzt hätten, und Geld, um jemanden zu bestechen, hatten wir auch nicht. An die wenigen, die uns damals geholfen haben, denkt auch keiner mehr, da niemandem speziell unser Überleben wichtig war. Für viele sind wir schlimmer als Kakerlaken. Aber ich will nicht jammern, mit welchem Recht auch? Ich habe mein ganzes Leben an diesem Ort verbracht. Meine Mutter gehörte noch zu den fahrenden Zigeunern, doch ich habe meine Leute verlassen und bin einer von denen geworden, die zwischen allen Stühlen sitzen, ich gehöre nirgends hin. Ich weiß noch genau, wie es war, immer unterwegs zu sein, auch wenn ich nur wenige Jahre im Tross verbracht habe. Mit Worten bin ich nicht so gut wie du, Alicja, und du würdest sicher alles, was ich über dieses Gefühl sagen könnte, einen Allgemeinplatz nennen. Deswegen mache ich dir diese Geschichte zum Geschenk. Du kannst sie in deinen eigenen Worten weitergeben.

Der Anblick von Schloss Fürstenstein ist meine älteste Erinnerung. Ich sehe flackernden Feuerschein und Pferde mit glänzendem Fell. Dann drehe ich mich um und schaue auf die Schlossgebäude, die sich über dem Wald erheben, und dieser Anblick ist so schön, dass mir Tränen in die Augen steigen. Ich bin froh, dass meine Familie in der Nähe ist, dass ich ihre Stimmen höre und die vertraute Musik, sonst hätte ich das Gefühl überwältigender Schönheit kaum ausgehalten. Ich will dableiben und Schloss Fürstenstein anschauen, und zugleich will ich mit unserem Wagenverband weiterfahren, um mich daran erinnern zu können. Meine Familie könnten Sinti gewesen sein, fahrende Musikanten und Künstler, die von Stadt zu Stadt reisten. Vor dem Krieg konnten Sinti, die Zigeuner-Aristokraten, auch Theater oder Zirkusse betreiben, und bis Hitler entschied, sie seien keine Menschen, führten sie ihr Leben, heirateten andere Deutsche, wohnten in Häusern. Die Sinti waren ein Teil der Gesellschaft, doch sie hielten es nicht lange an einem Ort aus. Als die Zigeuner nach dem Krieg in Polen gezwungen wurden, sich niederzulassen, war es, als habe man ihnen allen Lebensmut genommen, sie wirkten wie erloschen. Aber diese Dinge, die ich erst viel später erfahren habe, bringen mir meine Familie nicht näher. Nur wenn ich die alten Melodien auf der Geige spiele, spüre ich, dass auch ich einmal ein Fahrender war.

Auf der Lichtung im Wald bei Schloss Fürstenstein setzt meine Erinnerung ein, und somit bin auch ich selbst erst dort wirklich zur Welt gekommen. Ich sollte mein ganzes Leben in der Nähe dieses Ortes verbringen, meinen Erinnerungen nachhängen und mir ausmalen, wie es hätte sein, wer ich hätte werden können. Ich erinnere mich an Musik und viele Menschen, Bewegungen, Lärm und plötzlich aufflammenden Streit, der sich in Lachen auflöst, während im Kreis der Wagen das Essen über der Feuerstelle zu duften beginnt. Am Feuer sitzen die Frauen, eine von ihnen ruft mich herbei. Ich sehe es vor mir, als wäre es gestern gewesen. Die Frau wendet mir ihr Gesicht zu, hinter ihrem Kopf leuchtet das Feuer, und in seinem Schein tanzen goldene Ohrreifen. Es ist seltsam, ich weiß ganz sicher, dass diese Frau mich bei meinem Namen ruft, aber ich höre ihre Stimme nicht. Auch ihr Gesicht erkenne ich nicht, bestimmt ist es jung und schön. Warum sollte ich das nicht glauben? Es ist das Gesicht meiner Mutter.

Die Zigeuner zogen weiter, doch ich bin in Waldenburg geblieben und nie zu meiner Familie zurückgekehrt. In jenen Jahren fuhren Zigeuner unweigerlich auf ihre Vernichtung zu. Es war 1937, die Zeit des fahrenden Volkes ging zu Ende, und ich war fünf Jahre alt. Wahrscheinlich. Die Daten meiner Kindheit kenne ich nur ungefähr. Im Wałbrzych der Nachkriegszeit bestand die Identität der meisten Menschen aus den verschiedensten Flicken, sodass ich mich nicht sonderlich von den anderen abhob, ein weiterer Mischling, von dem man nicht genau wusste, wo er eigentlich herkam. Ich sah nicht aus wie ein Zigeuner, und mir scheint, als nähme mein Gesicht erst jetzt allmählich seine echte Farbe und seinen echten Ausdruck an. Manchmal, wenn ich die Pocztowa-Straße entlanggehe, sehe ich in den Augen der Kinder und Alten, dass sie in mir einen der Ihren erkennen. Dann schaue ich mir die verfallenen Altbauten und windschiefen Zäune an und beneide diese Leute trotz allem darum, dass sie einander haben.

Mutter ließ mich im Haus meines deutschen Vaters zurück, er hieß Adolf Schwartz und war Tierarzt. Sie tat es wohl zu meinem Besten und rettete mir damit das Leben. Ich war ein »Zigeuner-Mischling aus Deutschland«, wie die Nazis es nannten, und diese Bezeichnung hat sich für immer meinem Gedächtnis eingebrannt. Wo hatte ich sie aufgeschnappt? Ich weiß es nicht. Die erste Erinnerung aus meinem neuen Leben ist diese Küche, in der wir jetzt sitzen. Ich stehe in der Küchentür, und am Tisch, auf deinem Platz, Alicja, sitzt meine deutsche Stiefmutter Gertrud Schwartz und schält Kartoffeln. Von jeder Knolle ringelt sich die Schale in einer langen Spirale. Gertrud Schwartz ertrug es nicht, wenn etwas ihre feste Tagesordnung störte. Ich höre noch, wie sie ihre Einmachgläser zählte, *eins, zwei, drei*, mir kam es dann so vor, als stellten sie sich beim bloßen Klang ihrer Stimme schnurgerade in einer Reihe auf. Welch ein Schock muss mein Erscheinen für sie gewesen sein! Gertrud war eine Frau, die selbst überraschende Wetterwechsel nicht leiden konnte, wie sehr musste ihr dann ein überraschender Familienzuwachs missfallen. Nun sollte sie, eine rechtschaffene Hausfrau, die jedes zerbrochene Wasserglas ärgerlich einen unersetzlichen Verlust nannte, den Zigeunerbastard ihres Mannes aufziehen. Auch ich bedeutete einen unersetzlichen Verlust für ihr Leben, raubte ich ihr doch das Gefühl, Herrin über ihr häusliches Reich zu sein. Sie muss eine sehr unglückliche Frau gewesen sein. Damals gab ich mir die Schuld an ihrer Unzufriedenheit und dachte, wenn ich anders wäre, würde sie mich lieber mögen. Ich weiß nicht, unter welchen Umständen meine Eltern sich kennengelernt haben. Als ich in Adolf Schwartz' Haus gekommen bin, galten Beziehungen zwischen Deutschen und Zigeunern schon als »Rassenschande«. Die einzige Gelegenheit, bei der mein Vater eine fahrende Zigeunerin getroffen haben konnte, war seine Arbeit als Tierarzt, vielleicht hatte er ein krankes Pferd behandelt. Oder steckte doch mehr in meinem Vater, den ich nie richtig kennengelernt habe? Vielleicht war ich ja gar nicht sein Sohn?

Am Anfang konnte ich nicht verstehen, warum sie mich hier zurückgelassen hatten, ich saß auf der Treppe und wartete, dass die Zigeuner mich holen kämen. Nie zuvor hatte ich in einem

Haus gewohnt. Die Wände kamen mir lebendig vor und schienen eng zusammenzurücken, um mich zu zerquetschen wie ein Insekt. In diesen Jahren kurz vor dem Krieg herrschte eine Kakerlakenplage, gegen die sämtliche Anstrengungen der deutschen Hausfrauen machtlos waren. Immer wenn Gertrud mit ihrem Absatz einen Kakerlakenpanzer zermalmte, hatte ich das Gefühl, sie meinte mich. Sie ließ mich die ekelhafte weißliche Masse vom Fußboden aufwischen. Ich lief weg, mehrmals rannte ich fort, einfach immer weiter, in den Wald hinein, aber ich hatte keine Ahnung, wohin ich laufen sollte, wie ich die Meinen wiederfinden sollte. Einmal kam ich auch auf die Lichtung, doch außer den Resten der Feuerstelle war dort nichts mehr zu sehen, keines der Zeichen, nach denen ich suchte. Im Tageslicht wirkte der Wald um Schloss Fürstenstein bedrohlicher als nachts, als läge bereits eine Ahnung des nahenden Krieges in der Luft. Ich fing an zu weinen, zum ersten Mal spürte ich, wie schwer mein Verlust wog. Mein Schluchzen muss furchtbar laut gewesen sein, da ich sie nicht kommen hörte. Eine ältere Dame auf einem Wagen, der von einer katzenhaften Dienerin geschoben wurde. Die Dame erschien mir als ein Wesen nicht von dieser Welt. Ihre Haare waren hell, die Augen fast durchscheinend, und sie trug einen Hut, wie ich ihn noch nie gesehen hatte. Sie sah aus wie der Engel, der Kinder auf einem Steg über einen Abgrund führt. Dass sie alt war, verlieh ihr nur noch mehr Würde und Anmut. Ein Bild mit diesem Engel hing damals über meinem Bett, und wenn Mondlicht durch mein Fenster fiel, schienen die Figuren lebendig zu werden, und ich fragte mich immer, ob sie eines Nachts alle drei wohlbehalten auf die andere Seite gelangen oder trotz allem in die Tiefe stürzen würden. Die Dame stieg aus dem Wagen, kam auf einen Stock gestützt zu mir und fragte, ob ich mich verlaufen hätte. Warum ich weinte? Ob sie mir helfen könne? Ich wollte ihr alles erzählen, von meiner Mutter, der Zigeunerin, die mich in einem Haus zurückgelassen hatte, das ich hasste und wo sie mich Albert nannten, obwohl ich in Wirklichkeit anders hieß. Und dass sie wie ein Engel aussah. Doch ich brachte kein Wort heraus und schämte mich entsetzlich, als ich mir den Rotz mit dem Ärmel abwischte. »Ich heiße Daisy«, sagte die Frau und gab mir ein Taschentuch. Wie wir uns verabschiedet haben, weiß ich nicht mehr, nur dieser eine Moment – wie sie sich mit dem Taschentuch in der Hand zu mir herunterbeugt und »Ich heiße Daisy« sagt – ist mir im Gedächtnis geblieben.

Ich ging nach Hause, die Hand in der Jackentasche fest um das weiße Taschentuch mit Monogramm geballt, das ich nicht zu benutzen wagte. Ich habe es immer noch. Ob ich Prügel bekam, weiß ich nicht mehr, es war auch bedeutungslos, denn mich erfüllte eine solche Freude, als wäre ein Wunder geschehen. Die Begegnung mit Daisy schien mir große und herrliche Dinge anzukündigen. In meinem Kopf ging alles wild durcheinander, und bald war ich mir nicht mehr sicher, ob ich im Wald tatsächlich eine alte Dame getroffen hatte oder vielmehr eine junge Frau, denn meine Erinnerung überlagerten die Phantasien eines Heranwachsenden und das Bild der jungen Fürstin mit Perlenkette, das ich irgendwo gesehen haben musste. Nachdem ich Daisy begegnet war, lief ich noch mehrere Male fort, einmal kam ich sogar bis zum Wałbrzycher Bahnhof, wo ich so lange auf einer Bank saß und mich nicht traute, in einen Zug zu steigen, dass der Bahnhofsvorsteher mich zuletzt am Kragen packte und auf die Straße setzte. Manchmal gehe ich noch heute zum Bahnhof und warte wie damals auf einen Zug, in den ich dann doch nicht einsteige. Mein Vater holte mich nach Hause, wenn ich weggelaufen war, und schloss mich wortlos ein. Er war ein schweigsamer, aber jähzorniger Mensch, und als ich wieder ausgerissen war, das letzte Mal, hat er mich so heftig mit seinem Gürtel geprügelt, dass ich es nie mehr versucht habe. Ich hieß nun Albert, Albert Schwartz, und dachte, dabei würde es bleiben. Wenn ich ein Wort in der Sprache der Sinti sagte, hagelte es Schläge von meinem Vater oder meiner Stiefmutter, und nach kurzer Zeit war meine Muttersprache unter einer Lawine von Prügeln verschüttet. Ansonsten schenkte mir der deutsche Tierarzt jedoch wenig Beachtung, nur manchmal sah er mich an, und dann meinte ich, einen Hoffnungsschimmer in seinen Augen zu erkennen.

Ebenso wenig Beachtung wie mir schenkte er seinem anderen Sohn, Adalbert, der in meinem Alter war und aufgrund geheimnisvoller Umstände oder einfach durch Zufall fast genauso aussah wie ich, obwohl seine Mutter groß, hell und dicklich war und meine – da bin ich mir so sicher, wie wir uns unserer Träume sicher sein können – dunkelhäutig und schön. Adalbert konnte mich von Anfang an nicht leiden und betrachtete mich als Eindringling. Ich versuchte seine Zuneigung zu gewinnen, ich fühlte mich einfach sehr einsam, doch es gelang mir nicht. Immer wenn ich Hoffnung schöpfte, tat er etwas, das sie zunichtemachte. Meine Stiefmutter stellte sich immer auf seine Seite. Ich habe sie nie geliebt, verstand jedoch bereits als Kind intuitiv ihre Verzweiflung. Sie hatte zu Hause zwei Jungen, die einander ähnelten wie Zwillinge, doch nur einer von ihnen war ihr Sohn. Was sollte sie glauben? Adalbert jedenfalls hatte nur ein Ziel: Und dieses Ziel war, wie ich bald herausfinden sollte, mich zu vernichten.

Unser Vater hatte mir nach langem Bitten und Betteln ein kleines Stück unseres Gartens überlassen, jenes schattige Eckchen, wo heute die Kletten wachsen und im Frühling verwilderte Tulpen und Narzissen sprießen. Ich grub es um und steckte Beete ab. Auf einer Hälfte säte ich Gemüse, auf der anderen setzte ich Blumen. Ich malte mir aus, wie ich Blumen pflückte, sie zu einem Strauß band und Fürstin Daisy aufs Schloss brachte. Was würde dann passieren? Sicher etwas ganz und gar Unmögliches, was nur ein von seiner Mutter verlassener Junge sich ausmalen konnte. Daisy würde den Strauß annehmen und mich, den Zigeunerbastard, gleich dazu, von da an wäre ich einer ihrer Söhne, der jüngste und liebste. In meiner kindlichen Unschuld habe ich geglaubt, dass mich, wäre ich Daisys Sohn, allein wegen ihrer Schönheit und der Pracht von Schloss Fürstenstein ein wundervolles Leben erwarten würde. Ich hatte damals schon einen grünen Daumen, was übrigens für Zigeuner untypisch ist, vielleicht hatte also mein Vater doch eine Spur in mir hinterlassen, und meine Blumen erblühten eines Mittags alle zugleich, weiße, lilafarbene und fast schwarze Tulpen. Ich betrachtete sie und malte mir aus, wie ich am nächsten Tag den Strauß binden würde. In der Nacht wachte ich plötzlich auf. Seit ich bei Familie Schwartz wohnte, hatte ich einen leichten Schlaf und schlief meistens erst ein, wenn ich mich mit Kissen und Decke auf den Fußboden legte, im Bett hatte ich das Gefühl, zu ersticken, ich warf mich hin und her wie ein Fisch auf dem Trockenen. Ich ging ans Fenster und sah Adalbert im Garten, wie er mein Tulpenbeet verwüstete. Ich erinnere mich noch an die heftigen Gefühle, die dieses Bild in mir hervorrief, denn im ersten, schlaftrunkenen Moment dachte ich, dass ich selbst es sei, der die zarten Triebe mit der Schaufel untergrub. Eine Woge des Hasses überrollte mich und ebbte wieder ab, ließ mich leer und kraftlos zurück. Ich tat nichts. Wie versteinert stand ich am Fenster. Ich konnte das Gewicht der Schaufel fast spüren, Adalberts Erschöpfung und Wut, und mein Herz schlug wild. Beim Frühstück am nächsten Morgen herrschte dicke Luft, und mein Bruder wunderte sich wohl, dass ich nichts sagte. »Das waren Wildschweine«, ergriff er als Erster das Wort, »sie müssen aus dem Wald gekommen sein und Alberts Garten zerwühlt haben.« Ich brachte kein Wort heraus und kann heute noch nicht beschreiben, was ich damals fühlte. Gertrud saß uns am Tisch gegenüber und schnitt mit einem großen Messer einen Laib Brot auf, den sie gegen ihre Brust drückte. Das war ein tägliches Ritual. Sie legte mit übertriebener Geste je zwei Scheiben auf unsere Teller, als wollte sie der ganzen Welt ihre Gerechtigkeit beweisen: zwei Scheiben für den Sohn, zwei für den Bastard. Ihr sonst so blasses Gesicht rötete sich, die Röte stieg aus der hochgeschlossenen Bluse auf, wurde immer tiefer und dunkler, ein aufwärts fließender Fluss. Fluchend warf sie das Messer hin, lehnte sich über den Tisch und gab jedem von uns eine Ohrfeige, so schnell, dass ich erst einen Moment brauchte, um zu kapieren, was geschehen war. Meine Wange brannte, und ich konzentrierte mich ganz auf diesen simplen Schmerz, um nicht zu weinen, Adalbert stand auf, packte das Brotmesser und stürzte sich auf seine Mutter. Ich sehe es in Zeitlupe vor mir. Er verletzte sie am Arm, doch bevor er zum nächsten Stoß ausholen konnte, hatte Gertrud ihm schon das Messer entwunden. Sie war eine kräftige Frau, aber ich sah, dass sie sich fürchtete.

Von da an habe ich nicht mehr versucht, mich mit meinem Bruder anzufreunden. Mit der Zeit traten unsere äußerliche Ähnlichkeit, aber auch unser unterschiedlicher Charakter immer deutlicher zutage. Ich glaube, Adalbert wusste, dass ich in jener Nacht etwas in ihm erblickt hatte, dessen er sich selbst noch nicht ganz bewusst war. Er ließ mich in Ruhe, aber seine Zerstörungswut war erwacht, und Gertruds ganze Bemühungen richteten sich darauf, die Folgen dieser Wut vor ihrem Mann und anderen Menschen zu verbergen. Sie bezahlte zerschlagene Fensterscheiben, entschuldigte sich bei Müttern verprügelter Kinder und beschwor beim geringsten Hauch eines Zweifels die Unschuld ihres Sohnes, bis man ihr glaubte, dass dieses Mal nicht Adalbert Schwartz der Übeltäter gewesen sei, den sie schließlich die ganze Zeit im Auge behalten habe. Als der Krieg ausbrach, musste unser Vater an die Front, und wir blieben bei Gertrud, die sich jetzt keine Mühe mehr gab, den Schein zu wahren, sie tat nicht einmal mehr so, als bekümmerte ich sie. Sie erhob zwar nie wieder die Hand gegen mich, überließ mich aber völlig mir selbst. Als ich vom Schlafzimmer, das ich mit Adalbert teilte, in die Besenkammer unter der Treppe zog, sagte sie kein Wort, sie mied mich auch sonst mit ihren Blicken. Das kam mir nur gelegen, und von da an verbrachte ich die meiste Zeit draußen, streifte durch die Wälder, kletterte auf Halden, im Herbst sammelte ich Pilze und verkaufte sie auf dem Marktplatz. Im Frühling konnte ich stundenlang die blühenden Rhododendren betrachten, ich versuchte, das Geheimnis ihrer Schönheit zu ergründen. Alle in der Stadt wussten, dass sie Fürstin Daisys Lieblingsblumen waren. Ich verdiente mir ein wenig Geld, indem ich anderen Leuten im Garten half, und schnell verbreitete sich die Nachricht, dass ich gut mit Pflanzen umgehen konnte. Ich freundete mich mit einem alten buckligen Mann an, den ganz Wałbrzych nur Fredi den Gärtner nannte. Er arbeitete im Schlossgarten und kannte dort jede Pflanze und jeden Stein. Fredi der Gärtner war klein und schmal wie ein Kind, hatte eine himbeergroße Warze auf der Nase und erinnerte an einen Gartenzwerg, wie die Deutschen sie heute gern in ihren Gärten aufstellen. Mit seinem gnomenhaften Aussehen erschien er den neuen Herren von Schloss Fürstenstein harmlos und dümmlich. Sie riefen ihn, Fredi lief herbei, stellte sich übertrieben tolpatschig und führte damit die SS-Leute hinters Licht. Und die ließen sich täuschen und warfen ihm Leckereien hin wie einem Hund.

Ich stand neben Fredi, als Fürstin Daisy 1941 Schloss Fürstenstein verlassen musste. Als Vorwand diente den SS-Leuten, dass Schloss Fürstenstein hoch verschuldet war und sie es für ihre eigenen Zwecke nutzen wollten, doch es war auch bekannt, dass die Fürstin mit den Alliierten sympathisierte. Gerüchten zufolge sollte eine ausländische Zeitung ihren Sohn in einer Uniform der Royal Air Force abgebildet haben, und das entschied sicherlich über das Schicksal der letzten Herrin von Schloss

Fürstenstein. Das Schlosspersonal bildete entlang der Zufahrt ein Spalier, als zwei Diener Fürstin Daisy auf ihrem Sessel zu einem wartenden Auto trugen. Ihre Dienerin begleitete sie, sie war jetzt noch magerer und katzenhafter als zuvor und zwinkerte mir zu. Ich erkannte die beiden ewig lästernden Küchenhilfen, die manchmal auf einen Tratsch bei Gertrud vorbeikamen, den für seine Trinkfestigkeit berühmten Lakaien, einen Stallknecht und dessen kleine Tochter Elvira, die manchmal im Schlossgarten spielte. Alle diese Menschen fragten sich wahrscheinlich, was nun aus ihnen werden sollte. Die Fürstin war sehr bleich und sah so elegant aus, als begebe sie sich auf eine Spazierfahrt und nicht in die Vertreibung. Einige Mädchen brachten ihr Blumen, auch Elvira überreichte ihr einen Strauß Margeriten, und dieses Bild, wie Fürstin Daisy mit dem Blumenstrauß in der Hand einen letzten Blick auf Schloss Fürstenstein wirft, habe ich für immer im Gedächtnis bewahrt. Als der Wagen abfuhr, begann es zu regnen, und die Leute sagten, der Himmel weine um Daisy. Wir ahnten, dass die Fürstin nie wieder auf Schloss Fürstenstein zurückkehren sollte.

Nach Daisys Vertreibung wurde der ganze Komplex in einen Sitz der Organisation Todt umgewandelt, und in Wałbrzych begannen die Leute zu tuscheln, die SS-Männer hätten große Dinge mit Schloss Fürstenstein vor. Oberirdische und unterirdische Bauarbeiten gab es auch in anderen Gegenden des Sudetenlands, und die meisten Wałbrzycher glaubten, Fürstenstein solle zu einem neuen Quartier Hitlers werden. »Was für eine Ehre«, meinte Gertrud bewegt, aber trotz ihres Glaubens an die Macht des Führers füllte sie vorsichtshalber dreimal so viele Einmachgläser. In den letzten Kriegsjahren gruben die Deutschen mit doppelter Kraft den Boden unter dem Schloss um und hätten gestaunt, wenn sie gewusst hätten, wie viel Fredi der Gärtner von alldem sah und hörte. Auf Fredis Gesicht lag stets ein Lächeln, das Nichtsahnenden wie der Ausdruck abgrundtiefer Dummheit erscheinen musste, er brabbelte vor sich hin und zeigte, wenn jemand ihn etwas fragte, nur breit grinsend auf sein Ohr. Er versuchte, seine Pflanzen von den zerstörten Terrassenbeeten zu retten, trug unzählige Setzlinge, Blumenzwiebeln, Samen mit sich herum, und er fütterte die zahlreichen Katzen von Schloss Fürstenstein, um die sich nach Daisys Vertreibung niemand mehr kümmerte. Außerdem arbeitete er im Garten eines kleinen Krankenhauses, das von Nonnen in Stary Zdrój betrieben wurde, und war ständig, mit allerlei Körben und Säcken behängt, in den Wałbrzycher Hügeln unterwegs. Zu der Zeit war schon klar, dass das Einzige, was uns bleiben würde, die Erinnerung an Orte und Menschen war, denn das Ende unserer Welt stand nahe bevor.

Im Frühjahr 1943 erreichte uns die Nachricht von Dr. Schwartz' Tod in den eisigen Weiten Russlands. »Vater ist gefallen«, sagte meine Stiefmutter, und Adalbert warf mir einen hämischen Blick zu, ich begriff sofort. Offiziell war ich nur eine Waise aus Adolf Schwartz' Familie, dessen Frau mich gnädig in ihr Haus aufgenommen hatte. Nach dem Tod unseres Vaters hatte ich das Recht auf diese Familie verloren, in der ich nie willkommen gewesen war. Gertrud würdigte mich keines Blickes. Sie legte den Brief beiseite, seufzte »ein unersetzlicher Verlust« und machte sich daran, das Abendessen anzurichten.

Damals begegnete ich Fürstin Daisy wieder, die jetzt in einer Villa im Stadtzentrum lebte. Fredi der Gärtner bat mich, ihr Tulpenzwiebeln zu bringen, doch ich wusste, dass in dem Weidenkörbchen noch etwas anderes verborgen war. »Wenn etwas passieren sollte, kannst du verraten, von wem du den Korb hast, du darfst aber nicht sagen, für wen er ist. Hast du verstanden?«, fragte er. Ich bejahte. Zu jener Zeit, als Hitlers Niederlage sich abzuzeichnen begann, steckten die SS-Männer die doppelte Energie in ihre Tätigkeiten rund um das Schloss. Gertrud schimpfte, weil sich durch die Arbeiten unter Tage immer wieder Wasser in unserem Keller sammelte. Einmal tat es einen so heftigen Schlag, dass bei uns die Teller von der Kredenz fielen. Im Wald hinter unserem Haus waren Schüsse und Schreie zu hören, und die Eltern erlaubten ihren Kindern nicht mehr, dort zu spielen. Ich kannte jeden Pfad im Wald und jeden verborgenen Einstieg ins System der unterirdischen Gänge. Die Dienerin nahm mir den Korb mit den Zwiebeln aus der Hand und bat mich kurz darauf zu ihrer Herrin herein. Ich hätte nie zu träumen gewagt, dass die Fürstin mich persönlich empfangen würde. Plötzlich wurde mir bewusst, wie ich aussah: die Fingernägel schmutzig von Gartenerde, die Hose zu kurz und die Haare schlecht geschnitten. Im Sessel am Kamin saß die alte Dame, zierlich und weißhaarig, nur die Augen waren jung wie auf dem berühmten Foto mit den Perlen. Neben ihrem Sessel stand der Korb von Fredi dem Gärtner, und auf ihren Knien lag ein Stapel Dokumente, die er unter den Tulpenzwiebeln versteckt hatte. Eine große getigerte Katze spielte mit einer Zwiebel, rollte sie mit der Pfote unter das Sofa, eine andere schlief zu ihren Füßen. Daisy war bekannt für ihre Liebe zu diesen schönen Geschöpfen, und manchmal setzte jemand junge Kätzchen vor ihrer Tür ab, die Katzenfrauen standen Schlange nach Essensresten, die die Fürstin ihnen aus der Küche geben ließ.

Die Fürstin sah mich an und lächelte. »Der weinende Junge von der Waldlichtung«, sagte sie, und ich war so gerührt, dass sie mich wiedererkannte, dass ich nur stumm nicken konnte. Wie bedauerte ich es, nur ein armes Waisenkind zu sein! »Du hast mir etwas sehr Wichtiges gebracht. Fredi der Gärtner sagt, man kann dir vertrauen. Würdest du noch etwas für mich tun?«, fragte sie. Ich wagte es, den Blick zu heben, und nickte. »Was immer Sie befehlen«, brachte ich heraus und verbeugte mich steif. Die Fürstin lachte ein Lachen so jung wie ihre Augen. Ich wusste nicht, wie krank und schwach sie damals schon war. »Du bist ein echter Gentleman, Albert, aber ich will dir nichts befehlen, sondern dich nur um einen Gefallen bitten wie einen Freund.«

Sie kannte meinen Namen und nannte mich einen Gentleman und ihren Freund! Ich war so glücklich, dass ich sogar vom Turm des Schlosses gesprungen wäre, wenn sie mich darum gebeten hätte. Daisy bat mich, ein Päckchen zu der Waldlichtung unterhalb von Fürstenstein zu bringen, wo ein Bote es mir abnehmen würde. Der, den ich treffen sollte, würde den Ruf einer Eule ausstoßen. »Weißt du, wie eine Eule macht?«, fragte Daisy und ahmte den Ruf nach, sodass die zu ihren Füßen schlafende Katze verwirrt die Augen aufschlug. Die Dienerin rief »Schuhu« wie ihre Herrin, und ich musste unwillkürlich lächeln. Ich war nur ein Kind, doch ich spürte instinktiv, dass wir auf derselben Seite standen. Im Wald versteckte ich mich in einer Höhle am Rand der Lichtung, und als ich den Eulenruf hörte, antwortete ich, wie Daisy mich angewiesen hatte. Ein junger Mann nahm mir das Päckchen ab, salutierte scherzhaft und verschwand zwischen den Bäumen. Ich brachte ihm noch zweimal Päckchen von Fürstin Daisy, doch wir wechselten nie ein Wort. Vielleicht war er ein britischer Spion, der mit Daisys und Fredis Hilfe den Alliierten Informationen über das Hitlerquartier auf Schloss Fürstenstein zukommen ließ. Ich kann es nur vermuten, denn ich habe ihn niemals wiedergetroffen.

Der Sommer 1943 war brütend heiß, die Luft über den Feldern flimmerte. Ungeduldig wartete ich auf ein Zeichen von Fürstin Daisy, die ich seit Wochen nicht gesehen hatte. Von Fredi wusste ich, dass sie krank war, und ich versuchte sogar, für sie zu beten in der bedrückenden evangelischen Kirche in Szczawienko, wohin Gertrud uns mitnahm. Meine Gebete wurden nicht erhört, und am 29. Juni starb Fürstin Daisy. Fredi der Gärtner nahm mich mit zur Begräbnisfeier, an der außer uns und der katzenhaften Dienerin nur wenige Personen teilnahmen. Wir hielten uns im Hintergrund: ich, Fredi und eine alte

Katzendame aus Szczawienko, Apolonia Kitti Kitti, sie flüsterte ihr eigenes Gebet, dessen Worte ich nicht von ihren Lippen ablesen konnte. Fürstin Daisys Kleid, das ich nur durch meinen Tränenschleier sah, schien mir aus Licht gewebt. Die Perlen, über die in Wałbrzych so viele Geschichten in Umlauf sind, trug sie nicht um ihren Hals. Sie wurde in einem Mausoleum bei Schloss Fürstenstein beerdigt, neben den Gräbern ihrer Tochter und eines ihrer Söhne, die als kleine Kinder gestorben waren. Für die Rhododendrenblüte war es schon zu spät, aber ich nahm mir vor, im Frühling an dieser Stelle die prächtigsten Büsche zu pflanzen.

Im Herbst jenes Jahres verschwand Fredi der Gärtner. Ich streifte so lange um das Schloss, bis ich den Verdacht der Wächter erregte, doch meinen Freund sollte ich nicht wiedersehen. Seine Gesellschaft und die gemeinsame Gartenarbeit fehlten mir, nie hatte ich ihm für all das gedankt, was er mir gezeigt hatte. Nun war ich völlig allein und wusste nicht, was ich noch in diesem fremden Haus sollte, das ich mit meiner Stiefmutter teilte und mit meinem Halbbruder, der genauso aussah wie ich und sich immer mehr wie ein kleiner Mengele aufführte. Adalbert zerstörte nicht mehr nur Dinge und prügelte sich mit anderen Kindern. Er hatte begonnen, Tiere zu töten. Stundenlang saß er mit der Schleuder auf der Lauer und zielte auf Vögel, deren kleine leblose Körper er in einer geraden Reihe oder nach einem teuflischen Muster zu geometrischen Figuren auf der Terrasse anordnete. Das kaltblütige Morden folgte einer eigenen Methode. An manchen Tagen suchte er sich nur Spatzen aus, an anderen Krähen, die größer waren und deshalb schwerer zu töten. Im Wald stellte er Hasenfallen auf und weidete die Tiere aus, bevor Gertrud Pastete aus ihnen machte. Bis heute habe ich das Bild dieses mir zwillingshaft ähnelnden Jungen vor Augen, wie er in der Küche einem graubraunen kleinen Geschöpf das Fell abzieht und sich ein Ausdruck grenzenloser Lust auf seinem Gesicht ausbreitet. Er stellte Mausefallen im Keller auf und lauerte im Dunkeln wie eine riesige Spinne, bis eine Maus in die Falle tappte und er sich an ihrem winzigen Tod weiden konnte. Ich werde den Gedanken nicht los, dass ich schon damals etwas hätte tun müssen, um größeres Übel zu verhindern, denn man muss selbst dann reagieren, wenn jemand zum puren Vergnügen eine Maus tötet. Aber ich tat nichts.

Ich starb fast vor Entsetzen, wenn ich daran dachte, dass in unseren Adern dasselbe Blut floss und dass Adalberts Grausamkeit auch in mir schlummern könnte wie eine Zeitbombe. Ich mied das Haus und mied die Menschen, da ich fürchtete, jemand könnte mich für meinen Bruder halten. Je mehr ich mich bemühte, anders zu sein als Adalbert, desto grausamer verspottete er mich. Wenn Nachbarn uns nach ihrer verschwundenen Katze oder ihrem Hund fragten, spielte er den Ahnungslosen, während Gertrud in endlose Klagen über den Krieg, den Tod ihres Mannes und die Soldaten ausbrach, denen wir beistehen sollten, anstatt unsere Gedanken an Hunde und Katzen zu verschwenden. Im Grunde ihres Herzens war diese kühle Frau jedoch genauso entsetzt wie ich. Manchmal sah ich, wie Apolonia Kitti Kitti nachts im Garten ihre Schützlinge mit »kitti kitti« lockte, wusste sie doch so gut wie Gertrud und ich, dass Adalbert die verschwundenen Tiere auf dem Gewissen hatte. »Kitti kitti«, rief sie und spähte in unsere Fenster. Ich hatte Respekt vor ihr, aber keine Angst, während viele Leute sich vor ihr fürchteten. »Kitti kitti« war alles, was die meisten von ihr hörten. Niemand konnte mit Bestimmtheit etwas über sie sagen, doch es gingen verrückte Gerüchte um, sie sei die uneheliche Tochter des ehemaligen Schlossherrn und hierher zurückgekehrt, um ihr Erbe einzufordern. Andere hielten sie für eine Hexe, wieder andere für einen Mann in Frauenkleidern, und es kam vor, dass sie mit Steinen beworfen wurde. Auf ihren zerzausten weißen Haaren trug sie eine Fliegermütze aus Leder. Den Kindern drohte man mit ihr wie mit den Zigeunern: »Wenn du nicht artig bist, steckt dich Apolonia Kitti Kitti in einen Sack und nimmt dich mit.« Für mich klang das verlockend, denn die Katzenfrau kam mir um einiges freundlicher vor als meine Stiefmutter.

Einmal habe ich Apolonia im Wald unweit des Alten Schlosses getroffen, an der Pełcznica, in deren klarem, kaltem Wasser ich so gerne herumwatete. Geräuschlos wie eine Katze tauchte sie hinter mir auf, und zum ersten Mal sah ich ihr Gesicht aus der Nähe. Ich wusste, dass ich mich nicht zu fürchten brauchte, der seltsame Eindruck drängte sich mir auf, dass diese Frau mit dem runzligen Gesicht und den zerlumpten Kleidern Fürstin Daisy ähnlich sah. Vielleicht waren es die Augen? Alle sagten, Apolonia Kitti Kitti sei verrückt, »die irre Katzennärrin«, doch nun sah ich, dass ihre Augen ruhig und voller Weisheit waren. »Du darfst nicht bei ihm bleiben«, sagte sie, und ich wusste, sie meinte Adalbert. »Was soll ich machen?« – »Das wirst du wissen, wenn die Zeit gekommen ist.« – »Aber wo soll ich hin? Sagen Sie mir doch, wo ich hingehen soll«, rief ich, aber Apolonia Kitti Kitti war bereits im Uferdickicht verschwunden, und ich entdeckte sie erst nach einer Weile wieder, wie sie in weiter Ferne wendig und flink den Schlosshügel erklomm.

Die Bewohner von Szczawienko gingen der Katzenfrau lieber aus dem Weg. Einmal hörte ich, wie meine Stiefmutter mit den Küchenhilfen aus dem Schloss über sie tratschte. Eine davon schwor, Apolonia Kitti Kitti habe sie verflucht, als sie in der Pełcznica Kätzchen ersäufen wollte, danach sei sie ein Jahr lang am ganzen Körper von Pusteln übersät gewesen. »Hier, man kann es noch sehen«, sie hob die Kittelbluse und zeigte ihre von Narben bedeckten Brüste und Bauch. Mit Apolonia Kitti Kitti war nicht zu spaßen, selbst Adalbert bekam das zu spüren. Einmal beobachtete ich sie aus meinem Fenster. Sie kamen aus entgegengesetzter Richtung, Apolonia mit einem Sack voll Katzenfutter, Adalbert mit einem Stecken, den er sich gerade vom

Strauch geschnitten hatte. Schließlich standen sie einander gegenüber: die gebückte alte Frau mit Fliegermütze und mein Bruder, hoch aufgerichtet und kerzengerade. Adalbert sagte etwas, er verzog das Gesicht, doch Apolonia Kitti Kitti blickte ihn wortlos und unverwandt an. Als Adalbert den Stock hob, sprach die Katzendame ein paar Worte und – ich weiß nicht, wie ich es ausdrücken soll, aber ich wusste, dass sie ihr Schmerz bereiteten. Adalbert fing an zu laufen. Er suchte das Weite. Seitdem wusste ich, dass Apolonia Kitti Kitti eine außergewöhnliche Person war.

In unserem Haus griff das Durcheinander um sich, meine Stiefmutter sorgte nicht mehr so streng für Ordnung wie bisher. Sie wirkte, als hätte sie aufgegeben und versuche nur noch, den Schein zu wahren. Ich bedauere, dass ich Gertrud nicht besser kennengelernt habe. Einmal traf ich sie im Wald hinter unserem Haus, sie sammelte Reisig und war bis zur Lichtung gelangt, so weit ging sie sonst nie. Als der Raum sich vor ihr öffnete, erstarrte sie wie vor Schreck und stand dann eine ganze Weile reglos da, das Bündel mit den trockenen Zweigen zu ihren Füßen. In diesem Moment sah ich ihr anderes Gesicht, ein Gesicht, das sie niemandem zeigte, es schien mir verletzlich und schön. Dann bemerkte sie mich, und als ich, von einer seltsamen Macht angezogen, zu ihr ging, umarmte sie mich unerwartet und hielt mich eine Weile fest. Sie sagte kein Wort, und so nah wie in diesem Moment sind wir uns nie wieder gekommen. Erst Jahre später verstand ich, dass Gertrud machtlos gewesen war. Vielleicht hatte sie sich eingeredet, sie könne Adalbert vor größeren Verbrechen bewahren, wenn sie ihm kleinere Leben zu nehmen erlaubte. Aber dieser Plan ging nicht auf, und vielleicht hatte sie das auf der Lichtung plötzlich geahnt. Im letzten Kriegsjahr verschwand Elvira, die älteste Tochter des Stallknechts von Schloss Fürstenstein. Manch einer verdächtigte die Zigeuner, aber wenn man es recht bedachte, waren in Wałbrzych seit langem keine

Zigeuner mehr gesehen worden, und es konnte sich auch niemand vorstellen, was sie mit einem deutschen Kind anfangen sollten, wo sie doch so viele eigene hatten. Die Mutigeren erzählten sich im Flüsterton, was auf Schloss Fürstenstein geschah, sie sprachen von unterirdischen Laboratorien, in denen deutsche Wissenschaftler medizinische Experimente an Gefangenen aus dem Lager Groß-Rosen vornahmen. Vielleicht war dabei ein Kind gebraucht worden und man hatte beschlossen, dem Dritten Reich zu Ehren dürfe auch ein deutsches Kind geopfert werden? Die Küchenhilfen tratschten: »Da quillt Blut aus der Erde«, behauptete die eine, »neulich beim Pilzesammeln bin ich in eine rote Pfütze getreten«, ergänzte die andere. Meine Stiefmutter empfing die beiden immer weniger gern, bis in unserem traurigen Haus die Besucher schließlich ganz ausblieben. Auch ich verbrachte dort so wenig Zeit wie möglich.

Ich habe Adalbert an jenem Tag gesehen, an dem die Deutschen die letzten Lagerinsassen erschossen. Wie immer streifte ich hungrig durch den Wald, ohne zu wissen, wo ich hinsollte, und ging schließlich zu meinem Versteck am Fuße von Schloss Fürstenstein. Der Schlosshügel ist durchlöchert, als hätte jemand seine riesigen Finger hineingebohrt: verschüttete oder vergessene Eingänge in den Untergrund, Höhlen, Erdspalten. Wenn mich die Traurigkeit überkam, verkroch ich mich in meiner Höhle im trockenen Laub und rollte mich zusammen wie ein Tier im Winterschlaf. Plötzlich schreckte ich auf, ich witterte eine tödliche Gefahr. Noch bevor ich die Schreie, das Ächzen, das Trampeln festen Schuhwerks hörte und die abgerissenen Männer kommen sah, spürte ich, wie die Luft erstarrte. Dutzende Gefangene mit schweren Schaufeln wurden von SS-Leuten zur Eile angetrieben, sie machten auf der Lichtung Halt und begannen, unter Stockschlägen und Beschimpfungen der Wächter zu graben. Ich sah ihre Gesichter und kann sie nicht beschreiben, ich kann nichts über sie sagen, und das quält mich bis heute. Ich spüre, dass ich es ihnen schuldig wäre. Plötzlich warf ein junger Mann, noch fast ein Junge, den Spaten weg und rannte auf die Bäume zu. Er lief mit unsicheren, trippelnden Schritten. Ein SS-Mann hob gemächlich die Waffe, zielte, und der Flüchtende schlug – fast erleichtert, wie mir schien – der Länge nach hin. Danach versuchte niemand mehr zu fliehen. Schließlich war das flache Grab ausgehoben. Die Deutschen befahlen den Gefangenen, sich in einer Reihe aufzustellen, und fingen an zu schießen, und die Körper der Männer sackten einfach in sich zusammen, schlaff wie Alberts Vogelleiber auf der Terrasse. Als die SS-Männer fertig waren, erschienen plötzlich zwei Uniformierte auf der Lichtung und sagten etwas, das ich in meiner Höhle nicht verstand. Nach kurzem hektischem Wortwechsel verschwanden sie zwischen den Bäumen. Das Grab ließen sie offen zurück. Eine Stille kehrte ein, in der das Klopfen meines Herzens mir so laut erschien, dass ich mir eine Hand auf die Brust legte, um es zu beruhigen. Die Vögel hatten aufgehört zu singen, der Wald erstarb, ich hatte jedes Zeitgefühl verloren und weiß nicht, ob ich nach einer oder fünf Stunden aus meiner Höhle kroch. Es dämmerte bereits, und die Bäume warfen lange Schatten, die letzten Sonnenstrahlen malten rote Streifen auf das Gras. Diesen Satz hast du in einer Reportage geschrieben, Alicja, und ich wiederhole ihn jetzt, weil mir eigene Worte fehlen. Ich ging zu der ausgehobenen Vertiefung und sah hinein, und dieses Bild hat mich nie mehr losgelassen. Ein Mann war noch am Leben und versuchte, sich aus der Masse toter Leiber hinauszuwinden, in seiner Brust klaffte ein blutiges Loch, er blickte mich an. Ich wusste, dass er sterben würde, und streckte instinktiv meine Hand nach ihm aus, die er ergriff. Da spürte ich, dass wir nicht allein waren, Adalbert war aus dem Wald getreten, schaute auf uns herunter. Er lachte. Er stand einfach dort und lachte. Je fester unsere Hände einander umfassten, desto lauter lachte mein Bruder.

Adalbert und ich waren dreizehn Jahre alt, als der Krieg zu Ende ging und die Aussiedlung begann. Wir waren beide groß für unser Alter und ähnelten einander immer noch wie Zwillinge. Nachts vergrub Gertrud im Garten, was nicht niet- und nagelfest war, so wie es alle Deutschen taten, denn sie konnten kaum glauben, dass sich ihre Zeit in Waldenburg wirklich dem Ende zuneigte. Einmal kam meine Stiefmutter bleich und zitternd ins Haus, setzte sich an den Küchentisch und brach in Tränen aus. Ich ahnte, dass sie im Garten etwas Entsetzliches gefunden hatte. In der Nacht vor der Reise nach Westen legte ich mich nicht schlafen, sondern wartete, bis Stille sich über das Haus gesenkt hatte, und schlüpfte dann durch ein Fenster nach draußen in die Dunkelheit. Ich nahm nicht einmal meine Dokumente mit, die darin eingetragene Identität gehörte ohnehin nicht zu mir. Ich rannte durch den Garten, und bevor ich in den Wald eintauchte, warf ich einen letzten Blick zurück auf das Haus. In einem Fenster stand mein Bruder und sah mir nach, das Gesicht an die Scheibe gepresst. Er hob die Hand in einer geisterhaften Abschiedsgeste, doch unsere Wege sollten sich noch kreuzen. Denn siehst du, Alicja, dieser Marcin Schwartz hier, den du heute Nacht so geschickt überrumpelt hast, ist mein Neffe, Adalberts Sohn.

Das Überraschungsei

Erst gegen Mittag weckte mich ein Klopfen an der Tür, doch bis ich begriff, dass es Wirklichkeit war, verging einige Zeit. Herrn Alberts Geschichte hatte mir Träume voller Misstrauen und Argwohn beschert, dass niemand der war, als der er sich ausgab, und nach der Begegnung mit Marcin fühlte sich selbst mein eigener Körper fremd und verändert an. Der Postbote hatte jedoch geduldig gewartet und schien, als ich die Tür öffnete, genauso überrascht wie ich.

»Alicja Tabor. Das sind Sie?«, fragte er, und es kam mir so vor, als wäre in seinen Worten ein tieferer Sinn verborgen, auf den ich mit einer philosophischen Sentenz antworten sollte.

Ich weiß nicht, seit wann er hier arbeitete, aber in diesem Haus hatte seit fünfzehn Jahren niemand mehr Briefe gewechselt. Der Postbote schüttelte den Kopf, als ich bestätigte, ich zu sein. Er war ein großer Mann und strahlte die Aura eines Menschen aus, der die Hiobsbotschaften, die er überbringen musste, am eigenen Leib erfahren hatte. Seine Augen lagen im Schatten einer Schirmmütze, das Kinn vergrub er im Kragen einer Jacke mit der Aufschrift »Poczta Polska«. Sein Anblick machte mich unruhig, etwas stimmte nicht an ihm. Vielleicht der Geruch. Er roch nach Gummi- und Plastikschuhen aus Billigläden, wie es sie seit einigen Jahren in ärmlichen Gegenden Polens immer häufiger gibt. Mit dem Brief in der Hand blieb ich zurück, und der Postbote radelte im Schneeregen weiter.

Der Umschlag enthielt eine offizielle Mitteilung der »Bibliothek unter den Atlanten«, dass ein Buch auf mich warte. »Sehr geehrte Frau Tabor, wir möchten Ihnen mitteilen, dass das Buch *Der Mönch* von Matthew G. Lewis in unserer Bibliothek für Sie bereitliegt.« Stempel und unleserliche Unterschrift. Es kam mir seltsam vor, dass eine Bibliothek ihre Leser per Einschreiben benachrichtigte, außerdem wollte ich mir gar keine Bücher ausleihen, und hätte ich es gewollt, dann wohl kaum dieses hier. Ich mag keine Schauerromane und lese eigentlich nur Reportagen und Geschichtsbücher, denn sie geben mir eine größere Gewissheit, dass man herausfinden kann, wie etwas wirklich war. Geschichte ist wie eine Reportage. Je mehr Menschen man zu Wort kommen lässt, umso vollständiger ist das Erzählte, und nur so kann man zur Wahrheit vordringen. Mit dem *Mönch* hatte ich zuletzt zu tun, als Ewa das Buch las. Mit übertriebener Betonung, die zum unheimlichen Erzählstil passte, las sie mir hingebungsvoll die Abenteuer des Mädchens Antonia und ihres ruchlosen Bruders vor. »Und er ruhte nicht eher, als bis er die Jungfrau geschändet hatte«, erinnerte ich mich an einige Worte aus dem Buch, die im Mund meiner Schwester nur komisch klangen, doch in dieser Komik lag ein Grauen, das mich auch jetzt wieder streifte. Gewalt, ein vertrauter und doch furchterregender Körper – ich schloss die Augen in Erwartung einer deutlicheren Vision, doch dieses Aufblitzen von Erinnerung war alles, was sich einstellte. Ohne die jähe Erinnerung hätte ich den Brief wohl als Fehlmeldung des Computers abgetan, in den eine übereifrige Praktikantin die Daten aus alten Katalogen einpflegte. Der Name meiner Schwester stand vermutlich immer noch auf einer Karteikarte gleich neben meinem. Ich beschloss, zur Bibliothek zu fahren, bevor ich mich mit der Großmutter des verschwundenen Patryk traf.

Ich parkte in der Nähe der Schmerzensmutter-Kirche, vor der sich ein Grüppchen alter Frauen versammelt hatte. Gedrungen, rundlich, standfest glichen sie in ihren Körperformen der Gestalt der Kirche. Sie unterhielten sich lebhaft, ich spitzte die Ohren und hörte im Vorübergehen »martersichpaterqualentatkołek«, eine stämmige Frau mit Damenbart starrte hochmütig und misstrauisch zu mir herüber, als verdächtige sie mich, Hühner oder frisch gewaschene Laken mitgehen zu lassen. »Sichschworengegunspolenscheußlichblutjuden« hörte ich eine aufgebrachte Stimme und spürte die Blicke der Frauen in meinem Rücken. Plötzlich musste ich an Marcin denken, seinen warmen, starken Körper und seine großen Hände, wie sie ruhig auf meinem Küchentisch lagen wie zwei schlafende Tiere. Ähnlich wie ich war er mit dieser Stadt verbunden und gehörte doch nicht zu ihr, trotzdem wäre es unklug gewesen, zu glauben, das hätte etwas Besonderes zu bedeuten.

An der Stelle des Teehaus Madras befand sich nun eine Fleischerei. Früher hatten im dämmrigen Innenraum Tische gestanden, deren Glasplatten gedruckte lange Listen mit Teesorten bedeckten, obgleich es doch nur löslichen Tee gab, aber zum Teetrinken kam ohnehin niemand her. Das Beste am Madras waren die Basiatörtchen, Wałbrzychs Kuchenspezialität, benannt nach der heiligen Barbara, der Patronin der Bergleute. »Komm, Kamelin, gehen wir ins Madras«, rief Ewa, und beim bloßen Gedanken an das zarte, mit Schlagsahne beschichtete Kakaobiskuit lief mir das Wasser im Munde zusammen. Die Basiatörtchen, die mir weder unter diesem Namen noch in dieser Form je an einem anderen Ort begegnet sind, gehören für immer zu Ewa. Wir sahen ungeduldig zu, wie die Kellnerin Tabletts mit frisch gebackenen Basiatörtchen in die Verkaufsvitrine stellte, und verglichen später, wer von uns das Stück mit dem größeren Schokoladenmuster bekommen hatte.

Die Bibliothek unter den Atlanten war wegen Kakerlakenbekämpfung geschlossen. Ein entsprechender Zettel hing an der Glastür zwischen Vorhalle und Hauptgebäude. Drinnen sah ich zwei Kakerlakenvernichter mit Gasmasken und blassgrünen Schutzanzügen im Flur umhergehen und aus staubsaugerähnlichen Geräten Kakerlakengift verspritzen. Auf dem Rücken trugen sie die Aufschrift »Robax«.

»Die richten sowieso nichts aus!«, hörte ich eine Stimme von oben und legte den Kopf in den Nacken. Auf einer riesigen Leiter, unter der ich stand, saß rittlings eine Frau in hellblauem Kostüm und Schürze.

»Wieso nicht?«, fragte ich und ging ein Stück beiseite, um das Gesicht der Frau im Blick zu haben und nicht ihre Unterhose.

»Weil sie geöffnet sind!«

»Was ist geöffnet?«

»Die Löcher, Spalten, Narben! Die Eingänge! Wenn die sich öffnen, kann selbst der Terminator nichts machen.«

»Der Terminator?«, fragte ich verwirrt.

»Haben Sie den Film gesehen?«, fragte die Hellblaue und beugte sich herunter, um mich anzusehen.

Ich bejahte. Den *Terminator* hatte ich auf einer langen Flugreise gesehen, wie viele andere Filme, die ich mir normalerweise nie angeschaut hätte. Deswegen fragte ich: »Und Lara Croft?«

»Lara Croft«, wiederholte die Hellblaue und dachte nach.

»Zu jung«, befand sie schließlich, »zu jung und zu hübsch!«

»Wo sind diese Eingänge? Und was kann man machen, wenn die Eingänge sich öffnen?«

»Seine Nase nicht in fremde Sachen stecken!«, antwortete sie bestimmt, vielleicht fand sie, dass sie mit mir ihre Zeit verschwendete.

Ihre Schürzentasche war groß wie der Beutel eines Kängurus und mit undefinierbaren eckigen Gegenständen vollgestopft, der glänzende Kostümstoff umspannte ihren üppigen Körper, sie sah aus, als bestünde sie aus übereinandergeschichteten Speckrollen, dabei war sie außerordentlich gelenkig. Auf der obersten Leitersprosse balancierend, holte Madame Michelin schnaufend ein massives Kreuz aus ihrer Schürzentasche und hängte es über dem Eingang auf.

»Gerade?«, rief sie von oben herunter, und ich bejahte. Sie atmete auf, zog eine Schachtel Zigaretten aus der Tasche, biss einer davon geschickt den Filter ab und steckte sie in eine gläserne Zigarettenspitze. Dann sog sie genussvoll den Rauch ein, und als die Wolke mich erreichte, meinte ich zu riechen, dass sie die gleichen Zigaretten rauchte wie Barbara Mizera.

»Zwei noch«, sagte sie und zeigte auf die Tasche der Schürze, die ihren Schoß umspannte.

»Zwei?«

»Kruzifixe zum Aufhängen«, erwiderte sie. »Aufhängen soll man was, haben sie gesagt. Der eine sagt dies, der andere sagt das, der Dritte hängt sich selber auf.« Sie blickte mich forschend an und zog an ihrer Zigarette. »Und was machen Sie hier?«

»Ich? Ich wollte ein Buch abholen.«

»Lesen, immer nur lesen«, sie lachte krächzend. »Hier kommen viele, die lesen.«

»Wahrscheinlich, weil es eine Bibliothek ist«, schlug ich vor.

»Sie lesen wohl auch immerzu?«

»Kommt vor«, gab ich zu.

»Eben!«, freute sich Madame Michelin. »Man liest, das Leben fließt.«

»Sie lesen nicht gern?«

»Nein«, gab sie knapp zurück, »schade um die Zeit.« Sie pustete Rauch in meine Richtung und gähnte ostentativ, um die Langweiligkeit des Lesens zu demonstrieren. »Und das Buch, das Sie abholen wollten, wovon handelt das?«, interessierte sie sich plötzlich.

»Von Gut und Böse.«

Madame Michelin hob die Brauen.

»Die wissen wohl auch nicht, worüber sie schreiben sollen, was!«

»Von einem bösen Mönch, der seine Schwester vergewaltigt und seine Mutter getötet hat«, versuchte ich es anders.

»Das schon eher!«, sagte sie erfreut. »Und geht es wenigstens gut aus?«

»Für die einen ja, für die anderen nicht.«

»Warum lesen Sie es dann, wenn Sie wissen, wie es ausgeht?«

»Ich erinnere mich eben gern«, antwortete ich.

»Das ist ja noch schöner!«, prustete Madame Michelin. »Vergessen soll man und Wintervorräte einkochen!« Sie stieg von der Leiter und streckte mir ihren polyesterumspannten Hintern entgegen. Dann klappte sie die Leiter zusammen und klemmte sie sich unter den Arm. »Kommen Sie morgen Nachmittag, dann ist die junge da«, sagte sie noch und verschwand grußlos in einem Flur. Die junge?, dachte ich, doch bevor ich fragen konnte, rief Madame Michelin über die Schulter: »Bibliothekarin.«

*

Um den angebrochenen Tag nicht vollends zu verschwenden, rief ich meine nächste Interviewpartnerin an und fragte, ob ich eine Stunde früher kommen könne. Zofia Socha, siebenundsechzig Jahre alt, Witwe, Hausfrau und einzige Betreuungsperson des kleinen Patryk, der im Juni aus dem Real-Supermarkt verschwunden war, schien wenig begeistert, da sie gerade etwas auf dem Herd hatte, dennoch willigte sie ein, und ich machte mich auf den Weg in die Kolejarska-Straße in Sobięcin. Anders als Nowe Miasto hat sich dieses arme Viertel noch nie eines guten Rufes erfreut. Zu der Zeit, als die Zechen und Kokereien noch in Betrieb waren, folgte es seinem eigenen Rhythmus aus Arbeit und Ruhe, doch ohne dieses Korsett zerfiel es und kam herunter. Jetzt waren hier, ähnlich wie in Nowe Miasto, nur noch diejenigen übriggeblieben, denen das Glück nicht hold war, die Ungeschickten, Versoffenen, Arbeitslosen, und von den glücklicheren Bewohnern nur die Freiwilligen, die sich nach über fünfzig Jahren, die sowieso keiner zurückdrehen konnte, ein Leben anderswo nicht mehr vorstellen konnten. Von Zeit zu Zeit diente der Stadtteil diesem oder jenem künstlerisch ambitionierten Fotografen als Kulisse der Armut, die nur auf Bildern malerisch war.

Der Teil Sobięcins, in dem der großohrige Patryk Miłka mit seiner Großmutter lebte, wurde Palestyna genannt, da sich hier nach dem Krieg viele Juden angesiedelt hatten, arme Überbleibsel, wie unser Vater sie nannte. Ewa liebte dieses Wort, sie nannte sich und mich ebenfalls so, »mein armes kleines Überbleibsel«, sagte sie mitleidig, wenn ich ihr eine meiner kindlichen Tragödien beichtete oder, schlimmer noch, unser tatsächliches Unglück zu wittern begann. Die Überbleibsel im Wałbrzycher Palestyna hatten nach dem Krieg ein Areal aus mehreren Straßen bezogen, dessen Grenzen bis heute so umstritten sind wie die Grenzen des echten Palästina. Bald waren die jüdischen nicht mehr von den nichtjüdischen Überbleibseln zu unterscheiden, da auf alle gleichermaßen der Kohlenstaub herabrieselte. Der Name Palestyna war geblieben, unzulänglich wie alle anderen Namen in dieser Stadt der Hergelaufenen.

Ich parkte mein Auto vor dem alten Mietshaus, auf der Straßenseite gegenüber, vor einem Schrottankauf, drängte sich eine Gruppe Menschen. Am Ende der Schlange warteten zwei Männer und eine Frau mit einer überladenen Schubkarre, auf der sie mit vereinten Kräften ein giftgrünes Karosserieteil zu befestigen versuchten. »Nich so ziehn, Fotzteufel nochmal!«, erhitzte sich der größere Mann, und die Gemaßregelte, eine kleine Blonde mit verquollenem Gesicht, setzte sich beleidigt auf die Bordsteinkante. Das alte Wohnhaus musste von einer verschleppten Hautkrankheit befallen sein, zwischen den Efeuranken an den Wänden blähten sich frische Brandblasen, ein paar waren schon aufgeplatzt, gelbliche Flüssigkeit sickerte heraus. Die Mauer wirkte weich und schwammig, vermutlich gab sie nach, wenn man mit der Hand dagegendrückte. Leuchtend hellgrüne, gelbe und rosa Farbkleckse, mit denen jemand das Mauerwerk rund um das eigene Fenster verschönert hatte, zeugten davon, dass dieses marode Haus sich trotz allem noch nicht aufgegeben hatte. Auf den Fensterbänken standen hinter hölzernen Balustraden Töpfe mit Essen und im Wind knisternde gefüllte Plastiktüten. Die Schrottsammler warfen gierige Blicke auf mein Auto, als ich den nach Urin stinkenden Hauseingang betrat. Dieses banale Requisit der Armut ärgerte mich, ich bekam eine Wut auf jeden, der dieses ohnehin mit Füßen getretene Haus weiter verschandelte.

Zofia Socha wohnte im Erdgeschoss. Eine akkurate Fußmatte mit der Aufschrift »Willkommen«, die Tür frisch in Braun gestrichen, dieser furchtbare helle Nusston, den meine Schwester »Kackbraun« genannt hatte. Der Fußboden war exakt bis zur Mitte des Flurs gescheuert, als hätte Zofia Socha mit dem Lineal eine Trennlinie gezogen, um eine klare Botschaft auszusenden, hier wohne ich, sollen ruhig alle sehen, wie mein sauberer Fußboden sich von dem meiner Nachbarn abhebt. An Frau Sochas Tür ein K+M+B, und dahinter bumm-tschack, bumm-tschack. Ich klingelte, nichts. Ich klopfte und rief, und da ging bei der ungeschrubbten Flurhälfte die Tür auf. Die Kette knirschte, Musik drang heraus, bumm-tschack-bumm-bumm-bumm. Im Türspalt erschienen zwei nackte Männerfüße, darüber bananengemusterte Boxershorts, ein behaarter Bauch, eine wild bewucherte Männerbrust, ganz oben ein Gesicht wie ein messerscharfes Fragezeichen. Bevor irgendwelche Worte fallen konnten, tapsten Frauenfüße heran, reckten sich auf die Zehenspitzen, Himbeersorbet glänzte auf einem Fingernagel.

»Bääärchen? Nun kooomm schon, Bärchen, lass doch.« Bärchen schnalzte obszön und verschwand.

Ich klingelte noch einmal bei Zofia Socha, diesmal durchdrang die Klingel das Bumm-Tschack, und hinter der Türkette fragte eine Stimme:

»Sind Sie es?«

»Ich bin es«, zum zweiten Mal an diesem Tag bestätigte ich meine Existenz. Es ratterte, knirschte, und durch die geöffnete Tür schlug mir ein durch und durch polnischer Duft nach gebratenem Schweinefleisch und zerkochtem Gemüse entgegen.

»So ein Unglück, war gerade beim Kotelettklopfen«, begrüßte mich Patryks Großmutter.

Ich betrat das enge Vorzimmer, gespannt und zugleich beklommen, wie immer vor Gesprächen mit fremden Menschen. Dieser Mensch hier hatte eine kastanienbraune Dauerwelle, trug einen Fleischklopfer in der Hand und geleitete mich über einen Polyesterläufer mit trunkenen Vierecken und Picasso-Dreiecken, zwischen denen wilde Linien in höllischer Verzweiflung hin- und herschossen. Wer diesen Teppich entworfen hatte, dem musste das letzte Fünkchen Hoffnung abhanden gekommen sein. Der chemische Geruch nach neuer billiger Meterware aus dem nächstgelegenen Einkaufszentrum stieg mir in die Nase. Wer kaufte sich einen Läufer, wenn gerade sein Kind verschwunden war?

»Furchtbar, wie es von draußen reinzieht. Das sind die Besoffenen, die machen hier in den Hauseingang«, raunte mir die Hausherrin vertraulich zu, den Fleischklopfer immer noch in der Hand, und blickte vielsagend auf ein Paar flachgetretene Gästepantoffeln. »Hausschuhe, bitte sehr! Ist doch bequemer so, gemütlicher. Wie zu Hause.« Sie sprach schnell und atmete keuchend, als litte sie an Asthma oder Herzproblemen. »Ein Sonderangebot, der neue Läufer«, fügte sie hinzu. Offenbar hatte sie meine Gedanken erraten. »Bringt Leben in die Bude, sieht sogar alles größer aus jetzt, heller. War so düster hier, ein Unglück, und so billig, wär ja schade drum gewesen. Drüben im Esszimmer ist gedeckt«, wies Zofia Socha mir die Richtung. »Kocht über!«, ächzte sie und schnaufte zur Küche wie ein Kohlewaggon. Nach einer Weile drang ihre Stimme zu mir vor, unterlegt mit bumm-tschack, bumm-tschack: »Ein Kotelett hab ich bekommen, schön weiß wie Butter. So ein Unglück, ein schreckliches Unglück!«

Auf einem blütenreinen Tischtuch warteten zwei Gedecke, ein Strauß künstlicher Rosen in einer Kristallvase, ringsum blitzte alles vor Sauberkeit. Tiefbarocke Tapeten, Vorhänge zart wie Eisblumen. Auf der Kredenz Fotos vom verschwundenen Patryk und vom verstorbenen Papst, beide lächelnd, in Rahmen aus dem 1-Złoty-Shop. Patryk und der Papst. Der Papst und Patryk. Ich hoffte, dass zumindest der eine noch lebte. Das schönste Foto zeigte einen fröhlichen Jungen auf einem Kinderfahrrad, die Sonne machte seine Elfenohren durchscheinend rosa. Auf seiner Schulter lag eine schützende Hand, und sein ganzer Körper flog dem Licht entgegen. Neben dem Foto lag auf einer Serviette ein seltsamer Gegenstand, zwei gekreuzte, mit einer rot-weißen Schleife zusammengebundene Stäbchen. Aus der Küche drang der Duft gebratenen Fleisches. Die Hausherrin hatte beschlossen, mir ein Mittagessen aufzutischen, und kein »Danke, machen Sie sich bitte keine Umstände« würde sie davon abhalten, mich zu päppeln.

»Was Warmes bei der Kälte, schön gewürzt, hausgemacht, nur ein bisschen, zum Probieren!«, rief sie aus der Küche herüber und klapperte im Takt mit den Topfdeckeln.

»Hungrig? Aber sicher! Sie wissen's nur noch nicht. Erst mal probieren, nicht lang studieren!«

Ich ergab mich kampflos. Zofia Socha kam mit einem Krug Kompott herbei. »So ein Unglück«, seufzte sie und schritt zur Tat.

»Diese Kälte! Bei Kälte ein Süppchen, hübsch gewürzt, unser polnisches Süppchen, so gehört's. Schönes Kotelett dazu, als zweiten Gang. Hab ein Kotelett bekommen, wie Butter, ganz frisch, Tzimmes, kein Kotelett, sag ich Ihnen. Bin zu Real gefahren, mit dem Büsselchen, rucki-zucki ging das. Ein Kotelett, ganz einfach, klopfen und braten, kann doch jede, sagen Sie selbst.«

Ich nickte unsicher, ich hatte noch nie ein Kotelett geklopft und gebraten.

»Ha!«, freute sich Zofia Socha. »So einfach geht's nicht.«

»Nicht?«

»Wissen Sie, was das Geheimnis ist?«

Ich wusste es nicht.

»Das Ei! Das Ei ist das A und O! Ich kauf meine Eier seit Jahren beim Bauern. Patrykchen hab ich zum Frühstück immer Ei gemacht, Brötchen mit Bütterchen, Fruchtzwerg, Würstchen, aber das Ei, das Ei ist das A und O. Ein Ei hält vor, den ganzen Tag. So ein Unglück mit Patrykchen!«

»Ein Unglück«, nickte ich.

»Und in Warschau, kriegen Sie da was vom Bauern?«

»Manchmal schon«, nickte ich.

»Na ja«, Patryks Großmutter war wenig überzeugt, »aber solche, die kriegen Sie in Warschau nicht! Eigelb ganz orange, ein Duft wie auf dem Land. Biskuitteig wird wie Gold, Mürbeteig ganz mürbe, Sie sehen's gleich selbst, ein Unglück!«

»Das ist wahr«, nickte ich.

»Wie machen Sie es, dass Ihrer so mürbe wird?«, fuhr Zofia Socha fort. »Wie machen Sie das, fragt mich eine nach der anderen, wenn ich Kuchen zum Kirchentreff mitbring. Zergeht einem ja auf der Zunge, so ein Unglück.«

»Ein Ung–«, hob ich an, doch Patryks Großmutter ratterte die Worte herunter, als hackte sie Gurkenscheibchen.

»Und ich sag: Welche Eier nehmen Sie denn? – Wie, welche, aus dem Laden. – Ja, aus dem Laden, da frag ich mich, wie soll da der Teig auf der Zunge zergehen? – Wunder gibt's keine. Eier immer vom Bauern, darf einem nicht schade drum sein. Die Eier, sehen Sie, so ein Unglück!«

»Ein Unglück!«, rief ich aus, und Zofia Socha verstummte und blinzelte, als sei sie eben erst aufgewacht.

»Alicja heißen Sie also«, wechselte sie das Thema.

»Ja. Alicja Tabor.«

»Alicja, Alicja, Ala. Ich kannte mal eine Ala, zur Schule sind wir zusammen gegangen, aber sie ist unter den Bus gekommen. Vor den Augen der Mutter über den Grunwald-Platz gerannt, zur Grundschule, und bums. Ein Unglück.« Zofia Socha seufzte schwer über das Schicksal meiner ehemaligen Namensvetterin und auch über ihr eigenes.

»Ein Unglück«, nickte ich.

Sie sah auf die Uhr.

»Noch fünf Minuten. Wär alles fertig gewesen, aber Sie sind früher gekommen.« Sie warf mir einen vorwurfsvollen Blick zu. »Eigentlich sind Sie noch jung, Frau Ala, ich dachte, Sie wären älter.«

»Entschuldigung.« Ich lächelte sie an.

»Macht ja nichts.« Zofia Sochas Gesicht hellte sich auf. »Ihr jungen Leute müsst essen. Essen, essen, so ein Unglück«, wiederholte sie und hastete zur Küche, das Kristall klirrte besorgt. Sie kam mit zwei Tellern zurück.

»Die Brühe! Schön gesalzen und gepfeffert, aber Pfeffer kann immer noch dazu. Hier sind Salz, Pfeffer. Bei mir muss das Schwein, Rind, Huhn ordentlich durchkommen bei der Brühe.« Sie rieb sich die kleinen flinken Hände. »Noch Pfeffer?«

»Ja, bitte.«

Sie drehte am Pfefferstreuer, seufzte: »So ein Unglück.«

Ihr Löffel klirrte am Teller, und ich tauchte meinen tief ein, um ein Fettauge zu umschiffen. Der Sud aus Fleisch und Knochen ekelte mich und machte mir zugleich bewusst, dass ich in den letzten Tagen kaum etwas gegessen hatte.

»Eine Brühe muss köcheln, Frau Ala, ziehen muss die. Wissen Sie, wie meine Nachbarin Brühe kocht?«

Ich wusste es nicht.

»Ich treff sie im Biedronka, und sie sagt zu mir: Wenn ich für mein Bärchen Brühe mach, dann geht das ruck-zuck. – Ruck-zuck, sag ich, Brühe ruck-zuck? – Ja, sagt sie, Brühwürfel ins kochende Wasser, Maggi dazu, paar Suppennudeln, fertig. Ich werd doch nicht ewig in der Küche stehn. Und lacht. Und ich sag ihr: So eine Brühe, sag ich, das ist keine Brühe, das ist grottenpeinlich.«

Ich hob den Blick vom fettig dampfenden Suppenteller und sah Zofia Socha an. Die lächelte, zufrieden über meine Reaktion.

»Hab ich von Patrykchen gelernt. So ein Unglück!« Sie sah das Foto des Jungen an, mein Blick folgte ihrem. »Reden, das kann er. Grottenpeinlich, Oma Hobbe, sagt er. Das ist grottenpeinlich, wenn du so über den ganzen Hof schreist, dass das Abendessen fertig ist.«

»Hobbe?«

»Von Robbe, weil ich so dick wär wie eine Robbe. Einmal hat er eine Robbe im Fernsehen gesehen, und da sagt er: Oma Hobbe, Oma Hobbe, und dabei ist es geblieben. Ein Unglück.«

Ich lächelte über der würzigen Brühe in mich hinein und pfefferte sie Oma Hobbe zu Ehren noch etwas nach, bis es mir in der Nase kitzelte. Zofia Socha zögerte nicht, von Patryk im Präsens zu sprechen. In ihrem Haus lebte das verschwundene Kind noch, und vielleicht war das der Grund, warum ich mich plötzlich mit Heißhunger auf die fettige Suppe stürzte. Ich holte mein Diktafon heraus, stellte es vor den künstlichen Rosen auf, und Zofia Socha besah sich das Gerät interessiert.

»So klein?«

»Sie machen jetzt immer kleinere«, erklärte ich.

»Mit Kassette?«

»Kassetten braucht man nicht mehr, drinnen ist nur ein winziges Plättchen, das alles aufnimmt.«

»Ist das so ein kleiner Computer?«

»Ja, könnte man sagen.«

»Computer, Computer«, seufzte Zofia Socha, »so ein Unglück.«

Ich nickte.

»Patrykchen liegt mir seit einem Jahr in den Ohren, Computer, Oma, Computer. Zu Weihnachten, oder zu Nikolaus. Oma Hobbe, den Computer schreib ich dem Nikolaus doch auf einen Wunschzettel, für alle Fälle, sagt er. Im Hort haben sie einen, aber er sagt: Oma, das ist kein Computer, das ist grottenpeinlich. Er will einen modernen. Auf dem Computer im Hort hat er sich alles selbst beigebracht, hochbegabt, hat der Psychologe bei der Vorsorge gesagt. Ein Unglück, ein Unglück. Und dass man diese Begabung fördern muss, sagt er zu mir, gute Bedingungen schaffen. Sagen Sie mir mal, wie man mit tausend Złoty gute Bedingungen schaffen soll, sag ich darauf. Mit tausend Złoty hätte, Verzeihung, selbst der liebe Gott nicht viel geschaffen. Vielleicht zwei Ameisen und eine Brennnessel. So ein Unglück.«

Ich gab ihr recht und sah mir noch einmal das Foto an. Der Junge wirkte auch ohne Computer und gute Bedingungen glücklich.

»Unterstützt Ihre Tochter Sie?«

»Meine Tochter«, schnaubte Zofia Socha, und ihr sympathisches Gesicht wurde dem Foto in der Zeitung ähnlicher, denn die Kehrseite der hegenden Großmutter war die zornige und verbitterte Großmutter. Sie sah plötzlich alt und verkniffen aus, die kastanienbraune Dauerwelle nahm einen hässlichen stumpfen Ockerton an. »Tausend Złoty Rente hab ich. So ein Unglück. Drei Wochen war er alt, als sie das erste Mal über alle Berge ist. Da war sie zwei Monate weg. Und wie viel die Ärzte kosten. Patryk war ein Frühchen, er kann von Geburt an schlecht hören und ist viel krank. Hier Schnupfen, da Durchmarsch. Hätten Sie so ein klein Dingelchen zurückgelassen? Ausgesetzt wie einen Hund?«

»Nein. Und einen Hund hätte ich auch nicht ausgesetzt.«

»Sehen Sie! Für das Kind würd ich mein ganzes Blut spenden, mir den letzten Bissen vom Mund absparen, mein letztes Hemd würd ich geben für das Kind.« Die zornige Großmutter schlug sich mit der Faust gegen die Brust. »So ein Unglück! Was hab ich für sie Schlange gestanden, Suppen mit der Hand durchgeseiht, mir ein Bein ausgerissen, damit sie Fleisch bekam, Würstchen, ich hab sie spät gekriegt, nur die eine Tochter.«

»Und Ihr Mann?«

»So ein Unglück! Ich war noch nicht vierzig und stand allein da mit dem kleinen Kind. Ein sinnloser Tod!«

»Sinnlos?«, hakte ich nach.

»Sinnlos! Beim Pilzesammeln vom Blitz erschlagen. Hier, das ist von ihm geblieben.« Sie zeigte mir den Ringfinger ihrer rechten Hand, an dem ein dünner Goldring und ein weiterer Ring mit einem roséfarbenen Korund steckten. »Die hier nehme ich nie ab, in einer schwarzen Stunde kommen sie gerade recht, Russengold und Rubin. So ein Unglück.«

»Und Patryks Vater?«

»Vater!« Zofia Sochas Gesichtszüge wurden noch schärfer, sie schnaufte, ihre inwendige Maschinerie näherte sich dem kritischen Überlastungszustand. »Ein Nichtsnutz, Ärger machen ist das Einzige, was der kann.« Sie lief rot an. »Ärger machen«, wiederholte sie giftig. »Und weg war er. Nicht mal ein eigenes Kopfkissen hatte der, die ganze Familie ein Lumpenpack aus Stary Zdrój, Gesindel, die kennen keinen Gott und keine Menschen. Ich bin hin, als sie gerade schwanger war, hab gefragt, was jetzt sein soll. Die haben mich auf der Schwelle stehen lassen wie einen Hund. Und wissen Sie, was die zu mir gesagt haben?«

Ich wusste es nicht, wenn ich es mir auch denken konnte.

»Der Alte hat zu mir gesagt, wenn meine Tochter, Verzeihung, die Beine breitmacht, soll sie doch jetzt selbst sehen, wie sie klarkommt. Soll sie's doch wegmachen lassen, geht ihn nichts an. Wegmachen! Dir hat's wohl das Hirn weggemacht, du Schweinehund. Eher spring ich aus dem Fenster oder werf mich vor den Zug, bevor ich das erlaube, so eine Sünde lade ich nicht auf mein Gewissen. Ich habe sie bei mir einziehen lassen, hab ihnen ein Zimmer abgegeben und selbst hier auf dem Sofa geschlafen: Ihr heiratet, macht die Schule zu Ende, das wird schon, mit dem Kind helf ich euch, ich koche. Es gibt Biedronka, es gibt den Garten, wir werden's schon schaffen.«

»Aber es ging schief?«

»Drei Monate haben die beiden hier gewohnt, ein Geschrei und Gezeter. Ich denk, die raufen sich zusammen, aber nichts da, am Ende ist sogar Blut geflossen. Noch bevor der Kleine auf der Welt war, ist der schon mit den Fäusten auf mich los.«

»Ihr Schwiegersohn?«

»Wer sonst? Und sagt noch Mamusia zu mir«, Zofia Socha zielte mit dem Löffel auf den unsichtbaren Gegner. »Pass bloß auf, Mamusia, bevor ich mich vergreife! Und ich: Raus aus meinem Haus, Schmarotzer! Ab zu deinem Lumpenpack! Meine Tochter hat sich hinter mich gestellt: Soll er doch gehen, Mama.« Zofia Socha seufzte tief. »So ein Unglück«, sagte sie wieder und blickte auf meinen Teller. »Ich an Ihrer Stelle würde mir die Brühe schon noch ein bisschen pfeffern.«

Gehorsam griff ich nach der Pfeffermühle.

»Ich dachte, mein Schwiegersohn kriegt sich wieder ein, aber er hat den Kleinen nicht ein einziges Mal gesehen. Als er weg war, da hat meine Tochter erst ein Jahr später gesagt, eine Freundin von ihr hätte im Computer gesehen, dass er in Irland ist. Er hatte da ein Foto mit einem Mädel im Arm, Bierflasche in der Hand. So ein Unglück. Aber sie wollte damals auch nur noch weg. Ich fühl mich hier nutzlos wie ein Furunkel am Arsch, sagt sie zu mir. Sie hatte zwei Freundinnen vom Friseur drüben, Dorota und Wioletta, auch aus Palestyna, sind weggezogen. Die haben ihr geschrieben, sie überredet, Arbeit gäb's drüben genug, Fleischfabrik, Gastronomie, Läden: Komm doch auch, Agata. Die Sprache muss man gar nicht können, sowieso alles Polen. Patrykchen war anderthalb, da ist sie weggezogen. Ich verdien ein bisschen Geld und komm dann zurück, hat sie noch versprochen, das ist jetzt fünf Jahre her. Und hier so ein Unglück.«

»Und da drüben hat sie jetzt neue Kinder«, sagte ich in Zofia Sochas Worten.

»Zwei«, nickte sie. »Einmal hat sie mir Fotos geschickt, ein Junge und ein Mädchen, keine Ähnlichkeit mit Patrykchen. Schwarz wie die Zigeuner. Aber ich kann die beiden neuen Kinder irgendwie nicht ins Herz schließen. Sie hat Patrykchen ganz vergessen. Die neuen Kinder nehmen ihm weg, was ihm zusteht. An Weihnachten ruf ich an: Du hast ein Kind hier, Agata, ein krankes Kind, und sie: Mama, hör auf, wenn ich was verdiene, schick ich Geld für Medizin und was zum Anziehen, aber kommen tu ich nicht, ich hab in Palestyna schon meine ganze Jugend verplempert.«

»Wie alt ist Ihre Tochter?«

»Bald fünfundzwanzig.«

»Möchten Sie, dass sie Patryk nach England mitnimmt?«

Zofia Socha sah mich an und seufzte abgrundtief.

»So ein Unglück. Ich würd ihm mein eigen Blut spenden, alles soll er haben, nur das Beste. Damit was aus ihm wird, damit er weit kommt, alles würd ich dafür geben. Da bete ich jeden Tag drum, ich bitte die Schmerzensmutter und unsern Papst um ein gutes Leben für Patrykchen. So ein Unglück. Glauben Sie mir das?« Ihre dunklen Hamsteräuglein blickten mich unter der kastanienbraunen Lockenfrisur durchdringend an.

»Ich glaube es Ihnen.«

»Um mein eigen Blut wär's mir nicht schade«, sagte Zofia Socha noch einmal, und da fiel ihr der zweite Gang wieder ein. Das Kotelett! Mit hübscher Roter Bete. »Und die Rote Bete frisch aus dem Garten«, brüstete sich die Köchin. »Ganz süß ist sie dieses Jahr, knackig, und was hab ich mich gesorgt um diese Rote Bete!«

»Warum?«

»Das wissen Sie nicht? Wegen dem Gas.«

»Welches Gas?«

»In die Erde haben sie Gas gepumpt, wenn das explodiert, dann gibt's einen Knall und ein Loch wie ein Bombentrichter«, erhitzte sich Zofia Socha.

»Ein Loch?«

»In meinem Garten, ich hab einen kleinen Schrebergarten, Tomaten, Rote Bete, Pflaumen, da ist einer von den Pflaumenbäumen verschwunden.«

»Verschwunden?«

»Knall, und weg war er«, bestätigte Zofia Socha energisch. »So ein Unglück! Ausgerechnet die Zwetschge, die süßeste. Ich komm in den Garten und da ist ein Loch, ich guck rein, nur noch der Baumwipfel zu sehen, Gasgeruch. Sie vergiften uns!«

»Wer vergiftet uns?«

»Ich«, meine Gastgeberin sah sich um und senkte die Stimme, als wäre in ihrem Esszimmer eine Wanze versteckt, »ich persönlich glaub ja, es könnte Mossadam sein.«

»Moss Adam?«

»Mossadam Husein.«

»Wer ist das?«, fragte ich unwillkürlich im gleichen verschwörerischen Ton.

»Eine internationale Untergrundorganisation, die es besonders auf Polen abgesehen hat.«

»Warum?«

»Weil sie die Welt beherrschen wollen, die Banken, alle Staaten, und Polen ist die Mitte von Europa. Sie sprechen in Chiffre miteinander, streng geheim sind die und ganz gerissen!«

»Und diese Organisation, Mossadam Husein, die hat in Sobięcin Gas freigesetzt?«

»Ja«, bestätigte Zofia Socha mit Nachdruck. Ich bemerkte, dass sie schon ihr halbes Kotelett verschlungen hatte, während ich meines kaum angerührt hatte, also beeilte ich mich, um sie nicht aus dem Takt zu bringen. »Sie übermitteln Informationen mit den Codes an der Kasse«, fügte sie hinzu.

»Mit den Strichcodes?«

»Jeder Strich bedeutet etwas!«, bestätigte Patryks Großmutter.

»Was denn?«

»Geheime Informationen, Todesurteile, Nachnamen von A bis Z, Telefonnummern. Deswegen vernichte ich immer die Kassenzettel, spül sie im Klosett runter.«

»Warum?«

»Damit sie nicht in unbefugte Hände gelangen.«

»Gibt es noch andere Anzeichen für Mossadam Huseins Tätigkeiten in Sobięcin?«

»Ha!«, freute sich Zofia Socha, »es gibt Anzeichen, und was für welche. Diese Kakerlaken, glauben Sie etwa, die sind von allein gekommen?«

»Sind sie das denn nicht?«

»Ach was«, entgegnete sie triumphierend. »Die setzen sie zusammen mit dem Gas frei, deswegen sind die auch immun gegen alles. Das kommt von Mossadam Huseins Gas. Wissen Sie, was so ein Gas mit einer Kakerlake machen kann?«

»Nein.«

»Dann sag ich's Ihnen. Bei mir ist es so sauber, dass man vom Fußboden essen kann, aber einmal hat sich eine zu mir verirrt, und wissen Sie was, ich bin mit dem Hausschuh drauf, und die – nichts, guckt mich nur an.«

»Guckt Sie an?«

»Direkt in die Augen.« Zofia Socha führte es mir vor, indem

sie erstarrte und die Augen weit aufriss. Ich erinnerte mich an die Kakerlake, der ich selbst letzte Nacht begegnet war, nächstes Mal würde ich sie mir besser anschauen. »Und wer die Wałbrzycher Kinder entführt, ich sag's Ihnen, das sind auch die, so ein Unglück, und hinter dem Tod von Jan Kołek, unserem Propheten, was glauben Sie, wer dahintersteckt?«

»Mossadam Husein?«

»Gewiss doch. Die denken, sie können den Leuten weismachen, dass es ein Herzinfarkt war, dass er von selbst gestorben ist, dass die Leute dumm sind und nicht allein draufkommen. Aber es gibt noch welche, die stehen hinter den einfachen Leuten.«

»Wer denn?«

»Es ist«, Zofia Socha hob einen Finger, »ein Erlöser.«

Ich erinnerte mich an Jan Kołeks selbsternannten Nachfolger, er hieß Jerry Swan und war dabei, zum neuen Helden zu werden.

»Sprechen Sie von Jerry Swan?«

»Er ist dort und überall, aber von ihm sprechen darf man nicht«, entgegnete Patryks Großmutter geheimnisvoll. »Bald wird die Wahrheit ans Licht kommen.«

»Und weshalb entführt Mossadam Husein Kinder? Kann der Erlöser das erklären?«

»Er erklärt alles, selbst wenn er nichts sagt. Die Wahrheit ist in seinen Augen.« Zofia Sochas Wangen röteten sich. »Sie entführen die Kinder, um sie auf ihre Seite zu ziehen! Das sage ich Ihnen jetzt, die wollen aus ihnen ihre Armee machen, wie früher die Türken.«

»Was sollen sie denn mit einer Armee?«

»Die schicken sie später los, damit sie unter uns leben und und uns ausspionieren. So sind sie uns ähnlich, und keiner erkennt, wer der Feind ist.«

»Glauben Sie, das ist mit Patryk passiert?«

Ein Schatten huschte über das Gesicht meiner Gesprächspartnerin, als zöge eine Wolke über uns hinweg.

»So ein Unglück«, flüsterte sie und wandte den Blick ab. »Ich würde mich eher vierteilen lassen, als zu erlauben, dass ihm was zustößt. Ich weiß nur, das ist nicht normal. Gas, Kakerlaken, die Kreuzigung von Jan Kołek, die Kinder wie vom Erdboden verschluckt. Kleinkriegen wollen die uns, darum geht es. Vergasen!«

»Woher kommt Ihre Familie?«

»Meine …?« Zofia Socha stockte. »Wer hat Ihnen denn diese Gerüchte zugetragen?« Ihre dunklen Augen sahen mich über den Teller mit Fleischresten hinweg scharf an.

Tzimmes, kein Kotelett. Da hätte selbst Mossadam Husein nicht nein sagen können, dachte ich und spießte einen Bissen auf meine Gabel. Also war Zofia Socha ein Überbleibsel. Eine arme, sich selbst verleugnende Überlebende aus dem Wałbrzycher Palestyna. Ich wechselte das Thema.

»Und bei Ihnen war auch Gas?«

»Überall!«, bejahte sie. »Es zischte, ssss, wenn man das Ohr an die Wand legte, unterm Bett, hinterm Schrank. Einmal dreh ich die Dusche auf, und da schlägt mir ein Gasgeruch entgegen, dass ich schwarze Pünktchen sehe.« Sie blickte auf meinen Teller. »Ist gleich kalt«, warnte sie mich und schenkte mir Kompott nach. »Pflaumen aus dem Garten, ich frier sie ein, koch sie ein, so hab ich immer was da.« Sie verstummte, am Tisch von Zofia Socha, des Überbleibsels aus Palestyna, herrschte das ungeschriebene Gesetz, dass sie nur redet, solange ich esse. Jeder Bissen brachte mich dieser Frau näher, die ihre Identität verbarg, als wäre immer noch Krieg, die sich vor Mossadam Husein fürchtete und eine fremde Person an ihrem Tisch päppelte.

»Bitte erzählen Sie mir von dem Tag, an dem Ihr Enkel verschwunden ist.«

»Aber Kuchen nehmen Sie doch noch? Mürbeteig mit Pflaumen, Pfläumchen vom Bäumchen. Heute in aller Früh gebacken.«

Ich nickte nur, meine unermüdliche Gastgeberin begab sich aufs Neue in die Küche und kam kurz darauf mit zwei kleinen Tellern und einer Kuchenplatte zurück. Auf goldgelbem Rund leuchtete ein Muster aus Früchten mit purpurnem üppigem Fleisch, der Kuchen schmeckte, als hätte Zofia Socha ihre ganze Liebe zum Enkel hineingebacken. Selbstgebackener Kuchen – dieser heimelige Begriff war für mich leer, bei uns zu Hause hatte nie jemand Kuchen gebacken, und Ewas und mein einziger Versuch an einem Heiligabend endete mit dem Anrücken der Feuerwehr.

»Wirklich köstlich«, sagte ich, und die zufriedene Zofia schnalzte und hob an, als wollte sie mir eine Gutenachtgeschichte erzählen.

»Also das war so. Am Samstagmorgen stehen Patrykchen und ich auf, und beim Frühstück sage ich: Patrykchen, was wollen wir heute zu Mittag essen? Und er: Hähnchen mit knuspriger Haut. Ich frage: Aber Patrykchen, schon wieder Hähnchen? Vielleicht lieber Klößchen, Borschtsch mit Kroketten, Rote Bete aus dem Garten. – Hähnchen, Oma Hobbe, bitte, und ich such mir ein Überraschungsei aus im Real, bitte bitte, Oma.« Zofia Socha stand auf und wackelte zum Zimmer ihres Enkels. »Hier!« In jeder Hand hielt sie einen kleinen ovalen Gegenstand. Der Junge hatte die Eier mit schwarz-weißen Gesichtern beklebt, die aus Todesanzeigen in Zeitungen stammen mussten, dann mit Farbstiften Einzelheiten dazugemalt und Haare drangeklebt, die wie echte aussahen. »Wenn ich ihm die Haare schneide, bewahrt er sie immer auf«, bestätigte Zofia Socha meinen Verdacht.

Der Kleine fand offensichtlich Gefallen an Gesichtern von Verstorbenen, besonders Rot verwendete er großzügig. Der Psychologe, von dem Zofia Socha gesprochen hatte, täuschte sich nicht, Patryk musste wirklich ein außergewöhnlicher Junge sein. Ich dachte, dass meine Schwester, diese leidenschaftliche Sammlerin unheimlicher Kuriositäten, begeistert gewesen wäre von diesem gespenstischen kleinen Künstler mit den Elfenohren. Ich nahm die Kunstwerke des sechsjährigen Fabergé aus dem Wałbrzycher Palestyna in die Hand, die Plastikeier starrten mir aus zwei Paar Zwillingsaugen entgegen.

»Humpty und Dumpty«, murmelte ich.

»Was?«, fragte Zofia Socha beunruhigt.

»Sie sind wunderschön«, fügte ich laut hinzu, und Patryks Großmutter atmete erleichtert auf, ich hatte eine Art Test bestanden.

»Und wenn Sie erst sehen könnten, was für hübsche Autos und Weltraumraketen er gemalt hat, und erst die Schmetterlinge! Im Kindergarten sind seine Bilder immer die schönsten, Frühlingsboten, Farben des Herbstes und wie das alles heißt, ich weiß nicht, von wem er das hat. Von seiner Mutter und seinem Vater bestimmt nicht, obwohl mein Großvater mütterlicherseits, als sie noch in Drohobytsch wohnten ...«

»In Drohobytsch?«

»Ach, wer erinnert sich schon noch daran, nach all den Jahren.« Zofia Socha winkte ab und kam auf die Überraschungseier zurück. »In letzter Zeit wollte er immer nur noch diese Eier, weil, sagt er: Oma Hobbe, das ist so wunderbar, wenn man nicht weiß, was drin ist, und wenn man die Schokolade erst ganz langsam aufisst und dann das Ei aufmacht. – Mir hat das einen Stich versetzt, denn als er noch klein war, da hat er immer so auf seine Mutter gewartet. Und ich hab dann gesagt: Patrykchen, komm, wir ziehen uns an und nehmen den Bus zum Real. Im Real waren Massen von Menschen. Wir gehen zur Fleischtheke, Hähnchen kaufen, und dann gleich weiter zu den Süßigkeiten. Ich sag: Patrykchen, bleib schön hier stehen, bei den Überraschungseiern, such dir zweie aus. Und pass auf den Einkaufswagen auf, ich geh nur schnell zum Öl, denn ich höre gerade, da gibt's ein Sonderangebot. Ich nehme eine Flasche Rapsöl, komme zurück, noch mehr Gedränge als vorher. Ich gucke, Patrykchen ist weg, nur noch der Einkaufswagen steht da. Ich seh mich um, vielleicht ist er nur ein Stück weggegangen und kommt gleich wieder. Ich warte. Was soll ich machen? Ich bin im ganzen Real rumgerannt, hab die Leute gefragt. Ein sechsjähriger Junge, blond, blaue Augen, haben Sie den vielleicht gesehen, und du, Kleine, hast du ihn gesehen? Keiner hatte ihn gesehen, keiner was gehört. Wer achtet auch schon auf fremde Kinder bei so einem Gedränge. So ein Real, das ist der beste Ort, um zu verschwinden.« Zofia Socha seufzte, es klang fast erleichtert. »So ein Unglück. Ich zur Kasse: Wo ist der Filialleiter? – Was regen Sie sich denn so auf, was wollen Sie vom Filialleiter? – Schließlich haben sie eine Durchsage gemacht, dass ein Junge verlorengegangen ist, Patryk Miłka. Aber er war spurlos verschwunden. Wie vom Erdboden verschluckt.«

»Das ist schon fünf Monate her«, sagte ich.

»Minus zwei Tage«, verbesserte mich Zofia Socha, »minus zwei Tage und sieben Stunden.«

»Zählen Sie so genau mit?«

»Ich werde immer mitzählen.«

»Ist Ihre Tochter nicht gekommen, als Patryk verschwunden war?«

Zofia Sochas Augen waren jetzt dunkel wie die vom Erdboden verschluckten Zwetschgen.

»So ein Unglück. Sie sagt: Was soll ich denn da, was kann ich machen, wenn ich gar nicht dabei war. Ich hab hier meine eigenen Sachen zu tun. – Sachen, welche Sachen denn, wahrscheinlich ein neuer Bettgenosse, was? Und sie darauf, es wäre meine Schuld, dass Patrykchen verschwunden ist, ich hätte nicht aufgepasst. Dabei hätte ich für ihn alles gegeben, bis zum letzten Blutstropfen, alles nur für das Kind. Und jetzt reibe ich die Rote

Bete zum Einmachen, sie schmeckt so gut dieses Jahr, ganz süß, und denk mir dabei, für wen reibe ich sie eigentlich, wozu? So ein Unglück.«

Über ihren Kuchenteller gebeugt, fing Zofia Socha an zu weinen, und ich schaltete das Diktafon ab.

*

In der Nacht erzählte ich Herrn Albert von der gepfefferten Brühe und den Überraschungseiern, den glotzenden Kakerlaken, dem Gas und Mossadam Husein, Zofia Sochas Name für alles Unglück um sie herum. Und dass sie ihren elfenohrigen Enkel liebte und daran glaubte, dass er lebte. Aber als ich mich von Marcin verabschiedete, der meine Hand etwas zu lange hielt und sie erst losließ, als Herr Albert sich vernehmlich räusperte, wurde mir bewusst, dass etwas an der Geschichte von Zofia Socha aus Palestyna nicht passte. Die Hand. Die Hand auf dem Foto, die Patryk hielt, als er auf seinem Kinderfahrrad in die Welt hinausradelte. Eine Hand ohne die goldenen Ringe, von denen Patryks Großmutter sich nie trennte.

Das Lächeln der Bibliothekarin

In der Nacht weckte mich ein metallischer Signalton – eine Textnachricht. Das Telefon leuchtete wie das traurige Auge eines Zyklopen, ich griff danach, obwohl ich liebend gern weitergeschlafen hätte, denn mein Schlaf war zum ersten Mal seit meiner Ankunft herrlich ruhig und entspannt. Ich hatte von einem Naturfilm geträumt, der mich vor ein paar Monaten sehr beeindruckt hatte. Der Reflektor eines Forschungsinstruments ließ darin endemische Fische mit Flügelansätzen und Krallen statt Flossen ins Licht treten, sie waren großäugig wie Katzen und leuchteten mit grünlichem Schimmer, Wesen, die dort, wo nichts anderes überlebt hätte, unverändert seit Jahrmillionen überdauerten. Der Reflektor, der suchend durch die unterseeische Nacht glitt, fing mich mit seinem Licht ein, als wäre ich eines dieser zu Stille und Dunkelheit verurteilten Geschöpfe. Diese Welt schien mir schrecklich und zugleich so anziehend, dass ich möglicherweise die Rückkehr an die Oberfläche verweigert hätte, wenn ich dorthin gelangt wäre.

»Geh, Alicja«, las ich eine Nachricht von Homar und dachte, dass er vielleicht den Traum meinte, aus dem er mich gerissen hatte. In diesem Augenblick zwischen Traum und Wachen wusste ich, dass er ebenfalls dort war, bei den endemischen Fischen, die sich langsam über den Grund des Ozeans bewegten. Ich hatte mich schon an Homar gewöhnt, und wenn ich auch noch immer nicht wusste, wer er war und was er von mir wollte, glaubte ich nicht, dass er bedrohlich für mich war. Mehr noch als seine Scharfsichtigkeit wunderte mich meine Bereitwilligkeit, sie zu akzeptieren, denn in meinem normalen Leben war kein Platz für solche Absonderlichkeiten. Er kannte meine

E-Mail-Adresse und Telefonnummer, ahnte meine Gefühle. Was wusste er noch über mich? Ich ging mit dem Telefon zum Fenster und schaute in den schlafenden Garten hinaus, auf die schwarze, in der windstillen Nacht völlig unbewegliche Wand des Waldes und dahinter Schloss Fürstenstein. In einem der Gemächer flackerte ein Licht auf, schwach wie eine Kerzenflamme, miez miez, Daisy sucht nach einer Katze, hätte Ewa gesagt. Ich starrte auf den fernen Lichtschein und dachte an einen Kater namens Mephisto, der, obwohl er nur ausgedacht war, weiterhin so unbezweifelbar existierte wie damals, als meine Schwester noch lebte. Er gehörte zu der Schar seismographisch sensibler Schlosskatzen und war Fürstin Daisys Liebling. Ich drehte das leuchtende Display des Telefons zum Fenster, um dem Geist der Fürstin, der höchstwahrscheinlich niemand anderer als der Nachtwächter war, ein Zeichen zu geben. Nebel stieg vom reifüberzogenen Boden auf, doch ich verspürte weder Kälte noch Furcht, sondern eher Besorgnis, weil ich insgeheim Marcins Anblick erwartete. »Martin, Marcin, Czarny, Schwartz«, schrieb ich an die beschlagene Fensterscheibe, so wie Ewa früher »Dawid, Dawid, Dawid« geschrieben hatte. Ich schlang meine Arme um mich und legte die Stirn gegen das Fenster, dann wischte ich das Geschriebene mit der Hand weg und dachte, dass ich langsam zur Jammergestalt wurde. Diese Stadt, dieses Haus taten mir nicht gut. Sie veränderten mich und machten mich weich, aber ich wollte meinen Panzer nicht verlieren. Ich durfte mir nicht erlauben, dass mich mit diesem Ort noch etwas anderes verband als die Vergangenheit. Und trotzdem dachte ich an Marcin.

Er und Herr Albert waren bis zwei Uhr morgens bei mir gewesen, wir hatten Unmengen Tee und Zitronenlikör getrunken. Der herbe Geschmack, den ich in keinem anderen alkoholischen Getränk je wiedergefunden habe, band diesen Moment an die Vergangenheit und zog mich weiter hinab. Herr Albert hatte sogar zu Zeiten Zitronenlikör angesetzt, als es in polnischen Läden fast nie Zitronen gab und er sie aus dem Gewächshaus herausschmuggeln musste. Sein Likör war es, an dem ich mich zum ersten Mal betrank, als ich zum Studium zugelassen worden war. Damals hatte ich niemanden, mit dem ich meine Gefühle teilen konnte – die Trauer, dass ich diesen Ort verließ, den ich doch nie vergessen würde, und die schuldbewusste Freude, dass ich es trotz allem schaffte, ihn zu verlassen. Ich fühlte mich zerrissen und fragte mich, ob ich diesen ersten Erfolg meines Lebens wirklich verdiente. Und ich vermisste Ewa, die mich verstanden hätte. Um ihr näher zu sein, ging ich in den Wald und nicht auf den Friedhof, wo ich ihre Anwesenheit nie spürte. Wenn sie gekonnt hätte, wäre meine Schwester sicher auch auf die Lichtung bei Schloss Fürstenstein gekommen, sie hätte sich neben mich gesetzt, um Fürstin Daisys Wohnsitz zu betrachten. Ich trank auf Daisy und ihre Perlen, auf meine Schwester Ewa Daisy Tabor, auf Vater, der in unterirdischen Gängen nach einem Schatz suchte, und auf mich, die angehende Polonistikstudentin. Niemals zuvor hatte ich solche Mengen von Alkohol in mich hineingeschüttet. Ein Sommergewitter zog auf, und der Himmel öffnete sich, als sei ein Damm gebrochen, ich war nicht imstande, auf meinen schwankenden Beinen den Regenfluten zu entkommen. Die Schwere hatte mich überwältigt, ich fühlte mich nicht betrunken, sondern halbtot und leer. Eine Zeitlang stand ich im prasselnden Regen, das Gesicht zum Himmel erhoben, dann fiel ich auf die Knie und kroch mit letzter Kraft in eine Höhle, womöglich dieselbe, aus der Herr Albert ein paar Jahrzehnte zuvor die Hinrichtung der Gefangenen beobachtet hatte. Die Höhle, in der meine Schwester gestorben war. Von dort aus sah ich Blitze in die Lichtung einschlagen, ihr gespenstisches Licht gebar Gestalten, die ihre Arme nach mir ausstreckten und mit schwarzen Löchern aufgerissener Münder schrien. In mir verschob sich etwas, ich spürte es ganz deutlich, Stein schabte an Stein, Knochen an Knochen. Ich schlief ein und erwachte seltsam ruhig und friedlich. Mit leichtem Kopf, was an ein Wunder grenzte. Ich hatte das Gefühl, als hätte sich in meinem Geist in dieser Nacht ein Durchgang geschlossen, hinter dem sich das Dunkel ballte. Es war durch mich hindurchgekrochen und lag nun fest unter Stein verschlossen. Erst da war ich wirklich zum Aufbruch bereit gewesen und kehrte nach Hause zurück, wo ich meinem noch immer abwesenden Vater einen Zettel auf den Tisch legte. Bis jetzt hatte ich niemandem gegenüber dieses eigenartige Erlebnis erwähnt, aber Marcin hatte ich es gestanden. Ich erzählte ihm auch, dass ich damals in der Höhle mit einem grauen Wolltuch zugedeckt aufgewacht war, das ich nie zuvor gesehen hatte. Es umfing mich warm und weich wie ein Katzenfell.

In meinem leeren Zimmer mit Blick auf Schloss Fürstenstein sehnte ich mich nach der Erfahrung, von den Armen eines anderen Menschen umfangen zu sein. Ich verbat mir den Gedanken, dass es die Arme des Mannes sein könnten, den ich gerade erst kennengelernt hatte, denn ich dachte nie auf diese Weise an Männer. Ich erwartete Loyalität und körperlichen Genuss von ihnen, aber keine Zärtlichkeit und Fürsorge. Ich hörte mir ihre Geschichte an, zog mich aber zurück, wenn sie meine hören wollten. Dort verlief bei mir die unübertretbare Grenze der Gegenseitigkeit. Dann ging ich, denn es schien mir nicht in Ordnung zu sein, von anderen Menschen etwas zu verlangen, das zu geben ich selbst nicht bereit war. Die Männer, die ich begehrte, weckten nie Angst in mir. Wenn sie mich nicht wollten oder etwas wollten, das ich ihnen nicht geben konnte, fühlte ich mich nicht zurückgewiesen, sondern sah eher den Interessenkonflikt. Meine kurzen und nicht besonders tiefgehenden Beziehungen gaben mir Befriedigung und linderten meine Einsamkeit. Frauen waren für mich immer geheimnisvoller, aber auch bedrohlicher gewesen als Männer. Entweder fürchtete ich mich vor ihnen wie vor meiner Mutter, oder ich konnte sie nicht verstehen und halten, so wie meine Schwester. Menschen, die bedingungslos bis über beide Ohren verliebt waren, erschienen mir fremd wie eine andere Spezies. Ich mache mein Glück nicht von irgendjemand anderem abhängig, weil ich früh gelernt habe, dass kein Mensch einen anderen glücklich machen kann. Man kann sich das Leben höchstens etwas erträglicher gestalten. Vielleicht ist in der Nacht damals auf der Lichtung auch das, was mich an andere Menschen bindet, unter einem Stein verschlossen worden, damit ich die verlassen konnte, die ich liebte.

Ich konnte nicht mehr einschlafen. Als der Morgen graute, ging ich laufen. Mein Bewegungsdrang war so stark, dass ich ohne Furcht, was sich diesmal zwischen den Bäumen verbergen könnte, in den Wald hinter dem Haus eintauchte. Ich lief in schnellem gleichmäßigem Tempo denselben Pfad entlang wie letztes Mal, doch nach Herrn Alberts Geschichte war der Wald ein anderer, er schien sich vor mir zu öffnen. Vereiste Grashalme knirschten unter meinen Füßen, feiner Schnee fiel, es wurde kälter. Auf der Lichtung bemerkte ich frisch umgegrabene und festgetretene Erde. Wahrscheinlich hatte jemand dort ein Tier beerdigt, dieser Ort zog den Tod an, die Menschen aus der Umgebung begruben hier ihre toten Hunde und Katzen. Beim Weiterlaufen dachte ich an die ermordeten Gefangenen, von denen Herr Albert erzählt hatte, und dass außer seiner nun auch meine Erinnerung sie mit der Welt verband. Genauso war es mit meiner Schwester und meinem Vater, die Toten sind nur Bilder in unserer Erinnerung und sterben mit ihr ein zweites Mal. Ich erreichte den Gipfel des sanften Hügels, wo Herrn Alberts Familie einst Halt gemacht und er später Fürstin Daisy getroffen hatte. Mit Blick auf Schloss Fürstenstein absolvierte ich mein festes Repertoire an Dehnübungen. Je mehr mein Körper mich an eine andere Art angenehmer Erschöpfung zu erinnern versuchte, umso härter trainierte ich dagegen an. Ich begehrte diesen Mann, den ich nachts in meinem Garten kennengelernt hatte, das war die beklemmende Wahrheit. Ich konnte es nicht leiden, wenn etwas meine Pläne durchkreuzte, und ich war schon zu erwachsen, um mir einzubilden, Marcin und ich könnten einfach, wie man so sagt, eine schöne Zeit zusammen verbringen oder gar, was für ein Gedanke, bis ans Ende unserer Tage glücklich miteinander leben.

»Da schau her, du Muttergöttchen!«, riss mich eine Stimme aus meinen Gedanken. Muttergöttchen – niemand außer der Wilden Baśka aus Jelonki kannte solche Wörter, aber sie war es nicht. Das Wesen, das vor mir stand, lachte und entblößte vier verbliebene Zähne, einer oben, die restlichen drei unten. Es war klein, rundlich und in einen bodenlangen, schlammgrünen Militärmantel mit aufgehenden Nähten gehüllt, der aussah, als stamme er von einem Soldaten der Roten Armee, die vor über sechzig Jahren durch diese Gegend gezogen war. Dazu trug das Wesen einen Bayernhut mit Feder und rote, wie zwei Rollschinken aussehende Schuhe mit der Aufschrift »Relaks«, ein zu meiner Kindheit sehr beliebtes Produkt der sozialistischen Schuhindustrie. Ein grauer, strohiger und zerzauster Haarschopf, zwei Zöpfe, ein Ring in der linken Augenbraue.

»Wer sind Sie?!«

»Schreck gekriegt, was?«, sie zwinkerte mir schelmisch zu und nahm ihre riesige Tasche von der Schulter, es schepperte, als sie sie auf den Boden fallen ließ. »Hab Katzerven von einem bekommen, der einen neuen Laden aufgemacht hat«, erklärte sie.

»Katzerven?«

»Konserven mit Labskatz.« Die Frau sah mich an, als zweifele sie an meinem Verstand. »Ratz-katz mit Nudeln, und fertig ist der Katzenschmaus.« Sie blickte mich an und schmatzte ermunternd. Vielleicht hatte sie vor, mich zu verköstigen. Ihre Augen waren licht und grau.

»Sind wir uns schon einmal begegnet?«, fragte ich. »In Nowe Miasto, auf der 11-Listopada-Straße? Waren Sie das?«

»Begegnet oder nicht«, sie zuckte die Schultern, »was heißt das schon? Wenn ich einer Katze begegne, interessiert sie nur, ob ich gut zu ihr bin.«

»Ich bin keine Katze.«

Sie maß mich mit ihren Blicken, es sah so aus, als hätte sie das tatsächlich erst jetzt bemerkt.

»Nein? Wer bist du dann? Und was machst du hier?«, fragte sie.

»Ich heiße Alicja und laufe durch den Wald.«

»Gute Antwort!«, freute sich die Katzenlady.

»Und was wäre eine schlechte gewesen?«

»Die Welt ist voller schlechter Fragen und noch schlechterer Antworten.« Sie seufzte und sah mich eine Weile schweigend an. »Ich bin Katzinka«, sie streckte die Hand aus. Ihr Händedruck war kräftig und angenehm. Dann zog sie eine Plastiktüte aus der Jackentasche, knotete sie auf und holte etwas heraus, das wie ein Katzenleckerli aussah. Sie kaute knuspernd, hielt mir die Tüte hin: »Schmackokatz gefällig?«

»Danke, ich esse nicht, wenn ich laufe.«

Wir schwiegen eine Weile, die Katzenlady knabberte Schmackokatz. Aus der anderen Jackentasche holte sie eine Plastikflasche mit Milch, trank blubbernd und streckte ihren Arm zu mir aus.

»Dann vielleicht Millibilly?« Das auszuschlagen wäre unhöflich gewesen. Die Millibilly schmeckte zum Glück wie gewöhnliche frische Milch. Katzinka leckte sich mit flinker kleiner Zunge die Lippen.

»Darf ich mal abtasten?«, fragte sie.

»Was denn abtasten?«

»Die Läufe.«

»Meine Läufe?«

»Welche denn sonst? Von der heiligen Katzandra?« Sie lachte über ihren eigenen Witz und zeigte ihre vier spitzen Zähne.

»Bitte sehr«, willigte ich ein, und Katzinka untersuchte mit orthopädischer – oder eher veterinärer – Geschicklichkeit den Zustand meiner Waden.

»Gut!«, befand sie. »Gute Läufe hat sie.«

»Freut mich«, bekannte ich.

»Na, dann will ich mal«, verkündete sie.

»Schon? Bitte bleiben Sie, erzählen Sie mir von sich.«

»Keine Zeit.« Katzinka schlug meine Bitte entschieden ab. »Zeit hab ich wie Katzentränen. Katzen können nicht weinen, deswegen tut es ihnen mehr weh.« Sie warf sich die Tasche über die Schulter.

»Ich helfe Ihnen«, bot ich an, und die Katzenfrau hob ihr Gesicht zu mir, das braun und fleckig war wie ein Apfel, der zu lange gelegen hatte.

»Du hilfst mir«, sagte sie.

»Ich verstehe nicht …«

»Versteh nicht, sondern tu, was du zu tun hast, Mädelchen, und gib Acht auf deine Läufe. Hier.« Sie streckte ihren Arm aus und drückte mir etwas in die Hand. Dann entfernte sie sich raschen Schrittes, der nicht recht zu ihrer dicklichen Gestalt passen wollte, sie hob fast vom Boden ab. Plötzlich fühlte ich ein so schmerzliches Bedauern, dass mir die Augen brannten.

»Katzinka!«, rief ich ihr nach. »Kennst du die Wilde Baśka aus Jelonki?! Kennst du Apolonia Kitti Kitti?!«

Katzinka blieb nicht stehen, sondern rief mir über die Schulter zu:

»Windsbraut sind wir!«

Nur noch das Rascheln der Blätter zeigte an, wo sie verschwunden war, das Geräusch verstummte bald, und ich blieb allein zurück, mit Katzinkas Geschenk in der Faust. Ich dachte, sie hätte mir ein Katzenleckerli gegeben, das ich nicht mochte, aber auf meiner Handfläche lag etwas Rundes und Weißes, ich hob es zwischen zwei Fingern zum Sonnenlicht. Es war eine Perle.

*

Am Nachmittag fuhr ich noch einmal zur Bibliothek unter den Atlanten, ich hatte den Brief dabei, in dem mir mitgeteilt wurde, dass *Der Mönch* von Lewis auf mich wartete. Madame Michelin traf ich nicht, doch das Kruzifix, das sie an die Wand genagelt hatte, hing noch da. Davon abgesehen hatte sich hier seit meiner Kindheit nichts verändert, und trotz des chemischen Geruchs nach Insektenvernichtungsmittel roch es hier ganz eindeutig nach Büchern.

Als Ewa mich vor vielen Jahren zum ersten Mal in die Bibliothek mitgenommen hatte, war es eisig gewesen wie jetzt und Schnee fiel, dessen Kälte uns in die Knochen drang. Davor waren wir im Madras gewesen, wo ich vor meinem leeren Kuchenteller saß und der Erinnerung an die köstliche Süße nachhing, die wie immer zu schnell verflogen war. Ich buchstabierte die Teekarte unter der Glasplatte: »Jasmintee, Karamelltee, Rosentee. Das Teehaus Madras empfiehlt …« Madras, Sardam, Drasma. »Was heißt Madras?«, fragte ich, und da sagte Ewa: »Komm, Kamelin, wir suchen Madras.« Als ich zwischen die Buchreihen trat, die sich kilometerlang erstreckten, hoch wie drei aufeinandergetürmte Kamele, wusste ich sofort, dass ich meinen Ort auf der Welt gefunden hatte. Während vor dem Fenster der Schnee auf den Wałbrzycher Marktplatz fiel, lasen wir von der heißen und feuchten Stadt Madras am Indischen Ozean. »Am heißesten ist es im Mai und Anfang Juni, mit einer Höchsttemperatur von 38 bis 42 Grad Celsius«, rezitierte ich mit lauter Stimme, ganz aufgeregt über die plötzliche Gewissheit, dass unsere Basiatörtchen etwas mit einer so wunderbaren warmen Stadt am

Ozean gemeinsam hatten. Vielleicht lebten dort ja sogar Kamele? Die ältere Bibliothekarin, deren kluges und trauriges Gesicht sich meinem Gedächtnis eingeprägt hat, ermahnte uns nicht zur Ruhe, sondern fragte nur, wie ich heiße und in welche Klasse ich gehe. Und Ewa sagte mit einem Stolz, der mich noch heute mit Rührung erfüllt: »Diese kleine Pipinelke hier geht noch in den Kindergarten, in die Marienkäfergruppe, sie hat sich das Lesen selbst beigebracht.« – »Und was interessiert den Marienkäfer ganz besonders?« – »Kamele«, antwortete ich, denn ich spürte, dass diese Frau mich nicht auslachen würde. Daraufhin kam die Bibliothekarin mit einem Stapel Bücher zurück, und in einem Band über Afrika sah ich zum ersten Mal Bilder von den Tuareg mit leuchtend blauen Turbanen, die mit Kamelkarawanen durch die Wüste wanderten. Ich wünschte mir sehnlichst, eine von ihnen zu sein, und selbst heute, wo besseres Wissen meine kindliche Begeisterung verdrängt hat, ziehen sie noch manchmal durch meine Träume.

»Guten Tag, na endlich!« Die Bibliothekarin, die mich begrüßte, hatte feuerrote Haare, die auf der einen Kopfseite stoppelkurz rasiert und auf der anderen zu einem Irokesenschnitt aufgestellt waren. Die Frau lächelte mich an, und mir war sofort klar, dass ich dieses Lächeln für immer in Erinnerung behalten würde – es war, als würden ihre Lippen und die kleinen weißen Zähne für Sekunden zum Zentrum des Universums, zu einem pulsierenden Lichtpunkt, der von allen Satellitenstationen aus zu sehen war. Noch bevor ich sagen konnte, wer ich war und weshalb ich kam, streckte sie mir die Hand zur Begrüßung entgegen.

»Alicja. Endlich! Ich habe schon auf dich gewartet.«

»Gewartet?«

»Erkennst du mich nicht?«, fragte sie und lächelte wieder. Ein breites strahlendes Lächeln, an den Ohren Gehänge mit Pfauenfedern. Dieses Lächeln hatte ich schon einmal gesehen.

»Du erkennst mich nicht!« Schwer zu erraten, ob ihr das eher Sorgen oder Freude bereitete. »Ich bin es doch, Pająaczek.«

»Pająaczek?« Ich erinnerte mich dunkel an den Namen. Czesio. Czesław Pająaczek. Wir waren zusammen in die Grundschule gegangen, doch irgendwann war Czesio aus Wałbrzych verschwunden, und ich hatte ihn nie wiedergesehen. Ich sah die Bibliothekarin an und entdeckte unter der erwachsenen, schönen Frau auf einmal den schwächlichen Jungen mit dem süßen Lächeln und den Haaren so gelb und flaumig wie ein Osterküken, der einen halben Kopf kleiner war als ich. »Du hast dich verändert, aber du siehst toll aus«, sagte ich schließlich. »Du heißt jetzt wohl Czesia?«

»Celestyna!«, antwortete die Bibliothekarin triumphierend. »Celestyna Pająaczek. Magistra der Bibliothekswissenschaften.«

Wir sahen uns forschend an.

»Weißt du noch – ?«, fragten wir dann plötzlich gleichzeitig und mussten lachen. Celestynas Lachen schwebte schillernd in der Luft wie Seifenblasen.

Wir hatten beide an ein Karnevalsfest vor fast dreißig Jahren gedacht. Czesio Pająaczek und ich kamen allein, ohne unsere Eltern, die anderweitig beschäftigt waren, unsere Kostüme hatten wir in Beuteln dabei und mussten uns in der Schulgarderobe umziehen. Nebeneinander saßen wir in dem beklemmenden Gitterkäfig, wo an den Haken Mäntel und Mützen baumelten wie beinlose Leichen aus der Sammlung eines Serienmörders. Wir waren zu spät gekommen, alle anderen Kinder waren schon oben, doch wir schauten träge zu, wie der Schnee von unseren Schuhen rann und eine Pfütze bildete. Die Musik drang nur gedämpft zu uns ins Untergeschoss, und es schien, als wären weder Czesio noch ich in besonderer Feierlaune. Ich war nur zum Fest gekommen, weil Vater in plötzlicher elterlicher Fürsorge ein Kostüm für mich hatte nähen lassen. Vielleicht hatte irgendeine Lehrerin oder eine Nachbarin hinter ihrer Küchengardine unser trauriges Leben beobachtet und ihm in gutem Glauben geraten, mich nach Ewas Tod zur Aufmunterung mit Gleichaltrigen zusammenzubringen. Wir gingen also zu Frau Chmura aus Szczawienko, die den Ruf der besten Schneiderin weit und breit genoss. »Was soll es werden?«, fragte sie, und Vater antwortete, wir bräuchten ein Prinzessinnenkostüm. Die Schneiderin, eine kleine, vergilbte Frau, die aussah wie geräuchert, nahm Maß, während ihr die Zigarette im Mundwinkel hing, und nähte pünktlich zum Schulfest eine Kreation aus rosa Rüschen mit Spitzenpasse. Mich ließ das Kleid vollkommen kalt, ich wäre lieber eine Tuareg gewesen und mit einer Kamelkarawane durch die Wüste gezogen, den Fata Morganas entgegen, die vielleicht meine Schwester aus Sand und Licht wiederauferstehen lassen konnten. Am Tag der Feier hatte Vater jedoch wie üblich alles längst vergessen, und ich wartete mit meinen rosa Rüschen vergeblich auf ihn. Schließlich ging ich allein durch die verschneiten Straßen zur Schule. Wäre Czesio Pajączek ein anderer Junge gewesen, hätten wir sicher kein Wort gewechselt, denn wir waren in einem Alter, in dem Jungen und Mädchen nicht viel verbindet. Czesio jedoch hatte etwas Außergewöhnliches an sich, sowohl Kinder als auch Erwachsene spürten, dass er anders war. Die Kinder nannten ihn »Czesia«, um ihn aufzuziehen, und die Lehrerinnen fragten ihn verwirrt: »Czesio, interessierst du dich nicht etwas früh für Mädchen?« Der Turnlehrer warf ihm den Ball fester zu als nötig und rief lauter als bei den anderen Jungen: »Mach schon, Pajączek, sei keine Memme!«

»Bescheuert, meine Verkleidung«, verkündete Czesio und schmiss einen weißen Turban, eine Pluderhose und einen Säbel auf den Boden. »Als was gehst du?«, fragte ich ihn neugierig. Solche Turbane trugen die Kameltreiber, die ich in der Bibliothek unter den Atlanten gesehen hatte, sie waren zwar blau und nicht weiß, aber ich wusste damals schon, dass man im Leben

Kompromisse machen musste. »Als Rudolph Valentino.« – »Wer ist das denn?« – »Ein Schauspieler, der einen Scheich aus der Sahara gespielt hat. Meine Mama mag ihn so gern. Sie guckt nur alte Filme und weint dabei.« – »Aus der Sahara! Und du willst nicht Scheich Rudolph aus der Sahara sein?« – »Nein.« – »Wer willst du dann sein?« – »Eine Prinzessin oder Maryla Rodowicz.« Czesio Pajączek blickte auf den rosafarbenen Tüll, der aus meinem Turnbeutel quoll wie Schaum. »Was hast du da?« – »Ein bescheuertes Prinzessinnenkostüm«, antwortete ich unwillig. »Scheich Rudolph ist bescheuert«, Czesio trat gegen den Plastiksäbel, der quer durch die Garderobe flog. »Magst du keine Kleider?«, fragte er. »Nein«, erwiderte ich kurz.

Eine Weile saßen wir da und sagten nichts, lauschten auf die Musik von oben.

»Tauschen wir?«, sprach Czesio schließlich aus, was wir beide dachten. »Echt?« – »Echt.« – »Tauschen wir.«

Wir drehten einander den Rücken zu und verkleideten uns, ich als Scheich Rudolph, Czesio als Prinzessin. Dann standen wir in der Garderobe im Licht der flackernden Glühbirne voreinander, während von oben aus dem Turnsaal Maryla Rodowicz erklang, *denn das Leben ist der wahre Ball, tanzen wir, es gibt kein zweites Mal.* Da lächelte Czesio, und genau dieses Lächeln ist mir all die Jahre in Erinnerung geblieben. »Darf ich bitten?«, fragte ich, und Czesio nickte und reichte mir die Hand wie eine richtige Prinzessin. Unter dem schief sitzenden Diadem bauschten sich seine gelbblonden, flaumigen Haare. Ich war Rudolph Valentino, der Saharascheich, Rudolph Tuareg aus dem Land der Kamele. Nach den Ferien kehrte Czesio nicht in die Schule zurück. Man munkelte, er sei nach Frankreich gezogen, seine Großmutter, die zu den Wałbrzycher Franzosen gehörte, habe ihre Tochter mit dem Enkelsohn zu sich geholt. Die Wałbrzycher Franzosen waren Familien von Bergbauspezialisten, die noch zu deutschen Zeiten, angelockt von der gut bezahlten Arbeit in den Bergwerken, hergekommen waren. Sie hatten mich schon immer fasziniert, denn auch sie waren Überbleibsel. Die gebrechlichen alten Damen, die das R so seltsam aussprachen, und die alten Herren mit Schirmmützen, wie sie in der Stadt sonst niemand trug, verschwanden einer nach dem anderen, sie gingen nach Frankreich zurück wie Czesios Großmutter, oder sie starben. Mein barmherziges Kindergedächtnis ließ mich Czesio Pajączek vergessen, denn sonst hätte ich noch eine weitere Person zu denen zählen müssen, die mich verlassen hatten.

»Du hast dich auch verändert, aber ich habe dich sofort erkannt«, sagte Celestyna. »Alicja Tabor. Ich wusste schon damals, dass mal etwas Außergewöhnliches aus dir wird.«

»Ich bin nicht außergewöhnlich.«

»Nur jemand Außergewöhnliches konnte sich als Rudolph Valentino verkleiden und mit einer kleinen Transe tanzen.«

»Ich war einfach verzweifelt und sehr einsam«, sagte ich.

»Das genügt nicht«, beharrte die Bibliothekarin, »gerade von den Einsamen und Verzweifelten habe ich manchmal erst recht eins reingesemmelt gekriegt.«

»Ich war eben besonders einsam und verzweifelt.«

»Und stur«, ergänzte Celestyna.

»Das haben wir offensichtlich gemeinsam. Stimmt es, dass du damals nach Frankreich gezogen bist?«

»Ja. Und dann noch weiter weg. Ich habe in Amerika studiert und geheiratet. Aber wir sind wieder geschieden. Er spielte Geige. Ein wirklich schöner Mann, aber wankelmütig. Jetzt heiße ich wieder Pajączek. Ich habe sogar überlegt, den Namen meines Mannes zu behalten. Aber wie klingt das in Wałbrzych, Pajączek-Robinson?«

»Nicht besonders«, gab ich zu.

»Vor einem Jahr bin ich zurückgekommen.«

»Du bist nach Wałbrzych zurückgekehrt, um in der Bibliothek zu arbeiten, Celestyna Pajączek-ehemals-Robinson?«

»Genau. Du bist doch auch zurückgekommen, Alicja.« Celestyna lächelte wieder. »Ich habe ein Buch für dich«, sagte sie. »Wir haben es im Magazin zurückgelegt.«

»Im Magazin? Was ist denn mit diesem Buch?«

»Steck es ein. Das wirst du zu Hause sehen. Jetzt gehen wir. Feierabend.«

Diese Person duldete keinen Widerspruch, ich steckte den *Mönch* in meine Umhängetasche, und Celestyna und ich gingen hinaus auf den Wałbrzycher Markt.

»Da braut sich was zusammen«, sagte sie und sog die Luft ein wie ein witterndes Tier. »Das rieche ich.«

»Eine Demonstration für die Schmerzensmutter? Hab ich im Radio gehört.«

»Da kommt er!«

»Jerry Swan?«

»Unser Jesus für das heutige Zeitalter. Und seine eifrigsten Jüngerinnen. Er zeigt sich selten, aber wenn, dann gibt's eine richtige Show!«

Endlich würde ich ihn sehen, den Verteidiger des Glaubens, den Erlöser, den Zofia Socha so bewunderte. Ich hatte versucht, mich mit ihm in Verbindung zu setzen, ihn zu einem Gespräch zu überreden, aber er weigerte sich, als er hörte, für welche Zeitung ich arbeite.

»Weißt du etwas über ihn?«, fragte ich Celestyna.

»Wenig. Heißt eigentlich Jerzy Łabędź, hat aber seinen Namen geändert, als er eine Weile in England war. Achtundsiebzig in Wałbrzych geboren, Sohn eines Bergmanns und einer Hausfrau. Drei vergebliche Versuche bei der Schauspielschule in Wrocław, schließlich Hochschule für Puppenspiel in Białystok, wie die meisten, die bei der Schauspielschule abgelehnt werden. Was er nach dem Studium gemacht hat, weiß man nicht genau, aber Arbeit beim Theater hat er nicht gefunden«, rasselte Celestyna herunter. Besaß sie seine Akte? »Hier kennt jeder jeden«, erriet sie meine Gedanken. »Außerdem kommt Swans Nachbarin häufig in die Bibliothek. Sie liest nur Krimis.«

»Das erklärt tatsächlich vieles«, ich konnte meine Ironie nicht verbergen.

»Erinnerst du dich noch an Adam Szymczyk aus unserer Klasse?«, wechselte Celestyna das Thema.

»Der mal einen angefahrenen Wolfshund mitgebracht hat, und die Lehrerin bekam einen hysterischen Anfall?«

»Genau der. Ich habe ihn neulich getroffen, er hat jetzt eine Tierhandlung mit Fischen und Hamstern. Er ist okay, aber fast krankhaft schüchtern.« Sie seufzte. »Und von Adam – wir sind uns in letzter Zeit etwas nähergekommen – weiß ich, dass er und Swan irgendwo in Croydon zusammen als Tellerwäscher gearbeitet haben. Swan ist vor einem Jahr zurückgekommen, nach dem Tod seiner Eltern. Er wohnt in der Hochhaussiedlung in Podzamcze. Niemandem ist er groß aufgefallen, bis er nach Jan Kołeks Tod plötzlich als dessen Nachfolger auftrat, der eine Statue der Schmerzensmutter auf dem Marktplatz aufstellen will.« Celestyna holte eine graue Mütze aus der Jackentasche und zog sie über ihre verrückte Frisur. »Setz deine Kapuze auf und leg den Reporterblick ab«, riet sie mir. »Wir gehen inkognito.«

»Warum?«

»Mich mag hier nicht jeder«, erklärte sie.

»Wie soll ich meinen Blick ablegen? Ich gucke eben so.«

»Du guckst immer so?«, Celestyna blickte mich missbilligend an.

»Wie denn?«

»Als würdest du ein verendetes Pantoffeltierchen mikroskopieren.«

»Und was soll ich deiner Meinung nach daran ändern?«, lenkte ich resigniert ein und begann mich zu fragen, ob es in dieser Stadt der selbsternannten Propheten, Zigeunermischlinge aus Deutschland und transsexuellen Bibliothekarinnen auch ganz normale Menschen gab.

»Erinnerst du dich noch, wie wir als Kinder Versteinern gespielt haben?«, fragte Celestyna.

Ich erinnere mich. Es muss in der dritten oder vierten Klasse gewesen sein. In der Schule waren alle plötzlich ganz versessen auf dieses Spiel. Wer nicht mitspielte, war für die anderen gestorben, denn nur die absoluten Außenseiter, so wie Äffchen Małgorzata, wollte niemand versteinern. Versteinert! Der Angetippte musste sofort erstarren, je komischer seine Haltung und Miene, desto besser. Kinder mit Brötchen in den aufgeplusterten Backen, auf einem Bein, in der Hocke, mitten im Schritt auf der Treppe, mit erstaunt aufgerissenem Mund, den Finger in der Nase, das waren die beliebtesten Versteinerungen.

»Warum willst du mich versteinern?«

Celestyna blickte mich an. Mit der Mütze, die ihre Frisur verdeckte, sah sie aus wie der alte Czesio. Sie hatte hellgoldenen Flaum auf der Oberlippe und ebenso hellgoldene Wimpern.

»Weil ich will, dass du heute wieder so bist wie damals, als wir in der Schulgarderobe getanzt haben«, erklärte sie.

»Was heißt das? Klein und verzweifelt?«

»Weniger verschlossen.«

Eine Verrückte, ohne Zweifel, dachte ich, eine von denen, die eine Möhre um Entschuldigung bitten, bevor sie hineinbeißen, die heidnische Göttinnen verehren und nackt durch den Wald rennen, um die Verbundenheit zu Mutter Natur wieder herzustellen. Mir war jedoch bewusst, dass Celestyna nach Herrn Albert erst die zweite Person war, die mich mit dieser Stadt verband, ohne mir Schmerzen zu bereiten, und deswegen war ich willens, sie in mein Herz zu schließen. Nun stand ich hier, auf dem Wałbrzycher Marktplatz, und spielte mit einer verrückten Transbibliothekarin ein Kinderspiel, anstatt mir an die Stirn zu tippen oder ihr eine meiner Reporterfragen zu stellen.

»Denk an Scheich Rudolph und die Prinzessin«, riet mir Celestyna. »Bist du so weit?«

Ich nickte. Erst als ein paar Glatzköpfe vorbeigingen und wieherten wie Kontratenöre, entließ Celestyna mich endlich aus der versteinerten Pose und zog mich, offensichtlich zufrieden, hinter sich her.

Wir eilten fast im Laufschritt zur Kirche der Schmerzensmutter, weil die Aufregung der zusammenströmenden Menschenmasse sich auf uns übertrug. Das letzte Tageslicht glitt die Kirchenkuppel herab und versickerte in der aufsteigenden Dunkelheit. In den Pfützen spiegelte sich der Himmel, über den träge schwere Wolken mit leuchtend roten Rändern zogen. Wir blieben neben einem geschlossenen Geschäft stehen, dessen blonde, in chinesische Nylonstoffe gewandete Schaufensterpuppen zur Kirche hinüberstarrten. Traurige gefangene Engel. Dutzende von Leuten warteten, überwiegend Frauen in Wintermänteln, schwer wie Rüstungen, und die Handtaschen hielten sie vor ihre Bäuche, als wären es Schilde. Bei der Kirchentreppe hatte sich ein Kamerateam postiert, die Reporterin Sandra Pędrak-Pyrzycka puderte sich die Nase. In der tiefer werdenden Dämmerung huschten mehr und mehr Gestalten aus den Seitenstraßen und gesellten sich zu der krakenartigen Menge, die dunkel waberte. Immer wieder langte ein Fangarm hervor, tastete die Ränder ab, griff sich jemanden im Vorübergehen und saugte ihn auf.

Menschen strömten aus Gassen und Hauseingängen, drangen aus Bergwerksschächten, quollen durch Gehsteigritzen ins Freie, leicht lädiert und voller Erwartung. Ein Grüppchen Leute trabte heran, an der Spitze eine Dame mit rosa Hut, die energisch ihre Handtasche schwenkte und keine Rücksicht auf ihre keuchenden Mitläufer nahm. Ein Mann mit aufgedunsenem Gesicht lehnte sich gegen eine Laterne und pumpte sich etwas aus einem Inhalator in den Rachen.

»Nicht trödeln, Herr Rysiek!«, rief ihn die rosa Hutträgerin zur Ordnung.

»Zugereiste«, flüsterte Celestyna. »Sie kommen mit Bussen aus dem ganzen Umkreis, um Jerry Swan zu sehen und für die Marienfigur zu kämpfen.«

Eine verhutzelte Alte in violettem Mantel bog um die Ecke, stolperte, jammerte »Martermeinemarter« und wäre das erste Opfer gewesen, hätte Celestyna sie nicht gerade noch am Ellbogen gepackt.

»Seit fünfzehn Jahren peinigt mich mein Nachbar«, klagte sie, anstatt sich zu bedanken, und hielt inne, offensichtlich war ihr entfallen, wie es weiterging. Den Bauch auf den Spazierstock gestützt, blieb sie wie festgenagelt in unserer Nähe stehen. Weitere drei Busladungen Menschen ergossen sich auf den Platz, dann brüllte jemand:

»Vorwärts!«

Celestyna und ich wurden mitgerissen.

Menschenmassen erschrecken mich, weil es kein Gesicht gibt, dem ich Fragen stellen könnte. Schubsen, Stoßen, Treten, Kneifen, die Welle türmte sich auf und spuckte mich bei der alten Frau im violetten Mantel wieder aus, die ihren Stock ins Straßenpflaster stemmte und dagegenhielt. Zum Glück tauchte Celestyna gleich wieder neben mir auf. Die glatzköpfigen Pickelgesichter, die vorher über mich gelacht hatten, rochen nach Bier, Schweiß, dringenden Gelüsten, sie drängten sich mit Päckchen in den Armen durch die Menge und trampelten mir auf die Füße. Celestyna drückte meine Hand.

»Er kommt!«

»Er ist da, er ist gekommen«, raunte die Menge. »Unser Erlöser von aller Marter, Jerry Swan, der weiße Adler.«

»Er ist es«, stöhnte die Alte in Violett. »Nichtvergebensistmeinemarteromarterblutigemartermein.«

Eine dicke Dame mit Bart verschaffte sich mit zwei kräftigen Hüftschwüngen Platz zwischen mir und der verhutzelten Alten.

»Rücken Sie mal! Uff«, schnaufte sie, »bin ich fertig«, und dann brüllte sie los: »Jan Kołeks Sohn! Unser Erlöser!«

Jerry Swan erschien auf dem Marktplatz, flankiert von zwei Frauen. Die größere links überblickte wachsam die Menge, die zierliche rechts starrte durch dicke Brillengläser in den Himmel – es war die Frau, die zu Jan Kołeks Zeiten das Flüstern der Schmerzensmutter im Brunnen vernommen hatte, jetzt war ich mir ganz sicher, dass ich sie kannte. Die Menge wich zurück, manche knieten nieder, »Gegrüßet seist du Maria«, murmelten sie, »Vaterunser, du Erlöser, o Sohn Jan Kołeks, weißer Adler.«

»Jan Kołeks Sohn!«, schrie unsere bärtige Nachbarin wieder, die diese mutmaßliche Verwandtschaft schier in Ekstase versetzte.

»Verteidiger unserer Stadt! Weißer Adler!«, fielen zwei alternde Herren ein, die bei uns einen Platz für sich sahen und sich durch die Menge zwängten.

»Jan Kołeks Sohn?«, fragte ich Celestyna flüsternd.

»Irgendjemand, wahrscheinlich Swan selber, hat das Gerücht in die Welt gesetzt, er sei der Sohn von Jan Kołek. Manche glauben sogar, er sei Jan Kołek selbst, der wundersam verjüngt unter die Lebenden zurückgekehrt ist«, erklärte Celestyna.

»So jung«, sagte die Frau mit rosa Hut gerührt. »Zart wie eine Milchsemmel.«

In einem langen Mantel, dessen Schöße eher wie Krähenflügel als wie Adlerschwingen hinter ihm herflatterten, schritt Jerry Swan zum Brunnen, wo eine langhaarige Frau mit gespitzten Lippen auf ihn zu eilte, die rechte Leibwächterin grob beiseitestieß und sich wie ein Saugwels auf seine Hand stürzte. Swan erstarrte in der Kusspose, Blitze zuckten, die Kamera surrte, Sandra Pędrak-Pyrzycka gab einen Bericht durch. Dann zerrten die Pickelgesichter die lauthals protestierende Handküsserin weg, und die Leibwächterin kehrte mit mißbilligender Miene an ihren Platz zurück.

»Martermeinemarterschwein«, zischelte die Alte in Violett bösartig und warf der dicken Bärtigen einen schiefen Blick zu, die das jedoch geflissentlich übersah.

»Die mit Brille und grauem Zopf«, sagte Celestyna, »war unsere Lateinlehrerin, du erinnerst dich bestimmt, Gabriela Kuś.«

»Das ist Gloria-Ficktoria?!« Ich stellte mich auf die Zehenspitzen, um die Frau besser sehen zu können.

Als ich auf dem Gymnasium war, mochte Gloria um die vierzig gewesen sein, was bedeutete, dass sie für uns schon fast tot war. Ihre dunkel umrandeten Lippen entließen die lateinischen Deklinationen und Konjugationen mit einem Knall, sie spie die Wörter aus wie Kirschkerne: *puella, puellae, puellae, puellam, puella, o puella*! Immer schien sie abwesend zu sein, als ginge sie in Gedanken auf Reisen, die sie in Wirklichkeit doch nie unternehmen würde. Einmal sah ich sie im Sobieski-Park, wie sie einen Rollstuhl schob, in dem eine beleibte Frau mit riesiger Sonnenbrille saß. Gabriela Kuś tat, als sähe sie mich nicht, und auch ich wandte den Blick ab und fühlte mich beschämt, als teilten wir ein schreckliches Geheimnis. Ich sagte niemandem etwas von dieser Begegnung. Wir mochten Gloria genauso wenig, wie sie uns mochte. In den sterbenslangweiligen Lateinstunden erstickten wir einmal fast vor Lachen, als der Satz *Vincere scis, Hannibal, victoria uti nescis* fiel, der Gabriela Kuś dank ihrer explosionsartigen Aussprache den Spitznamen »Gloria-Ficktoria« einbrachte. Das unbeherrschbare pubertäre Gegacker, in das die ganze Klasse ausbrach, verschaffte mir eine der seltenen Gelegenheiten, mich zu einer Gruppe Gleichaltriger zugehörig zu fühlen.

»Sie ist angeblich auf einer Wallfahrt nach Wambierzyce bekehrt worden«, fuhr Celestyna fort. »Die heilige Kümmernis hat zu ihr gesprochen, worauf Gloria für drei Wochen ins Krankenhaus musste. Wegen einer Salmonelleninfektion mit Gemüsesalat, so weit ich weiß, obwohl sie behauptet, die Erscheinung habe diesen Zustand verursacht. Später habe ich manchmal gesehen, wie sie Jan Kołek in einem Einmachglas Suppe brachte.«

»Hat er sie gegessen?«

»Er ließ sich von seinen Bewunderinnen sogar mit dem Löffel füttern. Sie zankten sich darum, wer an der Reihe war. Gloria hat es geschafft, alle anderen wegzubeißen.« Celestyna seufzte: »Jan Kołek war wundervoll, ich habe ihm auch wie gebannt zugehört.«

»Schade, dass ich ihn nie kennengelernt habe«, gab ich zu.

»Gloria setzt Petitionen in Gedichtform auf und sammelt Unterschriften. Sie schmuggelt sich auch in alle möglichen Radioprogramme ein.« Ich begann zu ahnen, wessen Stimme aus meinem Autoradio sprach.

»Und als Jan Kołek starb, tauchte Jerry Swan auf«, half ich Celestyna auf die Sprünge.

»Ja, und endlich wurde sie gebraucht. Sie ist seine Pressesprecherin, du wirst selbst sehen. Er redet nicht mit den Medien.«

»Ich weiß«, unterbrach ich sie, »ich habe es versucht, er hat sich geweigert. – Und die andere?« Ich zeigte auf die ältere Leibwächterin, deren kleine flinke Augen seltsam fiebrig die Menschenmenge absuchten.

»Das ist die Frau des Leiters vom Engelchenheim, Maria Waszkiewicz.« Celestyna wusste alles.

»Aus diesem Heim ist das letzte Kind verschwunden, Kalinka Jakubek«, warf ich ein. »Was ist das für eine, diese Waszkiewicz?«

»Ein gestandenes polnisches Weibsbild eben«, Celestyna zuckte die Schultern. »Hat sich erst bei der Kirche engagiert, aber ohne große Überzeugung, betreibt ansonsten etwas Handel, in die Bibliothek kommt sie nicht. Ich würde ja sagen, sie ist gewöhnlich, aber …«

»Ruhe, schwatzhafte Elstern!«, rügte uns die Bartlady, und wir verstummten, aus Angst, sie könnte uns eins überbraten. Offensichtlich sollte der Hauptteil der Vorstellung gleich beginnen.

Swan stieg auf den Brunnenrand, hob die Arme in einer Geste der Begrüßung und erstarrte wieder, seine Mantelschöße wehten im Wind, das Hemd leuchtete weiß. Es wirkte, als grüße er die Versammelten und warte zugleich auf die versprochene Himmelfahrt.

»Das kann er«, flüsterte Celestyna.

»Stimmt«, bestätigte ich. »Vermutlich schade, dass er es nicht auf die Schauspielschule geschafft hat.«

Ich ließ meinen Blick über die Gesichter der Andächtigen schweifen und erkannte unter ihnen den Taxifahrer, der mir seine Magenprobleme anvertraut hatte. Hinter ihm im dichter werdenden Dunkel entdeckte ich, wie mir schien, Zofia Sochas kastanienbraune Dauerwelle. Patryks Großmutter. Ja, sie war es. Sie erwiderte meinen Gruß mit einem Kopfnicken und verzog das Gesicht zu einer seltsamen Grimasse, vielleicht wusste sie nicht, ob sie sich freuen sollte, mich hier zu sehen, oder nicht, doch gleich darauf wurde sie von der Menge verdeckt.

»Ich bin mit euch!« Das waren die ersten Worte. Bravorufe, Applaus flatterten zum tiefdunklen Himmel auf wie ein Spatzenschwarm. Die pubertären Pickel waren offensichtlich für die Festbeleuchtung zuständig, denn einer von ihnen verteilte Kerzen an die Versammelten, während die beiden anderen sich vergeblich mit einem Kabel abplagten und schließlich einen Handscheinwerfer auf den Redner richteten. Jerry Swan war ein dünner Mann mit länglichem, fahlem Gesicht, seine Haut hatte eine leicht gräuliche Färbung wie das samstägliche Badewasser einer mäßig reinlichen Familie. Von außen wirkte er wie gefirnisst und gefiel vermutlich vielen Frauen, da er bei entsprechenden Lichtverhältnissen jedem Beliebigen hätte ähneln können. Sogar Brad Pitt oder dem Papst. Vielleicht war er ja der Mann, der nachts in meinem Garten herumschlich und über den Marcin etwas zu wissen schien. Ich dagegen tappte immer noch im Dunkeln und hatte keine Vermutung, wer es sein könnte. Swan gefiel mir nicht.

»Einmal hat er mir seine Gedichte in die Bibliothek gebracht, wir sollten eine Lesung für ihn organisieren und ihm bei der Veröffentlichung helfen«, flüsterte Celestyna.

»Und wie waren die Gedichte?«

»Ich erinnere mich nur an eine Anfangszeile: *Von der Hügel Gipfel schwang mein helles Aug sich auf zur höheren Idee.*«

»Nicht schlecht. Und was ist daraus geworden?«

»Nichts. Er war beleidigt und hat mir mangelnde Kompetenz vorgeworfen, zusammen mit den Eiern hätte man mir wohl den Sinn für Poesie weggeschnitten, sagte er.«

»Mit diesen Worten?«

»Noch schlimmeren.«

»Wovon hat er gelebt?«

»Nachdem er beim Theater nicht angenommen wurde, hat er in England einen Secondhandladen aufgemacht, aber die Konkurrenz hat ihn an die Wand gedrückt. Angeblich soll ihn eine ältere Geliebte ausgehalten haben. Der Tod des armen Kołek hat ihn nach oben gebracht.« Celestyna schnaubte.

»Schnattertanten ins Café!«, rief uns die Bartlady zur Ordnung.

»Und was sagen die Priester dazu?«, fragte ich flüsternd.

»Die halten sich da raus. Jämmerliche Gestalten.« Celestyna nahm meine Hand in ihre, sie war klein und kräftig. Unversehens erinnerte ich mich wieder an Marcins Hände auf meinem Tisch, wie sie mit dem Likörglas spielten. Daran, dass er eindeutig keine Lust gehabt hatte, sich von mir zu verabschieden, und dass er mir immer noch nichts von sich erzählt hatte.

»Mein helles Aug schwang sich auf zur höheren Idee«, sprach Swan jetzt, »und sieht euch heute hier so zahlreich versammelt, dass das Herz mir singt. Ich bin mit euch!« Die Stimme umschmeichelte sein nichtssagendes Gesicht und brachte das fahle Haar zum Leuchten, sodass man den Blick nicht von Jerry Swan abwenden konnte. Eine süß klingende Stimme, in der etwas Pfeffriges mitschwang wie in Zofia Sochas Rinderbrühe. Die Worte selbst waren unwichtig, es zählte nur, dass er sprach. »Ich bin mit euch«, wiederholte Swan, »und ich bin gekommen, um euch die Frage zu stellen: Seid auch ihr mit mir?«

»Wir sind mit dir!«, brüllte die Menge.

»Mit dir!«, stimmte die Alte in Violett verspätet ein.

Zwei ältere Leutchen, denen in langen und zermürbenden Ehejahren jeder körperliche Unterschied abhandengekommen war, wickelten ein Transparent aus. Darauf prangte der Schriftzug: »Wałbrzych – Herz der Polenmarter«. Blitze zuckten auf, Sandra Pędrak-Pyrzyckas klebrig rosa Lippen schmatzten ins Mikrofon. Leute drängten sich durch die Menge und kämpften mit ihren Transparenten: »Schmerzensmutter Königin«, »Finger weg von J. Kołeks Marter«, »Nieder mit den Statuen Feinden«.

»Martermeinemartermein«, raunte die Alte in Violett und hielt inne, von der Bartlady mit einem Blick zum Schweigen gebracht, während Swan Luft holte und die Arme ausbreitete. Kurz dachte ich, er wolle von der Bühne in die Menge springen wie ein Rockstar. Doch er sprach weiter.

»Nun, dass die Niederträchtigen keinen Hass auf sich ziehen, so besudelt und niederträchtig sie sind.«

»Niederträchtige Politiker, Niederträchtler!«, wiederholten

die beiden alternden Herren wie aus einem Mund, ein großer weißhaariger mit Löwenmähne und ein kleiner mit schütterem Haar und schnurgeradem Mittelscheitel. Sie rollten ihr Transparent aus: »Wir Fordern Die Wahrheit Über Kołeks Mater«, hatte eine zittrige Hand mit Rotstift geschrieben.

»Omartermein«, ächzte die Violette, der die beiden die Sicht verdeckten, und rückte näher zum Brunnen.

»Die reinen Menschen«, Swan hob die Augen und stach mit dem Zeigefinger in den Himmel, »die reinen Menschen, denen das letzte Wort gilt und von denen die unverfälschte Geschichte unserer Marter schlussendlich zeugen wird.«

»Genau! Geschichtsfälschung!«, riefen die beiden Herren. »Die Wahrheit muss ans Licht.«

»Lügner und Betrüger«, setzte der Gescheitelte hinzu.

»Täuscher und Schummler«, betonte der Löwenkopf zornig, und beide quittierten:

»Verräter! Betreiben Ausverkauf mit unserem Polen!«

Swan wiederholte seinen Satz von den reinen Menschen, den Niederträchtigen und der Marter in mehreren Variationen, und seine Stimme streute Salz in die Wunden. Der Taxifahrer tauchte neben uns auf und tönte:

»Die Schwestern, diese Schlampen, immer nur Schokolade wollen die, Kaffee.«

»Oder Kołeks Sarg, ja, streiten Sie es nur ruhig ab«, ereiferte sich Poposcheitel.

»Im Sarg liegt die Wahrheit!«, ergänzte der Taxifahrer, doch sie beachteten ihn gar nicht.

»Seine Schwester hat einen Anzug für ihn gebracht und die haben ihn weitergeschenkt, den Anzug verschenkt, den sie mitgebracht hatte.«

»Nicht Schwester, Nichte!«, widersprach Löwenkopf. »Seine Nichte hat Kołek einen Anzug für den Sarg mitgebracht! Ein schwarzer Anzug, mit Nadelstreifen.«

»Von wegen, Nichte«, protestierte Poposcheitel, »seine leibliche Schwester war's, ein Anzug mit Fischgrätenmuster. Und die haben ihn weggeschenkt, wer liegt denn da jetzt im Sarg?«

»Ein Zigeuner statt Kołek!«, schlussfolgerte Löwenkopf.

»Eine Schande! Das gehört geprüft, wer den Anzug gekriegt hat«, verbiss sich Poposcheitel.

»Betrug! Verscherbelt haben die den Anzug!«, plusterte sich Löwenkopf auf und spuckte wütend aus. »Anzug und Schuhe geklaut!«

»Die Geschichte wird vom Mysterium unserer polnischen Seele zeugen«, nahm Swan einen neuen Faden auf, »mit Buchstaben rot wie unser vergossen Blut, und die unverfälschte Wahrheit über die Niederträchtigen wird ans Licht kommen.«

»Unser vergossen Blut«, griff die Menge seine Worte auf.

»Omartermeinemartermein«, fiel die Violette lauter und fester ein.

»Einen Scheißdreck wissen Sie über meine Marter«, rückte die Bartlady ihr den Kopf zurecht: »Jan Kołek ist von einer Bombe in Stücke gerissen worden, Eingeweide zerquetscht, Bein ab, Herz durchbohrt, das ist kein Zufall.«

»Von selbst ist er nicht gefallen, gestoßen haben die ihn, im eigenen Blut zermalmt«, stimmten die beiden Herren ihr zu.

»Loch in der Erde, Blut an den Mauern, Körper in Fetzen, schreckliche Knochen!«, rief die Frau mit rosa Hut atemlos dazwischen, deren Pilgergruppe sich an uns vorbeischob.

»Die Geschichte wird es in fetten Lettern schreiben, Rot auf Weiß, lesbar nur für die Unbesudelten auf ihrer hellen Seelen Leinwand«, fuhr Swan fort. »Und wie das Blut in Lettern über Jan Kołeks Märtyrertod, so wird das Lob im Namen seiner Schmerzensmarter erglänzen.«

»Imnamenseinerschmerzensmarter«, raunte die Alte in Violett und heftete ihren Blick urplötzlich auf mich. Kurz fürchtete ich, sie würde mir einen Hieb versetzen, doch stattdessen ergriff sie meine Hand. Ihre Hand war kalt, die Fingernägel krallten sich in meinen Handteller. »Ich wohne im dritten, und der Bürger Nachbar aus dem vierten, stellen Sie sich das vor, der braut Drogen mit der Polizei! Seit fünfzehn Jahren peinigt der mich. Und gesagt haben die zu mir: Wenn du nicht dein Maul hältst, alte Vettel, dann packen wir dich in eine Tasche und ab geht's in den Wald nach Zagórze. In den Wald meinemartermein.«

»Pscht!«, die Bartlady war unerbittlich.

»Ans Licht muss die Wahrheit«, sprach Swan weiter, »Rot auf Weiß, dass die Besudelten und Niederträchtigen im Blute der reinen Menschen Mysterium, der für fremde Schuld Gekreuzigten, an die das letzte Wort der Marter unserer Schmerzensmutter und unseres Jan Kołek das prophezeihe ich im Blute fällt.«

»Prophezeihe ich im Blute fällt«, sprach Celestyna fasziniert nach.

»Blut Marter!«, stimmte die Menge zu.

»Nach allem, was ich gehört habe«, sagte Löwenkopf, »weiß man schon, wessen Werk das ist, die Kindesentführungen und der Mord an Jan Kołek.«

»Weiß ich's denn?«, pflichtete ihm Poposcheitel bei. »Betrachten wir die Dinge mal mit dem gesunden Menschenverstand ...«

»Und ob!«, Löwenkopf warf sich männlich in die Brust.

»Oder das Video von Jan Kołeks Tod, wo es aussieht, als fällt er von selbst um, was ist das? Gefälscht!«, konstatierte Poposcheitel triumphierend.

»Nicht gefälscht, sondern gepfuscht, vertauscht!«, fügte Löwenkopf hinzu, um das letzte Wort zu haben.

Jerry Swans rednerische Darbietung kam jetzt richtig in Schwung:

»Im Antlitz der heiligen Schmerzensmutter hellen Antlitz fließt in diese Erde des gemarterten Jan Kołek Blut.«

»Blut Marter!«, raunte die Menge, »Martermeinermarterblut!«

»Menschen dieser Erde!«, rief Swan, und seine Stimme schraubte sich in höchste Höhen, als stünde er nicht auf dem Wałbrzycher Markt, sondern auf dem Gipfel des Mont Blanc. »Wachet auf! Gemarterte und Gekreuzigte, die ihr in Jan Kołeks Blut gebadet seid! Eure Kinder wurden euch genommen, Gewürm und Gas auf euch gehetzt!«

»Blut Marter Gewürm!«, stöhnte die Menge. »Martermeinermarterblut!«

Wir näherten uns anscheinend dem Höhepunkt, Celestynas warme Hand war mein Bindeglied zur Welt, wie ich sie kannte, meine andere Hand hielt immer noch die Alte in Violett umklammert.

»Jan Kołeks Leichnam ist ein heiliger Leichnam, sein schwarzes Grab heiligt diese auf ewig polnische Erde. Menschen dieser Erde! Damit ihr dies nicht sähet, hat der Satan euch das Gehirn gewaschen!«

»Gewaschen – wer?« Die Alte ließ endlich meine Hand los und wich misstrauisch einen Schritt zurück.

»Der Satan«, antwortete Celestyna, »der Satan hat dein Gehirn gewaschen.«

»Jüdische Hündin!«, zischte die Violette. »Halt dein dreckiges Maul!«

»Wollt ihr im Herzen der polnischen Marter eine Figur der Schmerzensmutter errichten, benetzt mit Jan Kołeks Blut?«, fragte Swan. »Wollt ihr euch aus der Dunkelheit erheben?!«

»Wir erheben uns! Erheben uns!« In Glorias Brillengläsern spiegelte sich blutrot der Kerzenschein.

»Wir erheben uns! Heben uns! Eben uns!«, grölte die Menge. »Uns!«

In diesem Moment erlosch der Scheinwerfer.

Die Pubertätspickel bahnten Swan geschickt den Weg zu seinem Auto und rangen noch eine Weile mit der jungen Frau, die ihm die Hand geküsst hatte und nun wie eine Tigerin hinterherstürzte, die Oberhand gewann und sich zu ihm ins Auto zwängte. Plötzlich allein, blinzelten die Menschen verwirrt wie nach dem Ende eines Films, wenn sich die eben durchlebten Dramen als Spiel von Licht und Schatten entpuppen. Sandra Pędrak-Pyrzycka interviewte Gabriela Kuś, die zu diesem Anlass eine beseelte Pose einnahm. Eines der Pickelgesichter hielt die Violette fest, die sich ins Bild zu drängen versuchte und Gloria mit ihrem Gehstock drohte. Die brabbelte ins Mikrofon, als wollte sie es verschlingen. »Meinwahnsogroßwieeineelefantenkuhtrompetetmiraufdemfriedhofzu«, hörte ich, aber vielleicht war ich auch einfach zu müde von diesem Tag, der mir unwirklich vorkam wie ein Traum. Einige Leute schienen immer noch auf etwas zu warten. Maria Waszkiewicz irrte aufgescheucht auf dem Platz umher, und Celestyna sah ihr mit einem rätselhaften Gesichtsausdruck zu.

»Warum gehen sie nicht?«

»Sie warten auf die Knochenverkäufer«, erläuterte mir die Bibliothekarin.

»Knochen für die Hunde?«

»Du weißt ja wirklich noch gar nichts.« Sie schüttelte den Kopf. »Swan hat eine neue Geschäftsidee gehabt. Der Verkaufserlös soll in die Statue gesteckt werden. Da gibt es Jan-Kołek-Figuren, leuchtende Modelle von seinem Schacht, Schmerzensmütter zum Aufstellen und all so was, aber am besten gehen die Knochen.«

»Was für Knochen?!«

»Wie, was für Knochen?« Celestyna blickte mich verständnislos an. »Jan Kołeks Knochen natürlich, das Sortiment wird gerade erweitert. Neulich gab es auch schon Knochen von Marschall Piłsudski, Fürstin Daisy und Papst Johannes Paul II. Limitierte Serie, drei Knöchelchen vom kleinen Zeh.«

»Knochen werden als Glücksbringer verkauft?« Ich begann zu verstehen.

»Richtig! Jan Kołeks Knochen helfen gegen plötzliches Verschwinden von Kindern. Die von Daisy befördern die Schönheit, die von Piłsudski schützen Wehrdienstleistende, und die Knochen des Papstes sind ein Allheilmittel.«

»Die Knochen des Papstes?! Wer glaubt denn so was?«

»Glauben oder nicht, ein Versuch kann ja nicht schaden.«

Der Brief

Ich kam erst tief in der Nacht nach Hause. Die Straße lag wie ausgestorben da, stockdunkel, still, deshalb atmete ich auf, als ich in Herrn Alberts Gästezimmer einen winzigen Lichtschein entdeckte. Also war doch jemand hier und passte auf. Eine Zeitlang saß ich hinter dem Steuer und blickte auf das goldene Lichtviereck, ich hatte das Gefühl, dass Marcin auch zu mir herübersah und wartete, bis ich nach Hause kam.

Ein plötzlicher Unmut überkam mich, dass es keine passendere Bezeichnung für dieses muffige und von allen verlassene Gebäude meiner Kindheit gab. Die Bezeichnung »Zuhause« verdiente eher Celestynas Wohnung im zehnten Stock eines schmalen Hochhauses, das in den novemberlichen Windböen knarrte und schwankte.

»Angeblich kann es sich bis zu elf Zentimeter zur Seite neigen«, setzte mich die Gastgeberin fröhlich in Kenntnis.

In ihrer Einzimmerwohnung hatte sie sämtliche Wände mit Regalen verkleidet, auf denen sich Hunderte Bücher und Reisemitbringsel aneinanderreihten, Bücher gab es auch in der Küche und im Bad, sie ließen die Zwischenböden durchhängen. Als Celestyna den Kühlschrank öffnete, sah ich im untersten Fach einige Bände Proust liegen. Versuchte sie, die verlorene Zeit zu konservieren? Stühle hatte sie noch keine, und so setzten wir uns auf Stapel von Enzyklopädien und Wörterbüchern und aßen selbstgemachte Piroggen mit Waldbeerenfüllung, ein Karton mit wüstengelbem marokkanischem Überwurf diente als Tisch.

»Es gibt so schöne Männer in Marokko«, seufzte Celestyna. »Was ich im Atlasgebirge für Kerle gesehen habe! Ihre Augen, welche Schwärze, und erst die Wimpern.« Sie erzählte im Plauderton von ihrer Reise ins Atlasgebirge, nach all den Stunden unter Swan-Verehrern brauchten wir dringend Ablenkung. Ich fühlte mich, als wäre Celestyna Pająçzek schon immer ein Teil meines Lebens gewesen, als hätte sie mich in den vergangenen dreißig Jahren, die wir weit entfernt voneinander verbracht hatten, heimlich begleitet. Schon lange hatte ich nicht mehr mit solchem Appetit gegessen, und falls Homar mich beobachtete, so musste er bemerken, dass ich wuchs. Celestyna hatte sich eine Küchenschürze mit Michelangelos David umgebunden, der vom Torso abwärts abgebildet war, ihr Gesicht passte auf eigenartige Weise zu der Skulptur.

Erst nach einiger Zeit, als ich mich satt und zufrieden zurücklehnte, fiel mir auf, dass auf dem Regal ganz oben unter der Zimmerdecke eine Katze saß. Als Erstes muss ich wohl ihren Blick gespürt haben, groß und träge lag sie mit halb geschlossenen Augen da und betrachtete mich mit einer Ironie, die von tieferem Weltwissen kündete. Ich kam auf meinem wackligen Sitz ins Wanken, ihr Blick schien mich bis ins Mark zu durchdringen.

»Alte Katzen«, erklärte mir Celestyna, »sprechen nur deshalb nicht, weil sie nicht wollen. Rakatz«, setzte sie hinzu.

»Wie bitte?«

»So heißt sie, Rakatz. Im Wohnblock nebenan ist ein alter Mann gestorben, sein Enkel hat die Wohnung übernommen und die Katze vor die Tür gesetzt«, erzählte die Bibliothekarin. »Sie saß dann ein paar Tage lang auf dem Spielplatz und hat so einen Rabatz gemacht, dass schließlich jemand eine Flasche nach ihr warf. Deshalb hinkt sie. Malwa Makatza hat sie mir gebracht.«

»Wer?«

»Malwa Makatza, die Schwester von Minka Makatza aus Sobięcin. Hast du noch nie von ihr gehört? Malwa Makatza ist die

Katzenlady der Gegend, eine Hundertzwanzig-Kilo-Frau. Früher hat sie in der Repassierwerkstätte für Strumpfhosen gearbeitet, aber seit die geschlossen ist, lebt sie von dem, wovon auch die anderen Katzenladys leben.«

»Wovon denn?«

»Von der Mildtätigkeit. Ein schönes altmodisches Wort.« Celestyna lächelte.

»Heute im Wald beim Schloss habe ich ein anderes schönes Wort gelernt: Katzerven«, sagte ich in der Hoffnung, von Celestyna mehr über Katzinka zu erfahren. Beim Klang des Wortes »Katzerven« sprang Rakatz vom Regal, und ich stellte fest, wie sehr der Name zu ihr passte. Sie war die geräuschvollste Katze, die ich je erlebt hatte, sie tapste, schnaufte, keuchte. Sie sah aus wie eine Kreuzung aus Perserkatze, Lemur und französischer Bulldogge. Die Wilde Baśka aus Jelonki hätte sie sofort ins Herz geschlossen.

»Was ist das für eine Rasse?«

»Französischer Mischling aus Wałbrzych, so wie ich«, prustete Celestyna.

Rakatz beschnupperte mich, leckte mir mit ihrer rauhen Zunge die Hand und sprang auf meine Knie, sie drehte mir den Bauch zum Streicheln zu.

»Du hast eine schöne Wohnung, Celestyna Pajączek, eine schöne Wohnung und eine schöne Katze«, sagte ich und streichelte Rakatz, die menschenähnlich schnarchend einschlief.

»Du kannst hierbleiben, so lange du willst.« Sie lächelte ein Lächeln, das ich am liebsten in meine Tasche gesteckt hätte, um es immer mit mir herumzutragen.

»Einfach so?«

»Was wäre seltsam daran? Wir können in den Laden gehen und eine größere Matratze kaufen.«

Worüber wir uns später unterhielten, bei Kerzenlicht und marokkanischer Minze, weiß ich nicht mehr genau. Die leise plätschernden Worte lullten mich ein, und die verschwundenen Kinder, Jerry Swan und die Versammlung bei der Schmerzensmutterkirche entrückten in weite, unwirkliche Ferne. In dieser winzigen Wohnung, vor deren Fenstern die Dunkelheit zäh wie Lava von den Hügeln zu fließen schien, war es warm und heimelig, dennoch konnte ich nicht bleiben. Celestyna nahm die Schürze mit dem Davidmotiv ab und zog ihren grünen Rollkragenpullover aus. Mein Blick blieb an einem Schmuckstück hängen, das wie ein glänzender Tropfen zwischen ihren Brüsten baumelte. Eine Perle wie die, die ich am Morgen von Katzinka bekommen hatte.

»Wer seid ihr? Wer seid ihr, Celestyna?«, fragte ich mit zugeschnürter Kehle, doch sie lächelte nur und küsste mich auf den Mund. Ich spürte, wie sich unter der Wirkung dieses Kusses etwas in mir öffnete, kein Begehren, sondern eine Art Spalt, durch den Licht hereinfiel. Zum Abschied fädelte Celestyna die Perle, die ich im Wald bei Schloss Fürstenstein bekommen hatte, auf eine feste Leinenschnur und band sie mir um den Hals. Als wir einander gegenüberstanden, begriff ich, dass unser Tanz in der Schulgarderobe der Anfang eines Weges gewesen war, der bis zu dieser Begegnung führte.

Nach der Rückkehr in mein Zuhause, das diesen Namen nicht verdiente, badete ich in der abgenutzten Wanne und meinte wieder ein Klopfen aus dem Jenseits zu hören, als suchte mein Vater immer noch nach dem Schatz und und gäbe mir Zeichen, die ich nicht verstand. Ich versuchte sie zu entschlüsseln, Morsezeichen waren es nicht. Vielleicht hatten die Toten dieses Hauses mich schon vergessen, auch wenn ich darauf bestand, mich an sie zu erinnern. Ich kochte mir eine Kanne grünen Tee und setzte mich an den Küchentisch zu dem vernachlässigten Plüschbären, der noch dahockte wie zuvor. »Hallo Roter«, begrüßte ich ihn, doch sein großer Kopf und seine glänzenden Augen kamen mir auf einmal feindselig vor. Ich legte das Buch, das Celestyna mir gegeben hatte, vor mich auf den Tisch, heftete meinen Blick darauf und versuchte, eine ungute Vorahnung zu verscheuchen. Der *Mönch* von Lewis steckte in einem Umschlag aus Packpapier, wie wir sie früher im Werkunterricht gebastelt hatten. Damals gefielen mir die gedämpften Farben, die Wellenlinien, die leichte Rauhheit der Oberfläche so sehr, dass ich unzählige Papierbögen mit Kleister bestrich und mit verschiedenen Farbstoffen experimentierte. Ähnliche Farben und Wellenlinien entdeckte ich Jahre später in einem Tokioter Museum auf verblichenen japanischen Holzschnitten von Utamaro, Hokusai und Hiroshige wieder, und es zerriss mir fast das Herz vor Sehnsucht und Trauer, dass Ewa alle diese Wunderwerke nie hatte sehen können. Sie wäre wirklich begeistert gewesen, während ich nur fremden Geschichten zuhören und Menschen und Landschaften vor meinen Augen vorbeiziehen lassen konnte. Ich legte meine Hände auf das Buch. Es war kühl wie ein Grabstein, und ich schnupperte daran wie Ewa, die darauf bestanden hatte, dass jedes Buch seinen eigenen Geruch besitze, der sich genau wie bei Menschen mit zunehmendem Alter ändere. Ich roch Schnee und Kohlenstaub, frisch umgegrabene kalte Erde. Auf der ersten Seite klebte eine uralte Bibliothekskarte mit Ausleih- und Rückgabedaten. Das Buch war drei Tage nach Ewas Tod zurückgegeben worden, die Zeilen hinter diesem Datum waren leer. Es sei für mich zurückgelegt worden, hatte Celestyna gesagt. Was verbarg sich darin? Ich hob es am Buchrücken hoch und schüttelte. Ein Umschlag fiel auf den Tisch. Darin fand ich Heftseiten, beschrieben mit der Schrift meiner Schwester. »Geliebte Kamelin«, begann der Brief.

Geliebte Kamelin,

hier kommt die Geschichte des verhinderten Filmstars Daisy Tabor für ihre Überbleibsel-Schwester. Wenn Du diesen Brief liest, bin ich schon nicht mehr bei Dir. Ich schreibe diese Worte und sehe

Dich an. Du schläfst und hältst den Kopf des roten Hans umarmt. Du bewegst Deine Lippen und zuckst mit den Augenbrauen. Ich frage mich, was Du wohl träumst, und hoffe, es ist etwas Schönes. Du weißt nicht, dass ich über Dich wache. Vielleicht ist so meine Schlaflosigkeit wenigstens zu etwas nütze.

Seit zwei Wochen habe ich kein Auge mehr zugetan, durch meinen Kopf galoppieren sämtliche Pferde aus den Ställen von Schloss Fürstenstein, Glas klirrt. Ich bin vom Tod infiziert, das ist meine Krankheit. Das ist ihr Geheimnis. Ich weiß nicht, wie ich es einer Pipinelke wie Dir erklären kann, denn es gibt Dinge, die kleine Mädchen nicht hören sollten. Dinge, die weder Menschen noch Tieren widerfahren sollten. Ich schreibe Dir als der Person, die Du einmal sein wirst, ich schreibe an die erwachsene Alicja. Denn Du wirst erwachsen werden. Die Katzenfrau, die ich kenne, wird dafür sorgen, dass Du diesen Brief zur rechten Zeit bekommst. Sie entscheidet, wann diese Zeit ist. Ich bin im Besitz eines Wissens, das auch Dir gehört, denn Du spielst eine Rolle bei diesen Ereignissen und hast ein Recht, davon zu wissen.

Ich muss bei unserer Mutter anfangen, Anna Lipiec. Als Du geboren wurdest, war ich acht Jahre alt, so alt wie Du jetzt. Ich hole tief Luft und tauche in dunkle Gewässer, sei tapfer, Kamelin. So wie im Schwimmbad tauchen wir ganz bis zum Grund und blicken von dort zu den sonnendurchschienenen Blättern empor. Lange, bevor Du auf die Welt kamst, fing unsere Mutter an, mir diese Dinge anzutun. Seit ich denken kann, war ich auf der Flucht. Ich hatte tausend Verstecke im Wald hinter unserem Haus. Du kennst ihn. Es wohnt etwas Gutes in ihm, ein großes warmes Tier, wie unser roter Hans in größerer und lebendiger Version. Wenn Du irgendwann einmal davonlaufen möchtest, wirst Du dort Unterschlupf finden. Als Du geboren wurdest, hasste ich Vater dafür, denn er hätte nicht zulassen dürfen, dass diese Frau noch ein weiteres Kind bekam. Aber Dich liebte ich vom ersten Moment an, seitdem hatte ich etwas, wofür ich lebte in diesem Haus. Ich musste

Dich vor unserer Mutter beschützen. Das Problem dabei war, Kamelin, dass es sehr schwierig ist, mit einem Säugling wegzulaufen, der noch nicht versteht, dass er leise sein muss. Aber Du hast es schnell gelernt. Ich werde Dir alles über sie erzählen, was ich weiß, denn es gibt niemanden sonst, der das tun könnte. Manche Dinge habe ich mit eigenen Augen gesehen, andere konnte ich mir nur denken. Entschuldige, dass ich Dich jetzt verletzen muss.

Unsere Mutter war eine Kriegswaise. Als man sie in einem der zerstörten Gemächer von Schloss Fürstenstein fand, war sie ungefähr acht Jahre alt und sprach kein Wort in irgendeiner Sprache. Sie konnte nur schreien. Sie war ganz nackt, ihr Körper bedeckt von Krusten und verschorften Wunden, von denen Narben zurückblieben. Narben. Ich habe sie genau gesehen, Kamelin, ich habe sie aus nächster Nähe gesehen. Mit Sicherheit war ihr etwas Furchtbares zugestoßen. Ich weiß nicht, ob jemand versuchte, ihr zu helfen, aber nach dem Krieg glaubte man vermutlich, da allen etwas Schlimmes passiert war, würden es ganz einfach diejenigen überstehen, die stärker waren und damit leben konnten. Vielleicht gibt es deswegen jetzt so viele schlechte Menschen, weil im Krieg nur die Starken, die Seelenlosen überleben konnten. Die Katzenfresser, Kamelin. Unsere Mutter kam in ein schnell eingerichtetes Kinderheim, zusammen mit anderen in der Gegend herumirrenden Kindern. Man gab ihr den Namen Anna Lipiec, weil sie im Juli gefunden wurde, am Namenstag der heiligen Anna. Unser Vater lernte sie kennen, als er nach dem Studium nach Wałbrzych zurückkehrte und Geschichtslehrer wurde. Ich weiß nicht, wie und wann sie sich begegnet sind. Er, der sich so für Geschichte begeisterte, interessierte sich überhaupt nicht für Anna Lipiec' Vergangenheit. Oder dachte er, er könnte die Vergangenheit umändern oder ausradieren? Vielleicht liebte er Anna Lipiec so sehr? Sie war wunderschön. Erinnerst Du Dich an ihr Gesicht, Kamelin? Sie hatte blaue Augen, Haare so blond wie Stroh und sehr helle Haut. Sie mochte keine Sonne, vielleicht fürchtete sie, dass ihre

Helligkeit sie durchleuchten und etwas Verborgenes zum Vorschein bringen könnte. Ich habe ihre Haare, Augen und Hautfarbe geerbt, Du dagegen bist ihr zum Glück überhaupt nicht ähnlich. Als hätte eine gute Fee über Deine Geburt gewacht. Erst mit unserem Vater fing Anna Lipiec wieder zu sprechen an. Sie sprach Polnisch, aber es war ein seltsames Polnisch, wie ein Deckmantel über einer anderen Sprache. Wäre das hier eine schöne Geschichte, hätten sie glücklich zusammengelebt bis an ihr Lebensende, unser Vater, Anna Lipiec und ihre beiden Töchter. Aber es ist keine schöne Geschichte.

Das Erste, woran ich mich erinnere, ist ihr Körper. Dicht vor meinem Gesicht. Ich weiß nicht, wie ich Dir davon schreiben soll. Ich begriff schnell, dass mir niemand glauben würde. Vater war immer seltener zu Hause, und wenn er da war, zog er sich mit seinen unterirdischen Karten und Plänen ins Arbeitszimmer zurück. Ich versuchte nicht einmal, es ihm zu sagen, weil ich dachte, das würde ihn umbringen, und dann wäre ich ganz allein mit ihr. Doch ich versuchte, etwas zu tun. Einmal, als Du noch ganz klein warst, ging ich zur Kinderärztin und erzählte ihr davon. Ich dachte, sie wäre die richtige Person, jemand, der sich um ein missbrauchtes Mädchen kümmern würde. Ich saß mit lauter Müttern und Kindern im Wartezimmer und ging erst zu ihr hinein, als alle anderen schon fort waren. Doch die Kinderärztin starrte mich an, als wäre ich ein Ungeheuer, sie schien Angst zu haben, ich könnte sie anfassen. Sie hieß Anna Maj. Ihre gelben Haare waren gewellt, und mir kam plötzlich der Gedanke, sie könnte mit unserer Mutter unter einer Decke stecken. Anna Lipiec und Anna Maj. Sie nannte mich eine widerliche kleine Lügnerin. Solche Dinge gäbe es nicht. Keine Mutter würde ihrem Kind so etwas antun. Als ich die Praxis verließ, wusste ich, es gab keine Rettung. Ich dachte, wenn es der Vater gewesen wäre und nicht die Mutter, dann hätte ein Kind schneller Hilfe bekommen. Es hätte sich an die Mutter wenden können. Sollte eine Mutter ihr Kind nicht eigentlich beschützen?

Ich hatte niemanden. Es gab keinen Ausweg. Ich begann zu glauben, dass mit mir etwas nicht stimmte. Dass ich verdient hätte, was mir widerfuhr. Und das Seltsame war, dass dieser Gedanke mir irgendwie half. Denn nun hatte alles einen Sinn, ich war ein schlechter Mensch und das war meine Strafe. Mich konnte man nicht lieben.

In dieser Nacht ging ich nicht nach Hause zurück. Ich fuhr zum Wałbrzycher Marktplatz und streifte durch die Straßen. Ich wollte mich in die Kirche der Schmerzensmutter setzen, doch sie war verschlossen. Mir war kalt, auf den Straßen lag noch der schmutzige Märzschnee. Irgendwann betrat ich einen Lebensmittelladen, um mich aufzuwärmen. Drinnen waren drei betrunkene Männer, sie kauften Alkohol, und einer sagte zu mir: »Wenn du mitkommst, kriegst du Schokolade.« »Schokolade, ja ja, Schokolade«, lachten die anderen. Es waren einfache Männer, Bergarbeiter oder Lastwagenfahrer mit kaputten Zähnen und Trauerrändern unter den Fingernägeln. Ich weiß nicht, warum ich mit ihnen zum Sobieski-Park ging.

Sie stanken nach Alkohol und Kohlenrauch, nach den Schmalzbroten, die sie zum Wodka aßen, und muffig wie ein Grabeshauch. Sie gaben mir Wodka aus ihrer Flasche zu trinken, deren Hals warm und fettig war. Nach wenigen Schlucken war ich betrunken, denn ich hatte nie zuvor Alkohol probiert. Nachher ließen sie mich im Schlamm und dreckigen Schnee liegen. Der Himmel über mir hatte scharfe Kanten wie der gefrorene Arktische Ozean. In dieser Nacht drangen die Katzenfresser in mich ein. Ich konnte sie deutlich sehen, als ich dort zwischen den nackten Märzbäumen auf der Erde lag. Die Katzenfresser, Kamelin, waren aus Schlamm und Schmalz geformt, aus der Spucke der Männer im dreckigen Schnee. Sie hatten Arme, Beine, kleine Köpfe mit gelben Haaren wie Doktor Maj, und auf den Köpfen graubraune Mützen wie die Männer in unserer Stadt. Mützen aus gekämmtem Mohair. Sie sagten etwas, aber ich verstand nur einzelne Wörter, »kleines Mädchen«,

»glatt«, »Arsch«, »rein hier«, »alte Tasche«, »mein Gott, Blut«. Die Katzenfresser sahen den Menschen sehr ähnlich, doch ihre Gesichter hatten keine Augen und keine Ohren. Nur Mund und Nase. Sie schnüffelten und schmatzten, leckten sich die Lippen. Ich spürte, wie ihre kleinen Füße mich kitzelten, als sie über meine Oberschenkel trippelten, wie ihre kleinen Hände an meinen Haaren zogen, als sie daran von meinen Ohren zum Mund kletterten wie an Seilen, ich fühlte die ungeduldigen kleinen Finger meinen Körper abtasten. Ihre Fingernägel waren lang und gelb, sie kratzten. »Muttergottes, kleine Möse, blöde Fotze, was für eine Marter«, so redeten die Katzenfresser und ich wusste, ich war verloren. Die Katzenfresser gibt es wirklich, hüte Dich vor ihnen, Kamelin.

Ich habe Angst, dass Du mir nicht glaubst. Oder dass Du mir glaubst und mich verabscheust, dass Du Dich vor mir ekelst. Dann würde ich noch einmal sterben. Ich habe Dich immer geliebt, kamelfarbenes Schwesterlein, und mir gewünscht, dass meine Liebe wie eine Höhle wäre in unserem Wald, in der Du Dich verstecken könntest, wenn über der Welt ein Unwetter tobt. Wenn mir das gelungen ist, dann war mein Leben nicht umsonst. Verzeih, dass ich Dir das erzählen muss, aber alles werde ich sowieso nicht schreiben, denn wie soll man etwas sagen, wofür es keine Worte gibt? Sie sagte, ich sei dreckig, ich stinke, sie ließ die Wanne voll heißes Wasser laufen und tauchte mich ganz unter, hielt mich fest. Am meisten interessierte sie, ob ich da unten sauber war. Ich kann keine anderen Worte dafür finden, Kamelin, und selbst diese unbeholfenen tun schrecklich weh. Vielleicht wäre es besser gewesen, wenn dieser ganze Dreck zusammen mit mir und ihr durch den Abfluss geradewegs in die Hölle geflossen wäre.

Ich wurde ihr immer ähnlicher. In den seltenen Momenten, in denen wir eine normale Familie spielten und zusammen gesehen wurden, kam es manchmal vor, dass eine Nachbarin über mich sagte, »ganz die Mama«. Wenn Du dann ihr Gesicht gesehen hättest. Entsetzen und Ekel zeichneten sich darauf ab, und ich fürchte, dasselbe war in meinem Gesicht zu lesen, das ihrem doch so ähnlich war. Ich hatte immer nur Angst. Dass sie nackt zu mir kommen würde, ihre Hand meinen Mund verschließen, meinen Kopf festhalten würde. Meinen Kopf zwischen ihren Beinen. So ein Verrat, weißt du, wie weh so ein Verrat tut? Ich fürchtete mich in Wirklichkeit vor allem und spielte die Mutige, denn so wollte ich für Dich sein, damit Du Dir aus gespieltem Mut einen Schild aus echtem Stahl schmieden könntest. Weißt Du noch, wie ich mal beim Zahnarzt durchs Fenster abgehauen bin? Ich bin runter auf ein Garagendach gesprungen, habe mir den Knöchel verstaucht und mich an der Hand verletzt. Die Zahnärztin war eine Frau mit gelben Locken, und als ich sie sah, bekam ich Angst, sie könnte mich einschläfern oder an den Zahnarztstuhl fesseln und anfassen. Ich rannte vor Lehrerinnen weg, vor der Schulkrankenschwester, vor Freundinnen, die mir zu nahe kamen. Erst Dawid … Aber davon später. In dieser Hölle, die unser Haus für mich war, gab nur Deine Anwesenheit mir Kraft zum Leben, Kamelin. Ich lernte, außerhalb meines Körpers zu leben, und sagte mir, er gehöre jemand anderem. Einem anderen Mädchen, das für immer verloren und von den Katzenfressern bewohnt war.

Ich wusste, dass ich auf Dich aufpassen musste, damit sie Dich nicht anfasste, damit sie Dir nichts antat. Ich nahm Dich mit in den Wald hinter unserem Haus. »Wie schön sie sich um ihr Schwesterchen kümmert«, sagten die Nachbarinnen erstaunt und ahnten wahrscheinlich irgendetwas, wenn ihnen das, was unsere Mutter tat, wohl auch nie in den Sinn gekommen wäre. Vielleicht dachten sie, sie tränke oder quälte den Hund. Erinnerst Du Dich an irgendetwas davon, meine Kleine, *an irgendetwas aus den ersten drei Jahren Deines Kamelinnenlebens? Auf unserer Lichtung spürte ich immer, dass es dort noch etwas Größeres gab als uns, unsere Familie, Wałbrzych, Polen. Ich saß mit Dir dort, erzählte Dir Unsinnsgeschichten von Fürstin Daisy und ihren Perlen, und Du hast mich unverwandt mit Deinen moosgrünen Augen angestarrt. Du konntest ganz leise spielen, weil Du genau wusstest, dass Du keine Aufmerksamkeit erregen durftest. Ich weiß nicht, ob ich darum betete, denn ich glaube nicht an Gott – aber etwas, das in mir lebendig geblieben war, bat auf dieser Lichtung bei Schloss Fürstenstein inständig darum, dass das Kind, das neben mir spielte, überleben möge. Meine Überbleibsel-Schwester. Manchmal begegneten wir dort einer seltsamen Frau in zerlumpten Kleidern und mit einem Pappkoffer. Sie trug einen abgeschabten roten Hut mit breiter Krempe. Erinnerst Du Dich an sie? Sie hieß Katzmarska, war das ihr Vor- oder Nachname? So stellte sie sich uns vor. »Katzmarska, Tagchen allerseits.« Beim ersten Mal erschrak ich, aber Du fingst fröhlich an zu lachen und strecktest Deine Arme nach ihr aus. Katzmarska fragte, wer wir seien und was wir hier machten, und Du sagtest: »Ewa und Alicja, wir sind hier begraben.« Einmal brachte sie uns eine Apfelsine mit, »Direkt aus Spanien!«, und vielleicht stimmte das wirklich, vielleicht war Katzmarska ja gerade aus Madrid angereist. Als wir die Apfelsine aufgegessen hatten, fingst Du plötzlich an zu weinen und sagtest immer wieder: »Sie ist weg, sie ist weg.« Du dachtest wohl, so etwas Wunderbares wie diese Apfelsine gäbe es nur einmal auf der Welt.*

Mit unserer Mutter wurde es immer schlimmer. Vater wurde klar, dass sie verrückt war, als sie nackt auf dem Fahrrad bei der Schule vorfuhr, an der er unterrichtete. Eine durchgedrehte Lady Godiva auf einem alten Damenrad. Vater verlor seine Arbeit, aber damals beschäftigte er sich ohnehin schon lieber mit den Geistern der Unterwelt als mit seinen Schülern. Auch uns wich er aus, kam immer seltener nach Hause. Er zog sich in sich selbst zurück, und dort war nur Platz für eine Person. Ich schaffe es nicht mehr, aber Du verzeih ihm, wenn Du kannst, vergeben können nur die Überlebenden. Manchmal nahm unsere Mutter die dreifache Dosis an Medikamenten, die ihr verschrieben worden waren, und schlief zwei ganze Tage lang, manchmal ließ sie die Tabletten weg, und dann spazierte sie die Wände hoch. Sie wurde mehrmals abgeholt und ins Krankenhaus gebracht, kam aber wieder nach Hause. Immer kam sie wieder zurück. Und immer gelang es ihr, mich zu erwischen. Sie lauerte mir auf wie eine Spinne, ich träumte, dass sie aus ihren gelben Haaren ein Netz spann, um mich zu fangen. Wenn wir nicht nach draußen flüchten konnten, versteckten wir uns in der Truhe. Ich sagte dann: »In Deckung, Panzersoldat!« Wir schlüpften hinein und saßen still, ganz still. Dir gelang es immer, den roten Hans mit hineinzuschmuggeln. Es war eine große dunkle Holztruhe, mit Blumen und Drachen bemalt. Erinnerst Du Dich? Du hast damals schon verstanden, dass das kein Spiel war. Aber ihr machte es Spaß. Mutter setzte sich auf die Truhe und redete vor sich hin, schlug mit den Fäusten auf den Deckel und beschimpfte uns. Auf Polnisch, auf Deutsch. Einmal schlief sie auf der Truhe ein oder verlor das Bewusstsein, und wir konnten den Deckel nicht mehr heben. Ich dachte, wir müssten dort sterben, unter ihr begraben, und wir pinkelten in die Hose vor Angst. Die Angst war unsere dritte Schwester.

Du warst drei Jahre alt, als es passierte. Genauer gesagt, dreieinhalb. Ich kam aus der Schule und sah Dich nicht im Laufstall. Auch Mutter saß nicht wie sonst am Küchentisch voller dreckigem Geschirr, wo sie oft Stunden verbrachte und rauchend aus dem Fenster hinüber nach Schloss Fürstenstein starrte. Wenn sie nicht gerade schlief oder durchdrehte, konnte sie stundenlang so sitzen. Nun lag nur ihr rosa Morgenmantel auf dem Boden, widerlich wie eine abgestreifte Haut. Durch das Rauschen des Wassers im Badezimmer hörte ich ihre Stimme. Und Dein Weinen. »Schmutzig«, sagte sie. »Ganz schmutzig bist du. Man muss dir den Schmutz abschrubben!« In diesem Ton sprechen die Katzenfresser. Du stecktest bis zum Hals im Wasser und warst krebsrot, und sie fuchtelte mit dem Brotmesser herum. Wir nannten das Messer »Gertrud Blütchen«*, *weißt Du noch? Du hast aus einer Wunde an der*

* Im Original deutsch (Anm. d. Ü.)

Brust geblutet, und da habe ich Rot gesehen, nichts zählte mehr, nur noch sie, das Messer und mein Hass. Ich riss ihr Gertrud Blütchen aus der Hand und stach zu. Herr Albert hörte die Schreie und kam angerannt. Nicht zum ersten Mal. Er nahm mir das Messer weg, bevor ich es zum zweiten Mal und noch tiefer in Mutters Körper hätte rammen können, dann hielt er sie fest, und ich holte Dich aus dem Wasser und lief mit Dir davon. Bis heute hast Du eine Narbe neben der linken Brustwarze, die hat Dir unsere Mutter zugefügt. Ich habe Dich nicht genügend beschützt, Kamelin. Verzeih mir. Wir versteckten uns in der Truhe. Wir hörten Stimmen nach uns rufen, doch wir muckten uns nicht und hielten uns nur an den Händen. Wir wollten nicht raus, obwohl die Gefahr für diesen Moment gebannt war. Dann schliefen wir ein, und es geschah etwas Seltsames mit uns dort in der Dunkelheit. Wir glitten hinüber in eine andere Welt, wo es nur Berührung und Atem gab, wir waren ganz allein, nur wir beide und der rote Hans, und es kam mir vor, als kreiste die Truhe rasend schnell um die Erde, sodass wir, hätten wir den Deckel angehoben, nur eine kalte Leere und Sternenstaub gesehen hätten. In diesem Dunkel zwischen dem Leben mit Mutter und dem Leben ohne sie entschied sich unser Schicksal.

Als Vater und Herr Albert uns endlich fanden, war Mutter schon nicht mehr da. Sie fragten mich nach dem Messer. Eine Milizionärin in Uniform, mit dicken Beinen, einen Kugelschreiber in der Hand. Daneben noch jemand. Ein Arzt? Ich log. Ich sagte, unsere Mutter habe sich selbst verletzt, als sie Dich zu töten versuchte. Sie ist nie zurückgekommen und starb in einem Irrenhaus in Stronie Śląskie. Wir blieben zu dritt zurück. Am meisten hasse ich sie dafür, dass meine Angst selbst dann nicht verging, als sie aus unserem Leben verschwand. Sie hat mich für immer zerstört, ein Teil von ihr steckt in mir wie ein Katzenfresser.

Als ich Dawid kennenlernte, dachte ich, dass alles sich ändern würde. Dass die Liebe siegen würde, wie es immer heißt. Weißt Du noch, wie Dawids Eltern uns zum Sonntagsessen eingeladen haben? Du warst genauso aufgeregt wie ich, und wir bereiteten uns stundenlang darauf vor, es war so schade, dass wir keine feinen Kleider hatten. Du hast uns Kränze aus Gänseblümchen geflochten, und ich brachte es nicht übers Herz, Dir zu sagen, dass das vielleicht nicht der beste Schmuck für einen Sonntagsbesuch bei den Eltern meines Freundes war. Wir gingen mit den Kränzen hin, wie zwei Wassernixen. Und dort standen riesige Blumensträuße auf dem Tisch, es gab Vorspeisen, drei Hauptgerichte und zum Nachtisch zwei Sorten Kuchen. In der Zuckerdose lag eine zierliche silberne Zange, die Du mit Deinem süßen Ernst benutzt hast. Du hast zwei Stückchen Zucker in Deinen Tee geworfen und nach kurzem Überlegen noch einmal zwei. Dann hast Du Dawids Mutter gefragt, wo man so herrlichen Kuchen kaufen könne, im Madras vielleicht, und die verwunderte Gastgeberin sagte, sie habe ihn selbst gebacken. »Mit eigenen Händen?«, hast Du erstaunt gefragt. Es gefiel uns gut bei Dawid, weißt Du noch? Im Badezimmer gab es ein Bidet, und Du hast hineingepinkelt, Pipinelke, und ich dachte, ich müsste sterben vor Lachen, als Du die Spülung nicht gefunden hast und mich voller Entsetzen ansahst. Sie haben uns nie wieder eingeladen.

Die Liebe zu Dawid hat mich nicht gerettet, sondern nur den Katzenfresser zum Leben erweckt, den Mutter in mich eingepflanzt hatte. Du sollst alles wissen. Ich war schwanger. In Wirklichkeit, meine Kleine, *wusste ich, dass ich kein Talent hatte, dass ich nie eine große Schauspielerin werden würde. Ich beherrschte ganz einfach die Kunst, mich interessanter darzustellen, als ich war. Dawid ist nach dem Abitur nach Wrocław gezogen, um Medizin zu studieren, und ich wollte mit ihm gehen. Und Dich mitnehmen. Wir hätten uns eine Mansardenwohnung mit Fenster zum Park genommen, ich hätte mein Kind geliebt und Kuchen backen gelernt wie Dawids Mutter, die mich irgendwann doch ins Herz geschlossen hätte. Auf der Lichtung, die du kennst, lag ich mit Dawid, und wir schauten den Sternschnuppen zu. »Es wird schon irgendwie gehen«, sagte er, »ich liebe dich. Im September fahren wir endlich zusammen ins Riesengebirge.« Ich hatte diese schöne Zeit nicht verdient. Dawid erzählte seinem Vater von meiner Schwangerschaft und unseren Plänen, und der bat mich um ein Treffen. Wir trafen uns im Café Barbórka am Marktplatz, und er behandelte mich wie eine Dame. Er bestellte zwei Gläser Rotwein, und kurz hoffte ich, er hätte etwas Schönes mit mir zu bereden, würde mich zum Beispiel fragen, ob eine Mansardenwohnung mit Flussblick nicht doch besser wäre als eine mit Parkblick. Dawids Vater redete mich sehr galant mit »Fräulein Ewa« an. Er sprach davon, dass wir noch zu jung seien. Dass wir studieren müssten. Ich träumte doch von der Schauspielschule? Er kenne da so einen Regisseur. Ein bekannter Name! Vielleicht wollte ich ja sogar versuchen, bei der Schauspielschule in Warschau angenommen zu werden? Ich könne meine Chancen doch nicht so vertun! Wir hätten noch das ganze Leben vor uns. Er wolle mich bitten, jetzt stark und vernünftig zu sein. Aber ich fühlte mich doch stark, erfüllt von Liebe! Ich habe abgelehnt. Wir würden dieses Kind bekommen. Wir würden auch ohne ihn und sein Geld zurechtkommen, weil wir uns liebten. Da sagte er, was er wirklich dachte. Jetzt war ich nicht mehr »Fräulein Ewa«. »Deine Mutter, du Dummerchen. Was hast du zu deiner Mutter zu sagen?« – »Meine Mutter lebt nicht mehr.« – »Deine Mutter hat versucht, ihre eigenen Kinder umzubringen. Wir wollen für Dawid keine wie dich.« – »Wie mich?« – »Wie dich. Eine Deutsche. Tochter einer Nazi-Irren.« Ich spürte, wie die Welt für mich einstürzte, gleichzeitig bestätigte das alles nur meine bösen Ahnungen. »Woher willst du wissen, dass du nichts von deiner Mutter geerbt hast? Willst du noch einen Verrückten in die Welt setzen? Unsere Familie hat genug gelitten unter Leuten wie dir. Wenn du meinen Sohn liebst, lass ihn in Ruhe. Verschwinde.« Er sah mich an wie die Kinderärztin Anna Maj damals in ihrer Praxis. Ich begriff, dass es stimmen musste, dass ich nur so sein konnte, wie er mich sah. Dawids Vater machte es weg. Ich nahm sein Geld an. Damit sie sicher sein konnten, dass sie sich nicht in mir geirrt hatten. Damit Dawid nie bereute, dass er nicht mehr um mich gekämpft und das andere Gesicht seines Vaters nicht bemerkt hatte. Vielleicht habe ich zu viel von ihm erwartet, während er doch bloß mit seinem Rucksack wandern gehen wollte.*

Danach habe ich Dawid nur noch ein einziges Mal getroffen. Ich tat alles, damit er mich verabscheute und das bestätigte, was ich ohnehin wusste: dass ich keine Liebe verdiente. In dieser Rolle fühlte ich mich sicher. Ich habe ihn ins Gesicht geschlagen, Kamelin, weil er immer wieder sagte, er glaube mir nicht, er liebe mich und lasse mich nicht gehen. Weil ich Angst hatte, dass er die Wahrheit sagte. Ich habe ihn geschlagen und ein paar Sekunden lang nicht gewusst, was ich tat. Ich bin wie sie geworden. Sie hat gesiegt. Ich habe jemanden geschlagen, den ich liebte, woher soll ich da die Sicherheit nehmen, dass ich meinem eigenen Kind nichts antun würde? Oder Dir, Kamelin.

Nicht jede Katze lässt sich retten, hat Katzmarska immer gesagt. Nur Du kennst die ganze Wahrheit. Ich lege diesen Brief in das Buch, aus dem ich Dir neulich vorgelesen habe. Katzmarska bringt es ins Magazin der Bibliothek. Ich vertraue ihr. Außerdem schuldet sie mir noch etwas für die roten Schneestiefel, die ich ihr gegeben habe. Das Geld von Dawids Vater ist in die rechte Pfote vom roten Hans eingenäht. Mach etwas Vernünftiges damit, meine bodenständige Schwester. Kamelin, es wird Zeit für mich. Der Schnee fällt so dicht, dass in Schloss Fürstenstein nur ein winziges Licht zu sehen ist. Das ist Fürstin Daisy, die nach ihrem Mephisto ruft. Lebe wundervoll, Kamelin, lebe.

Ewa

*

Plötzlich spürte ich unter meinen Fingern wieder das rauhe Holz der Truhe, in der Ewa und ich uns vor unserer Mutter versteckten, und meine Hände ballten sich zu Fäusten. In meiner Erinnerung brüllte eine gesichtslose Gestalt auf wie Rochesters Ehefrau aus *Jane Eyre*. Ich empfand eine solche Mischung aus Wut, Sehnsucht und Schmerz, dass ich in die Leere des nächtlichen Hauses hineinschrie, es antwortete mir mit einem Echo.

Jener Tag war in mir. Ich erinnerte mich an ihn. Als ich erwachte, schien das Licht eiskalt, als wäre ein sibirischer Strom durch das Fenster in unser Zimmer geflossen. Es herrschte eine bedrohliche Stille. Der rote Hans aus der DDR lag mit dem Gesicht zu mir, seine Glasaugen starr vor Entsetzen. Mit Mühe rief ich den Namen meiner Schwester, doch er versickerte in der frostigen Luft. Ich war allein. Ich zog mir meine Jacke über den Schlafanzug, schlüpfte in die Schneestiefel und ging hinaus in ein atemberaubendes Weiß. Es hatte die ganze Nacht geschneit, und meine Beine versanken bis über die Knie im frischen Pulverschnee. Ewas Fußspuren waren leicht vom Schnee zugedeckt, sie führten mich zu ihr. Ich betrat den Wald und stapfte in völliger Stille zwischen den Bäumen einher. Manchmal fiel ich hin und stand wieder auf, suchte blindlings nach dem Pfad. In einer Schneewehe verlor ich einen meiner Stiefel, empfand jedoch keine Kälte. Als ich endlich zur Lichtung kam, spürte ich Ewas Anwesenheit. Etwas in mir verdunkelte sich, starb. Als Erstes sah ich ihren Schal, ein Fleckchen Rot im glitzernden Schnee. Ich wusste, dass sie dort war. In der Höhle, in der wir uns so oft vor Mutter versteckt hatten. Ich begann den Schnee beiseitezuschaufeln, sah durch meine Tränen nur blendendes Weiß. Ich weiß nicht, wie lange es dauerte, aber irgendwann fand ich sie. Den Eingang zur Höhle versperrte eine Schneewehe, aber innen war kein Schnee, nur gefrorener Erdboden. Ewa lag zusammengerollt da, eine Hand unter der Wange, mit angezogenen Beinen, als schliefe sie, aber es war klar, dass sie nicht mehr aufwachen würde. Auf ihren Haaren und Wimpern hatte sich Rauhreif abgesetzt, die weiß bestäubten Brauen sahen aus wie damals, als sie bei einer Schulaufführung die Schneekönigin spielte und in ihrem selbstgenähten Kostüm aus alten Gardinen so viel schöner war als die von ihren Müttern ausstaffierten pausbäckigen Mitschülerinnen. Meine tote Schwester trug ihr Sommerkleid mit Mohnblumen und war barfuß. Vielleicht hatte sie sich das erstbeste Kleidungsstück aus dem Schrank gegriffen, vielleicht wollte sie sich auch genau so anziehen wie am Sonntagmittag bei Dawids Eltern, weil uns das Leben damals so verheißungsvoll erschienen war. Keine Mansarde mit Fenster zum Park! Ich berührte Ewas Gesicht, es war kalt und hart wie ein Puppengesicht, das Gesicht einer Schneekönigin. Ich fürchtete mich nicht vor ihr. Ich hatte meine Schwester wiedergefunden. Nichts würde uns mehr trennen. Ich kroch in die Höhle und legte mich neben Ewa, umarmte sie und nahm ihre eiskalten Füße zwischen meine, so wie sie es immer gemacht hatte, wenn ich fror.

Als ich im Krankenhaus aufwachte, dachte ich zuerst, das Weiß um mich herum sei Schnee. An meinem Bett saß Vater, das Gesicht in den Händen vergraben, und ich beobachtete ihn eine Weile durch geschlossene Lider. Ich wusste, wenn ich ihn ansah, würde das beginnen, dem ich entfliehen wollte. Das Leben ohne meine Schwester. Vater hatte mir nie gesagt, was geschehen war, nachdem ich die Höhle betreten hatte, weder Ewa noch unsere Mutter hat er jemals wieder erwähnt. So war er. Er konnte nicht anders. Heute denke ich, dass die einzige Person, an der ihm wirklich etwas lag, unsere Mutter Anna Lipiec war. Wir hatten sie gesund machen sollen, doch es war uns nicht gelungen. Sie wollte uns zerstören, was ihr viel besser gelang. »Denk an die Zukunft«, sagte mir Vater nach Ewas Tod immer wieder. »Denk an die Zukunft. Die Zeit heilt alle Wunden.« Er irrte sich, die Zeit läuft einfach immer weiter, immer in dieselbe Richtung, wie ein Fluss.

Als ich wieder so weit genesen war, dass ich aus dem Haus gehen konnte, fand ich eine kurze Meldung in der »Trybuna Wałbrzyska«, deren archivierte Ausgaben ich mir in der Bibliothek unter den Atlanten auslieh. Die alte Bibliothekarin nahm die Leihzettel entgegen und sah mich so mitleidig an, dass ich mir die Fingernägel in die Handfläche bohren musste, um nicht zu weinen. Von dieser Methode, die Tränen zurückzuhalten, würde ich später noch oft Gebrauch machen. Ich las die Meldung von Ewas Selbstmord, und um mich herum ging das Leben seinen Gang: Eine Gymnasiastin mit altklugem Eidechsengesicht notierte etwas in ihr Heft, ein älterer Herr blätterte in einer Enzyklopädie und kaute an seinem Bleistift. Die alte Bibliothekarin brachte mir eine Schokoladenwaffel und seufzte über das Mädchen, das statt in der Schule hier im Lesesaal für Erwachsene saß. Erst beim Lesen der Zeitung drang wohl wirklich zu mir vor, was passiert war, und ich bemerkte zum ersten Mal die Kraft der Worte, die Ewas Tod wirklich und unumkehrbar machten:

TRAGISCHER SELBSTMORD EINER SCHÜLERIN
Im Wald bei Schloss Fürstenstein hat sich die 17-jährige Gymnasiastin Ewa T. mit einer tödlichen Dosis Beruhigungsmittel das Leben genommen. Die jüngere Schwester Alicja T. wurde im Zustand starker Unterkühlung bei Ewa T.s Leichnam von einer Unbekannten aufgefunden, die sie auf dem Rücken durch den Wald trug, sich aber zurückzog, als der Krankenwagen kam. Augenzeugen konnten keine Personenbeschreibung geben. Die Schwestern Ewa und Alicja T. wuchsen beim Vater auf, dem Historiker Adam T., der bislang keinen Kommentar zu dem tragischen Vorfall abgeben wollte. Die Gründe für den Selbstmord der 17-Jährigen sind unbekannt.

Ewa hatte die Tabletten unserer Mutter geschluckt, die immer noch überall im Haus herumlagen. Vater hatte mit Herrn Alberts Hilfe ihre persönlichen Dinge beseitigt, aber nicht an alles gedacht. Unsere Mutter war verschwunden, doch es war ihr gelungen, etwas von sich zurückzulassen, das Ewa tötete. Ich war mir sicher, dass Katzmarska mir das Leben gerettet hatte, denn niemand sonst hätte gewusst, wo ich zu finden war. Als ich viele Jahre später die Wilde Baśka kennenlernte und ihr half, beglich ich auf diese Weise meine Dankesschuld bei Katzmarska, die ich nie wiedergesehen habe. Schade, denn ich hätte sie gern gefragt, warum sie nicht auch Ewa das Leben gerettet hat.

Betäubt von Schmerz saß ich über dem Brief meiner Schwester. Verlorene Möglichkeiten, begrabene Hoffnungen, alles, was wir als erwachsene Frauen hätten zusammen machen können, zog vor meinem inneren Auge vorbei wie ein Zug, der Menschen auf eine Reise mitnahm und uns stehenließ. Ich holte das Brotmesser aus der Schublade, das unverwüstliche Gertrud Blütchen, nahm die rechte Pfote des roten Bären und trennte Ewas dreißig Jahre alte Naht auf. Heraus fiel eine Rolle Banknoten, die schon lange keinen Wert mehr besaßen. Die Scheine, mit denen Dawids Vater Ewa hatte kaufen wollen. Ich spürte, dass ich sofort dieses Haus verlassen musste. Etwas Lebendiges berühren musste. Ich stieß die Gartenpforte auf, die mein Grundstück von Herrn Alberts trennte, sah Licht in Marcins Zimmer und flog darauf zu wie ein Nachtfalter. Unter dem Fenster reckte ich mich auf die Zehenspitzen und klopfte an die Scheibe. Das Fenster ging auf.

»Alicja«, sagte Marcin. Es gefiel mir, wie er meinen Namen aussprach.

»Meinst du, wir könnten einfach zusammen ins Bett gehen?«, fragte ich. Er blickte mich mit dem typischen traurigen Ernst an und ich bangte einen Moment, er könne ablehnen.

»Ins Bett«, wiederholte er, und das Wort klang aus seinem

Mund wie der Name eines exotischen Landes. Als hätte ich ihm mitten in der Nacht eine Reise auf dem Kamelrücken von Wałbrzych nach Malawi vorgeschlagen. Er nickte und sah mich immer noch an, vielleicht befürchtete er irgendeine List. Für alle Fälle fügte ich hinzu:

»Ins Bett, Sex ohne jede Verpflichtung, einfach vögeln und alles vergessen.«

»Alicja«; sagte er noch einmal und lächelte, als wäre es das letzte Lächeln aus seinem Vorrat. Er streckte die Hand aus und half mir hinein.

Drinnen waren ein Schreibtisch mit Papieren und dem neuesten iPod-Modell und ein Bett. Das Bett. Wir standen einander gegenüber, und mein Verlangen, mich an Marcin zu schmiegen, seinen Körper zu berühren, einen lebendigen und warmen Körper, ließ sich nicht unterdrücken. Der Mann, der vor mir stand, war groß und dünn. Er hatte ein hübsches, klar gezeichnetes Gesicht. Einen Körper, der vielversprechend wirkte. Diesen Körper wollte ich kennenlernen, seine Geschichte erfahren. Ich legte meine Hand auf Marcins Brust. Er trug ein dünnes blaues T-Shirt, und ich fühlte sein Herz schlagen. Ich ließ meine Hand hinunter zum Bauch gleiten. Eine der schönsten Stellen des menschlichen Körpers, ob männlich oder weiblich, ist ein flacher harter Bauch. Mit dem Nabel in der Mitte, wo der Körper provisorisch zugeknotet ist, dem Zeichen, dass das Intimste und Ureigene einmal Teil eines anderen Körpers gewesen ist. Ich habe vor Jahren einen japanischen Dichter kennengelernt, der meinte, jeder Bauchnabel sei ein Kanji-Zeichen, in dem die Vorsehung dargestellt sei. Dass er in meinem Nabel las, wollte ich dennoch nicht. Jetzt bedauerte ich das, denn er war mir wie ein kluger Mensch vorgekommen und hätte mir vielleicht sagen können, ob ich dieses Abenteuer hier unbeschadet überstehen würde. Marcin zog sich sein T-Shirt über den Kopf, und als er die Arme hob, sah ich eine Narbe auf seiner Brust, ähnlich wie meine. Dunkle Haare umrahmten die Brustwarzen und verliefen in einer schmalen Linie nach unten.

Ich zog meine Bluse aus, darunter war ich nackt. Marcin berührte meinen Bauch, küsste meine Narbe und nahm meine Brustwarze in den Mund, er hatte eine Zunge wie eine Katze, rauh und zart zugleich, flink.

»Zieh dich aus«, sagte ich und schlüpfte aus meinen Jeans. Er spielte mir nichts vor, blies sich nicht auf, kämpfte nicht mit mir. Und er versuchte nicht, besser auszusehen, als er aussah. Er wusste, was ich wollte, und machte mir sich selbst zum Geschenk. Als er mit seinen Händen meinen Körper entlangstrich, war es, als taste er eine Marmorskulptur ab und prüfe, ob der Künstler nicht gepfuscht und misslungene Stellen mit Wachs verklebt hatte.

»Glatt und stark«, sagte er und fuhr mit der Hand zwischen meine Schenkel. »Nass.« Er lächelte, und ich dachte, dass er seinen Vorrat doch noch nicht aufgebraucht hatte. Er hatte einen schönen Po, den kleinen und festen Po eines Läufers. Sein Glied war schon steif. Am rechten Oberschenkel entdeckte ich eine größere Narbe wie von einer unvernähten und schlecht verheilten Wunde. »Eine lange Geschichte«, sagte Marcin, und ich nahm sein Glied in die Hand und begann es zu liebkosen. Ich wusste nicht, was ich mehr wollte: seinen Körper oder die Geschichte, die bei einer alten Narbe am Oberschenkel ihren Anfang nehmen könnte.

»Leg dich hin.« Er tat es, streckte sich einfach mit leicht geöffneten Beinen auf dem Bett aus. »Nicht bewegen«, bat ich.

»Komm her«, sagte er lächelnd und schob seine Hüften ein wenig zurecht, als ich mich auf ihn setzte. Eine Erfüllung an der Grenze zum Schmerz, die sie niemals überschreitet und die man dennoch nie vergisst. Mit einer Hand berührte er meine Brust, mit der anderen die Klitoris.

Ich schlief mit einem Mann, über den ich nahezu nichts

wusste, aber liebend gern mehr gewusst hätte. Die Nähe zweier Körper in der Lust, die gleiche Bewegung und der gleiche Rhythmus wie beim Laufen, das war es, was ich gebraucht hatte. In ein »Mehr« durfte ich mich nicht verstricken. Vielleicht würde ich nie andere Arten von Nähe kennenlernen, dieser traurige Mann konnte mir schließlich meine Schwester nicht ersetzen. Am frühen Morgen liebten wir uns noch einmal, und als Marcin mit seinem Kopf zwischen meine Schenkel eintauchte, kam ich wieder zum Höhepunkt, schneller, als ich wollte. Ich stellte mir unsere vermischten Gerüche vor, schmeckte sie auf seinen Lippen. »Mehr«, sagte ich laut oder vielleicht auch nur in Gedanken. Als wir danach im heller werdenden Morgenlicht nebeneinanderlagen, dachte ich, in so ein Zimmer könnte ich zurückkommen, nachts durch das Fenster einsteigen, direkt in einen warmen, guten Körper. Ich betrachtete den Bauchnabel meines Geliebten. In einem Buch über den Buddhismus hatte ich vor kurzem eine Hieroglyphe gefunden, die »die Leere« bedeutete und mir aus irgendwelchen geheimnisvollen Gründen im Gedächtnis geblieben war. Und so sah der Bauchnabel des Mannes aus, durch dessen Fenster ich in einer kalten Novembernacht geklettert war. Marcin fragte mich nach nichts, da er verstand, dass diese Nacht außergewöhnlich war und weder ein Ende noch einen Anfang bedeutete, sondern mich nur auf die andere Seite gelangen ließ.

Auf der anderen Seite

Das Engelchenheim in Stary Zdrój sah selbst an sonnigen Mittagen unheilverkündend aus, bei Novembergrau und Schneeregen erst recht. Bei einem Wettbewerb um das schlechteste Wetter im Land hätte diese Stadt beste Chancen, Sonnentage kamen hier so gut wie nie vor. Ich parkte im Matsch, in den sich der schöne nächtliche Schnee verwandelt hatte. Das pseudogotische Bauwerk aus rotem Backstein wurde von zwei Türmchen flankiert, und die Tür, die in sein Inneres führte, war seltsam klein, wie für Kinder oder Zwerge bestimmt. Hier hatte die schwarzäugige Kalinka Jakubek gewohnt, von hier war sie verschwunden und hatte nur ihre Plüschkatze zurückgelassen. Das Engelchenheim stand neben einer niedrigen Kirche, die immer »die Weiße« genannt wurde, und grenzte an den alten Friedhof, auf dem Vater und Ewa begraben waren. Dort liegt meine Familie, dachte ich und spürte die Schwere dieser Worte: Mein Vater und meine Schwester lagen dort im Dunkel und gehörten zu mir.

Vor dem Krieg wurde das Gebäude von Ordensschwestern bewohnt, die hier ein Hospiz führten. Stary Zdrój, wie Sobięcin heute ein verfallender Stadtteil voll Armut und Arbeitslosigkeit, hieß früher einmal Altwasser und war ein eleganter Kurort gewesen. Die Heilquellen, die hier sprudelten, hatte später der Bergbau zerstört, auch die Quelle, die den Brunnen in der Schmerzensmutterkirche speiste, war ihm zum Opfer gefallen. Stary Zdrój, ein sehr grüner Stadtteil, lag in der Nähe des eleganten Nowe Miasto, den Ordensschwestern musste es hier gut gegangen sein. In einem Artikel, den Celestyna für mich ausgegraben hatte, wurden sie für ihren neuartigen Umgang mit Sterbenden gelobt, um die sie sich hingebungsvoll gekümmert haben sollen. Sie hatten auch Patienten aufgenommen, die zu arm waren, um sie mit Zuwendungen zu unterstützen, und als eine dieser Personen wurde eine gewisse Amelia Katz erwähnt, die weder festen Wohnsitz noch Einkommen, dafür aber mehr als hundert Jahre auf dem Buckel und zwei Katzen im Gepäck gehabt hatte. Der Stolz der Schwestern war ihr üppiger Garten, der schönste in der ganzen Umgebung. Im Kirchenblatt wurde angedeutet, hier hätten sich in den dreißiger Jahren übernatürliche Dinge ereignet. Angeblich führte vom Krankenhaus der Schwestern ein Weg geradewegs in den Himmel, wie der Autor feierlich schrieb, und als die hundertdreijährige Amelia Katz schließlich gestorben sei, hätten zwei Zeugen – eine Ordensschwester namens Agnes und der Gärtner – mit eigenen Augen die Schmerzensmutter gesehen. Wałbrzychs Patronin sei über einem blühenden Levkojenbeet zu den Klängen von Pergolesis *Stabat Mater* in die Höhe geschwebt, »den Ausdruck himmlischen Friedens« auf ihrem traurigen Gesicht.

Auf einer verblichenen Fotografie posierten die barmherzigen Schwestern in einem abgezirkelten Grüppchen vor dem Gebäude, die Ordensvorsteherin in der Mitte, rechts und links einige Patienten in Rollstühlen. Auf den Rabatten zu beiden Seiten standen die Blumen in voller Blüte und leuchteten wegen der Überbelichtung weiß wie die Schwesternhauben, vorn spazierten gemessenen Schrittes zwei Katzen durchs Bild. Im Jahr 1942 gaben die Schwestern ihren Sitz auf und verließen Wałbrzych. Im Frühherbst jenes Jahres hatte sich nämlich eine Tragödie ereignet, wie die Zeitungen eingehend beschrieben. Jemand zündete drei Patienten in ihren Zimmern an. Die beiden Frauen und der Mann verbrannten bei lebendigem Leib, und die dreiundzwanzigjährige Schwester Agnes, die zur Rettung herbeilief, trug Verbrennungen im Gesicht davon. Der Gärtner, der alle schwereren Arbeiten für die Ordensschwestern erledigte, erzählte, bevor das Feuer ausbrach, seien im Krankenhaus bereits andere schlimme Dinge geschehen. Erst habe ein Übeltäter die Blumen und Himbeersträucher niedergetrampelt und junge Bäume umgeknickt, ein paar Wochen später dann Amelias weiße Katzen am Gartentor aufgeknüpft. »Das Böse wuchert«, sagte der Gärtner, »das Böse wuchert, überall sind sie zu sehen.« Ich sah noch einmal nach, ob ich die deutschen Verbformen auch nicht verwechselt hatte. Nein, es stimmte – »sind sie zu sehen«. Irgendetwas machte mich stutzig, als ich mir die Gestalt des Gärtners auf der Fotografie näher ansah. Die Proportionen. Sein Gesicht, sein Alter waren nicht zu erkennen, aber der auf einen Spaten gestützte Mann hatte eine deutlich missgestaltete Silhouette. Eine Hälfte seines Körpers war kürzer, er hatte einen Buckel. Es war Fredi der Gärtner aus Herrn Alberts Geschichte, ich war mir sicher! Der Brandstifter wurde nie gefunden. Die Schwestern hatten erst darum gebeten, einen Exorzisten beiziehen zu dürfen, und als dessen Bemühungen zu keinem Ergebnis führten, baten sie um ihre Umsiedlung.

Nach dem Krieg wurde in dem verlassenen Gebäude ein staatliches Kinderheim eingerichtet. Das Engelchenheim war erst seit fünfzehn Jahren in Betrieb. Sein Leiter, Marian Waszkiewicz, war ein verdienter Bürger der Stadt, eine jener honorigen Bezeichnungen, hinter denen sich vom rechtschaffenen Menschen über das gerissene Schlitzohr bis hin zum letzten Schuft alles verbergen kann. Auch wenn das Gebäude einigermaßen gepflegt aussah, ging eine bedrückende Traurigkeit von ihm aus. Hinter einem Maschendrahtzaun hockte ein kleiner Junge im Sandkasten, grellbuntes Spielzeug um ihn herum, er hatte sehr helles, fast weißes Haar. Ich musste an die erhängten weißen Katzen denken, seine Haare fühlten sich bestimmt weich an wie Katzenfell. Ich verspürte wenig Lust, hineinzugehen, zugleich fühlte ich mich von dem düsteren Gebäude angezogen. Ewa hatte es gefallen. Ich erinnere mich an einen Spaziergang, bei dem wir durch den Zaun den spielenden Kindern zuschauten, meine Schwester sagte: »Schade, dass wir nicht dort sind.« – »Warum?« – »Wie – warum? Stell dir doch nur vor, Stephanie Harper würde uns adoptieren und nach Australien mitnehmen. Sie würde sich auf den ersten Blick in uns verlieben. Diese beiden Mädchen und keine anderen! Ich würde in Australien Fotomodell werden und du Krokodilbändigerin. Mit Stephanie würden wir die ganze Welt bereisen. Paris, Peking, Tokio und Madras! Würdest du das wollen?« – »Ja!« Ich wollte von einem Krokodil angefallen werden wie Stephanie, die daraus nur noch schöner und stärker hervorgegangen war. Ich wollte alles, was Ewa wollte. Plötzlich spürte ich die Anwesenheit meiner Schwester, ein Teil ihrer Existenz war wie Ektoplasma am Zaun des Kinderheims in Stary Zdrój haften geblieben und träumte von Australien. Der weißhaarige kleine Junge füllte einen rosa Eimer mit Sand und schüttete den Inhalt um in einen blauen. Danach leerte er alles aus und fing wieder von vorne an. Der Junge bemerkte mich, duckte sich wie ein kleines Tier und rannte zum Gebäude hinüber. Schade, dass ich ihn beim Spielen gestört hatte. Auf einmal spürte ich, dass mich jemand beobachtete. Etwas Rotes blitzte im Fenster des südlichen Turmes auf. Ich holte tief Luft und bedauerte, dass ich, erschöpft von der Nacht mit Marcin, heute Morgen nicht laufen gegangen war.

»Willkommen in unseren bescheidenen vier Wänden!« Maria Waszkiewicz, die Frau des Heimleiters, die ich vor nicht allzu langer Zeit bei der Kirche an Jerry Swans Seite gesehen hatte, roch durchdringend nach Maiglöckchen und aufgewärmtem Wursteintopf. Ihr pralles Kostüm mit glänzendem Blutwurstmuster raschelte. In der übertriebenen Geste, mit der Maria Waszkiewicz mir den Weg wies, lag etwas Abstoßendes, die klebrige Unterstellung, ich käme mit unanständigen Absichten zu ihrem Mann.

Im Zimmer des Heimleiters fläzte sich ein Ledersofa wie ein

ausgestopftes Nilpferd, zwei Sessel und ein massiver Schreibtisch mit Piłsudski-Büste rundeten das Bild ab. Hinter dem Schreibtisch saß Marian Waszkiewicz, ein Mann von mächtiger Statur und mit erhöhtem Blutdruck, beleibt, aber rüstig, eine Krawatte um den Hals. In seinem Mund, den gekräuseltes Barthaar umsäumte, steckte eine Pfeife. Ich sah mich nach etwas Gefälligerem um, auf dem mein Blick ruhen konnte. Die Wand zwischen den beiden Fenstern zierte ein laienhaftes, an Schischkin erinnerndes Landschaftsgemälde. Marian Waszkiewicz schritt voll männlicher Tatkraft auf mich zu. Ich ahnte Schlimmes, und als er versuchte, meine Hand an seine umkräuselten Lippen zu heben, hielt ich den Arm eisern gesenkt. Er zerrte, kämpfte und lenkte schließlich resigniert ein: »Frau Ala, Frau Ala, das Vergnügen ist ganz meinerseits.«

»Alicja Tabor. Danke, dass Sie sich zu einem Treffen bereit erklärt haben.«

»Meine Pfeife stört Sie doch hoffentlich nicht?«, fragte er. Ich verneinte. »Wenn ich mich aufrege, gönne ich mir immer ein Pfeifchen. Wenn Sie auch Lust auf ein Zigarettchen haben, zieren Sie sich bitte nicht. Mit diesen Verboten übertreiben die da oben ganz gehörig. Bald wird man nicht mal mehr im eigenen Haus rauchen dürfen, weil sie da auch noch Rauchmelder anbringen. Oder irgendwelche Melder am Bett! Ha, ha, ha.« Er lachte, als ob er das Lachen erst hätte lernen müssen. Unter der aufgesetzten Jovialität verbarg sich ein Mensch am Rande der Verzweiflung. »Meine Frau bringt uns einen Kaffee«, setzte er hinzu und rief, bevor ich protestieren konnte: »Maryśka!« Er bemerkte, dass ich die Waldlandschaft betrachtete, und stieß einen Seufzer aus, dass sich die Papiere auf dem Schreibtisch bauschten. »Polesien. Ach, Polesien, Polesien, Land meiner Ahnen. Alter Adel aus der Pińsker Gegend. Der eigenen Erde entrissen, in fremdes Land geschmissen. Vertriebene! Waren Sie einmal dort?«

»In Polesien? Ja, da bin ich schon gewesen«, antwortete ich wahrheitsgemäß.

»Oh«, sagte er erschrocken, »Sie waren dort. Ist es schön? Aber sicher, wunderschön!«, beantwortete der Polesier sich seine Frage selbst. »Am allerschönsten. Und es verschwinden keine Kinder.«

»Waren Sie denn dort?«

»Ich«, warf er sich in die Brust, »trage die polesische Erde in meinem Herzen. Dieses Bild hier«, er zeigte auf die Waldlandschaft, »habe ich selbst gemalt. Mit dem Herzen!«

Seine Ehefrau Maria unterbrach uns mit Kaffee und Schokoladenplätzchen. Sie lagen aufgereiht auf dem Teller wie die toten Vögel aus Herrn Alberts Geschichte.

»Zucker?«, fragte sie, und als ich antwortete: »Keinen Zucker, danke«, echote sie missbilligend, »keinen Zucker«, und die Abneigung knarrte in ihrer Stimme wie Styropor.

»Und da geht sie hin, die Ge-mah-lin!« Der Ehemann winkte ihr hinterher und distanzierte sich mit seinem ganzen Selbst von der dicklichen Ehefräulichkeit seiner Maryśka, als heckten wir zwei etwas aus. Als die Tür sich geschlossen hatte, kam er auf das Bild zurück.

»Das hätten Sie nicht gedacht, was?«

»Was?«, fragte ich und dachte, er spräche von der verschwundenen Kalinka.

»Dass ich es selbst gemalt habe, ich wette, das hätten Sie nicht gedacht!«

»Sie haben es wirklich selbst gemalt?«, wunderte ich mich höflich und bemerkte ein gutes Zeichen: Marian Waszkiewicz heftete sehnsuchtsvoll seinen Blick auf meine Ohren. Wahrscheinlich brauchte er nur etwas Anlauf, bevor er zur Sache kam. Daher fuhr ich fort: »Sie müssen eine sehr empfindsame Seele haben.«

»Eine Seele, so zart wie ein Schmetterling«, freute sich Marian Waszkiewicz, »in einem männlichen Körper, der auch noch ganz gut in Schuss ist. Schon als ich klein war, zog es mich immer zu den Farben hin. Der Sinn für Kunst liegt mir im Blut. Erst später kam das weibliche Geschlecht dazu. Aber das ist eine Kunst für sich! *Ars amandi.* Ha, ha, ha.«

»Ha, ha«, bestätigte ich.

»In der Schule haben sie immer gesagt: Aus dem wird mal ein neuer Matejko. Oder Kossak, denn Pferde habe ich immer gerne gemalt. Wild und frei. Pferde im Galopp, Ulanen, Reitersmänner, hej. Alte Zeiten, andere Zeiten, andere Leute. Zur Kunstakademie wollte ich, meine Seele strebte immer zur Kunst. Dann ist alles anders gekommen. Ich habe Pädagogik studiert, aber in meiner freien Zeit, da hab ich immer gemalt, Farben, Staffelei, Porträts, Akte, Mädchen. Ha, ha, ha.« Er nahm einen Kugelschreiber vom Schreibtisch, runzelte die Brauen, kniff ein Auge zu und tat, als wollte er mich skizzieren. »Sie würde ich zum Beispiel gerne porträtieren. Die hohe Stirn, die sinnlichen Lippen, die Schultern.«

»Sie sind ein wahrer Heißsporn«, sagte ich.

»Freilich, ein Polesier eben! Kühn wie ein Ulan. Aber auch romantisch. Die heutige Jugend kennt das gar nicht mehr. Sagen Sie selbst!«

»Manche mehr, manche weniger«, sagte ich vorsichtig.

»Den Eltern auf der Tasche liegen, nur vor dem Computer hocken, das ist die Jugend von heute!« Heimleiter Waszkiewicz schlug mit der Faust auf den Tisch.

»Und Ihr Sohn?«

»Marekchen?«, er sprach den Namen seines einzigen Kindes im Ton der Verwunderung aus, als hätte er noch viele andere Söhne und fragte sich, warum ausgerechnet dieser eine mich interessierte. »Der Junge muss seinen Weg noch finden«, seufzte er. »Begabt, aber faul. Ich in seinem Alter, wissen Sie, was ich da gemacht habe?« Der echte Polesier sah mich – genauer gesagt, meine Ohren – mit leicht getrübtem Blick an, in dem ich den brennenden Wunsch las, seine Geschichte erzählen zu dürfen. Dieser Wunsch glänzte auf dem Boden der Verzweiflung wie eine Glücksmünze in einem Brunnen. Ich verstand, dass er diesen Ort, an dem ein Kind verschwunden war, für kurze Zeit verlassen und Atem schöpfen musste.

»Was haben Sie gemacht?«, fragte ich, denn in meinem Beruf findet man manchmal die Antworten, die man braucht, wenn man der anderen Person genau die Fragen stellt, die sie hören möchte.

Marian Waszkiewicz richtete sich auf und holte Luft: »Wo Sie mich schon darum bitten. Und Ihre Ohren spitzen. Sie sind zu jung, um sich daran zu erinnern, aber im Kommunismus ging es nicht ohne Tricks. Die haben uns derart in die Zange genommen, dieses rote Pack, aber einem Polesier, dem ist kein Bolschewik gewachsen! Ein Polesier macht so einen Bolschewiken fertig mit links, spießt ihn mit dem Säbel auf. Ha, ha, ha.«

»Ha, ha?«, ermunterte ich ihn.

»Im Studium, als mein Sohn geboren wurde, da habe ich ein Urlaubssemester genommen und bin erst mal los in die weite Welt! Mit einem Kommilitonen, den ich in Wrocław kennengelernt habe, auch ein Polesier, und was für einer! Tadeusz, Tadzik. Dieser Tadzik! Vier Jahre lang hat der bei mir im Studentenheim mitgewohnt. Aus einem Teller und so weiter, wir zwei, immer zusammen, manchmal ging da ganz schön die Post ab. Richtige Männerfreundschaft eben. Männersache. Tadzik hat's vor ein paar Jahren erwischt. Krebs. Kennen Sie das, so eine richtige Männerfreundschaft?«

»Ich glaube, nein.«

»Ha! Tadzik und ich, wir haben in der Schweiz Grafiken verkauft. Haben so getan, als wollten wir in den Bergen zelten gehen. Was für Geschichten wir uns ausgedacht haben, wir beide konnten jeden an die Wand reden, waschechte Polesier. Der Zollbeamte fragt uns, *Wohin?*, *Warum?*, *Was ist das?*, und wir, Studenten eben, wollen in die Schweizer Berge, hej! Ist schon immer unser Traum gewesen, die Berge zu sehen! Und was ist in dem Rucksack? Na was wohl, das Zelt. Nur ein Zelt! Und wissen Sie, was es in Wirklichkeit war?«

Wenn ich geantwortet hätte, dass mich das nicht interessiere – was im Übrigen eine Lüge gewesen wäre –, dann wäre von Marian Waszkiewicz nur ein Häufchen Elend übriggeblieben.

»Was war es denn?«

»Ha, ha, ha. Alles, was man zum Zeichnen braucht, das ganze Werkzeug in Plane eingewickelt, sah aus wie ein Zelt. Der Zollbeamte dachte, es wären Heringe und ein Mückennetz. Ha, ha, ha. Einem Polesier, dem ist kein Zollbeamter gewachsen! Tadzik war fürs Technische zuständig, ich fürs Künstlerische, ein eingespieltes Duo, alles zu vier Händen, nach Männerart. Schulter an Schulter, ich und Tadzik. Künstler wie Chrostowski, Skoczylas. Oder Grabiński! Der ging uns von der Hand wie geschmiert.«

»Sie haben also Grafiken kopiert?«

»Und wie! Aber nicht kopiert, künstlerisch zur Vollendung gebracht. Hier eine Katze dazugesetzt, dort ein Vögelchen. Ha, ha. Die Schweizer haben's gekauft, die waren sich sicher, dass das Originale sind, Unterschrift war ja drauf und so weiter. Am meisten haben wir Grabińskis gemacht, aber nebenher hab ich auch mal eine Skizze von Kossak oder sogar ein Witkacy-Porträt hingekriegt. Vor allem, wenn ich einen intus hatte. Ha, ha, ha. Und das war noch gar nichts für mich! Kühn wie ein Ulan.«

»In der Tat«, gab ich zu, »wie ein Ulan.«

»Wir haben das Geld gerochen und sind immer dem Geruch nach, wie zwei Windhunde, wie zwei junge Löwen. Ich und Tadzik. Von Tür zu Tür sind wir gegangen, haben geklopft, und dann immer dieselbe Leier: Studenten von der Kunstakademie, hätten da was Besonderes zu verkaufen. Erinnerungsstücke von der Großmutter, von den Juden aus Krakau, aus den Trümmern von Warschau.«

»Faszinierend«, musste ich zugeben.

»Ha! Einmal gehen wir so durch Zürich und sehen da ein Appartementhaus, alles hochglanzpoliert, und der Hausmeister in Livree guckt uns schief an. Wir tun so, als könnten wir kein Wässerchen trüben, ein kleiner Spaziergang, aber in dem Moment seh ich, dass von hinten ein Lieferwagen vorfährt, und ich stoße Tadzik an. Tadzik sagt, das ist unsere Chance, und wir hämmern ganz selbstsicher gegen die Hintertür, Lieferanten, eine Lieferung für Sie. Die sind immer drauf reingefallen, wir mussten bloß mit dem Studentenausweis wedeln, da haben die gar nicht draufgeguckt. Ha, ha. Diese Schweizer! Wir haben erst unten angefangen, aber das hat nicht hingehauen. Hier ein Dienstmädchen, nein, die Herrschaften sind nicht da, dort eine taube Alte. Da hab ich plötzlich eine Eingebung und sag zu Tadzik: Weißt du was, Tadzik, oben müssen wir anfangen. – Und jetzt kommt das Beste.« Der erhobene Zeigefinger des Polesiers gebot mir aufzupassen. »Als der Typ uns aufgemacht hat, wusste ich sofort, irgendwoher kenn ich den. Groß, gutaussehend, dunkel. Männlich, nicht wie die Weicheier von heute. Wir leiern unseren Spruch runter, Grafiken zu verkaufen, und er bittet uns herein, Kommen Sie doch rein, trinken Sie ein Gläschen? – Na klar. Man muss die Feste feiern, wie sie fallen! Er geht also zur Hausbar, gießt uns Whiskey ein, vierzig Jahre alten Single Malt, und wir stehen nur da und gaffen. Ein richtiger Palast, Marmor und Kristall, vergoldetes Zeug, Ledersofas die ganzen Wände lang, Feuerwaffen und Blankwaffen, vorm Kamin ein Tigerfell. An den Wänden Picasso, Modigliani, bestimmt drei Kossaks. Dazu riesige Porträts vom Hausherrn. In Uniform, mit Epauletten, allem Drum und Dran, mit Orden, zu Pferde. Das Pferd ein reinrassiger Araber, schwarz. Und da hab ich ihn erkannt. Sie werden's nicht erraten!« Marian Waszkiewicz sah mich schelmisch an, seine Augen blitzten.

»Ich errate es nicht«, musste ich zugeben.

Er hielt inne, legte die Pfeife weg.

»Omar Sharif! Er hat uns alle Grafiken abgekauft, die wir hatten, und sagt zu uns: Wenn ihr wieder mal in Zürich seid, dann kommt doch vorbei, Freunde. – Aber dann war hier Kriegszustand«, seufzte Marian Waszkiewicz, »und alles war vorbei. Ich frag mich manchmal nur, ob Omar sich noch an mich erinnert.«

»Und nach dem Studium sind Sie nach Wałbrzych gekommen und Leiter des Engelchenheims geworden«, lenkte ich das Gespräch in neue Bahnen.

»Den Namen habe ich mir selbst ausgedacht, Engelchenheim, meine ich, denn die Kinder hier brauchen himmlische Hilfe. Sie sind selten echte Waisen. Sitzen zwischen allen Stühlen. Bevor den Eltern das Sorgerecht abgesprochen wird, ist das Kind schon zu alt für eine Adoption und bleibt bis zum Schluss hier. Ein Vierjähriger ist schon übers Datum und hat keine großen Chancen mehr. Alle wollen Kleine, damit die sich an nichts erinnern.«

»Und Kalinka Jakubek? Wollte die auch niemand?«

Marian Waszkiewicz sah mich scharf an, offenbar überlegte er, ob man mir trauen könne.

»Ich habe da so meine Theorie«, sagte er schließlich.

»Welche?«

»Dass die nur schlechte Kinder nehmen.«

»Wer?«

»Die Entführer.«

»Welche Kinder sind denn schlecht?«

»Die aus einem schlechten Haus kommen. Ich hab das alles durchdacht, hab mir den Kopf zerbrochen.« Zur Untermalung tippte er sich an die Schläfe. »Aber das schreiben Sie ja nicht ohne Autorisierung, was?«

»Nein. Sagen Sie mir, worauf Sie dabei gekommen sind.«

»Unter uns?«

»Unter uns.« Ich schaltete das Diktafon aus.

»Dieses Mädchen da aus Nowe Miasto. Die kleine Mizera.«

»Andżelika Mizera«, half ich nach.

»Andżelika Mizera. Von diesen Mizeras, da hab ich schon vier hier gehabt. Säufer, Huren, Nichtstuer und Diebe.«

»Alle?«

»Wer will die schon zählen? Ha, ha. Die Mizera-Kinder kommen hierher, dann gehen sie nach Hause zurück, und kurz darauf stehen sie wieder vor der Tür, denn was ist das schon für ein Zuhause. Sodom und Gomorrha. Einer von den Mizeras sitzt wegen Beihilfe zum Mord, der Cousin von Andżelikas Mutter war wegen Vergewaltigung im Knast, und als er rauskam, hat er sofort ein Auto geknackt, eine andere Mizera hat sich neulich so besoffen, die ist nackt auf einen Förderturm geklettert, hat gebrüllt: Ich kann fliegen wie ein Schmetterling, und ist runtergesprungen. Sechs Kinder hat sie hinterlassen. Zwei sind zu uns gekommen, den Rest haben sie aufgeteilt, wo eben Platz war. Vermehren sich wie die Karnickel, jeder mit jedem. Wenn Sie mich fragen, dann haben wir hier in Polen das Problem, dass nicht die Richtigen die Kinder kriegen. Die Intelligenz kriegt eins, höchstens zwei, die Asozialen gleich ein Dutzend. Haben Sie zum Beispiel Kinder?«

»Nein.«

»Ha! Ein ähnliches Problem ist übrigens das mit den Ausländern. In Polen ist es ja zum Glück noch nicht so weit, wir haben hier nur Zigeuner, eine Handvoll Vietnamesen, aber gucken Sie sich mal England oder Deutschland an.«

»Mögen Sie keine Fremden?«

»Mögen oder nicht, das tut nichts zur Sache, aber als Polesier sag ich's Ihnen mal so: In einem Adlernest ist kein Platz für Krähen oder Spatzen. In einem hat dieser Jerry Swan ja schon recht, unser Polen muss von Dreck gereinigt werden. Von allem Dreck.«

»Und das wäre?«

»Ich zum Beispiel würde mir wünschen, dass es keine Kinderheime mehr geben müsste. So eine Mutter von der Andżelika Mizera. Ich will's ja nicht aussprechen vor einer schönen Frau wie Ihnen, aber jedes mit einem anderen, null Kultur. Schon Napoleon hat gesagt, in Polen habe ich mit dem fünften Element zu kämpfen gehabt, mit dem Schmutz. Der Staat müsste gegen solche Dinge vorgehen.«

»Wie denn?«

»Wie? Da gibt's doch Methoden. Da hat eine schon zwei Blagen, und keiner weiß mit wem, sie säuft, arbeitet nicht? Sterilisieren. Bisschen was zurechtschnippeln, dann kann die Frau sich austoben, so viel sie will.«

»Ohne sie zu fragen, was sie davon hält?«

»Ja, glauben Sie denn, so eine kapiert das? Wissen Sie eigentlich, was für Kinder hierherkommen?«

»Was für Kinder denn?«

»Gebrochene Kinder! Wir versuchen sie wieder zusammenzukleben, aber manchmal klappt es nicht, weil ein Stück fehlt, und das, was man zusammenklebt, fällt am nächsten Tag wieder auseinander. Weil das Kind kaputt ist wie ein zertretenes Spielzeug. Es gibt Kinder, da reicht ein einziger Schlag, und es bleibt ein Riss zurück. Und die Kinder hier haben Spuren von Schlägen, da denk ich mir, wenn ich das seh: Du Scheißkerl, versuch das mal bei mir, dann kriegste aber zu spüren, was Schläge auf Polesisch sind. Als Tadzik noch lebte, da hatten wir manchmal ganz schön Lust, den einen oder andern zu verkloppen. Ist viele Jahre her, aber aufregen kann ich mich immer noch. Manchmal hat's mich schon in den Fingern gejuckt, aber meinen hab ich nie geschlagen. Wenn ein Vater ohne Schläge keine Disziplin halten kann, dann ist das kein Vater, sondern ein Arschloch, Verzeihung.«

Gegen meinen Willen lächelte ich diesen traurigen und nicht besonders hellen Mann an, der aufgebracht seine Pfeife paffte und den Rauch in Piłsudskis bronzenes Ohr blies. Seine hängenden Wangen waren äußerst gut durchblutet, und ich bekam Angst, er könnte einen Schlaganfall erleiden.

»Würden Sie ein Kind schlagen?«

»Niemals.«

»Ha!« Jetzt war er es, der mich anlächelte, und in diesem Lächeln sah ich einen Schimmer des wilden Draufgängers, der er einmal gewesen war. Marian Waszkiewicz' Wut kühlte langsam ab, seine Gesichtsfarbe normalisierte sich.

»Und was ist mit Kalinka Jakubeks Eltern?«

Er blickte mich an, als wäre er gerade aus dem Wasser aufgetaucht. Die Lust am Geschichtenerzählen ließ seine Augen leuchten, und ich begriff, wie viel Spaß es ihm gemacht haben musste, den gutgläubigen Schweizern die Märchen von den Kossaks und Witkacys aufzutischen.

»Das wissen Sie also nicht.« Ich wartete, er blickte auf meine Ohren und hielt es schließlich nicht mehr aus. »Kalinka Jakubek ist meine Schöpfung. Ich habe ihr ein neues Leben gegeben, einen neuen Namen: Kalinka. Nach einer schönen Frau, die ich mal kannte. Und Jakubek, weil sie am Tag des heiligen Jakob zur Welt gekommen ist. Ich bin zwar kein besonderer Kirchgänger, aber Tradition ist Tradition. Dem Pack war da irgendwas zu Kopfe gestiegen und da haben sie sich gedacht, wenn sie sie Nicole nennen, dann guckt ihnen das Stroh nicht mehr so aus den Schuhen. Mir hat die arme Nicole leidgetan.«

»Warum?«

»Das ist eine schreckliche Geschichte«, sagte der Heimleiter. »Wollen Sie sie wirklich hören?«

»Ich bin schreckliche Geschichten gewöhnt.«

»Nun gut, wenn Sie darauf bestehen! Hier«, Marian Waszkiewcz schlug sich gegen seine mächtige Brust, »hier drinnen tut's mir weh, dass ich nicht besser aufgepasst habe. Ich schlag mir an den Kopf und sag: Polesier, sei keine Memme, tu was. Aber mir fällt nichts mehr ein, was ich tun könnte. Glauben Sie, die finden die Kinder noch? Unsere Kalinka?«

Die Geschichte des Kinderheimleiters

Sie war aus dem Engelchenheim. Ada. Ada Ryba. War um einiges zu spät ins Heim gekommen, ein achtjähriges Mädchen erinnert sich an vieles. Das lässt sich nicht mehr auslöschen. Kennen Sie Dziećmorowice? Ein Kaff, da pfeift der Wind wie im Kielcer Land nach Erntedank. Dort wohnte Ada mit ihren Eltern und ihrem Bruder Adam in einer Bruchbude, einem Haus noch von den Deutschen. Angeblich war ihre Mutter Zigeunerin, die vom eigenen Clan verstoßen worden war, weil sie sich mit einem Gadscho eingelassen hatte. Der Vater, Ryba, war ein Niemand. Ihr gemeinsames Leben fing damit an, dass sie die Felder verscheuerten, die Rybas Eltern ihrem Sohn hinterlassen hatten. Noch vor der Hochzeit soll er seine Frau das erste Mal durchgeprügelt haben. Die stand wohl auf Prügel, rannte grün und blau geschlagen durchs Dorf und ging dann zu ihrem Mann zurück, um sich noch mehr abzuholen. Solange ein Kerl eigenes Land hat, ein Pferd dazu, geht's ja noch, wissen Sie. Aber wenn er irgendwann ohne Feldarbeit dasteht, wie dieser Ryba, dann wird er zum Tier. Dann kommt die angeborene Wildheit durch.

Kinder haben sie drei gemacht, aber das jüngste ist ihnen eines Sommers in der Lehmgrube ertrunken. Die Rybas waren immer stockbesoffen, ich weiß gar nicht, ob sie überhaupt gemerkt haben, dass ein Kind weniger da war. Wenn die morgens pinkeln gingen, brauchten sie schon den ersten Schnaps, um in die Gänge zu kommen und das Scheißhaus zu finden. Ha, ha. Ada war dabei, als der Kleine ertrunken ist. Und danach fing sie an zu stottern. Sie wollte ihn retten, konnte aber nicht schwimmen, ein paar Angler haben sie wie durch ein Wunder gerade noch rausgefischt, am Zopf. So einen dicken schwarzen Zopf hatte die, sieht man heute gar nicht mehr, so was. Angeblich wurde auch ermittelt, aber nur mal eben schnell, und den Rybas wurden die Kinder nicht weggenommen. Sie lebten von dem, was sie der Fürsorge oder der Kirche abbetteln konnten. Manchmal kriegten sie was vom Gebrauchtladen, den so eine findige Alte im Dorf aufgemacht hatte. Aschentrödel, gibt's jetzt immer noch. Die Besitzerin hat den Journalisten später erzählt, dass Adam und Ada manchmal zu ihr gekommen sind. Immer zu zweit. Sie haben ihr geholfen, die Waren zu sortieren, da konnten sie ein bisschen im Warmen sitzen. Nach Hause hat es sie nicht gezogen, war ja auch kein Zuhause, was die hatten. Ryba prügelte seine Frau mit allem, was er in die Finger kriegte, bis sie ihre Zähne vom Boden aufsammeln konnte. Bis zum Schluss hat sie sich noch die Fingernägel rot angemalt und die Haare rot gefärbt.

Irgendwann hat er seine Angetraute aber so zugerichtet, dass sie mit Schädelriss und gebrochenen Rippen ins Krankenhaus musste. Die Ärzte haben die Polizei gerufen. »Bin die Treppe runtergefallen«, hat sie gesagt, als die sie fragten, woher ihre Verletzungen kämen. »Die Treppe runtergefallen, dämliches Weibsstück, euer Haus hat doch gar kein Obergeschoss?« – »Bin eben trotzdem runtergefallen.« – »Willst du Anzeige erstatten?« – »Anzeige, weswegen?« – »Na, wegen der Scheiße hier. Willst du, dass der, der dich so zugerichtet hat, hinter Gitter wandert?«

Da hat die Zigeunerflüche ausgestoßen, dass den Leuten fast die Ohren abgefallen sind. Das weiß ich alles von einem Arzt, den ich kenne, auch der Sohn von einem Polesier, witziger Kerl, wir treffen uns ab und zu auf ein Gläschen.

Ryba blieb allein mit den Kindern zu Hause. Ada war sieben, Adam sechs. Ich hab schon ein paar Jährchen auf dem Buckel, auch wenn ich mich ja, Gottseidank, noch ganz gut halte, ha, aber es gibt Dinge, über die fällt's mir schwer zu reden. Und dann noch mit einer Frau. Von Mann zu Mann geht's ja immer noch. Soll ich so reden, als ob ich's mir selbst erzählen würde? Bin doch sonst kein schlechter Redner. Wir konnten reden früher, Tadzik und ich. Ha. Also denn. Als die Frau im Krankenhaus lag, fing Ryba an, sich an den Kindern zu vergreifen. Also sie zu missbrauchen, wie man so sagt. Die Kinder. Alle beide. Ich weiß, dass es so was gibt, und dass das schlimm ist, aber. Aber wenn er nur das Mädchen, dann hätte ich's ja noch irgendwie. Verstanden. Dass der alte Saufkopp, mit Spiritus vollgelaufen, wie der war, das Mädchen mit der Alten verwechselt hat. Aber beide? Er hat's jedenfalls gemacht. Ich will gar nicht wissen, wie. So ein Stiernacken und diese kleinen Kinder. Nein. Ein normaler Mensch hat da doch eine Schranke im Kopf. Und die kann er schließen. Ein erwachsener Kerl und zwei so Knirpse. Sechs und sieben Jahre alt. Dreikäsehochs. Als mein Marekchen sechs war, da hing der immer nur an Mamas Rockzipfel. Klein und dünn war der, zum Umpusten.

Ada und Adam sind nachher untersucht worden. Damm, Gebärmutterhals, Hintern, alles aufgerissen. Früher, wenn ein Kerl es nötig hatte, dann ist der in den Hühner- oder Kuhstall gegangen. Verzeihung. Aber der Ryba, der hat seine Kinder kaputtgemacht. Ich weiß, wie Sie mich jetzt angucken, Sie sind ja noch jung, Sie kennen das Leben noch nicht, aber ich hätte so einen Saukerl aufgehängt. Mit meinen eigenen Händen aufgeknüpft hätt ich den, ohne mit der Wimper zu zucken. An der nächsten Laterne! Wissen Sie, ich will immer verstehen, wenn ein Kind was anstellt, wenn es zum hundertsten Mal schwört, es nie mehr zu tun, und nachher doch wieder klaut, dann versuche ich das Rotzbalg zu verstehen, auch wenn mir fast der Kragen platzt, aber in so einer Situation? Ich bin der Meinung, so einer wie Ryba hat das Recht verloren, dass man ihn zu verstehen versucht. Der stinkt wie Scheiße, da gibt's nichts zu verstehen, so was kann man nur noch wegputzen. Bei manchen ist es Geld- und Zeitverschwendung, wenn man die verstehen will. Das Geld für Prozesse, Rechtsanwälte, das kann man für was Besseres ausgeben. Ich hab hier ein paar Kinder, die brauchen Wohnungen, wenn sie hier rausgehen. Sonst landen die im Dreck oder auf der Straße. Der Strick, das ist das Einzige, was eine gesunde Gesellschaft für Abschaum wie den Ryba übrighaben sollte. Das ist Recht, das ist Gerechtigkeit. Das ist das Alte Testament, wissen Sie? Das sind die Gesetze des Hammurabi, denn früher, da hatten die Leute noch Weisheit, Moral, und später haben sie das alles verloren.

Die Mutter von Ada und Adam hätte man gleich danebenhängen sollen, zur Gesellschaft. Blödes Zigeunerweib! Nur ein paar Tage, nachdem die aus dem Krankenhaus raus war, hat man sie schon wieder mit einem blauen Auge durchs Dorf laufen sehen, wollte im Laden anschreiben lassen. Sie ging an Krücken und hatte die Nackenstütze noch um den Hals, aber das hinderte sie nicht am Saufen. Hat immer für die Kinder gebettelt. »Die Kinder haben nichts zu essen, geben Sie mir doch was für Brot, für Milch«, jammerte sie, und wenn sie ein bisschen Kleingeld kriegte, hat sie es sofort versoffen. Der Alte misshandelte die Kinder weiter, auch als die Frau nach Hause gekommen war. Er schmiss sie aus dem Schlafzimmer und schloss sich mit den Kindern ein. Der Psychologe hat die beiden später befragt, und ich habe mich auch mit Ada unterhalten, als sie zu uns ins Heim kam: »Und wo war eure Mama dann?« – »Im anderen Zimmer.« – »Was hat sie dort gemacht?« – »Geschlafen oder gesungen.« – »Gesungen?« – »Ja, sie hat zum Kassettenrekorder *Scheri Scheri* gesungen.« *Scheri Scheri*! Gesungen hat die, wenn der Alte die Kinder. Dass sie nichts dagegen gemacht hat, das ist für mich noch schlimmer, als was der Ryba gemacht hat. Denn ein Mann hat diese Aggression in sich. Das Gehirn ist anders gebaut, größer, primitiver.

Ada und Adam sind kaum noch zur Schule gegangen, und dann ist endlich jemand aufgewacht, aber es war schon zu spät. So eine junge Lehrerin im Referendariat. Die wollte noch, dachte, sie könnte die Welt verändern, denn als die anderen später gefragt wurden, da haben die gesagt, nun ja, die beiden sind immer mal wieder nicht gekommen, es gibt viele solche Familien hier. Dafür haben wir keine Mittel, keine Kapazitäten, dies nicht und das nicht. Die Lehrerinnen hatten Angst, zu den Rybas zu gehen, denn Ryba war ein Grapscher, und seine Frau konnte so entsetzlich fluchen, dass man sich fühlte wie angespuckt. Die Junge ist trotzdem hingegangen. Ich weiß noch, Viola hieß sie, so eine Elegante, schwarzhaarig wie 'ne kleine Zigeunerin. Sie haben sie nicht reingelassen, aber sie muss irgendwas durchs Fenster gesehen haben, denn sie ist sofort zur Polizei gerannt. Die feierten da gerade Karneval und sagten ihr, sie soll Anzeige stellen! Anstatt dass die ihren Arsch hochgekriegt und nachgeguckt hätten, was da los war! Denn wer wird schon Polizist? Wissen Sie das nicht? Die Bauernkinder, war schon immer so. Faule Dummköpfe. Aber wenn's darum geht, jemand mit dem Schlagstock eins überzuziehen, dann sind sie die Ersten. In meiner Familie, das können Sie mir glauben, da gab's nur Aufständische, Freiheitskämpfer seit ewigen Zeiten. Wir haben das im Blut, Pferde, Säbel, Vaterlandsliebe. Ich zum Beispiel war in der Solidarność, und das war nicht das Einzige, was Tadzik und ich zusammen gemacht haben im Studium, ha.

Damals war es gerade Winter geworden, aber was für ein Winter, die Busse kamen ein paar Tage gar nicht nach Dziećmorowice durch, und das Haus der Rybas war zugeschneit bis zur halben Fensterhöhe. Da ist es dann passiert. Wir werden nie mehr alles erfahren. Die Geschichte, die ich Ihnen erzähle, setzt sich nur aus Bruchstücken zusammen. In Wirklichkeit ist die Geschichte für Kalinka, ob sie will oder nicht, es ist ja ihre eigene Geschichte. In dem verschneiten Haus haben die Rybas am Heiligabend ein Gelage veranstaltet, aber ohne Weihnachtsbaum und ohne Oblate. Sie sind in Streit geraten. Und da versetzt der alte Ryba seiner Frau so einen Stoß, dass die mit ihrem rotgefärbten Zigeunerschädel gegen die Tischkante knallt und nicht mehr aufsteht. Man könnte meinen, sie hätte schlussendlich doch die Kinder verteidigt, aber nein, sie haben um eine Flasche billigen Obstwein gezankt. »Was hast du gesehen, was hast du gehört?«, ist Adam später gefragt worden, denn Ada hat nach alldem kein Wort mehr gesprochen. »Wie Mama Papa angeschrien hat.« – »Was hat sie denn geschrien?« – »Her mit dem Wein, alter Scheißkerl!« – »Und Papa? Was hat Papa gesagt?« – »Papa hat gerufen: Ich bring dich um, du Schlampe!, und hat mit der Flasche ausgeholt.«

Vielleicht hat er ihr eins mit der leeren Weinflasche übergezogen. *Wie das Leben, so der Tod, nichts wundert mehr*, kennen Sie dieses Lied? Und wie sie da tot oder halbtot zwischen den Glasscherben und dem ganzen anderen Siff lag, hat sich der Alte an den Kindern vergriffen. Ich weiß nicht, wo Gott damals war, vielleicht last minute nach Ägypten geflogen, aber in Dziećmorowice war er gewiss nicht. Glauben Sie an Gott? Nein? Dann ist es vielleicht leichter für Sie, weil Sie nur den Menschen etwas vorwerfen. Und der Mensch ist des Menschen Wolf. Ich geh auch nur alle Jubeljahre in die Kirche, aber dass es irgendeine höhere Macht gibt, daran glaube ich trotzdem. Und an Traditionen glaube ich. Sie nehmen es mir doch nicht übel, wenn ich Ihnen ein Gläschen Aufgesetzten anbiete? Hausgemacht. Das Rezept ist noch von Tadzik. Alter polesischer Aufgesetzter. Trinken wir einen, wie es die Tradition gebietet. Schmeckt er Ihnen? Ha. Dann noch einen, auf zwei Beinen steht sich's besser.

Der alte Ryba schlief dann ein und. Eines ist sicher. Er wachte nicht mehr auf. Ich versuche mir das immer wieder zu erklären. Vorzustellen. Als Hobbymaler habe ich ja viel Phantasie, aber. Auf dem Tisch in dem Zimmer, wo die Mutter lag, war ein Messer. Adam nimmt es. Solche Messer gibt es heute noch in den Wałbrzycher Häusern. Deutsche Messer. Solide. Und Adam nimmt dieses Messer. Oder Ada. Keiner der beiden hat gesagt: »Ich war es nicht.« Und keiner sagte: »Ich war es.« Kinder beschuldigen sich normalerweise gegenseitig. Misshandelte Kinder sind nicht mutig und aufrichtig. Das ist so. Aber weder Ada noch Adam haben mit dem Finger auf den anderen gezeigt. Keiner hat gestanden. Ryba war durchlöchert wie ein Sieb, und die beiden Kleinen rannten zur Christmette in die Kirche von Dziećmorowice, waren von oben bis unten mit Blut beschmiert.

Sie wurden einzeln verhört. Zwei Psychologinnen kamen aus Wrocław. Zwei obergescheite Damen, aber hässlich wie die Novembernacht. Adas und Adams Aussagen unterschieden sich in ein paar Kleinigkeiten, was die Zeit kurz vor der Ermordung des Vaters betraf. Aber in einem waren sie sich einig.

»Habt ihr das Messer genommen?« – »Nein.« – »Wer hat dann euren Papa umgebracht?« – »Der Weihnachtsmann in roten Stiefeln.«

Ja, Sie haben richtig gehört. Der Weihnachtsmann. Wie er hereingekommen sei? Er habe ans Fenster geklopft, und sie hätten ihm aufgemacht. Wenn der Weihnachtsmann sich immer mit solchen Dingen beschäftigen würde, wäre er zu mehr nütze als jetzt mit seinen Geschenken.

Was macht man mit Mördern in diesem Alter? Das wusste niemand. Denn Kind und Mörder, das passt wie die Faust aufs Auge. Wie eine Frau als Vergewaltiger oder Minister. Nämlich gar nicht. Und so wurde nach viel Grübelei und Rumgerede am Ende entschieden, dass es das Beste wäre, die Kinder zu trennen und ihre Vergangenheit zu vertuschen. Getrennt würden sie schneller vergessen. Ada kam zu uns. Eine Achtjährige, dünn wie aus Auschwitz. Verwahrlost. In den ersten Wochen sprach sie überhaupt nicht, weinte aber auch nicht und machte keine Probleme. Wie unter Schock. Sie hielt sich abseits, hatte keine Freundin. Dabei ersetzen hier Freundschaften die Familie, manchmal muss man die Mädchen sogar trennen, denn Sie wissen ja, was passiert, wenn die in die Pubertät kommen. Als Ada wieder anfing zu sprechen, stotterte sie und hatte deswegen Schwierigkeiten in der Schule, aber dumm war sie nicht. Sie stotterte ganz seltsam. Ein paar Sätze sprach sie normal, aber schnell, als hätte sie Angst, es nicht zu schaffen, und blieb dann plötzlich hängen. Einmal ist sie weggelaufen, wurde aber sofort aufgegriffen und bei uns abgeliefert. Auf dem Bahnhof hatte sie gesessen. Danach hat sie es nicht noch mal probiert. Sie las gerne. Steckte die ganze Zeit die Nase ins Buch, eine richtige Leseratte. Also sag ich einmal zu ihr: »Ada, liest du den Kleinen eine Geschichte vor? Willst du es mal versuchen?« Sie hat genickt, und es stellte sich heraus, dass sie überhaupt nicht stotterte, wenn sie den Kindern vorlas. Stundenlang konnte sie vorlesen. Im Winter im Gemeinschaftsraum, im Sommer draußen. Einen dicken dunklen Zopf hatte sie, hab ich das schon gesagt? Wie eine Schlange. Manchmal haben die Mädchen mit ihrem Zopf gespielt. Daran gezogen, ihn aufgemacht, wieder geflochten, und Ada zuckte nicht mit der Wimper. Geduldig war sie. Ich habe mir sogar überlegt, sie nach dem Abitur hier bei mir einzustellen. Sie hat das Gymnasium in Sobięcin abgeschlossen, derselbe Jahrgang wie mein Sohn. Marekchen ist aber auf das biologisch-chemische Gymnasium gegangen, der wollte damals noch Arzt werden. Sie war auf dem allgemeinbildenden. Das Gymnasium war so nah beim Bergwerksschacht, dass die Hefte schwarz wurden vom Kohlenstaub, wenn sie das Fenster aufmachten. Ich glaube, unsere Kinder haben diese Krankheiten vom Kohlenstaub und von der Verseuchung, von Tschernobyl. Wenn Ada oder, sagen wir, mein Marekchen in Polesien aufgewachsen wäre, dann. Aber ich dachte, dass ich Ada trotzdem zu einem anständigen Menschen erzogen hätte. Ich war stolz auf sie. Hab's mir zwar selbst nicht eingestanden, aber im Grunde meines Herzens habe ich mir gewünscht, dass sie unschuldig wäre. Dass ihr Bruder den Alten abgestochen hätte, und nicht sie. Ryba hatte verdient, was ihm zugestoßen war, aber trotzdem. Blut an den Händen. Und das bei einem Mädchen.

Ich dachte, Ada vertraut mir, aber ein Mensch in diesem Beruf weiß, dass er kaum mit Dankbarkeit rechnen kann. Ada verstellte sich. Sie wartete ab, bis sie sich allein auf den Weg machen und ihren Bruder suchen konnte. Nur das zählte für sie. In den ganzen zehn Jahren, die sie bei uns war, hat sie nur daran gedacht. Adam zu finden. Erst als wir die Schlafsäle neu gestrichen haben, fanden wir ein Heft von ihr, hinter dem Schrank versteckt. Darin waren Zeichnungen von ihr und Adam. Seltsame Zeichnungen, schreckliche. Als sie volljährig wurde, packte sie das Nötigste zusammen, verabschiedete sich nicht einmal. Die anderen Mädchen konnten mir nur sagen, dass sie zum Friseur gegangen war, um sich den Zopf abschneiden zu lassen. Fünf Jahre brauchte sie, aber dann hat sie Adam gefunden. In Radomsko. Sie reiste per Anhalter, als blinde Passagierin oder zu Fuß, wie es halt so kam. Von Stadt zu Stadt. Von Dorf zu Dorf. Sie arbeitete, klaute, verkaufte sich. Die Menschen, die sie auf ihrer Reise trafen, bemerkten nichts Besonderes an ihr. Sie war zurückhaltend, wortkarg. In Radomsko setzte sie ein Fahrer ab, der eigentlich nach Częstochowa wollte, aber unterwegs seine Route ändern musste. Und dort lebte Adam. Er war in einer Pflegefamilie unter anderem Nachnamen aufgewachsen. Mehrere Male hatte er sich aufgelehnt und war weggelaufen, aber sie schafften es, ihn auf den richtigen Weg zu bringen. Schließlich machte er die Schule fertig und wurde Optiker, heiratete, gründete eine Familie wie ein ganz normaler Mann. Das Geschäft übernahm er von seinem Schwiegervater.

Er stellte Brillen her, machte Reparaturen. So hätte es bleiben können.

Sie betrat den Laden, magisch angezogen. Die beiden begannen eine Unterhaltung. »Worüber haben Sie gesprochen?«, wurde Adam später vor Gericht gefragt. »Über Schmetterlinge.« – »Schmetterlinge?«

Ein Schwalbenschwanz saß an der Fensterscheibe, und Ada fragte, ob er lebe. »Er lebt«, sagte Adam. »Er leidet«, sagte sie. »Warum?« – »Weil er nicht wegfliegen kann.« Sanft nahm sie den Schmetterling und ließ ihn nach draußen, wo er höchstwahrscheinlich gleich darauf gegen eine Windschutzscheibe prallte und sein Leben ließ. Sie hatte ihn sofort erkannt. Er sie nicht. »Angeklagter, wussten Sie, dass sie Ihre Schwester ist?« – »Nein.« – »Also haben Sie sie nicht erkannt?« – »Sie kam mir irgendwie bekannt vor, aber dass sie meine Schwester ist, wusste ich nicht.« – »Und später?« – »Später ja.«

Adam verließ seine Frau und den Optikerladen. Sein ganzes normales Leben. Radomsko. Er und Ada sind nach Dziećmorowice zurückgekehrt. In ihr Elternhaus, das seit fünfzehn Jahren leer stand und verfiel. Eines Abends sahen die Leute, dass dort Licht brannte, und am nächsten Tag ist Ada in den Laden zum Einkaufen gegangen. Alle im Dorf sagten, sie sei ihrer Mutter ähnlich gewesen. Rot gefärbte Haare, schludrig gekleidet, aber immer roter Lippenstift. Adam dagegen habe niemandem geglichen. Es gab Gerüchte, die Menschen spürten, dass etwas nicht stimmte, aber Adams Ausweis lautete auf einen anderen Namen. Den Vornamen hatten sie ihm gelassen. Adam und Ada. Sie lebten wie Mann und Frau. Ein Bruder mit seiner Schwester. Keiner von beiden konnte dem ein Ende setzen, sie waren wie mit einer furchtbaren Krankheit infiziert. Ich habe Ada einmal gesehen in dieser Zeit. Ich saß im Auto, sie im Bus. Im ersten Moment erkannte ich sie nicht, so sehr hatte sie sich verändert. Dann bemerkte sie mich und drehte den Kopf weg.

Jetzt denke ich, damals hätte ich etwas tun können. Hinter dem Bus herfahren, warten, bis sie aussteigt, und sie dann fragen: »Ada, Kind, was ist los mit dir? Hast du irgendwelche Probleme?« Aber ich hatte meine eigenen Sorgen. Mein Sohn hatte gerade das Studium abgebrochen, aber was erzähle ich Ihnen da. Ich weiß mehr als das, was in den Zeitungen stand. Ich habe nachgeforscht, nachgefragt. Man will doch verstehen, wie soll man sonst damit leben? Wenn schon nichts anderes mehr geht, dann wenigstens das. Der Sohn eines Polesiers, den ich kenne, macht Karriere bei der Polizei. Klein-Edzio nennen wir ihn, dabei überragt der längst seinen Vater und ist ein ganz hohes Tier. Als Kind war der so ein Weichling, und jetzt. Ich hab mir sogar mal gedacht, vielleicht könnte er Marekchen auch da reinbringen, aber. Ich bin bei der Gerichtsverhandlung gewesen. »Angeklagter, warum haben Sie Ihre Familie verlassen und sich mit Ihrer Schwester zusammengetan?« – »Verbunden.« – »Lauter bitte!« Und er wiederholte: »Meine Schwester und ich waren verbunden.«

Sie ließen sich mit niemandem ein, gingen nie aus und bekamen keinen Besuch. Den Pfarrer haben sie weggejagt. Das heißt, nicht sie, sondern Ada. Sie redete, er schwieg. Er war so ein Stiller, Ruhiger. Konnte gut mit den Händen arbeiten und machte Scherenschnitte, Folkloremotive, die er bei Schloss Fürstenstein an die Touristen verkaufte. Er saß immer mit seiner Schere vor dem Haus und schnitt. Ein richtiger Einfaltspinsel. Wer hätte das gedacht? Sie tranken anders als die alten Rybas. Heimlich und leise. Ohne Geschrei und Prügel. Aber sie tranken. Ada wurde schwanger. Sie brachte ein Mädchen auf die Welt. Gesund, normal, zwei Arme, zwei Beine, zehn Finger und Zehen, alles dran, dabei werden sogar Tiere, die aus so was entstehen, missgebildet geboren. Aber beim Menschen schlägt die Natur Purzelbäume. Sie gaben ihr den Namen Nicole. Ein Name wie für einen Hund oder einen Affen. Gibt ja viele solche

Namen heute. Das Kind war sechs Wochen alt, als es passierte.

Adam redete vor Gericht ohne Sinn und Verstand: »Ich wollte, dass sie weggehen.« – »Wer?« – »Sie.« – »Von wem sprechen Sie, Angeklagter? Wer sind ›sie‹? Bitte nennen Sie uns die Namen.« – »Die Namen weiß ich nicht.« – »Dann beschreiben Sie sie näher.« – »Sie dringen ein.« – »Lauter! Was tun sie?« – »Sie können durch die Wände kommen, durch den Körper. Sie dringen in die Menschen ein und zerreißen sie von innen. Sie haben Mund und Nase, aber keine Augen. Gelbe Haare.« – »Vom wem sprechen Sie?« – »Von ihnen.«

Das war seine längste Aussage. Der Verteidiger wollte das Gericht davon überzeugen, dass Adam unzurechnungsfähig sei, aber darauf ließ der Richter sich nicht ein. Im Gericht wurde er wegen seiner Hirngespinste ausgelacht, aber als er dem Pfarrer davon erzählte, holte der einen Exorzisten aus Wrocław, weil er Adam für besessen hielt. Doch es half alles nichts, Adam verriet mit keiner Silbe, warum er seine Schwester getötet hatte. Mit bloßen Händen hat er sie erwürgt. Dann hat er sich mit der Schere die Augen ausgestochen und ist in Socken aus dem Haus gerannt, durch das ganze Dorf bis zur Kirche, die blutige Schere noch in der Hand. Dort hat er ein Grüppchen deutscher Touristen, die gerade den alten Teil des Friedhofs besichtigten, fast zu Tode erschreckt. Er stolperte, schlug mit dem Kopf gegen einen Grabstein, und das setzte seinem Lauf ein Ende. Vor Gericht wurde er gefragt, warum er sich die Augen ausgestochen habe. »Um es nie mehr zu sehen.« – »Was wollten Sie nie mehr sehen?« – »Mich.«

Er schilderte der Polizei, was er mit Ada gemacht hatte, und die Leichenschau bestätigte es. Sie war erwürgt worden und hatte davor oder danach Geschlechtsverkehr gehabt. So war es, sagte Adam. Doch er bekannte sich nicht dazu, das Haus angesteckt zu haben. Er bekam zwanzig Jahre, saß zwei davon ab und erhängte sich dann an einem Bettlaken, das er in Streifen gerissen hatte.

Das ganze Haus brannte damals ab, aber in der Asche wurde nur ein Leichnam gefunden. Adas Leichnam. Der Säugling war nicht aufzufinden. Die Zeitung druckte nur Fotos vom Gestänge des verbrannten Kinderwagens. Ganz Wałbrzych suchte nach der Kleinen. Ein paar Zigeunern wurde vorsorglich die Fresse poliert, aber bei denen trifft's ja immer die Richtigen. Die Leute redeten sich die tollsten Dinge zusammen. Sogar die Deutschen, die zu den Gräbern ihrer Vorfahren gekommen waren, wurden verdächtigt, die Kleine mitgenommen zu haben. Bei Schloss Fürstenstein wurde ein deutscher Reisebus mit Steinen beworfen. Nach drei Tagen gab jemand das kleine Mädchen in der Geburtsklinik in Nowe Miasto ab. Es war sauber und quicklebendig. Ein Gentest wurde gemacht, bei dem herauskam, dass es sich um Nicole Ryba handelte, Adas und Adams Tochter. Seltsame Sache, aber sie hatte eine Perle dabei, an einem Band um den Arm gebunden. Ich habe sie aufbewahrt, um sie ihr zu geben, wenn sie erwachsen ist. Es konnte nie geklärt werden, wer das Kind gerettet hat und wie.

Die Katzenfresser

Als ich das Zimmer des Heimleiters verließ, kam mir im Flur ein junger Mann in rotem Pullover entgegen. Er musste es gewesen sein, den ich im Turmfenster gesehen hatte. Sein Gang war schleichend, als wollte er nicht bemerkt werden. Ich musste an Kriegsflüchtlinge in Afrika denken, die langsam durch eine karge Berglandschaft ziehen, eine Assoziation, die mich erstaunte. Ich sah dem Mann ins Gesicht, als wir aneinander vorbeigingen, und im selben Moment feuerte Maria Waszkiewicz aus der Ferne seinen Namen ab. »Marekchen!!!«, prallte es gegen die Wände und schlug in mein Ohr ein. Marek parierte und trabte am kurzen Zügel gehorsam auf seine Erzeugerin zu. Ich konnte gerade noch seine blassen, kurzsichtigen Augen sehen. Ein hässlicher Mann, den man auch mit vierzig noch als »Junge« bezeichnen würde, weil sich darin der Unglaube ausdrückt, diese weiche Körperform könnte die endgültige sein. Mit seinen breiten Hüften, seinem fülligen Körper und den unbeholfenen Bewegungen erinnerte er stark an seine Mutter. Als sie dann vor mir standen, Schulter an Schulter, Hüfte an Hüfte, verschwammen sein roter Pullover und ihr blutwurstfarbenes Polyesterkostüm zu einem Fleck. Sie wussten, wer ich war und was ich hier wollte, deshalb fragte ich ohne große Umschweife, auf welche Weise das Kind von hier verschwunden sein konnte. Mutter Maria war anfangs etwas unwillig.

»Jeder sieht das anders. Ich bin neugierig auf Ihre Meinung. Und auf Ihre.« Ich blickte zu Marek, um festzustellen, ob er merkte, dass ich ihn von seiner Mutter loszulösen versuchte, aber Marek hob nicht mal das Gesicht, ein kaum merkliches Schulterzucken war alles, was er von sich gab. Dafür schenkte

Maria Waszkiewicz mir einen Basiliskenblick. Sie seufzte und stieß einen heißen Luftstrom aus. Ungesagte Wörter, unerfüllte Träume, unwiederbringlich vergangene Jahre hatten sich in ihr angesammelt und eine dicke, siedende Flüssigkeit gebildet, deren Dampf von Zeit zu Zeit abgelassen werden musste, damit nicht die ganze Person explodierte.

»Wenn ich schon eine Meinung haben soll«, sagte sie übelgelaunt, »dann meine ich, der Entführer ist durchs Fenster eingestiegen. Und hat Kalinka mitgenommen zur Adoption ins Ausland.«

»Sie meinen, er ist die Mauer hochgeklettert bis in den dritten Stock?«

»Was heißt das schon für einen qualifizierten Entführer? Für so einen Elitesoldaten, der jetzt nach dem Krieg keine Arbeit mehr hat?«

»Nach welchem Krieg?«

»Kriege gibt's doch genug. Ich habe es gesehen.« Maria Waszkiewicz warf mir einen vielsagenden Blick zu und verstummte.

»Was haben Sie gesehen?«

»Na, wie sich einer im Gebüsch rumdrückte, so ein Mannweib, ein verdächtiges, ganz in Schwarz.« Sie maß mich mit Blicken, vielleicht keimte der Verdacht in ihr auf, ich könnte das Mannweib im Gebüsch gewesen sein. »Und noch zwei andere im Auto. Graue Eminenzen.«

»Graue Eminenzen?«

»Graue Anzüge, eminente Gefahr, stille Wasser!«

»Haben Sie sich an die Polizei gewandt?«

»Das Ganze macht einen ja völlig konfus. Stille Wasser sind tief, mir platzt der Kopf, die Hitze lodert. Welchemarterentgleitetmeinenhänden!« Sie seufzte dreimal hintereinander.

Ich wartete, bis die Luftwogen sich wieder glätteten.

»Bitte erzählen Sie mir von Kalinka. Was ist das für ein Kind?«

»Der Liebling des Heimleiters, hat immer bei ihm gesessen und geplappert, ohne Punkt und Komma. Und versteckt hat sie sich gern. Versteckt hat sie sich gern!«, wiederholte Maria Waszkiewicz und stieß ihren Sohn mit dem Ellbogen in die Seite. »Versteckt hat sie sich gern, habe ich gesagt!«

»Gern«, stammelte Marek.

»Was haben wir nach ihr gesucht. Kalinka!« Sie brüllte los, und kurz dachte ich, sie hätte das Mädchen entdeckt. »Kalinka! So haben alle nach ihr gerufen. Und sie – keinen Mucks. Sie hat spät mit Sprechen angefangen, aber als sie es mal konnte, stand ihr Mundwerk nicht mehr still. Der Heimleiter hat sie mit in sein Arbeitszimmer genommen, und sie plapperte in einem fort. Irgendwann quasselt die dich zu Tode, die Plapperliese, hab ich noch zu Marian gesagt. Und immer mit der alten Stoffkatze, überall hat sie die mitgenommen. Jetzt ist sie weg.«

»Die Katze?«

»Die Katze! Der Heimleiter hatte sie in sein Regal gelegt. Da freut sich Kalinka, wenn sie wiederkommt, hat er gesagt. Seit sie klein war, liebte sie Katzen. Und jetzt ist die Katze weg.«

»Ist sie wieder aufgetaucht?«

»Nein. Weiß der Teufel, wo sie abgeblieben ist.«

»Wovon redete denn Kalinka so gerne?«

»Vom Meer«, zum ersten Mal mischte sich Marek ein.

»Was für ein Gedächtnis!«, rief Maria Waszkiewicz entzückt.

»Was hat Kalinka denn vom Meer erzählt?«, wandte ich mich an Marek.

»Dass sie ans Meer fahren möchte«, antwortete seine Mutter. »Aber Kind, wie kommst du denn darauf? Du hast es doch noch nie gesehen. – Doch, habe ich! – Im Fernsehen, was? – Nein, in meinem Kopf. – Und was willst du da machen? Baden, Sandkuchen backen? – Das auch, aber vor allem – vor allem, solche Ausdrücke benutzte sie – vor allem will ich was ertränken. – Was wollte Kalinka gleich noch ertränken? Marekchen?«

Mutter Maria bohrte dem schweigenden Sohn ihren Ellbogen in die Seite, der jedoch starrte unverwandt auf seine Schuhe. Turnschuhe. Schlammverschmiert.

»Die Katzenfresser«, sagte er und räusperte sich.

»Die Katzenfresser?!« Aus meinem Mund klang das Wort anders als beabsichtigt, ich hörte meine eigene Angst darin.

»Sie hat sie in einer Dose aufbewahrt«, sagte Marek. Ich stellte mir ineinander verkeilte augenlose Männchen mit gelben Haaren vor, ein höllisches Pandämonium von Hieronymus Bosch, bis mein Verstand mich daran erinnerte, dass es so etwas wie die Katzenfresser in der wirklichen Welt nicht gab. Marek Waszkiewicz hob endlich seinen Blick. Er hatte graue, traurige Augen, umkränzt von kurzen hellen Wimpern wie trockenes Schilf. »Sie wollte sie aufklauben wie Kartoffelkäfer und dann im Meer ertränken. In einer Lebkuchendose hat sie sie aufbewahrt.«

»Was für ein Gedächtnis!«, rief Mutter Maria wieder entzückt. »Geniales Gedächtnis, absolutes Gehör, schlechte Menschen haben ihn gequält. Deshalb musste er abbrechen!«

Ohne Maria Waszkiewicz zu beachten, wandte ich mich wieder an Marek. Ich hatte zarte Bande zu diesem verschreckten Geschöpf geknüpft, das bei der geringsten falschen Bewegung davonrennen oder in meine Hand beißen würde.

»Was mussten Sie abbrechen?«

»Mein Studium.«

»Was haben Sie studiert?«

»Medizin.«

»Und das hat Sie nicht mehr interessiert?« Eine Stille kehrte ein, in der die Mutter sich für ihren nächsten Vorstoß bereitmachte. Ich spürte, gleich würde sie feuern, doch Marek war schneller.

»Es hat mich nie interessiert«, platzte er wie triumphierend heraus.

»Ach, Papperlapapp«, fing Maria Waszkiewicz an, doch ich beachtete sie nicht.

»Wohnen Sie hier?«

»Ein Haus hat er geerbt, von seiner Großmutter«, antwortete Maria Waszkiewicz für ihren Sohn, »aber nirgendwo ist es schöner als bei Muttern. Ich koche, mache alles für ihn. Nun sag schon!«, herrschte sie ihn an. »Sag der Dame, warum du das Studium abgebrochen hast.«

»Mama«, ächzte Marek.

»Kein Grund, sich zu schämen! Die Nieren! Er hat's an den Nieren. Entzündungen, Eiter, Nierensteine. Ein Martyrium! Ein Kreuzweg. Pein und Marter.« Ihr Sohn sah aus, als wollte er im Erdboden versinken, doch seine Mutter fuhr unbeirrt fort: »Und jetzt schreibt Marekchen ein Buch!«

»Ein Buch? Worüber schreiben Sie?«

Marek sah auf, ein Funken Leben blitzte in seinen Augen.

»Sag es der Dame!«, forderte seine Mutter wieder.

Der Mann nahm seinen Mut zusammen, streckte sich ein wenig.

»So eine Geschichte. Sie basiert auf Tatsachen, aber manches füge ich auch selbst hinzu.«

»Aus dem Kopf schreibt er!«, unterstützte ihn die Mutter. »Absolutes Gedächtnis, geniales Gehör. Hat ein Haus von der Großmutter, will aber lieber bei Mama bleiben. Sag es der Dame!«

Ich lächelte den Mann an, dessen Blick ich in jeder anderen Situation ausgewichen wäre.

»So eine Art Schauerroman. Schloss Fürstenstein, Fürstin Daisy und andere Wałbrzycher Geschichten. Ein Teil spielt in der Kriegszeit, aber das meiste heute. Ich konzentriere mich auf die Gegenwart.«

»Gibt es denn schon einen Titel für Ihr Buch?«

Marek blickte mich an, seine Augen sahen aus wie Pfützen,

in denen sich plötzlich die Sonne spiegelt, doch seine Mutter, die es keinen Moment in der Nebenrolle aushielt, feuerte wieder dazwischen.

»Den ganzen Tag zieht er sich zurück und schreibt. Nächtelang Künstlerqualen, aber zum Mittagessen kommt er zu mir. Es gibt nichts Besseres als bei Muttern, ruhiges Eckchen warmes Fleckchen!«

»Der Titel lautet *Die Perlen der Fürstin Daisy*«. Der aufkeimende Stolz des angehenden Schriftstellers sprach aus Mareks Worten. Als hätte er plötzlich eine Perle ausgespuckt und wunderte sich, wie sie in seinem teigigen Körper hatte entstehen können. »Die Hauptfigur ist ein Inspektor, der alles aufklärt. Konrad Twardowski.«

»Was für ein Einfall. Was für ein Kopf!«, rief Mutter Maria.

Über Kalinka erfuhr ich nichts mehr.

Als ich ins Auto steigen wollte, stand plötzlich Marek vor mir, im fahlen Spätnovemberlicht wirkte er noch unbeholfener und unscheinbarer als zuvor. In den Händen hielt er einen Stapel Papier, zusammengeheftet wie eine Hausarbeit.

»Lesen Sie es?«

»Warum wollen Sie, dass ich es lese?«

»Ich möchte es veröffentlichen.«

»Dann sollten Sie es an einen Verlag schicken.«

»Habe ich schon.«

»Und?«

»Sie wollten es nicht. Ich habe keine Antwort bekommen.«

»Dann schicken Sie es an einen anderen Verlag.«

»Habe ich schon, an sechs andere.«

»Ich bin keine Verlegerin, sondern Reporterin.«

»Aus Warschau«, ergänzte Marek.

»Ich bin von hier. Genau wie Sie.«

»Aber Sie sind weggezogen«, stieß er anklagend hervor und hielt sein Buch vor sich wie ein Fußballer, der seinen Schritt abschirmt. Ich dachte an seine Nierensteine, das abgebrochene Studium, das er nicht selbst gewählt hatte und nie wieder aufnehmen wollte. Er konnte nicht viel jünger sein als ich.

Ich legte das Manuskript auf den Rücksitz und warf im Rückspiegel einen letzten Blick auf das Engelchenheim, aus dem das schwarzäugige Mädchen verschwunden war. Marek stand immer noch am Tor und sah ohne sein Buch so verloren aus wie die Kinder, mit denen Kalinka Jakubek aufgewachsen war. Als ich bei einer roten Ampel hielt, ging das Radio wieder an, und die Stimme meiner ehemaligen Lateinlehrerin kreischte, als spüre sie meine Müdigkeit und Schwäche: »Sehenbesudeltbepisstunspektlos! Schlechtereinflussaufsöhnestgroß.« Sie sprach über die schädliche Wirkung des Fernsehens, wie sich nach einer Weile herausstellte.

»Das Fernsehen zerstört unsere Kinder. Vor allem männliche Kinder leben in einer unablässigen Bedrohung.«

»Bitte erläutern Sie uns diese Bedrohung noch etwas näher«, sagte die Journalistin in einem Tonfall, als bäte sie Gloria um ein Käsekuchenrezept.

Die hatte nur darauf gewartet.

»Diese ganzen Bilder, lassen Sie es mich einmal ganz vorsichtig sagen, die Bilder halbnackter oder sogar ganz nackter Frauen schmälern die Würde des Menschen beträchtlich. Soweit ich weiß, sind es besonders die Jungen, die solche Bilder bis ans Lebensende in sich tragen, diese Bilder müssen einfach von Zeit zu Zeit aus ihnen herausbrechen. Sie stellen eine besondere Bedrohung für unsere Söhne dar.«

»Was können wir tun, um unsere Kinder zu schützen?« Die Journalistin hatte die gekünstelte Stimme einer von ihrer Wichtigkeit überzeugten Berufsanfängerin. Solche Fragen waren Wasser auf die Mühlen ihrer Gesprächspartnerin.

»Die Rettung vor solchen Bildern sehe ich persönlich in der Etablierung eines Gegenpols, der die Jugend mit seiner Authentizität anzieht. Wie etwa die Statue der Schmerzensmutter aus Jan Kołeks Vision.«

»Die Statue auf unserem Marktplatz soll Abhilfe schaffen?«, fragte die Interviewerin ungläubig.

»Erlauben Sie mal!«, entrüstete sich Gloria. »Ich höre die Stimme der Schmerzensmutter, sie wendet sich an mich persönlich. Sie hat mich noch nie getäuscht. Im Gegenteil! Ein einziges Mal habe ich sie missachtet, und da wendete sich das Blatt höchst grausam.« Sie hielt inne. »Ich habe mir eine Wohnung gekauft, ohne die Schmerzensmutter um ihre Einschätzung zu fragen, und als ich ihr entschiedenes Nein hörte, war es schon zu spät, um vom Vertrag zurückzutreten. Ist das kein hinreichender Beweis?«

»Furchtbar«, quittierte die Journalistin.

»Und jetzt bin ich in größten Nöten mit dieser Sache ...«

Die Ampel wurde grün, und ich fuhr los. Das Radio quäkte auf, Gloria verstummte, dann quäkte es noch einmal und sie schrillte zum Abschluss: »Schlimmenötemartermachtmirdiesohnungsudel«, um endgültig zu verstummen.

*

Als ich mich zum roten Hans an den Küchentisch setzte, wurde mir klar, dass ich eigentlich schon nach Warschau zurückfahren konnte, denn ich hatte genug Material zusammen, um eine Reportage über die drei verschwundenen Kinder zu schreiben. Danach würde ich mich ein paar Tage ausruhen und mir ein neues Thema suchen. Eine Zeitlang würde ich noch an Marcin denken, aber auch er wäre nach wenigen Monaten nur noch flüchtige Erinnerung, ein Geist aus Kohlenstaub und Tränen. Es hatte keine großen Worte oder Beteuerungen gegeben. Wir waren einander nichts schuldig, nicht einmal einen Abschied. Celestyna würde es auch verstehen. Der Gedanke, dies alles schon bald hinter mir lassen zu können, gab mir neue Energie. Worauf wartete ich noch! Ich packte meine Tasche und beschloss, bei Herrn Albert auf seinem Parkplatz vorbeizufahren. Wenigstens von ihm sollte ich mich verabschieden, wer weiß, ob wir uns noch einmal wiedersehen würden. Es schneite so dicht, dass das Atmen schwerfiel, doch ich fühlte mich viel besser, mir war beinahe fröhlich zumute. Orte zu verlassen ist mir stets leichter gefallen, als zu bleiben oder zurückzukehren.

Ich hielt vor einem kleinen Lebensmittelladen in der Wrocławer Straße. Wie gern Herr Albert milchsauer eingelegte Gurken mochte, wusste ich noch, und als die Verkäuferin sie aus dem Fass nahm, erinnerte mich der säuerliche Geruch an meine Kindheit, die ich bei ihm im Gewächshaus verbracht hatte. In der Mittagspause schnitt Herr Albert immer einen Brotlaib in gleichmäßige Scheiben, breitete sie auf einer Zeitung aus und bestrich sie mit Leberwurst oder Schmalz. Dann legte er Gurkenscheiben darauf und garnierte sie mit Zwiebelringen. Die Erinnerung ist eine seltsame Sache, konnte sie doch meinen Appetit auf etwas wecken, das ich nicht mochte und seit Jahren nicht mehr aß. Es kam mir vor, als sähe mich die junge Frau mit rot gefärbten Haaren und orangegelbem Lippenstift, die hinter der Ladentheke stand, vorwurfsvoll an. »Zu wenig!«, beschied sie und legte eigenmächtig noch ein paar Gurken dazu, doch ihre Äußerung schien sich auf etwas anderes zu beziehen. Mit meinem Proviantpaket, das durchdringend nach Knoblauch roch, machte ich mich auf nach Podzamcze, dem Viertel mit den gigantischen Plattenbauten am Fuße von Schloss Fürstenstein. Es lag neben unserem alten Stadtviertel Szczawienko und war Mitte der Siebzigerjahre erbaut worden, sodass ich erst nach Ewas Tod zum ersten Mal dort gewesen war. Während einer Zeit, die zu kurz und zu traurig war, um sich ihrer richtig zu erinnern, hatte ich hier Klavierstunden genommen, zu denen die Schulpädagogin meinen Vater überredet hatte, aus Mitleid mit mir, dem Überbleibsel. Die Musiklehrerin wohnte in der obersten Etage eines zehnstöckigen Blocks an der Basztowa-Straße, in einem Zimmer sie und das Klavier, im anderen Zimmer ihr kranker Sohn. Immer wenn ich kam, schloss die Lehrerin schnell die Tür, was zugleich Neugier und Fluchtimpulse weckte, nur einmal konnte ich einen Blick ins Nebenzimmer werfen, wo ein dicker Junge mit medizinballgroßem Kopf auf dem Bett lag. Ich hatte weder Lust noch Talent zum Klavierspielen, und nach wenigen Versuchen hörte ich ohne Bedauern mit den Stunden auf, Vater hatte ohnehin längst vergessen, dass er sie bezahlen musste. Danach war ich nie wieder in Podzamcze gewesen. Nun fuhr ich langsam durch die Schlucht zwischen den riesenhaften Gebäuden. Podzamcze ist eines der am dichtesten bevölkerten Gebiete Polens, aber die Menschen, die vor Jahren hierherkamen, konnten im Allgemeinen nicht selbst entscheiden, wo und wie dicht sie ein Gebiet bevölkern wollten.

Herrn Alberts Wächterhäuschen auf dem Parkplatz der Wohnsiedlung war weithin zu sehen. Die hohe, weiß gestrichene Konstruktion mit steiler Treppe und verglaster Kuppel ragte wie ein Leuchtturm aus den parkenden Autoreihen. Durch die Scheibe erkannte ich Herrn Alberts Kopf mit der unvermeidlichen Fliegermütze, sein dunkles runzliges Gesicht. Er freute sich, mich zu sehen. In dem Häuschen standen ein kleiner Tisch, ein Stuhl mit dem eingeprägten Schriftzug »Lebensmittelgenossenschaft Gemeinsam« auf der Lehne und ein wackliges Schränkchen mit Wachstuchdecke, deren Früchtemuster aus Apfelsinen und Bananen vom häufigen Scheuern so verblasst war, dass es wie reifüberzogen aussah. Außerdem ein Becher mit Tauchsieder, zwei leere Senfgläser für den Tee, ein uralter Elektroheizkörper »Strahlesonne«. In Herrn Alberts Leuchtturm war die Zeit vor mindestens vierzig Jahren stehengeblieben. An der Wand hing sogar ein Kalender von 1972.

»Möchten Sie nicht einen neuen Kalender?«, fragte ich.

»Wozu denn? Ist doch einer wie der andere«, wunderte sich Herr Albert.

Er brühte einen starken schwarzen Tee auf, und ich holte Gurken, Brot und Leberwurst aus meiner Tasche.

»Ich bin gekommen, um mich zu verabschieden«, sagte ich. Herr Albert begann schweigend das Brot in gleichmäßige dünne Scheiben zu schneiden. In der Luft verbreitete sich der säuerliche Geruch der eingelegten Gurken. »Heute Abend fahre ich nach Warschau zurück.«

»Hast du das gefunden, weswegen du hergekommen bist?«

Ich nahm mir eine Brotscheibe und biss mit Appetit hinein.

»Das Material für meine Reportage habe ich zusammen. Ich habe mit den Erziehungsberechtigten der Kinder und noch ein paar anderen Personen gesprochen.«

Wir schwiegen eine Weile und betrachteten die langen zehnstöckigen Gebäude, die sich zu beiden Seiten des Parkplatzes erhoben wie eingefrorene Wellen eines Tsunami. Kleine Menschengestalten mit Taschen, Wagen, Kindern und Hunden verschwanden in den dunklen Schlunden der Haustore wie aufgesaugt. Die schwachen Lichter in den Wohnungen schienen des Kampfs gegen die Dunkelheit müde zu sein, die die Schlucht zwischen den Häuserfronten füllte, in jede Ritze drang. Der Schnee fiel so hartnäckig, als wollte er die ganze Stadt für ewige Zeiten zudecken. Ich war Herrn Albert dankbar für dieses warme Eckchen, den starken Tee und die Strahlesonne, die er näher an meine halb erfrorenen Zehen schob. Das alles wollte ich ihm sagen, bevor ich abfuhr, aber wir hatten einander nie solche Dinge gesagt.

»Araukarie, Zantedeschie, Euphorbie«, zählte ich stattdessen die Namen der Pflanzen auf, die er mich im Gewächshaus gelehrt hatte.

»Nolina microcarpa, Datura, Passiflora alata«, erwiderte Herr Albert.

Wir verzehrten alle Leberwurstbrote und Gurkenscheiben. Draußen verwischte der Schnee die Konturen der Häuser, deren erleuchtete Fenster jetzt fern und fremd wirkten wie die Lichter einer vorbeiziehenden Stadt von Bord eines Schiffs, die man nie aus nächster Nähe sehen wird. Ich wurde schläfrig, wusste aber, dass meine Geistesgegenwart zurückkehren würde, wenn ich mich auf den Weg machte.

»Ich habe Katzinka getroffen«, Herr Albert goss mir mehr georgischen Schwarztee ein, »und ihr einen Schal gegeben.« Er bemerkte, dass ich aufhorchte, und lächelte über seine gelungene List.

»Wer sind sie?«, fragte ich. »Das würde ich gern wissen, bevor ich abfahre. Wer sind die Katzenladys?«

»Auf diese Frage habe ich keine direkte Antwort, aber ich kann dir erzählen, wie es weiterging«, sagte Herr Albert.

Albert Kukułkas zweite Geschichte

Ich weiß nicht, ob Gertrud nach mir suchte und was sie fühlte, als sie am Tag ihres Aufbruchs aus Waldenburg feststellte, dass ich verschwunden war. Ich habe sie nie wiedergesehen. An Adalbert habe ich viel gedacht. Was würde mit ihm geschehen? Ob Gertrud ihn aufhalten könnte?

Die erste Nacht verbrachte ich im Wald, dort fühlte ich mich immer schon sicherer als bei meiner Familie. Die Lichtung am Fuße von Schloss Fürstenstein war mein Zuhause geworden, zu dem es mich immer wieder hinzog. Die dort ermordeten Gefangenen waren so etwas wie eine Ersatzfamilie für mich, hatte doch die Vernichtung meiner eigenen Familie ohne meine Anwesenheit an einem anderen, mir unbekannten Ort stattgefunden. Manche Bewohner Waldenburgs wussten, dass es dieses Massengrab gab, und anderen kamen Gerüchte darüber zu Ohren, die von Angst und Unsicherheit genährt wurden, denn Hitlers Niederlage stand unausweichlich bevor. Jetzt wagten sich die Menschen erst recht nicht mehr in den Wald, sodass ich völlig ungestört war. In den Nächten suchte ich mir etwas zu essen, tagsüber hielt ich mich versteckt, ich fürchtete mich nicht vor Geistern, sondern eher davor, dass jemand mich finden und zu Gertrud und Adalbert zurückbringen könnte. In jenem Frühling habe ich zum ersten und letzten Mal gestohlen. Ich stieg durch das Fenster in den Keller eines verlassenen Hauses in unserer Nachbarschaft ein und nahm eine ganze Steige Äpfel mit. Sie waren verschrumpelt und rochen erdig, doch sie schmeckten mir wie Äpfel aus dem Paradies. Nachts saß ich in meiner Höhle und aß einen nach dem anderen, zerbiss sogar die Kerne, um an ihr mandelartiges Inneres zu gelangen, obwohl ich wusste, dass mich, je gieriger ich war, der Hunger nur umso schneller wieder einholen würde.

Der Duft der Äpfel lockte sie an. Als Erstes hörte ich ein Rascheln und Schlucken, als ob jemandem das Wasser im Mund zusammenliefe. Ich dachte, das seien die Ermordeten unter meinen Füßen, an deren nächtliches Raunen und Ächzen ich mich schon gewöhnt hatte. Doch dann sah ich sie. Ein barfüßiges Mädchen in hellem Kleid. Sie trat zwischen den Bäumen hervor und blieb am Rand der Lichtung stehen. Schmutzig war sie, das blonde Haar verfilzt und voller Blätter. Sie streckte die Hand aus, und ich warf ihr einen Apfel zu, den sie verschlang. Während sie aß, ließ sie mich nicht aus den Augen, wie eine Kellerkatze. Ich saß regungslos da, um sie nicht zu erschrecken. Als sie ihren Hunger gestillt hatte, wiegte sie sich auf den Fersen vor und zurück. »Wie heißt du?«, fragte ich. Sie schwieg. Ich bot ihr an, sich zu mir in die Höhle zu setzen. Sie machte zwei Schritte auf mich zu. »Ich bin Albert und wohne hier im Wald. Hier ist außer uns keine Menschenseele«, sagte ich. Das überzeugte sie. Sie blickte sich um und kroch auf allen vieren zu mir herein. »Ich bin müde«, sagte sie, gähnte, rollte sich zusammen und schlief ein. Ich deckte sie mit ein paar alten Stofffetzen zu, die mir als Bettzeug dienten.

Als ich aufwachte, war sie noch da, aß einen Apfel und sah mich an. Sie blieb bei mir. Ihr Name war Rosemarie, aber wie sie mit Nachnamen hieß, hat sie mir nie gesagt. Wo waren ihre Eltern? Mit Koffern weggegangen. Warum war sie nicht mitgegangen? Schulterzucken. Wo wohnte sie? Schweigen. Hatten die Eltern sie zurückgelassen? War sie davongelaufen? Nichts. Also war ich es, der hauptsächlich sprach. Über mein früheres Leben mit den Zigeunern und über die Pferde, über meine Mutter im langen bunten Rock, über Fürstin Daisy und ihre Perlen. Es waren die glücklichsten Wochen meines Lebens. Ich hatte alles verloren, aber eine Schwester gewonnen. Rosemarie.

Es wurde immer wärmer, und tagsüber rannten wir durch den grün knospenden Wald, wo Weißdorn und Wildkirsche blühten. Das Wasser in der Pełcznica, die jetzt ein stinkendes Rinnsal ist, war kristallklar und so eiskalt, dass unsere Füße taub wurden, kleine, flinke Fische schwammen darin, die wir mit den Händen zu fangen versuchten. Wir pflückten uns die frischen Blätter der Gänsedistel, sie schmeckten köstlich und süß. Heute wissen die Menschen gar nicht mehr, wie viel Essbares auf Wiesen und in Wäldern wächst. Rosemarie liebte es, sich aus den Blüten Kränze zu flechten, und so erinnere ich mich am besten an sie. Ein Mädchen mit einem Kranz aus Gänsedistelblüten im verfilzten Haar. Die einzige Person, die wir manchmal sahen, war Apolonia Kitti Kitti. Sie stand plötzlich wie aus dem Boden gewachsen vor uns und begleitete uns eine Weile, war einfach da und passte auf, brachte auch manchmal etwas zu essen mit. Rosemarie gab sie ihre wattierte Jacke, die dem Mädchen bis zu den Waden reichte. Wir aßen dasselbe wie Apolonia Kitti Kitti und ihre Katzen, und es schmeckte uns gut. »War es deswegen, dass ich hierbleiben sollte«, fragte ich sie, »weil ich mich um Rosemarie kümmern soll?«, doch sie antwortete nicht. Einmal brachte sie uns ein Glas Erdbeermarmelade mit. Vielleicht hatte sie es aus einem der leerstehenden Häuser gestohlen. Oder ausgegraben, denn manche Hausfrauen hatten im festen Glauben, bald in ihre Häuser zurückzukehren, nicht nur Tafelgedecke und Silberbesteck in der Erde vergraben, sondern auch ihre eingekochten Vorräte. Wir saßen zu dritt an der Pełcznica und schleckten die Konfitüre mit den Fingern aus dem Glas.

Von Hitlers Kapitulation wussten wir nichts, und Rosemarie und ich hatten auch keine Ahnung, dass schon bald ein anderes Übel die verlassene Stadt heimsuchen sollte. Apolonia Kitti Kitti wusste es. Eines Nachts kamen sie zu dritt zu uns, Apolonia Kitti Kitti und zwei andere Frauen, die ihr ähnelten und die ich noch nie gesehen hatte. Sie trugen Brechstangen und Spaten und hatten es sehr eilig. Ihre Augen leuchteten im Dunkeln wie Phosphorkugeln, »kitti kitti!«, rief Apolonia uns, wie sie es immer tat. Rosemarie und ich liefen hinter den Katzenfrauen her, wir hatten beide begriffen, dass nun die Zeit gekommen war, uns erkenntlich zu zeigen. Gemeinsam mit den Frauen brachen wir die Tür von Fürstin Daisys Mausoleum auf. Ich verstand zwar nicht ganz, was sie planten, aber ich vertraute diesen seltsamen Frauen, die im Dunkeln alles zu sehen schienen. Wir holten den Sarg aus der Gruft, dann folgten Rosemarie und ich dem Leichenzug der Katzenfrauen durch die Nacht, denn wir waren beide noch zu klein, um den Leichnam der letzten Herrin von Schloss Fürstenstein tragen zu helfen. Wo wir Fürstin Daisy beerdigt haben, darf ich dir nicht sagen. Ich habe versprochen, es keinem Menschen zu verraten. Das Grab ist hier ganz in der Nähe, jeden Frühling blühen dort Rhododendren, die ich pflegen werde, solange ich lebe. Als wir Fürstin Daisys neues Grab zugeschüttet hatten, wurde es bereits hell und ich nahm Rosemaries Hand, denn der heraufziehende Morgen schien mir unheilverkündend. Die Katzenfrauen legten den Finger an die Lippen. Ich begriff, dass auch sie es spürten.

Am nächsten Tag marschierten die Soldaten der Roten Armee in Waldenburg ein. Es war der 7. Mai 1945. Ich sah sie erst, als sie Schloss Fürstenstein erreichten. Am Nachmittag stieg Rauch über dem Schlosshof auf, und ich wollte nachsehen, was dort los war. Voller Schrecken dachte ich, die letzten Hitlersoldaten hätten das Schloss angezündet, um ihre Spuren zu verwischen. Ich kannte einen unterirdischen Gang, der von einem Abhang nahe der Lichtung bis zum Schlossgarten führte. Fredi der Gärtner hatte ihn mir einmal gezeigt, und ich wusste, dass er ihn selbst manchmal benutzte. Ich sagte Rosemarie, sie solle in der Höhle auf mich warten, denn ich wollte sie nicht in Gefahr bringen. Das war ein Fehler, wie ich bald sehen sollte. Der Tunnel zum Terrassengarten war nie ganz ausgebaut worden, sodass ich kriechen musste und mir Erde auf den Kopf bröselte. Ich hatte Angst, begraben und vergessen zu werden wie die erschossenen Gefangenen, doch zurück konnte ich auch nicht mehr. Erst ein Stück weiter begann der hohe, betonierte Teil des Gangs, der von Häftlingen des Konzentrationslagers Groß-Rosen angelegt und wie so viele andere Gänge nicht fertiggestellt worden war. Sogar hier unter der Erde roch ich den Rauch und beeilte mich so sehr, dass mein Atem beängstigend laut von den Wänden widerhallte. Ich lasse nicht zu, dass sie Schloss Fürstenstein niederbrennen, das Haus von Fürstin Daisy, dachte der Junge, der ich noch war und bald nicht mehr sein sollte.

Als ich herauskam, sah ich, dass auf dem Schlosshof ein gewaltiges Feuer brannte. Ich robbte mich heran und spähte in den Hof. Es waren nicht die Deutschen. Mützen mit rotem Stern, verschlissene grünliche Mäntel. Die Rote Armee. »Die rote Pest«, wie Gertrud sie immer voller Angst genannt hatte. Gegen Kriegsende hielt sie immer ein geschärftes Messer griffbereit – das Messer, das ihr, Ewa und du, später auf den Namen der Vorbesitzerin getauft habt, »Gertrud Blütchen«. Meine Stiefmutter wollte es gegen die rote Pest einsetzen, aber für mich sahen immer alle Armeen gleich furchterregend aus. Die Rotarmisten verbrannten Möbel und Bilder von Schloss Fürstenstein, dicker Rauch stieg von Wandbehängen und Teppichen auf. Ich roch den furchtbaren Gestank des angesengten Fells ausgestopfter Tiere, die aussahen, als seien sie lebendig in die Flammen geworfen worden. Die Soldaten waren betrunken, sie grölten und sangen, feierten ihren Sieg. Ich wusste, dass Schloss Fürstenstein nie wieder so sein würde wie zu Fürstin Daisys Zeiten.

Plötzlich ergriff mich Angst um Rosemarie, und ich zog mich vorsichtig zum unterirdischen Gang zurück. Wie hatte ich sie alleinlassen können? Beim Näherkommen hörte ich Männerstimmen auf der Lichtung, die fremde Sprache der Sieger.

Rosemarie stand umringt von Männern in verschlissenen Uniformen, lächelte unsicher und wiegte sich auf den Fersen. Hatten die Soldaten sie gefunden? War sie selbst neugierig aus der Höhle gekommen, um zu sehen, was los war? Ich roch den Geruch der Männer, und er gefiel mir nicht. Sie machten Witze, rückten immer enger um Rosemarie zusammen. Ich sah ihr Gesicht, es war das Gesicht eines Kindes. Ich beschloss abzuwarten, bis die Soldaten genug von dem Spiel mit dem Mädchen hätten und weggingen. Dann würde ich Rosemarie ordentlich zusammenstauchen. Ich biss mir auf die Lippen und wartete. Die Soldaten drängten sich so eng zusammen, dass sie Rosemarie manchmal verdeckten, und dann starb ich fast vor Entsetzen. Sie waren zu sechst. Sechs sowjetische Soldaten und ein deutsches Mädchen. Ich weiß nicht, welcher sie als Erster anfasste, aber ich hörte ihren Schrei, und da rannte ich auf die Soldaten zu und stürzte mich auf den erstbesten, der mich sogleich zu Boden warf. Rosemarie wollte weglaufen, doch ein anderer Mann fasste sie bei den Haaren, sodass sie auf die Knie fiel. Er stieß sie um und ich sah ihre nackten Schenkel, das weiße Höschen. »Hitler kaputt!«, lachten sie. »Du kleines deutsches Naziflittchen!« Ihr Geruch war nicht animalisch, wie es bei so etwas immer heißt, sondern vollkommen menschlich und deswegen so schrecklich. Nichts konnte sie aufhalten. Einer der Soldaten beugte sich über Rosemarie und steckte seine Hand zwischen ihre Schenkel. Sie schrie nicht, sondern wimmerte nur wie ein Kätzchen: »Neinneinneinnein.« »Jajajaja«, äffte sie der Soldat nach, riss ihr die Unterhose herunter und schwenkte sie in einer übertriebenen Siegesgeste. Rosemarie war meine Schwester, die ich im Wald gefunden hatte. Ich sollte sie beschützen und hatte versagt. Ich sprang dem Mann auf den Rücken und bohrte ihm meine Fingernägel in die Augen. Unter meinen Fingerspitzen fühlte ich die feuchten, gummiartigen Kugeln der Augäpfel. Ich hatte noch nie jemanden angegriffen und weiß nicht, woher mein Körper diese gewalttätigen Griffe kannte. Aber ich war nur ein Junge, und der Soldat überwältigte mich mit Leichtigkeit. Ein Schlag gegen die Schläfe betäubte mich für einen Moment, doch ich konnte mich wieder aufrappeln und biss ihn in die Wade. Da bekam ich einen Hieb mit dem Gewehrkolben und verlor das Bewusstsein.

Als ich wieder zu mir kam, dachte ich, es wäre Nacht, denn meine Augenlider waren von Blut verklebt. Als ich die Augen endlich öffnen konnte, sah ich Rosemarie. Im ersten Augenblick verspürte ich Erleichterung. Ich dachte, alles wäre nur ein böser Traum gewesen, so ruhig und friedlich lag sie in den Strahlen der Maisonne. Das Gras leuchtete grün, der Wald roch nach Frühling. Die Vögel sangen. Doch als ich mich bewegte, überrollte mich eine Welle von Schmerz und nahm mir wieder für einen Moment das Bewusstsein. Ich berührte meinen Kopf und spürte verwundert klebriges Fleisch unter den Fingern. Erst verstand ich nicht, wieso meine Hose heruntergezogen war, dann übermannten mich Wut und Scham. Nach einer weiteren Schmerzwelle kroch ich zu Rosemarie. »Rosemarie«, flüsterte ich, »Rosemarie«. Sie lebte. Als ich ihren Arm berührte, zitterte sie und krümmte sich zusammen wie eine Raupe. Ihr Kleid war voller Blut. Sie drehte mir ihr misshandeltes, geschwollenes Gesicht zu, ihre Augen waren vollkommen leer, erschreckend wie ein Spiegel, in dem kein Spiegelbild erscheint. »Trinken«, bat sie. Ich hatte keine Kraft, so schrecklich schmerzte mein Kopf, ich schaukelte auf roten Wellen. Ich umarmte sie, und wir verloren wohl beide das Bewusstsein, vielleicht starben wir auch für eine Weile.

Sie kamen, um uns zu holen, als es dunkel wurde. Ich war mir nicht sicher, ob es wirklich geschah oder ob ich träumte, mir war kalt und ich zitterte, weil ich viel Blut verloren hatte. Ich wollte den Katzenfrauen sagen, sie sollten sich um Rosemarie kümmern und mich in der Höhle zurücklassen. Das Einzige, was ich wollte, war schlafen, ich würde schon allein zurechtkommen. Ihre Augen leuchteten, und ihre zerlumpten Kleider erschienen mir eigenartig hell, widerscheinend wie Schnee. Apolonia Kitti Kitti flüsterte Worte in einer Sprache, die ich nicht kannte, und ihre Begleiterinnen wiederholten sie, über Rosemarie gebeugt. Ich hatte den Eindruck, sie kämpften gegen etwas, besser kann ich es nicht sagen, außer ihren Worten war dort noch etwas anderes, etwas Starkes und Böses, das nicht weichen wollte. »Warum habt ihr das zugelassen?«, flüsterte ich oder dachte es bloß, und Apolonia sah mich unter ihrer Fliegermütze hervor mit einer solchen Traurigkeit an, dass sie viel älter schien als sonst. »Wir können ihr nicht helfen«, sagte sie, und ich verstand erst Jahre später, dass sie nicht Rosemaries körperliche Wunden meinte. Apolonia Kitti Kitti legte mir ihre Hand auf die Stirn, und diese Berührung brachte mir Erleichterung, ich versank tief und tiefer, bis ich wieder die Zigeunerwagen und glänzenden Pferderücken sah, das brennende Feuer und die schwarzhaarige Frau mit dem langen Rock, die mir langsam ihr Gesicht zuwandte. Weder vorher noch nachher war ich jemals so nahe daran, ihr Gesicht zu erkennen.

Rosemarie und ich wurden getrennt, ich weiß nicht, wer sie aufnahm, denn sie sprach nie von dieser Zeit in ihrem Leben. Sie sprach über nichts, was darauf hindeutete, dass sie sich überhaupt an mich erinnerte, so als wäre ihre Vergangenheit zusammen mit dem Namen Rosemarie und der deutschen Sprache ausgelöscht worden. Ich blieb bei Apolonia Kitti Kitti, die mich in einen Keller von Schloss Fürstenstein schleppte und dort von meinen Wunden heilte. Ich war lange bewusstlos, und als ich schließlich in die Welt der Lebenden zurückkehrte, sah ich, was die sowjetischen Soldaten mir angetan hatten. Sie hatten mir die Kopfhaut abgezogen. Anstelle meiner struppigen kartoffelschalenfarbenen Haare hatte ich eine blutige Narbe, die mich für immer und ewig daran erinnern würde, was auf der Lichtung geschehen war. Apolonia Kitti Kitti hielt mir einen Spiegel hin, einen schönen Spiegel aus dem Schloss mit vergoldetem Rahmen, aus dem mich das Scheusal anstarrte, zu dem ich geworden war. Mein Schädel sah aus, als wäre er mit einer Scheibe rohen Fleisches bedeckt. Da nahm die Katzenfrau ihre Fliegermütze ab, ohne die ich sie noch nie gesehen hatte, und setzte sie mir auf, als wäre es eine Krone. Ich habe sie nie mehr abgenommen.

»Ich muss los«, sagte Apolonia Kitti Kitti danach, und mir wurde klar, dass das unser Abschied war. Dass das alles gewesen war, was sie für mich tun konnte. »Wo ist Rosemarie?«, fragte ich.

Sie schüttelte nur den Kopf. Ohne die Fliegermütze sah sie sehr klein und wehrlos aus, als hätte sie alle Kraft verloren. Vielleicht war es auch so, denn ich vermute, dass die Katzenfrauen einen bestimmten Vorrat an Güte und Fürsorge haben, der eines Tages einfach aufgebraucht ist. Dann geht ihr Leben zu Ende, und sie verschwinden. Aber es kommen andere nach. »Und ich? Was soll ich machen?« – »Geh dorthin zurück. Warte bis zum Winter und geh zurück.« – »Dorthin? In Gertruds Haus?« Sie antwortete nicht mehr. Ich saß am Eingang zum unterirdischen Tunnel, mit der Fliegermütze auf dem Kopf und dem Spiegel in der Hand, in den ich nicht mehr hineinschauen wollte, während sie auf den Wald zulief und für immer zwischen den Buchenstämmen verschwand.

Ich tat, was Apolonia Kitti Kitti mir gesagt hatte, aber Gertruds Haus war schon bewohnt, und niemand wollte mich dort. Die Kukułkas nahmen mich auf, eure Nachbarn. Sie fanden mich krank und halb erfroren im Keller. »Wie heißt du?«, fragten sie mich in ihrer weichen singenden Sprache, und ich antwortete: »Albert«, denn das war der einzige meiner Namen, an den ich mich erinnerte. Sie waren gute und sehr traurige Menschen, zum Aussterben verurteilt, weil es ihnen nicht gelang,

Wurzeln zu schlagen. Uns verband, dass wir kein Zuhause hatten und Ersatz für etwas zu finden versuchten, was sich nicht ersetzen lässt: das richtige Leben. Ich, ihr angenommener Sohn, lebte mein Leben als Albert Kukułka, und als Albert Kukułka traf ich Rosemarie wieder, die nun ebenfalls anders hieß. Dein Vater, mein Freund, stellte sie mir eines Tages mit den Worten vor: »Das ist meine Verlobte, Anna Lipiec.« Rosemarie ist deine Mutter, Alicja.

*

Ich weiß nicht, warum ich mich nach der Unterhaltung mit Herrn Albert nicht sofort auf den Weg nach Warschau machte und alles hinter mir ließ. Von einem starken inneren Impuls getrieben, der so eindeutig war, als hätte mich jemand beim Namen gerufen, kehrte ich zu unserem Haus zurück, um mich vor der Abreise noch einen Moment hinzusetzen, wie eine Figur aus einem russischen Theaterstück mit lauter unglücklich Liebenden. Ich wollte mit meinem neuen Wissen über die Frau, die mich geboren hatte, Anna Lipiec-Rosemarie, noch eine Weile an dem Ort sein, an dem ich mit ihr gelebt hatte. Als ich das Haus betrat, nein, bereits als ich den Türknauf berührte, wusste ich, dass ich heute nicht mehr fahren würde. Morgen in aller Frühe, entschied ich und setzte mich mit einem seltsam erleichterten Gefühl an den leeren Tisch in der dunklen Küche.

Ich holte meinen Computer aus der Tasche, und das bläuliche Licht des kleinen Bildschirms nahm den ungleichen Kampf mit der Dunkelheit auf. Um meine baldige Rückkehr zu besiegeln, wollte ich der Redaktion mitteilen, wann ich in Warschau zu erwarten wäre, doch es ließ sich keine Internetverbindung herstellen. Nichts an diesem Ort funktionierte, nichts sah so aus, wie es sollte, sogar mein Gesicht in der schmutzigen Scheibe war verformt, zu jung, die Augenbrauen hochgezogen in gefrorener Verwunderung. Ich dachte so intensiv an meine Mutter, als könnte ich dadurch alles aufholen und sie danach mit dem roten Hans in dieser Küche zurücklassen, in der sie sich nie zu Hause gefühlt hatte. Je mehr ich an sie dachte, desto deutlicher sah ich meine-Mutter-Anna-Lipiec-Rosemarie vor mir, und gegen Morgen war das nebulöse Wesen, das ich bisher in meinem Gedächtnis getragen hatte, so gut erkennbar geworden wie ein Spiegelbild in der Fensterscheibe, das dem meinen zwillingshaft ähnelte. Meine Mutter war Deutsche und hieß einmal Rosemarie. Sowjetische Soldaten hatten sie vergewaltigt, und danach waren die Katzenfresser in sie eingedrungen. Sie zu retten war weder Herrn Albert noch den Katzenfrauen gelungen, wer immer diese auch sein mochten. Und auch meinem Vater und uns Töchtern nicht. Aus dem zerstörten Mädchen wurde eine Frau, die selbst alles zerstörte. Sie hatte uns das Leben und den Tod zugleich geschenkt. Meine Schwester missbrauchte sie, mir wollte sie ein Messer in die Brust stoßen und hinterließ eine Narbe. Ich war müde und fühlte mich marode wie dieses einstmals deutsche Haus, aber wenigstens würde ich schon morgen nicht mehr hier sein, sondern in mein wirkliches Zuhause zurückkehren. In meiner warmen, lichtdurchfluteten Wohnung würde ich ein Bad nehmen und dann eine Liste mit all den Dingen aufstellen, die noch zu tun waren, jede Ziffer darauf exakt einkringeln und die Liste dann an meinen antarktisch weißen und blitzenden Kühlschrank heften. Ich hätte die Kontrolle zurückgewonnen. Vielleicht würde ich mir in einiger Zeit sogar verzeihen können, dass ich meine Schwester nicht vor den Katzenfressern gerettet hatte. Vielleicht würde ich mit irgendeiner meiner schlaflosen Nächte endlich genug für die Nacht gebüßt haben, in der ich eingeschlafen war und nicht gesehen hatte, wie Ewa das Haus verließ. Am Waldrand hatte sie sich wahrscheinlich noch einmal umgedreht und zum Haus zurückgeblickt, dann war sie zwischen den dunklen Bäumen vor dem Schloss verschwunden. Ein barfüßiges junges Mädchen im Mohnblumenkleid. Das Bild meiner Schwester war so klar, dass ich zusammenfuhr, als der Computer mit einem metallischen Signalton eine neue Nachricht meldete.

Also war ich doch mit der Welt verbunden, wenn auch nicht unbedingt mit der realen, denn die Nachricht kam von einem seltsamen, nicht erkennbaren Absender. Trotzdem öffnete ich sie. »Für dich, Alicja. Homar« stand da in einer Schriftart, die ich noch nie gesehen hatte. Die Nachricht enthielt einen Anhang, den ich ebenfalls öffnete, ohne weiter nachzudenken, obwohl mich diese Art der Neugier schon ein paarmal ins Verderben geführt hatte. Auf einer Schwarzweißfotografie war meine Schwester zu sehen. Sie kniete in einem Garten auf einer Decke und trug das Mohnblumenkleid, in dem sie gestorben war. Wie ein Filmstar lehnte sie sich zurück, die Träger ihres Kleides waren herabgestreift. Um ihren Hals lag eine doppelreihige Perlenkette und strahlte einen solchen Glanz aus, dass die Konturen des schmalen kindlichen Körpers in ihrem pulsierenden Licht verschwammen. Außer dem Tod gab es nur einen, für den Ewa sich so angezogen hätte. Wie hatte ich so blind sein können!

»Dawid?«, tippte ich und schickte die Nachricht ab. Ich wartete, doch er antwortete nicht. »Lass uns ein Treffen verabreden«, schlug ich ungeduldig vor. Ich hatte die Hoffnung schon aufgegeben, als der Benachrichtigungston des Computers wieder erklang.

»Ich gehe nicht aus dem Haus«, schrieb Dawid in derselben Schrift wie vorher – falls Homar tatsächlich Dawid war. Die blassen, unheimlich aussehenden Buchstaben zerliefen wie mit Aquarellfarben gemalt.

Vielleicht hatte Microsoft eine spezielle Schriftart für geheimnisvolle Nachrichten eingeführt.

»Ich kann zu dir kommen. Gib mir deine Adresse«, antwortete ich blitzschnell in gewöhnlicher Schrift, Times New Roman. Homar-Dawid reagierte nach zehn Minuten, die Nachricht war noch blasser als die vorigen.

»Du kennst sie. Heute vor Mitternacht.«

Also war er es tatsächlich, der Geliebte meiner Schwester, der sie enttäuscht hatte wie wir alle. Ich sah auf die Uhr am Computer. Es war fast vier Uhr morgens. Die Buchstaben auf dem Bildschirm erinnerten von weitem an winzige Wasserwesen unter dem Mikroskop, tote Pantoffeltierchen. Mir kam der seltsame Gedanke, Dawid könnte zu kraftlos für andere Buchstaben sein. Ich musste ihm ins Gesicht sehen und herausbekommen, was ihn zu diesem im Dunkeln lauernden Homar gemacht hatte. Nun kann ich doch nicht heute abfahren, dachte ich, und im selben Moment überwältigte mich eine bleierne Müdigkeit. Ich war völlig ausgelaugt. Selbst zum Treppensteigen fehlte mir die Kraft, und so legte ich mich auf das kamelfarbene Sofa in Vaters Zimmer. Der Geruch nach altem Leder mit einem leichten Hauch von Schimmel wirkte beruhigend. Jemand klopfte an die Tür. Marcin, dachte ich noch, war aber nicht mehr imstande, mich zu erheben.

Ich schlief tief und traumlos, und als ich hungrig und steif, aber voller neuer Kräfte erwachte, begann gerade die Abenddämmerung. Wieder klopfte jemand. Vor der Tür stand ein Schornsteinfeger, tiefschwarz wie ein Scherenschnitt vor dem weißen Schnee. Bei meinem Anblick rezitierte er fröhlich:

»Nur das Beste, Glück und Segen wünscht Ihnen Ihr Schornsteinfeger! Was schlecht ist, soll nie Einkehr halten, hier möge stets das Gute walten!«

Ich habe nie gelernt, Angst vor Dingen zu haben, die möglicherweise geschehen könnten. Deshalb öffne ich Türen einfach, wenn jemand anklopft, denn Schlechtes verschafft sich den Zugang auch ohne anzuklopfen. Ich hatte seit Jahren keinen Schornsteinfeger mehr gesehen und konnte mir nicht erklären, warum dieser hier in Reimen zu mir sprach, deswegen starrte ich ihn nur verwirrt an. Er war ein großer und schlanker Mann, an dessen Gesicht vor allem der breite, zu einem jokerhaften Lächeln verzogene Mund auffiel. Die Augen waren im Dämmerlicht nur zu erahnen.

»Wer Kalender beim Kaminkehrer kauft, dem bringt das Neujahr Glück zuhauf. Geldsegen fließt, die Gesundheit ist hold, auf dass der Winter in Bälde sich trollt!« Die feucht glänzenden Lippen dehnten sich wieder zu einem Lächeln. Ich begriff und kaufte einen kitschigen Kalender für das kommende Jahr, um den ungebetenen Gast loszuwerden. Als ich mein Portemonnaie holte, sah ich aus dem Augenwinkel das Gesicht des Mannes im Garderobenspiegel. Er lächelte nicht mehr, und ich hatte den Eindruck, er versuche einen Blick ins Haus zu erhaschen. Erleichtert schlug ich die Tür hinter ihm zu und schmiss den Kalender in den Mülleimer.

Danach stieg ich ins Auto. Erst einmal brauchte ich neutralen Boden unter den Füßen, musste eine Weile das normale, alltägliche Leben sehen, bevor ich mich mit Dawid-Homar traf, dem Jungen in schwarzen Doc Martens, der Ewa und mir einen Ausflug ins Riesengebirge versprochen hatte. Am Stadtrand, wo sich zu meiner Kindheit noch Felder erstreckt hatten, fand ich einen Supermarkt und darin das Lokal einer Restaurantkette. Ich aß eine traurige Pizza und trank ein Gebräu hinterher, das als »Kaffee« bezeichnet wurde, dieses schnelle magenfüllende Essen war genau das, was ich jetzt brauchte. Familien mit überladenen Einkaufswagen standen in hitzige Diskussionen vertieft vor der Speisekarte. Junge Mädchen mit sehr hell oder sehr dunkel gefärbten glattgezogenen Haaren, in kurzen Miniröcken oder enganliegenden Jeans wie Strumpfhosen und Jacken, deren Kapuzen mit dem Fell bedauernswerter Käfigtiere umsäumt waren, stakten mit beharrlichem Ernst auf ihren hohen Absatzstiefeln einher wie Reiher im Wasser. Wäre Ewa noch am Leben, trüge sie sicherlich auch hohe Absätze, aber nie solche wie alle anderen. Sie würde ihre Schuhe smaragdgrün anmalen und mit Pfauenfedern verzieren. Als alle modernen Gymnasiastinnen sich schwarz anzogen wie griechische Witwen, kaufte sie sich im Wałbrzycher Warenhaus einen grellgelben Sommermantel und trug dieses verschmähte Kleidungsstück mit der Grazie einer Laufstegschönheit. Ich bestellte mir noch einen Kaffee und sah dem Leben anderer zu, wärmte mich daran, wie ich es seit Jahren tat. Ein Bettler mit Taliban-Vollbart luchste mir trotz des Ekels, den seine alkoholischen Ausdünstungen in mir hervorriefen, etwas Kleingeld ab, indem er so lange neben mir stehen blieb, bis ich einlenkte. Sein falsches breites Lächeln rief mir den dichtenden Schornsteinfeger in Erinnerung, dessen Gesten ähnlich übertrieben und künstlich gewesen waren. Als der Supermarkt geschlossen wurde, wechselte ich zum McDonald's an der nächsten Tankstelle und trank einen dritten, noch schlechteren Kaffee, bis ich schließlich um viertel nach elf aufbrach und durch die Straßen der schlafenden Stadt nach Szczawno-Zdrój fuhr.

Der Schnee fiel jetzt doppelt so dicht. Die billigen Kleidungsstücke, Schuhe und Taschen in den Schaufenstern der Läden sahen aus, als sollten sie im Dunkeln herumirrende Geister anlocken. Ich bog in die schmale Straße ein, an der Dawids Haus stand, zuletzt war ich als kleines Mädchen dort gewesen. Die Bilder warteten gleich hinter der Schwelle meines Gedächtnisses: Ewa mit farbloser Glanzcreme auf den Lippen, die nach tropischen Früchten wie aus Herrn Alberts Gewächshaus duftete. Sie erlaubte mir, mit dem Glasröhrchen zu spielen, an dessen Ende sich eine bewegliche Plastikkugel befand. Ich roch und leckte daran, gierig nach dem Geschmack meiner geliebten Apfelsinen, und meine Schwester lachte: »Du schnüffelst ja den ganzen Duft weg, Kamelin.« Ich sah uns. Zwei Hippiemädchen mit Blütenkränzen auf den Köpfen. Wir standen vor dem schmiedeeisernen Tor und und bestaunten den gepflegten Garten mit

Teich und steinerner Laterne in japanischem Stil. Er bestand nur aus Rasen und Ziersträuchern mit dunkelgrünen, wie poliert glänzenden Blättern. Der Garten erschien uns überwältigend elegant im Vergleich mit den Gärten unserer Nachbarn in Szczawienko, in denen viele verschiedenfarbene Blumen, Petersilie, Möhren und Rote Bete wuchsen. Wir standen eine Weile unschlüssig da, bis Ewa sagte: »Jetzt oder nie, Pipinelke« und auf die Klingel drückte. Die moderne Villa, in der Dawid wohnte, war für mich damals ein weiterer Beweis für die Außergewöhnlichkeit meiner Schwester, die es schaffte, aus unserem traurigen Haus einen Weg in die Kasztanowa-Straße zu finden und dort ganz einfach an einer Tür zu läuten.

Jetzt war hier alles verfallen. Aus der lose baumelnden Türklingel staken Drähte wie die Fangarme eines Wasserwesens, das auf die Finger der Ankömmlinge lauerte. Die Metallpforte knarrte, als ich sie aufschob. Der Garten hatte sich in eine unkrautüberwucherte tote Fläche verwandelt, vereinzeltes Gestrüpp ragte aus der Schneedecke. Überall lagen Gerätschaften herum, rostige Eisenteile, Bretter, Stücke von einst nützlichen Gegenständen, die überflüssig geworden waren. Im Gartenteich steckten eine umgedrehte Schubkarre und ein zusammengerollter Teppich. Ein brenzliger Geruch wie von einer längst verlassenen Brandstelle wehte mir entgegen. Efeu umschlang die japanische Laterne, die als Einzige ihre Schönheit bewahrt hatte. Um diesen Garten hatte sich seit Jahren niemand mehr gekümmert. Nirgends waren ein Weg oder Fußstapfen zu sehen, nicht einmal Vogelspuren. Die Fenster waren mit schwarzem Samt verhängt oder von einer dicken Rußschicht überzogen, das Wort »Trauerflor« kam mir in den Sinn. Ich ging zur Tür und blieb fast im Schnee stecken, betätigte den altmodischen Türklopfer. Sein Metall war feucht, sodass ich mir die Hände an meiner Hose abwischen musste. Außer tropfendem Wasser und dem Rauschen der Bäume, deren dichte Zweige kein Licht von den Nachbarhäusern durchließen, war nichts zu hören. Die ganze Gegend wirkte wie ausgestorben. Ich dachte bereits, alles sei nur ein Scherz gewesen, als ich hinter der Tür eine Bewegung vernahm, ein Klopfen wie das verspätete Echo des Türklopfers. Dann knirschte der Schlüssel im Schloss, drehte sich zweimal, dreimal. Die Tür ging einen Spalt auf, die Türkette spannte sich, und ich sah in der Dunkelheit zwei Augen glänzen, starker Brandgeruch schlug mir wie eine heiße Welle ins Gesicht.

»Dawid?«

»Du bist nicht Ewa«, sagte eine Stimme. Die rauhe Stimme eines Menschen, der nicht viel sprach.

»Ich bin Ewas jüngere Schwester. Alicja.«

»Geh ein Stück zurück.«

Gehorsam trat ich einen Schritt nach hinten, Dawid schaltete eine Taschenlampe ein und leuchtete mir damit ins Gesicht, sodass ich geblendet die Augen schließen musste.

»Mach die Augen auf«, sagte er. »Du hast dich nicht verändert.«

»Es sind dreißig Jahre vergangen.«

»Du hast immer noch dieselben Augen. Und kamelfarbene Haare.«

Dieser Ausdruck, den Ewa erdacht und niemand außer ihr benutzt hatte, tat mir weh.

»Du wolltest damals so gern nach Ägypten reisen. Bist du hingefahren?«

»Bin ich.«

»Und hat es dir gefallen?«

»Nein. Darf ich hereinkommen?«

»Ja. Aber ich möchte nicht, dass du mich ansiehst.«

»Ich möchte mit dir reden. Wir können auch im Dunkeln sitzen, wenn dir das lieber ist.« Dieser Mensch ist mitschuldig am Tod meiner Schwester, dachte ich. Eigentlich dürfte er mir keine Bedingungen stellen. Sie hat ihm vertraut und er hat sie enttäuscht, er konnte sie nicht retten.

»Ich weiß, dass du mich hasst«, sagte Dawid und löste die Türkette. Erst jetzt konnte ich die Umrisse seines Körpers sehen. Er stützte sich auf einen Stock, der das klopfende Geräusch verursacht haben musste.

»Ich hasse dich nicht. Ich will mit dir reden.«

»Weshalb?«

»Weshalb?«, wiederholte ich, und der Klang meiner Stimme gefiel mir nicht. »Darin besteht für mich das Leben – zu verstehen.«

Dawid zuckte die Schultern, die so mager waren, dass es wirkte, als könnten die Knochen jeden Augenblick die Haut durchbohren.

Ich ging hinter ihm durch einen dunklen Flur und bemühte mich, in der gebeugten Gestalt vor mir den Jungen wiederzuerkennen, an den ich mich erinnerte. In Erwartung schwarzer Schnürstiefel blickte ich hinunter zu seinen Füßen, doch Dawid trug jetzt ausgetretene Filzpantoffeln. Wir betraten das frühere Esszimmer, und er bat mich, Platz zu nehmen. Ich sah mich in dem Raum um, der mit Gerümpel vollgestellt und nur von einer kleinen Tischlampe erleuchtet war. Die Fenster waren dicht verhängt, Dunkel saß in den Zimmerecken, aber ich bemerkte, dass das Klavier noch an seinem Platz stand wie ein schlafendes schwarzes Tier. Es war heiß, obwohl im Kamin kein Feuer brannte. Im Teppich, der so schmutzig war, dass er an eine dunkle morastige Lache erinnerte, hatten sich zerknülltes Papier, Stofffetzen und Müll festgetreten. Der schöne Mahagoni-Tisch, an dem wir vor dreißig Jahren zusammen Mittag gegessen haben – ich lobte damals den köstlichen selbstgebackenen Kuchen von Dawids Mutter –, war nun mit Mappen, Büchern, Pizzakartons beladen. Inmitten von alldem stand ein Computer mit leuchtendem Bildschirm. Dawid setzte sich davor, er bewegte sich langsam und mühselig wie ein alter Mann. Er trug einen dunklen Morgenmantel, auf dem alberne Schäfchen zwischen Wolken herumsprangen.

»Verzeih, Alicja. Ich bin Besuch nicht mehr gewöhnt.« Er lachte ein unangenehmes Lachen, das dieser höflichen Entschuldigung jeden Sinn nahm.

Ich hob einen Stapel Mappen von dem Stuhl, der Dawid gegenüberstand. In dem schmutzigen Licht wirkte sein Gesicht wie eine Maske mit tiefen Ringen unter den Augen und einem dünnen, strichartigen Mund. Er erinnerte an einen Dämon aus dem Nō-Theater oder einen Dibbuk. Seine Haare, die früher schwarz und dicht gewesen waren, sahen jetzt aus wie Staub, der sich auf dem kahlen Schädel abgesetzt und den mageren, zwischen den Aufschlägen des Morgenmantels sichtbaren Oberkörper überrieselt hatte. Der Brandgeruch heftete sich an meine Haut, ich verbarg meine Hände in den Ärmeln des Pullovers. Im Zimmer schien es immer stickiger und heißer zu werden.

»Sieh mich nicht an«, wiederholte Dawid. »Ich habe auf dich gewartet.« In seiner Stimme lag ein Vorwurf, als hätte ich einen schwerkranken Verwandten vernachlässigt.

»Ich bin erst seit zehn Tagen in der Stadt.«

»Ich warte seit dreißig Jahren.«

»Warum?«

»Weil ich diese Geschichte nur dir erzählen kann.«

»Welche Geschichte?«

»Die Geschichte von mir und Ewa.«

»Warum hast du mich nicht schon früher gefunden?«

»Das hätte nichts gebracht. Du musstest hierher zurückkommen.«

»Du hast sie verlassen. Erwarte nicht von mir, dass ich dir vergebe.«

»Nur Ewa könnte mir vergeben.«

»Ich kann nichts für dich tun.« Ich schaute auf, obwohl er

mich gebeten hatte, ihn nicht anzusehen. Vor mir saß ein gebrechlicher Mann, dessen Körper von einer furchtbaren Krankheit verzehrt wurde.

»Das weiß ich, Alicja. Trotzdem bist du gekommen.«

Ich spürte, wie die Luft zwischen uns flimmerte, und sah Dawid einen Moment lang wie durch einen Nebel. Irgendetwas Seltsames war mit meinen Augen geschehen, vielleicht wurde ich auch einfach alt. Ich fühlte mich wie im Fieber.

»Ich bin gekommen, um zu verstehen, was mit Ewa passiert ist. Du interessierst mich wenig.«

»So warst du schon immer.«

»Wie?«

»Gepanzert. Ewa wusste, dass du zurechtkommen würdest.«

»Woher weißt du, dass ich zurechtkomme?«

»Ich sehe es. Du lebst. Und weißt du, was ich bin? Ein Troll. Das ist die Computervariante eines Katzenfressers. So würde deine Schwester mich jetzt nennen. Sie konnte Dinge und Menschen beim Namen nennen.« Dawid wies auf den Computer und streichelte den Bildschirm mit einer unangenehmen, obszönen Bewegung. »Meine Freuden und Schweinereien, das alles ist im Netz. Weißt du, was Trolle machen?«

»Sie trollen, das weiß ja wohl jedes Kind, das einen Computer hat. Erwartest du jetzt Mitleid von mir?«

»Kennst du das nicht? Barmherzigkeit ist das Privileg starker Frauen. Ich kann mir dergleichen gar nicht leisten.« Seine Stimme gefiel mir nicht, sie war spöttisch und fordernd zugleich, bettelte um Gnade.

»Nur kein Selbstmitleid. Du hattest die Wahl. Und du hast sie immer noch.«

»Jetzt nicht mehr. Ich bin müde. Das Einzige, was ich noch will, ist, dir meine Geschichte zu erzählen. Du bist Reporterin. Geschichten anzuhören ist dein Beruf. Du hast sogar mit einer Kindermörderin gesprochen.« Er begriff nichts, aber ich konnte nicht einfach gehen, weil er das Bindeglied zwischen mir und meiner Schwester war. Wir beide erinnerten uns an sie, wie sie war, als sie noch lebte.

»Mein Beruf ist es, darüber zu schreiben, was sich tatsächlich ereignet hat.«

Dawid lachte, denn das bedeuteten wohl die krächzenden Laute, die aus seinem Brustkorb drangen, bevor sie in Husten umschlugen.

»Wenn du es so nennen willst, meinetwegen. Aber wir beide wissen doch, dass du keine andere Wahl hast. Du musst mir zuhören, auch wenn ich deinen Abscheu wecke.«

Ich erstickte fast in diesem jahrelang nicht gelüfteten Haus.

»Ich weiß, worauf du hinauswillst. Deiner Meinung nach habe ich keine Wahl, weil Geschichten alles sind, was ich bekommen kann. Weil Ewa nicht mehr lebt. Aber du irrst dich. Ich kann Dichtung von Wahrheit unterscheiden. Jeder hat seine eigene Wahrheit, aber nicht alle Wahrheiten sind gleich viel wert.«

Wieder dieses schreckliche hustende Lachen.

»Alicja – weise und gerecht wie Athene!«

»Und wieder irrst du dich. Ich höre nur zu und versuche zu verstehen. Manchmal liege ich falsch. Aber jetzt weiß ich, dass ich hier nicht länger bleiben möchte. Ewa hat mir einen Brief hinterlassen. Ich weiß alles, Dawid.«

Das Zimmer verschwamm vor meinen Augen, und ich hatte Angst, ohnmächtig zu werden. Ich stand auf und dachte, dass ich gleich die Tür öffnen, das Haus dieses traurigen Trolls verlassen und mein Gesicht von der frischen Nachtluft umwehen lassen konnte.

»Enthält dieser Brief denn die Wahrheit? Oder bloß eine Wahrheit, die du brauchst?«

»Er wurde von meiner Schwester geschrieben, bevor sie in den Wald ging, um sich umzubringen.« Ich hoffte, dass mir meine Verzweiflung in diesem stickigen Zimmer voller dichter Schatten nicht allzu deutlich anzusehen war. Ich dachte an Dawids früheres Gesicht, wenn er vom Riesengebirge sprach, durch das wir zu dritt mit dem Rucksack wandern würden. Dieses Gesicht hatte Ewa geliebt. Jetzt sahen seine Augen aus wie kleine Steine, die tief in den geschwollenen Lidern vergraben waren. Er muss einen langen und schlimmen Weg hinter sich haben, dachte ich.

»Hör mir zu«, sagte er.

Das wenigstens konnte ich für ihn tun.

Dawids erste und letzte Geschichte

Als ich Ewa das erste Mal sah, saß sie im offenen Fenster der Sternwarte unseres Gymnasiums. Ihre Beine waren drinnen, Kopf und Oberkörper hinausgelehnt, sie rauchte eine Zigarette, das Gesicht zum Himmel gewandt. Das Dach fiel unter dem Fenster schräg ab, und sie lehnte sich so weit hinaus, dass ich nur ihre langen Beine und den im Sonnenlicht aufsteigenden Rauch sah. Der erste Impuls, den sie in mir weckte – außer einem Stich des Begehrens beim Anblick ihrer Beine und Hüften –, war der Wunsch, sie zugleich zu beschützen und es ihr an Waghalsigkeit gleichzutun. Ich wollte mit ihr zusammen dort drüben sein, zwischen Himmel und Erde, weit weg vom öden Schulalltag und von dem langweiligen Jungen, der ich in meinen eigenen Augen plötzlich war. Ewa mochte solche Dinge: sich aus dem Fenster lehnen, auf der schmalen Mauer um die Palastgärten bei Schloss Fürstenstein tanzen und so tun, als wollte sie springen oder als fiele sie. »Sieh mal, ich fliege!«, rief sie, und ich erstarrte vor Angst, sie wirklich zu verlieren. Sie kroch in die verfallenen deutschen Grabstätten in Dziećmorowice und überredete mich, sie zu begleiten. »Hörst du das?«, flüsterte sie, und wenn ich sie fragend ansah, lachte sie nur: »Du Blödmann, bist du taub, dass du das nicht hörst?« Sie hörte und sah immer mehr als ich.

Ewa sagte mir später, sie habe mein Spiegelbild in der Scheibe gesehen und gleich gewusst, was geschehen würde. Sie sprang von der Fensterbank, kam zu mir, sagte: »Hallo, ich bin Ewa«, und berührte mein Gesicht. Von da an war alles vorgezeichnet. Es ist mir bis heute nicht gelungen, das Geheimnis ihrer Schönheit zu ergründen. Da waren natürlich die jedem offensichtlichen Dinge: das ovale Gesicht mit den hohen Wangenknochen, die leicht schrägen, weit auseinanderstehenden Augen, der große Mund. Der Charme des frechen Mädchens, das Herausforderungen liebte und so tat, als fürchte es sich vor nichts. Ich habe später noch manche Mädchen getroffen, die ähnlich unruhig waren, immer auf der Jagd nach dem Zipfel ihres Traums. Jagd nach dem Zipfel ihres Traums, das sind natürlich Ewas Worte. Aber sie hatte noch etwas anderes an sich, etwas Wichtigeres.

Sie war von einem Schatten umgeben. Einem Geheimnis, das ich nicht begreifen konnte, obwohl mein Vater eine konkrete medizinische Bezeichnung dafür hatte. Ewa lehrte mich, dass manche Dinge nur provisorische Namen haben, vorläufige Verpackungen, und so war es auch in diesem Fall. Ich war neu in der Schule, weil ich gerade erst mit meinen Eltern nach Wałbrzych gezogen war, und dank Ewa bekam nun alles einen Sinn. Der Umzug, den ich verwünscht hatte, wurde zum Beweis, dass es etwas wie die Vorsehung doch gab. Wenn ich heute davon erzähle, weiß ich nicht, ob ich selbst damals diese Worte gebraucht habe oder ob sie auch Ewas Worte waren. Ich war kein besonders komplizierter Freund. Ich wollte einfach mit ihr zusammen sein und stellte mir vor, wie wir gemeinsam Dinge tun, die ich mochte, und dass sie ihr auch Spaß machen würden. Dass ich gern mit ihr in die Berge gehen würde, wusste ich schon, seit ich ihre Beine gesehen hatte. Am Abend würden wir unser Zelt aufschlagen, uns im Bach waschen und in die Sterne schauen. Danach würden wir uns lieben. Auf dem Walkman, den mein Vater mir aus Wien mitgebracht hatte, würden wir Genesis und Pink Floyd hören. So stellte ich mir Liebe vor: zu zweit auf dem Walkman Musik hören, jeder mit einem Kopfhörer. Ich dachte nicht über die Zukunft nach, weil sie mir klar zu sein schien. Als ich Ewa kennenlernte, war ich in der Abiturklasse, ich wollte Medizin studieren, denn seit drei Generationen waren die Männer in unserer Familie Ärzte, und die Frauen heirateten Ärzte, bis auf eine Tante, die selbst Ärztin geworden ist. Heute weiß ich nicht mehr, inwieweit das meine eigene Entscheidung war, aber das hat keinerlei Bedeutung, ich habe mein ganzes Leben lang die falschen Entscheidungen getroffen.

An dem Tag, an dem ich Ewa kennenlernte, gingen wir nach der Schule Zuckerkrapfen essen. In der Nähe war eine kleine private Konditorei. Heute gibt es sie nicht mehr, nichts gibt es mehr. Ich kaufte eine ganze Tüte Krapfen und dazu im Lebensmittelladen Erdbeerkefir, und danach aßen wir die zuckrig klebrigen, fettigen Teigbällchen auf dem Platz vor der Geburtsklinik. Ich hatte niemals zuvor ein Mädchen so essen sehen. Nicht gierig, eher selbstvergessen. Sie nahm große Bissen und leckte sich die Lippen. Um ihren Mund klebten Zuckerkörnchen und Marmelade. Fasziniert und zunehmend erregt sah ich ihr zu. Ich wollte ihren gezuckerten Mund küssen und die rosa Marmelade von ihren Lippen lecken. Den letzten Krapfen ließ sie für dich übrig und verstaute die Tüte in einem Leinenbeutel, der über ihrer Schulter hing. »Ich habe eine kleine Schwester«, sagte sie, »wenn sie nicht wäre, hätte ich den letzten auch noch gegessen.« Ich erinnere mich so gut an diesen Moment, als wäre es erst gestern gewesen. Das sagt man so, dabei haben es sich Leute ausgedacht mit einem Gedächtnis wie die Aufzeichnungen des Buchhalters einer kleinen, sauberen Firma. Ich aber sieche hier vor mich hin, ein Gedächtnis wie ein Betrüger, und habe weder eine Ahnung noch interesiert es mich, was gestern war. Der Moment vor dreißig Jahren mit deiner Schwester auf jener Bank ist gleich hier nebenan, und dort bin ich. Dort bin ich geblieben. Was du jetzt siehst, ist ein Troll, der in seinem Groll gefangen ist wie in Pech. Ich habe mich gerächt, doch das hat mir keine Erleichterung gebracht. Meine Zeit geht zu Ende, Alicja.

Wir saßen in der prallen Sonne, und das Gras auf dem Platz

war so grün wie sonst nur in Träumen. Ewa schlürfte mit zurückgeneigtem Kopf die letzten Tropfen Kefir und wischte sich mit dem Handrücken den Mund ab. »Weißt du, warum der Rasen hier so grün ist?« Ich schüttelte den Kopf. »Weil sie darunter die Kinderleichen beerdigen.« – »Kinderleichen?« – »Aus der Klinik. Die tot geborenen Säuglinge und toten Föten. In Herbstnächten werden hier körbeweise kleine Leichen vergraben. Manche haben zwei Köpfe, vier Hände, Kiemen oder ein Fell.« Tote Föten konnten mich nicht schrecken, ich war schließlich der Sohn eines Gynäkologen und würde in einigen Jahren selbst Arzt werden, aber ich wollte den Sinn ihrer Geschichte verstehen. »Warum werden sie hier vergraben?« – »Weil die Typen aus dem Krematorium die Kohle schwarz verkaufen. Sie trinken«, erklärte sie, als wäre es das Selbstverständlichste der Welt. »Bei Vollmond steigt über dem Rasen ein blassgrüner Schein auf. Das sind die Seelen der Kinder. Sie sind gar nicht traurig. Im Gegenteil, sie freuen sich, dass sie nicht leben. Willst du sie sehen? Wir könnten uns Wein kaufen und vielleicht auch ein paar Zuckerkrapfen und hier auf der Bank warten. Du hast doch keine Angst vor Geistern?« Ich weiß, dass sie mich testen wollte. Sie wollte wissen, ob ich geeignet war.

Sie kannte alle schrecklichen Orte in Wałbrzych und Umgebung, und noch einmal so viele hat sie sich selbst ausgedacht, wie jenes Massengrab fluoreszierender Föten unter dem Rasen vor der Klinik. Später las ich alles über diese Gegend, was irgendwo geschrieben stand, und ich weiß, dass etwas anderes als das simple Wissen Ewas Geist lenkte, weil sie wie von einem unsichtbaren Faden gezogen immer dorthin ging, wo einmal etwas Schlimmes geschehen war. Wir schwänzten oft die Schule. Erinnerst du dich? Du warst meistens dabei, ein stilles kleines Mädchen mit altklugem Bibliothekarinnenblick. Das Hitler-Mausoleum, die verlassenen Friedhöfe, der Wald um Schloss Fürstenstein. Zu jedem dieser Orte hatte Ewa unzählige Geschichten parat, aber am liebsten erzählte sie von Fürstin Daisy. Sie fühlte sich als Nachfahrin der letzten Herrin von Schloss Fürstenstein und gab jedes Mal eine andere Version dieser Phantasieverwandtschaft zum Besten. Geraubte Säuglinge, uneheliche Töchter, Bannflüche, Kamele und Perlen – es gab nichts, was es nicht gegeben hätte! Ich liebte es, ihr zuzuhören, und auch du hast ihr mit diesem begierigen Gesichtsausdruck gelauscht, den du heute noch hast. Schon damals hast du von Wörtern gelebt. Du hast gelauscht und dir die Lippen geleckt, als hättest du Zuckerkrapfen gegessen. Die Geschichten von ihrer Verwandtschaft mit Daisy waren für Ewa genauso wahr wie die von unserer gemeinsamen Zukunft in der Mansardenwohnung mit Parkblick. Wenn ich ihr zu erklären versuchte, dass das alles nicht so einfach war, dass Mansardenwohnungen viel kosteten, sah sie mich an wie einen Langweiler und Spaßverderber.

Euer Besuch bei meinen Eltern war der Anfang vom Ende, auch wenn Ewa das nicht ahnte oder nicht wahrhaben wollte. Ihr beide hattet euch angezogen wie für den Maskenball, kein Mädchen kleidete sich so. Bodenlange Röcke, Kränze auf dem Kopf, offenes Haar. Meine Mutter musterte euch erst mit herablassendem Interesse, aber als Ewa dann von Fürstin Daisy, den Perlen, ihrer Schauspielkarriere und den Plänen von unserer gemeinsamen Wohnung in Wrocław zu erzählen begann, spürte ich, wie ihr Widerwille wuchs. Meine Mutter war wie eine Auster – wenn ihr etwas nicht gefiel, verschloss sie sich, und hätte jemand versucht, den Rand anzuheben, hätte sie ihm den Finger abgehackt und behauptet, es sei keine Absicht gewesen. Mein Vater sagte nie viel, doch auch er lehnte euch auf den ersten Blick ab. Ihr wart die Verkörperung all dessen, was er nicht ausstehen konnte, ihr kamt aus einer zerrütteten Familie ohne Wurzeln, ohne Tradition, ohne Geld. Mein Vater fand, zum Hochschulabschluss bräuchte man drei Diplome: das großväterliche, das väterliche und das eigene.

Erst danach erfuhr ich, dass meine Eltern Ewa vor allem deshalb kennenlernen wollten, weil wegen unseres Schwänzens ein Anruf aus der Schule gekommen war. Erinnerst du dich an Gloria-Ficktoria? Sie hatte es auf Ewa abgesehen, weil die sich schamlos über sie lustig machte. Einmal hatte sie Ewa dabei erwischt, wie sie steifbeinig, mit herausgestrecktem Hintern und einwärts gedrehten Knien über den Flur stakste und mit schriller Stimme *Vincere scis, Hannibal, ficktoria uti nescis* rezitierte. Gloria war es, die meinen Vater angerufen hatte, um ihm zu sagen, dass eine gewisse Ewa Tabor seinen Sohn auf Abwege führe. Sie war außerdem seine Patientin, ich habe sie ein paarmal im Wartezimmer gesehen, stocksteif und rausgeputzt wie für ein Rendezvous mit dem Teufel. Meine Eltern wollten herausfinden, wer dieses furchtbare Mädchen aus Glorias Schilderungen war, und ich ließ mich von ihrem spontanen Wunsch täuschen, ein sonntägliches Mittagessen auszurichten. Nach eurem Besuch stritt ich mit Vater und Mutter und ahnte damals noch nicht, dass wir nie wieder Frieden schließen würden. Mein Vater bescheinigte Ewa Schizophrenie oder bestenfalls eine manisch-depressive Erkrankung. »Aus der wird nichts. Schade nur um den kleinen Naseweis«, seufzte er und meinte dich damit. Mein Vater hatte die Rationalität zu seinem Gott erkoren. Ich riet ihm, er solle sich mit seinen Urteilen auf eine tiefere Etage beschränken, der Kopf sei schließlich nicht sein Fachgebiet. So hatte ich noch nie mit meinem Vater geredet. Ich war nicht mehr der wohlerzogene Junge von früher, und auch dafür gab er Ewa die Schuld.

Kurz danach stellte mein Vater eigene Nachforschungen an und bekam heraus, dass eure Mutter ins Irrenhaus gekommen war, weil sie versucht hatte, euch zu erstechen, zu ertränken oder beides. Dass euer Vater wie ein verirrter Dibbuk durch den Wald bei Schloss Fürstenstein geisterte, war nicht gerade ein mildernder Umstand. »Geister-Goi«, so nannte ihn mein Vater. Die Tochter einer Verrückten und eines fanatischen

Schatzsuchers, schlechte Familie, schlechte Abstammung, das alles sprach gegen deine Schwester. Aber damals konnte mich schon nichts mehr von ihr abbringen. Mein Vater änderte also seine Strategie. Er fand, sein Sohn solle sich erst die Hörner abstoßen, bevor er sich nach einem passenden Mädchen umsah, der Tochter eines Arztes, Juristen oder Wissenschaftlers. Ich sah plötzlich einen fremden Menschen in ihm und wurde mir bewusst, dass erst Ewa entdeckt hatte, wer ich wirklich war, und dass ich nichts gemein hatte mit den Menschen, die meine Eltern waren. Ewa fragte, wie euer unglückseliger Besuch aufgenommen worden war, ob es meinen Eltern gefallen hatte, und bedauerte: »Wie schade, dass ich euch nicht alle zu uns einladen kann.« In jener Zeit begann sie die tollsten Geschichten über euren Vater zu fabulieren. Er stünde unmittelbar vor einer großen historischen Entdeckung, man dürfe ihn auf keinen Fall stören. Ich sagte ihr nichts von Glorias Anruf, vom Streit mit meinen Eltern, davon, dass ich über eure Mutter Bescheid wusste, ich wollte sie schützen, solange es ging, denn ich konnte mir ein Leben ohne sie nicht vorstellen. Heute ist mir dieses Gefühl nicht mehr zugänglich, diese absolute Sicherheit, dass es nichts Wichtigeres auf der Welt gibt als einen anderen Menschen.

Das Ende war unvermeidlich, und ich muss es irgendwie geahnt haben, denn in jenem Sommer konnte ich nächtelang nicht schlafen, obwohl ich früher ein kerngesunder Junge gewesen war, dem ein Stein als Kopfkissen genügt hätte. Erst bei Morgengrauen fiel ich in einen leichten Schlaf voller Alpträume, in denen ich Ewa verlor und allein an einem trostlosen grauen Ufer zurückblieb. In jenem Sommer, ihrem letzten, habe ich auch das Foto im Garten gemacht. Ewa war wunderschön, nicht wahr? Sie posierte mit ihren Kunstperlenketten als Daisy Tabor, der zukünftige Filmstar. Ich hatte sie ihr während der Zeit der Aufnahmeprüfungen in Wrocław in einem tschechischen Schmuckgeschäft gekauft. Als ich das Foto machte, war ich schon Medizinstudent. Ich lauschte Ewas fantastischen Geschichten über unser gemeinsames Leben in einer Wrocławer Mansardenwohnung mit Fenster zum Park, deren Miete viel zu hoch für uns gewesen wäre, und erzählte ihr von einem Ausflug ins Riesengebirge, den wir nie unternehmen würden, ich tat so, als würde ich an all das glauben. Nur wenn du nicht dabei warst, sprach Ewa von euren Eltern, ihre Geschichten wurden immer unglaubwürdiger und schließlich vollkommen irre. Sie sagte, eure Mutter sei als gerettete Jüdin bei einer polnischen Familie aufgewachsen, die nach dem Krieg aus Lwiw hergezogen sei. In Wirklichkeit habe sie Ruta geheißen, und natürlich war sie auf verschlungenen Wegen mit Fürstin Daisy verwandt. Ich weiß, dass sie sich diese jüdische Mutter extra für mich ausdachte, um unsere Geschichten enger miteinander zu verflechten, aber das war noch nicht alles. »Wo ist deine Mutter jetzt?«, fragte ich. »Sie ist nach Paris gegangen, wohin denn sonst? Sie hat dort eine Menge Verwandte, und alle leben sie im Montmartre.« Der Vater eurer Mutter, euer Pariser Großvater, sei Dirigent, eure Großmutter schreibe Romane unter einem männlichen Pseudonym, das sie, Ewa, mir natürlich nicht verraten könne, schließlich habe sie versprochen, das Geheimnis zu wahren, das erst in hundert Jahren gelüftet werden dürfe. Eure Mutter habe als Kind großes musikalisches Talent bewiesen und beschlossen, es jetzt, nach all den Jahren, wieder aufleben zu lassen. Sie habe gar nichts verlernt und gebe seit kurzem wieder Konzerte. Ihr wäret mit eurer Mutter immer in Kontakt, müsstet das aber aus verschiedenen Gründen geheim halten. Im Moment habe eure jüdische, mit einer englischen Adligen verwandte Mutter nicht vor, nach Polen zurückzukehren, aber da sie, Ewa, selbst Künstlerin werden wolle, könne sie das gut verstehen. Man könne sich seiner Berufung nicht in den Weg stellen. Außerdem kämt ihr hier ja sehr gut zurecht, sodass eure Mutter sich nicht um euch sorgen müsse. »Ich habe sie sogar gebeten«, redete Ewa auf mich ein, »nicht so oft anzurufen, denn sie sollte sich mehr auf ihre Musik konzentrieren.« Dass ihr gar kein Telefon hattet, tat sowohl Ewas Geschichte als auch meinem Glauben an sie keinen Abbruch. Ihr hattet eine Künstlerin zur Mutter und einen Entdecker zum Vater, ein schönes Paar. »Vaters Entdeckung wird eine weltweite Sensation«, begeisterte sich Ewa. Die Journalisten rannten euch schon beinahe die Tür ein, sie hatten etwas gewittert! Euer Vater durfte unter keinen Umständen gestört werden, und deswegen verbrachtet ihr so viel Zeit im Wald, im Teehaus Madras oder in der Bibliothek.

Ich war nur ein Gegengewicht, das Ewa auf die andere Waagschale legen konnte, um eine Zeitlang das Gleichgewicht zu halten. Und für mich war sie es, die in mir den Sinn dafür weckte, dass die gewöhnlichsten Dinge so voller Bedeutung sein können, dass man fühlen kann, ohne dabei zu verbrennen. »Sieh mal«, »riech mal«, »fühl mal«, forderte sie mich immer auf, und ich tat, was sie sagte. Ich atmete tiefer, alles schien mir aufgeladen, aber auch schwankend, flimmernd wie die Luft über heißem Sand. Ewa öffnete etwas in mir, das verschlossen gewesen war, sie ließ es frei. Jeder Mensch hat einen Moment, an dem alles beginnt. Das Leben bekommt erst dann einen Sinn oder wenigstens eine Richtung, wenn man diesen Moment erkennt und begreift. Für mich war das der Moment in der Sternwarte der Schule, als Ewa von der Fensterbank sprang und mein Gesicht berührte. Ich glaube nicht an Vorsehung. Was man aus diesem Moment macht, liegt an einem selbst, am eigenen Willen, am Mut. Wäre ich damals stärker gewesen, hätte ich nicht zugelassen, dass diese Geschichte so endete. Weißt du, was Ewa mir zum ersten Monatstag unserer Liebesbeziehung geschenkt hat? Einen alten Menschenknochen. Sicher war es ein deutscher Knochen, denn sie mochte verfallene Friedhöfe, am meisten den in Dziećmorowice. Wir feierten unsere Wochen- und Monatsjubiläen, vielleicht ahnte sie, dass wir die goldene Hochzeit nie erreichen würden, nicht einmal die papierene. Mit dem Knochen gab sie mir einen Zettel, auf den sie im verhassten Latein *alea iacta est* geschrieben hatte. Die Würfel waren gefallen, aber das war erst der Anfang.

Zum ersten Mal liebten wir uns auf der Lichtung bei Schloss Fürstenstein. Ewa ging immer gern dorthin, wenn »gern« auch ein etwas zu sanfter Ausdruck für die Gefühle ist, von denen sie besessen gewesen sein muss. Zwischen ihr und diesem Ort herrschte eine Art gegenseitiger Anziehung, und manches Mal musste ich hinter ihr her durch den Wald rennen, wenn sie urplötzlich, auf der Stelle dort sein musste. Dank Ewa empfing meine geschärfte Wahrnehmung auf der Siedlung seltsame Signale, als wäre dort noch jemand außer uns. Ich sagte es ihr, und sie blickte mich an, als hätte ich eine Prüfung bestanden. Die Lichtung war einer der Orte, die laut Ewa das Geheimnis um Fürstin Daisys Perlen hüteten. Vielleicht seien sie hier vergraben, aber eher noch liege hier jemand bestattet, der ihr Schicksal kenne. Die Glasperlen, die ich Ewa in Wrocław gekauft hatte, waren zwar ein Ersatz, doch sie verstärkten ihre Sehnsucht nach den originalen Perlen. Sie meinte, in Fürstin Daisys Schmuck stecke eine große Kraft und die Perlen dürften nicht in falsche Hände gelangen.

Gegen Ende jenes Jahres verlagerte sich Ewas Vorliebe auf Fürstin Daisys Mausoleum, und wir trafen uns dort, nicht mehr auf der Lichtung. Erinnerst du dich? Das unscheinbare, achteckige und von einem Kreuz gekrönte Gebäude war mit Pappe vernagelt und mit Gittern abgesperrt, doch am Gitter konnte man hinaufklettern bis zum runden Fenster und hineinspähen. Fürstin Daisys Leichnam befindet sich nicht im Mausoleum, niemand weiß, wo sie tatsächlich begraben liegt. Ewa meinte jedoch, wir sollten dort auf ein Zeichen von Daisy warten, das habe sie ihr im Traum gesagt. Was für ein Zeichen? Das würden wir dann schon wissen. Jedes Mal zog Ewa sich am Gitter hinauf und warf einen Blick ins Mausoleum, sagte mir aber nie, was sie dort suchte. Wir redeten, küssten uns, tranken lauwarmen Wein, den ich aus dem Keller meines Vaters mitgenommen hatte, und warteten. Ich hätte bis zum Ende der Welt so mit ihr warten können. In jenem Sommer hatte ein seltsames Gefühl mich ergriffen, und wenn ich es auch nicht in Worte fassen konnte, so wusste ich doch, dass meine Rolle darin bestand, bei Ewa zu sein, weil etwas Unvermeidliches auf uns zukam. Manchmal haben wir dich mitgenommen zum Mausoleum, manchmal wolltest du auch lieber in der Bibliothek unter den Atlanten bleiben, wo die Bibliothekarin dir alle Publikationen zu Wüsten, Kamelen und den Tuareg bringen musste. Ich weiß, dass du das getan hast, damit Ewa und ich allein sein konnten. Du bist ein eigenartiges Kind gewesen, viel zu ernst für dein Alter, und niemand sprach dich mit einem Kosenamen an.

Erinnerst du dich noch an jenen Sommer? Ich würde zu gern wissen, woran du dich erinnerst, Alicja, aber ich habe nicht das Recht, dich danach zu fragen. Mitte August ließ Ewas Überdrehtheit und unerschöpfliche Energie langsam nach. Mein Vater hätte es das Ende einer manischen Phase genannt, aber Ewa selbst wusste auch, was mit ihr vor sich ging, sie kannte ihre Dämonen. Sie hatte einen eigenen Namen für sie. Ich sollte ihr versprechen, nicht wegzugehen, wenn sie kämen. Wer? »Das würdest du nicht wissen wollen«, antwortete sie. Wir liebten uns, als könnte uns das vor etwas retten. An jenem nebligen Tag, der den Herbst ankündigte, kletterte Ewa wie immer am Gitter des Mausoleums empor, blickte ins Innere und schrie auf. Sie stürzte ab und lag einen Moment regungslos da, Blut rann ihr aus der Nase, und ich dachte erschrocken, sie habe sich ernsthaft verletzt. Als sie wieder zu sich gekommen war, warf ich selbst einen Blick in Fürstin Daisys Grabstätte und sah ein kleines Geschöpf bewegungslos im Halbdunkel liegen. Es war eine Katze. Eigentlich noch ein kleines Kätzchen. Es lag mit angezogenen Pfötchen auf der Seite. Im ersten Moment dachte ich, es sei sein Schatten, aber irgendetwas war nicht, wie es sein sollte. Dann sah ich es. Jemand hatte ihm die Haut abgezogen. Sie lag neben dem Kätzchen wie ein abgelegtes Kleidungsstück. Das war kein gewöhnlicher Akt der Grausamkeit, und Ewa wusste es. »Die Katzenfresser sind erwacht.« So drückte sie sich aus, und ich fing an zu verstehen, dass sie nicht nur das meinte, was außerhalb geschah, und dass das erwachte Böse nicht nur die Katzen betraf. Zwischen Ewas Geist und der Wirklichkeit gab es eine Parallelität, die ich mir bis heute nicht erklären kann.

In der Stadt geschahen damals merkwürdige Dinge. In den Mappen, die du hier siehst, habe ich Berichte über alle Ereignisse in Wałbrzych im Monat vor Ewas Tod gesammelt. Und meine Theorien dazu. Ewa sagte, die Eingänge stünden offen und die Katzenfresser seien gekommen. Warum Katzenfresser? »Verstehst du nicht? Das ist nur ein Name. Man muss sie ja irgendwie nennen.« Also nannte sie die Sadisten, die in jenem Sommer und Herbst Tiere quälten, Katzenfresser. Man fand Kellerkatzen, die jemand aufgehängt oder totgeschlagen und in alten Kartoffelsäcken versteckt hatte, verbrannt, zerfetzt, als sei ihnen eine Bombe eingepflanzt worden. Und Katzen, die so akribisch gehäutet waren, als wäre ein Tierarzt oder ausgebildeter Tierpräparator am Werk gewesen. Ausgewachsene Katzen und ganz junge Kätzchen aus dem Sommerwurf. Danach kam die Zeit für die Hunde. Nirgendwo in Europa halten die Menschen so viele Hunde wie in Polen, je ärmer eine Wohnsiedlung, desto mehr Hunde. Damals waren das meistens Mischlinge, manchmal auch Pudel oder Dackel. Die Menschen aus Piaskowa Góra oder Podzamcze, die Bewohner der Altbauten in Nowe Miasto oder Sobięcin ließen sie ohne Leine herumlaufen. Dann verschwanden mehr und mehr Hunde, und die Besitzer bekamen Päckchen mit den Kadavern ihrer Tiere zugeschickt. Den zerstückelten Bello, den verbrannten Pirat, den Kopf von Rex. Es wurde wohl darüber geschrieben, aber nicht viel. Erst als man die Pferde im Gestüt auf Schloss Fürstenstein übel zugerichtet fand, loderte die Empörung auf, denn das waren wertvolle Tiere. Trächtige Stuten. Jemand hatte ihnen mit einer Klinge die Bäuche aufgeritzt. Ein Drogensüchtiger aus Sobięcin wurde gefasst, der alles gestand, sogar Fotos von einer blutverschmierten Friseurschere wurden gezeigt, doch kaum jemand glaubte diese Geschichte.

Die Katzendamen jedenfalls nicht. Damals waren sie in Wałbrzych zahlreicher als sonst, als hätten sie ihre Verwandten und Freundinnen aus anderen Städten zur Hilfe hergebeten. Eine von ihnen war immer im Wald bei Schloss Fürstenstein unterwegs und erschreckte Ewa und mich manchmal, wenn sie plötzlich wie aus dem Nichts vor uns auftauchte. Sie war in Lumpen gehüllt, hatte einen Koffer voller Katzenfutter dabei und trug alte Tennisschuhe, aus denen die Zehen herausragten. »Ich bin Katzmarska«, stellte sie sich stets aufs Neue vor, als hätte ihr Name sich seit dem letzten Mal geändert. Sie blieb eine Weile und unterhielt sich mit uns oder eigentlich mit Ewa. Über Katzen, Katastrophen und Katerstrophen, über eine Murriel und eine Makatza, die Hälfte der Wörter verstand ich nicht. Mich würdigte die Katzenfrau keines Blickes, ich existierte nicht für sie. Einmal brachte Ewa ihr ihre Stiefel mit. Rote Schneestiefel mit der Aufschrift »Relaks«. Ich habe nie gesehen, dass jemand sich so über ein Geschenk gefreut hätte. Katzmarska zog die Stiefel an und bestaunte sie, hob mal das eine, dann wieder das andere Bein. »Ei, was feines Stiefelwerk!« Sie fassten sich über Kreuz an den Händen wie kleine Mädchen und drehten sich im Kreis. Dabei riefen sie: »Feines Stiefelwerk! Feines Stiefelwerk!«, wie zwei Verrückte, wie zwei Hexen. Immer schneller wirbelten sie vor meinen Augen herum, ich saß da, den Rücken an Fürstin Daisys Mausoleum gelehnt, und spürte, dass sie zu einer anderen Welt gehörten als der, in der ich leben muss. Sie drehten sich und schrien, doch in ihr Lachen kam nach und nach ein anderer Ton, eine salzige Welle strömte heran, bis sie sich schließlich nur noch drehten und weinten. Du weißt selbst, dass Ewa eine Meisterin der Stimmungswechsel war, aber dieses Weinen war anders. Damals habe ich keine passenden Worte dafür finden können, und mein ganzes Leben nach Ewa war ein einziger Versuch, das Unbenannte zu benennen und in dieser Geschichte für dich zu bewahren. Ein paar Jahre später verschlug es mich in ein griechisches Dorf auf einer kleinen felsigen Insel. Von der Welt abgeschnitten, an einen windumtosten Gebirgspass geduckt, war es nur wenigen Wanderern bekannt. Damals wurde gerade der Leichnam eines jungen Mannes zurückgebracht, der zum Arbeiten nach Athen gegangen und dort tödlich verunglückt war. Entlang den schmalen Gässchen standen alte Frauen und warteten in völliger Stille, Hüfte an Hüfte, ein schwarzes Trauerspalier. Als der Leichenzug näher kam, begannen sie zu weinen, und in ihrem Wehklagen hörte ich auf einmal Ewas und Katzmarskas Stimmen. Die alten Frauen rissen sich die Haare aus und zerkratzten sich die Gesichter, sie schluchzten nicht, wie man schluchzt, wenn man sich selbst bedauert oder einen Verlust beweint, sondern als brächten sie ihr Weinen jemandem als Gabe dar. Ich glaube, Ewa und Katzmarska haben nicht nur den Tod der Tiere beweint, sondern auch etwas, das erst kommen sollte.

Ende August wurde Ewa immer schweigsamer, manchmal war sie von Verzweiflung erfüllt, deren Grund ich nicht kannte, dann wieder packte sie fieberhafte Begeisterung für eine neue Idee, die ihr gleich darauf nicht mehr der Mühe wert schien. Zu unseren Verabredungen kam sie nicht oder ging nach wenigen Minuten wieder, ohne jede Erklärung. Wir haben uns gestritten. Sie sagte schlimme, schreckliche Dinge zu mir. Dann war sie verschwunden. Ich rannte durch die Stadt und suchte nach ihr. Meistens fand ich sie auch. Sie saß betrunken im Babórka am Marktplatz, in Gesellschaft irgendwelcher Devisenschieber mit Geldtäschchen am Gürtel, notorischer Knastgänger mit zerschnittenen Unterarmen und tätowierten Punkten unter dem Auge. Oder ich zerrte sie aus dem Sudety-Hotel, wo sie mit ein paar stadtbekannten Nutten an der Bar saß. Sie starrte mir herausfordernd entgegen, sofern eine Ertrinkende herausfordernd starren kann. Es gab auch andere Männer, Zufallsbekanntschaften, von denen sie Geld nahm. Damals verstand sie noch, dass sie Hilfe brauchte, und ließ sich von mir nach Hause bringen. Dann weinte sie, den Kopf an meiner Brust, und ich wusste nicht, was ich fühlen sollte. »Die Katzenfresser«, sagte sie, »es sind die Katzenfresser. Verzeih mir«, und ich verzieh ihr. Sie warf sich mir an den Hals, küsste mich und zog mich mit sich zur Lichtung, wo wir uns wieder liebten, doch unter dem Geruch des vertrockneten Herbstgrases nahm ich immer deutlicher Verwesungsgestank wahr. Die Anwesenheit des Bösen. In Vaters Büchern suchte ich nach einer Diagnose für das, was mit Ewa vor sich ging. Ich sollte Arzt werden, und so betrachtete ich auch die Welt: Wenn Ewa krank war, musste es ein Arzneimittel für sie geben. Die Lateinlehrerin hätte gesagt, sie sei vom Teufel besessen, Ewa sprach von Katzenfressern, die sie von innen zerfräßen, aber lief das nicht auf dasselbe hinaus? Sie ging zugrunde, sie zerfiel.

Ich fühlte mich immer hilfloser. Ewa hatte keine Freunde, euer Vater war für ein paar Wochen verschwunden, und wie hätte ein kleines Mädchen wie du mir schon helfen können? Ich blieb bei Ewa, obwohl das Studienjahr bereits angefangen hatte, auch weil eine leise Stimme in meinem Verstand mir immer deutlicher »Lauf weg« zuflüsterte. An jenem Tag, als der Tierquäler die trächtigen Stuten im Gestüt auf Fürstenstein verwundete, trafen Ewa und ich uns zum letzten Mal auf der Lichtung. Sie war aufgeregt, ruhelos, sprach von den Katzenfressern und den warmen Bäuchen der Stuten, in die sich eine Klinge versenkte. Sie fragte sich, ob die ungeborenen Fohlen etwas gespürt hatten, ob sie sich fürchteten, so verborgen in ihrem Dunkel. Es war kalt geworden, und hinter den Wolken trat eine rote spätherbstliche Sonne hervor, die den ersten Frost ankündigte. Ich hielt Ewa umfasst, und sie schien mir so zerbrechlich und zart, eher wie eine kleine Schwester als wie eine Geliebte. Wieder einmal hatte sie sich zu dünn angezogen, und ich war zu unerfahren, um zu verstehen, dass eure seltsamen, von Ewa eigenhändig verschönerten Kleidungsstücke kein Ausdruck von Extravaganz, sondern von Armut und mangelnder Fürsorge waren. »Lass uns fahren«, sagte ich. »Lass uns Samstag nach Wrocław fahren.« – »Wirklich?« Sie sah mich an, und auf ihrem Gesicht erschien ein Schatten ihres alten Lächelns. »Samstag?«, fragte sie. »Warum nicht heute?« – »Ich habe noch etwas zu erledigen. Es sind nur drei Tage. Wir fahren mit dem Abendzug, du, Alicja und ich.« – »Du, Alicja und ich«, wiederholte sie.

Ich sollte dieses Lächeln nie mehr sehen, das mich an jenen Moment erinnerte, als wir uns in der Sternwarte kennenlernten. Dank dieses Lächelns glaubte ich daran, dass wir es schaffen würden, und spürte, wie die Kraft in mich zurückkehrte. In der Nacht brach ich den Safe auf und bestahl meinen Vater. Er vertraute den polnischen Banken nicht und bewahrte sein Bargeld zu Hause auf, ich nahm Geld und ein paar Schmuckstücke mit. Und die silberne Zuckerzange, die dir so gefallen hatte bei unserem unglückseligen Sonntagsessen. Ich wartete am Bahnhof auf euch, der erste Novemberschnee fiel. Ewa kam auf die letzte Minute. Allein und ohne Gepäck, im offenen gelben Sommermantel. Sie sah krank aus und roch nach Alkohol. Sie sagte mir, sie habe ihre Meinung geändert, es sei alles nur eine Lüge gewesen, es gebe einen anderen, sie habe mich nie geliebt. Sie sei schwanger gewesen, habe mein Kind aber nicht gewollt. Eigentlich sei sie nicht einmal sicher, wessen Kind es gewesen sei. Sie könne mit niemandem zusammen sein, weil sie Künstlerin sei, ob ich das denn nicht gewusst hätte? Künstlerinnen seien unbeständig, kapriziös, wechselten ihre Männer wie die Unterhosen. »Ich will dich nie wiedersehen. Adieu!« Ich glaubte ihr nicht, sagte, sie solle aufhören, die tragische Künstlerin zu spielen. Sie sei affektiert und jämmerlich. Ich fasste sie am Arm, und da schlug sie mich.

Ich stieg ein, Alicja, und bin dreißig Jahre lang nicht mehr zurückgekommen. Mein Medizinstudium habe ich nicht abgeschlossen, nicht einmal angefangen. Ich fuhr einfach in die Welt hinaus, machte wie Tausende andere einen Ausflug nach Wien und kaufte mir dort einen Pass. Nirgendwo hielt ich es lange aus. Ich hatte nichts, nur meinen Rucksack und die Schuhe, die dir so gefallen haben. Manchmal unterhielt ich mich mit jemandem, manchmal schlief ich mit jemandem, ich erinnere mich an keinen von all denen, die ich kennengelernt habe und die mir ähnlich waren. Alle Verbindungen brach ich ab und baute keine neuen auf. Aus den Jahren meiner Wanderschaft habe ich nur das im Gedächtnis behalten, was mich an Ewa erinnerte. Als das Internet zu einem Teil des Lebens wurde, bemerkte ich schnell, dass es für Menschen wie mich wie geschaffen war, denn ich wollte niemandem Auge in Auge gegenüberstehen, brauchte aber Informationen.

Es stellte sich heraus, dass ich mich im virtuellen Raum mit größerem Geschick bewege als irgendwo sonst und mit Leichtigkeit an Orte gelange, die anderen Nutzern sicher erscheinen. Bevor du fragst: Ja, auch dich habe ich ausspioniert. Ich wusste, dass du zu guter Letzt doch in die Stadt zurückkommen würdest. Ich bin zurückgekommen, weil ich dich hier treffen wollte. Noch kann ich nicht wieder fort.

Das Zimmer, das es nicht gibt

Als ich von Dawid zurückkam, war es drei Uhr nachts durch, und ringsum herrschte kalte Stille. Nicht einmal ein Hund schlug an, und ich fühlte mich wie das letzte lebende Wesen in einer Gegend, die eine Seuche leergefegt hatte. Der Wald vor Schloss Fürstenstein sah aus wie eine hoch aufgetürmte Welle, die jederzeit brechen und alles verschlingen konnte. Der Mond war von einer kränklichen grünen Aureole umgeben. Herr Albert arbeitete diese Nacht auf dem Parkplatz, das Fenster von Marcins Zimmer war dunkel. Ich hatte keine Ahnung, was dieser Mann hier tat und wohin er für ganze Stunden verschwand, aber jeder von uns hatte seine Gründe, warum er nach Wałbrzych gekommen war. Ich sollte nicht zu neugierig sein. Schade, dass ich nicht zu Celestyna gefahren war, sie hätte mich bestimmt auch mitten in der Nacht hereingelassen, sich über nichts gewundert, und ihr Lächeln hätte meine Gedanken aufgehellt. Ich verspürte eine Unruhe, die noch einen anderen Grund hatte als den unangenehmen Besuch bei Dawid und die erdrückende Trauer über die verschwundenen Kinder und meine eigenen Erinnerungen. Die Perle an meinem Hals fühlte sich an wie Eis.

Hastig schlug ich die Haustür hinter mir zu, doch drinnen fühlte ich mich nicht sicherer. Dieses Haus war voller intensiver Gerüche, als begänne die hier angestaute Zeit zu verderben wie Essen in einem offenen Kühlschrank. Am Morgen hatte ich Naphthalin und frische Erde gerochen, jetzt hing der Geruch gärender Früchte in der Luft, ein Hauch von Zersetzung, wie er von dem gazebedeckten Einmachglas aufgestiegen war, in dem meine Schwester vor Jahren versuchte, Wein aus wilden Brombeeren, Zucker und Zimt anzusetzen. Die wenigen Dinge, die ich mitgebracht hatte, Sporttasche, Computer, ein paar Kleinigkeiten auf dem Nachttisch, wirkten wie Eindringlinge. Dieses Haus wollte mich nicht. Die Wände bedrängten mich, die Decke hing durch wie ein von Regen beschwertes Zeltdach, der Geruch vergorener Früchte wurde stärker, und mich befiel eine leichte Übelkeit. Den ekelhaften Nachgeschmack der Pizza aus dem Supermarkt immer noch im Mund, erinnerte ich mich an Dawids irren Blick, sein aschfarbenes Haar, den gräulich wirkenden Körper unter dem geöffneten Morgenmantel mit Schäfchenmuster. Warum war ich immer noch hier? Ich könnte zum Bahnhof fahren und auf den ersten Morgenzug nach Wrocław warten, von dort in einen Schnellzug nach Warschau umsteigen. Plötzlich fürchtete ich, mich übergeben zu müssen, und riss ein Fenster auf. Der lockere Fenstergriff blieb in meiner Hand, ein weiterer Beweis für den fortschreitenden Verfall.

Der Garten vor dem Fenster schien mir altvertraut und unwirklich zugleich, wie ein Bild im Spiegel. Der Apfelbaum war kahl und sah sehr müde aus. Seine Früchte, die Herr Albert für mich gesammelt hatte, schmeckten immer noch wie früher, als ich bis in die Krone hinaufgeklettert war. Mein Apfelbaum. Irgendetwas hing an seinem Ast. Eine kleine, längliche Gestalt. Eine Hitzewelle durchfuhr mich so heftig, dass ich schwankte, denn noch bevor ich es erkennen konnte, wusste ich schon, dass es etwas Lebendiges gewesen war. Es erinnerte mich an die aufgeritzten Bäuche der trächtigen Stuten auf Fürstenstein, Małgorzata Felis' verbrannte Katzen und die zerstückelten, gehäuteten Tiere aus Dawids Erzählung. Ich rannte in die Küche und schnappte mir Gertrud Blütchen, bevor ich die Tür zum Garten aufriss.

Es war ein Kater. Ein alter getigerter Kater mit weißem Bauch und weißen Stiefelchen, den ich schon in meinem Garten jagen gesehen hatte. Ein schöner wilder Kater aus der Katzenschar von Schloss Fürstenstein. Die Zunge hing ihm aus dem Maul, unter den halbgeschlossenen Lidern schimmerten gelbe Augen. Er hatte Wimpern wie ein Kind. In seinem Leben musste er einige Kämpfe ausgetragen haben, denn seine Ohren waren ausgefranst, doch diesen letzten Kampf hatte er verloren. Ich berührte sein schneefeuchtes Fell, darunter war noch ein Hauch Wärme zu spüren. Jemand war soeben hier gewesen und hatte mir ein Zeichen hinterlassen. Mir wurde schlecht, ich erbrach die ganze widerliche Pizza und den Kaffee. Dann schnitt ich den Kater mit Gertrud Blütchen vom Ast und legte ihn unter einen Johannisbeerstrauch. Ich nahm ihm die Schlinge ab und streichelte sein Fell glatt, legte ihm die Hand auf den leblosen Kopf und spürte das Wesen der Katzenhaftigkeit, die Verbindung von Zartheit und Kraft. Ein Kater, empfindlich wie ein Seismograph, einer von denen, die Fürstin Daisy zur Wache zurückgelassen hatte, hörte ich die Worte meiner Schwester. Hatte er gewusst, dass die Katzenfresser kommen würden? Hatte er ihren kalten, übelriechenden Atem gerochen? Wenn mein Verfolger mich erschrecken wollte, so hatte er das Gegenteil erreicht. Mit der Pizza hatte ich auch meine Angst herausgewürgt und meinen Fluchtplan verworfen. Ich holte mir einen Spaten und hob ein Grab aus. Die Erde war hart, von Wurzeln durchsetzt, ich verletzte mich an der Hand. Als ich mich mit dem Spaten abmühte, der sich meinen nicht an körperliche Arbeit gewöhnten Händen widersetzte, musste ich an Katzinkas Hände denken, ihre harten schwieligen Pranken. Ich wickelte den Kater in ein Handtuch und begrub ihn.

Wieder in meinem Zimmer, fiel mir auf, dass etwas fehlte. Mareks Roman, der auf dem Boden neben meinem Bett gelegen hatte. *Die Perlen der Fürstin Daisy* hatte sicher dieselbe Person mitgenommen, auf deren Konto auch der erhängte Kater ging. Oder hatte der Autor selbst seine Meinung geändert und wollte doch nicht mehr, dass ich sein Buch las? Wäre Marek Waszkiewicz zu so etwas fähig? Ich hatte erst ein paar Seiten gelesen und bedauerte nun, dass ich mich nicht gezwungen hatte, weiter vorzudringen. Held der Geschichte war der furchtlose Inspektor Konrad Twardowski, ein finsterer, zynischer, aber aufrechter Mann, der sich eines außerordentlichen Erfolgs bei Frauen erfreute. In der Eröffnungsszene stand er auf einem Boot, hielt das Steuer mit seinen starken Händen umfasst und spürte das Testosteron in seinen gestählten Muskeln brodeln. Er hatte graues Haar, aber ein junges Gesicht, und fast durchgehend eine Erektion. Auf den Folgeseiten durchlebte er diverse sexuelle Abenteuer, erst mit einer Richterin, dann mit deren Sekretärin und schließlich mit einer jungen Journalistin aus Warschau, die gleichzeitig ein Interview mit ihm führte. Marek schrieb nicht gut, doch die paar Seiten bestachen durch unfreiwillige Komik und den völlig ungenierten Umgang mit Klischees. Oder war das, was ich gesehen hatte, nur Schein, und Marek verwandelte sich nach Einbruch der Dunkelheit in einen hartgesottenen Twardowski? Schlich er sich in fremde Häuser und ermordete Tiere? Entführte er Kinder? Lauerte er im Wald von Schloss Fürstenstein und beobachtete mich? Mir war bewusst, welche Botschaft mir der Unbekannte übermitteln wollte, der erst den roten Hans aus der DDR und jetzt den Kater aufgehängt hatte. Eine wenig subtile Warnung. Ich würde die Nächste sein.

Ich war mir sicher, dass nur Dawid mich auf die Spur meines Verfolgers bringen konnte. Er wusste mehr, als er mir bei unserem Treffen sagen wollte, und dieses Wissen war sein Trumpf, denn nichts anderes verband uns mehr. Ich spürte, dass ihm daran lag, mit mir Kontakt zu halten. Vielleicht war er ja gerade im Netz. Im lokalen Internetportal fand ich eine neue Information über ein Treffen bei der Kirche der Schmerzensmutter und eine Ansprache von Jerry Swan. Ich legte Gertrud Blütchen neben den Computer, seine Klinge glänzte im Licht des Bildschirms. Ein Klick, und die Meute hetzte los.

Schwall II

Gast 02:22

Ääärsteeeer!!!hahaHA!!!!!!!!!!!

Benek 02:23

und wo ist Kryśka?

Krätze 02:23

steht bei der Laterne

A-theist 02:23

ich hab kryska mitm krückstock bei der kirche gesehen

A-theist 02:25

diese individien da bei der kirche sollte man in die luft jagen … Nitzsche könnte da viel zu sagen …

Studentin 02:25

Nietsche, mein Freund. Wir werden hier bald noch zu einem Ableger vom Vatikan, der die Leute unaufgeklärt, ungebildet und abergläubisch halten will. Bald bringen sie bei uns allen noch Kameras am Bett an und in jeder Stadt wird auf dem Hauptplatz eine heilige Figur von so einem goldenen Kalb aufgestellt, das können die verklemmten Frömmlerinnen und Pädophilen dann anbeten.

SexyRationalistin 02:27

klar ist für sone figur genug kohle da ….. interessant, dass die Schmerzensmutter sich ausgerechnet in einer armen stadt wie Wałbrzych gezeigt hat und hier ein denkmal hinhaben will, statt zu sagen, dass alle leute kohle für die suche nach den entführten kindern geben sollen oder für schulmilch oder für ein tierheim …..

Benek 02:27

F****ckt die Sch**ssviecher!!ı!ı

A-theist 02:28

Dschisus war ein bekiffter jüdischer hippie, der mit seinen kumpels durch die wüste gezogen ist und den leuten schwachsinn aufs auge gedrückt hat um dem blöden volk ein paar groschen für wein aus der nase zu ziehen. Und seine Jüdische mutter war 12 bei der empfängnis was den papa nicht gerade im besten licht erscheinen lässt. Vielleicht gebührt ja ihr ein denkmal als missbrauchtes kind.

Anti-päderast 02:29

Priester kastrieren und Eier abschneiden!!!! !!!!!!! !!!!!!!!!!!!! !!!!!!!!1

A-theist 02:30

Da heißt es, Polen sind antisemitisch Und dann stellen die Dumpfbacken der einflussreichsten Jüdin in der Geschichte hier ein Denkmal hin boooaaaaaaah

PolishKamikaze 02:30

Von euerm geld ihr knoblauchfressenden mosesse? fresse halten

Krätze 02.30

das cyclon ist gleich warm boooaaaaah

ProfessorHab. 02:32

….. Dem Satan wird das Denkmal gegen die ZIVILISATION DES TODES immer ein Dorn im Auge sein und er wird es immer angreifen. Mein Vorschlag den ich leider ohne Reaktion den verantwortlichen »Behörden und Faktoren« vorgestellt habe lautet dass in anderen Städten POLENS ähnliche Figuren als »DEVOTIOMETER« (© by Professor-Hab) aufgestellt werden sollten.

Studentin 02:34

Glauben kann man also messen super Und was sind die Einheiten? Kathodebil?

SexyRationalistin 02:34

Kathoffel!

Anti-päderast 02:34

Kathopädofil

Studentin 02:34

Kathopimmelofil

Benek 02:35

Was studiuerst du, Arsch hinhalten, du schwanzlutscherin?

Studentin 02:35

Ich packs nicht. Am liebsten würd ich euch alle zum Gruppentarif nach Holland zu Dignitas schicken. Ihr eignet euch ja nicht mal als Schweinefutter, ihr seid der letzte Dreck von Europa, mittelalterliche hinterwäldlerische Schwachköpfe, ungewaschene Katholiban, ich schäm mich echt für euch und dieses Land.

StimmeDerWahrheit 02:36

!!!Betet zur Schmerzensmutter ihr satanische kanaille wütende horde ihr!!!!!!!!!!

TypischerTyp 02:37

Finger weg von unserer Statue!!!11!1!1

PolishKamikaze 02:38

Respekt zigeuner moslems zurück in ihr land die sind doch vollidition en

GanznormalesMädel 02:39

Anormal

MutterPL 02:40

alle anders!

Krätze 02:40

Alle anderen verpisst euch

HelleRosalia 02:41

Ich muss doch sehr bitten, benutzen wir nicht solche Wörter, machen wir uns nicht den Mund schmutzig mit Vulgarismen aus denen das BÖSE spricht. Öffnen wir unsere Herzen für die Heiligkeit, die sich hier ereignet, auf unserem Markplatz, hören wir auf Menschen wie Jerry Swan, beseelte Menschen, Komm und lies in meinem Blog über Hellseherei, übernatürliche Dinge, Suche nach Vermissten. usw.: rosaliasiehtdiehellederseele.blogspot.com ACHTUNG Link zur Petition für das Schmerzensmutter-Denkmal aus Jan Kołeks Vision. Seit letztem Mal hatte ich 107 Klicks ☺ Ich lade herzlich ein!

Gast 02:42

Mich interessieren euren götzen und alle anderen swans und kołeks einen scheissdreck ich fahr morgen nach uk und mach gut kohleeee

PolishKamikaze 02:43

was deeeeeeennn gut kohle beim paki oder kümmelfresser an der spühle was

TypOhneBart 02:44

Vielleicht sag ichs mal ganz offenEs geht darum, dass die Menthalität der Südländer beziehungsweise der Zigeuner ganz anders ist und die im Gespräch oft keine Grenzen kennen, deswegen ist es manchmal besser nicht zu verstehen, wovon die reden. Mein Schwager ist Serbe also weiss ich woraus die geschnitzt sind …

PolishKamikaze 02:45

Aus scheieieisssssssssseee

Krätze 02:45

ich mag keine araber würd denen die peies abschneiden

Benek 02:46

weg mit euch f*tzen ab nach palestina

Benek 02:46

von unserer STATUR!!!!111! hände weg

Ramoh 02:47

a …

SexyRationalistin 02:47

im Verhältnis zum Westen sind wir mental noch im tiefsten Busch

Krätze 02:48

Pass auf dass dich da im Busch kein Bimboneger durch-n*gelt

Bella 02:49

Das hätteste wohl selbst gern was verkappte schwuchtel

ProfessorHab. 02:49

Übertölpeltes Volk die Schurken spucken dir ins Gesicht .... Der Bolschewismus ist wieder in Mode im ROSA FEDERKLEID verwirrt er die jungen Leute und treibt sie von Gott Ehre Vaterland weg, verdirbt uns die Frauen sodass sie sich von ihrer »Berufung« abwenden .... dem MANN. Hände weg von unserer STATUE. Höchste Zeit mal aufzuräumen hier im »Haus«! Auf youtube könnt ihr finden, was Jerry Swan kürzlich über die Machenschaften der Regierung etc. gesagt hat, dort ist »alles« .....

TypOhneBart 03:03

Jezuz Christus König von Polen

MutterPL 03:03

Und die MUTTERgottes Königin

GanznormalesMädel 03:04

anormal

MutterPL 03:05

alle anders!

Krätze 03:05

Alle anderen verpisst euch

A-theist 03:05

Katholiban nach kathostan!

Studentin 03:06

in VIEHwaggons nach Dunkelwalde

PolishKamikaze 03:06

in die gaskammer mit euch in die gaskammer

Benek 03:07

AUSMERZEN DEN bODENSATZ!!!!1!!!!!

SexyRationalistin 03:08

….. Und könnte Jesus nicht zur Abwechslung mal Kaiser von Japan werden? Da hätte er eine bessere Ernährung …

A-theist 03:09

Klar da würd er sich mit sushi vollfressen und sake hinterherkippen da würd ihm die lust aufs kreuzigen schon vergehen

Hofnarr 03:10

Vielleicht sind die Gelben ja auch Juden

PolishKamikaze 03:11

Hör auf klug zu scheissen woher haben die japsen wohl die ganze kohle? meinste die haben ihre ganze zivilisation da alleine aufgebaut?

Krätze 03:11

Toyota Toshiba und haste nich gesehen, und was haben wir?

TypischerTyp 03:11

einen scheissdreck

Gast 03:12

scheeeeiiiiiisssssssse

Gast 03:12

scheeeeiiiiiissssssssseeeeeeeeeee

Angep*ssterPilot 03:13

Jesus der König, die Muttergottes Königin und die SCHEISSE in meinem Treppenhaus hat immer noch keiner weggemacht !!!!!!!!!!!!!!!!11111!!!

Doktor 03:13

Der Nächste bitte!

Jan Kołek 03:14

Ich habe ganz vergessen euch zu sagen Ich bin auch Jude und will König sein

GanznormalesMädel 03:15

Ich bin mit meiner Familie zum Marktplatz gefahren und hab diesen Entwurf gesehen die haben da Flugblätter verteiltMeiner Meinung nach sieht er der Muttergottes überhaupt nicht ähnlich ☹

Studentin 03:17

Du hast die Muttergottes getroffen? Hätteste maln Foto gemacht, verdammt.

Poet 03:17

In Kathostan nach Kathowitz kommt ein Maryja-Denkmal das ist kein Witz

Gast 03:17

Scheiss im Kreis

Gast 03:17

Scheiss im Kreissss

MutterPL 03:18

Muttergottes KÖNIGIN

Studentin 03:18

Blödes Weibsstück betest zu einer jüdischen Figur

Benek 03:19

Und du, warst du etwa dabei ????? ??? ????? ??? Vielleicht war sie in Polen geboren und ist weggezogen

SexyRationalistin 03:20

Klar alle verp*ssen sich doch von hier warum sollte dann die Muttergottes hier versauern und eure blöden Fressen anstarren

ProfessorHab. 03:21

In den »finsteren Zeiten« des Kommunismus im Jahr 1981 verwandelte sich eine HOSTIE wundersam in GEWEBE VOM HERZEN der Muttergottes, in drei Kirchen zur gleichen Zeit ... Dieses epochale Ereignis geschah, als ein POLE auf den »Heiligen Stuhl« berufen wurde und es gibt Augenzeugen dafür, und die Echtheit bestätigten DNS-Untersuchungen durch zwei hervorragende Wissenschaftler der Medizinischen Hochschule in Skierniewice ... Und das GEWEBE wurde auch zur Überprüfung durch »unabhängigeEXPERTEN« eingeschickt. Leider wurde dieses sichtbare Wunder in einer »geheimen VERSCHWÖRUNG« vertuscht, um das Polnische Volk zu knechten ... Wir werden den Satan durch unsere Marter besiegen!....

Auf youtube zum Ansehen auf polnisch »DIE RUCHLOSEN DIeBE DeS HEILigeN GEWEBEs«

SexyRationalistin 03:25

Klonen wir uns doch die Muttergottes!

Studentin 03:25

Warum nur eine und keine ganze Armee, je eine für jede Stadt und jedes Dorf. Ein paar an Kreuzungen und auf Bahnhöfen verscherbeln, der Rest für den Handel. Jeder in der EU soll das geben, was er am besten kann.

MutterPL 03:27

Das muss den Kindern von Kind an eingebläut werden

TypOhneBart 03:27

Jezuz Christus König von Polen

MutterPL 03:27

Und die MUTTERgottes Königin

Hofnarr 03:28

Die Mutter mit dem Sohn. Für mich riecht das nach Inzest.

TypMitBart 03:29

dann riech erst mal an meiner achsel nach der muckibude

StimmeDerWahrheit 03:30

!!!Betet zur Schmerzensmutter ihr satanische kanaille wütende horde ihr!!!!!!!!!!

Studentin 03:31

Gandlaf der Weisse rückt an, Patron der Pädophilen. Bevor die Mohairmützenarmee mit Häkelnadeln

Benek 03:31

Schwuchteln zigeuner juden knoblauchfresser knechte

PolishKamikaze 03:31

in die gaskammer mit euch f*tzen in die gaskammer

Krätze 03:32

Bezahlen sollt ihr den POLENfür die entführten Kinder

Ramoh 03:35

ab

Gast 03:35

Auuuuu

Gast 03:44

Auuuuuuuuuuuuuuuu

HelleRosalia 03:46

Ich muss doch sehr bitten, seid nett zueinander wenn nicht jeden Tag dann wenigstens im Angesicht dieser Tragödie des Unglücks. Nur in den Herzen der wahren im gemeinsamen Leid vereinten Polen ist die Schmerzensmutter Königin, die Königin Polens aus unserem kleinen Wałbrzych. Treffen wir uns vor ihr, knien wir zu ihren Füssen nieder, beten wir für die verschwundenen Kinder, für unseren Bruder Jan Kołek und seinen Sohn Jerzy. Entzünden wir Kerzen, halten wir zusammen in diesem Unglück, in dieser Tragödie, die uns verbindet. Komm und lies in meinem Blog über Hellseherei, übernatürliche Dinge, Suche nach Vermissten. usw.: rosaliasiehtdiehellederseele.blogspot.com ACHTUNG Link zur Petition für das Schmerzensmutter-Denkmal aus Jan Kołeks Vision. Ich lade herzlich ein!

HelleRosalia 03:47

Und wer nicht kommen kann der zünde hier ein virtuelles Kerzchen oder Grablicht an ☺ (*)(*)(*)

PolishKamikaze 03:47

Recht hat sie. Halten wir zusammen und gedenken wir (*)(*)(*) (*)(*)(*)(*)(*)(*)

Benek 03:47

(*)(*)(*) Ruhm und Ähre

GanznormalesMädel 03:48

(*)(*)(*)(*)(*)(*) Und dann diese Nacktparaden von denen, diese MusikGehen denn normale Leute so öffentlich mit ihren Gefühlen für das andere Geschlecht hausieren? (*)(*)(*) brauchen normale Leut e solche Paraden? dabei sind wir doch die Mehrheit und könnten uns das erlauben (*)(*)(*)(*)(*)(*)(*)

MutterPL 03:48

Verkaufen unsere Kinder an Bulgarische Pädophile

PolishKamikaze 03:49

Wir zeigen die Statue den Ungläubigen und öffnen ihnen die Augen

Benek 03:49

Hände weg von unserer STATUR!!!!111!

MutterPL 03:49

alle anders!

GanznormalesMädel 03:50

anormal

Krätze 03:50

Alle anderen verpisst euch

Gast 03:50

Was mich betrifft können alle anderen meinetwegen wegziehen Polen für die Polen!

GanznormalesMädel 03:52

Ich denke auch dass es keinen Grund gibt die ganze Sache auszugraben dass die Muttergottes nicht von hier kommt und angeblich aus einer jüdischen Familie war. Geben wir unseren Kindern nur die guten Sachen über unsere polnische Geschichte und Tradition weiter und keinen unbestätigten Aberglauben.

MutterPL 03.52

Das muss den Kindern von Kind an eingebläut werden

SexyRationalistin 03:52

Kirchen zu Schulen umbauen, alle diese Figuren auseinandernehmen

Ramoh 03:55

Sie ist hier

ProfessorHab. 03:56

Nur Jan Kołeks EXHUMIERUNG und die Einberufung einer »UNABHÄNGIGEN Kommission«, die die faktischen Gründe und besonders die Ursachen für seinen Tod untersucht kann die Angelegenheit vieler UNKLARHEITEN und »Ungereimtheiten« aufklären ..... Die Indizien sind unklar und viele mit ihnen verbundenen Fakten sehen falsch oder erfunden aus zur VERPFUSCHUNG der »märtyrerischen Geschichte«. Eine Exhumierung ist unsere Antwort und unsere Rache dafür. »Exhumierung« = »WAHRHEIT«.... sehtt euch auf youtube diesen interessanten Film an: Die Schönheit der Exhumierung (polnisch)

A-theist 04:00

Sollen sie ihren Kołek doch ausgraben.

Studentin 04:01

Kathonekrophile an die Arbeit!

Ramoh 04:01

ganz nah

StimmeDerWahrheit 04:03

!!!Betet zur Schmerzensmutter ihr wütende horde ihr!!!!!!!!! Auf Europa geht bald ein Regen aus Scheisse nieder!!!!!!!!!!!!!!!

Gast 04:03

Scheeeeeeeeeeeeeiiiiiiiiiiissssssssssse

Angep*ssterPilot 04:04

Ich wette der landet irgendwo In meinem Treppenhaus

HelleRosalia 04:04

Ich muss euch doch sehr bitten. Statt so unfreundlich zueinander zu sein, gehen wir doch alle auf den Marktplatz, entzünden wir alle zusammen (*)(*)(*) Kerzchen, Grablichter (*)(*)(*)(*), beten wir zur Schmerzenmutter für die verschwundenen Kinder und gedenken wir der Tragödie des uns im Schmerz vereinenden Todes von Jan Kołek. Seine Marter vereine uns! Und bei der Gelegenheit Komm und lies in meinem Blog über Hellseherei, übernatürliche Dinge, Suche nach Vermissten. usw.: rosaliasiehtdiehellederseele.blogspot.com ACHTUNG Link zur Petition für das Schmerzensmutter-Denkmal aus Jan Kołeks Vision und zu unserer neuesten Initiative – einer Petition für die Exhumierung von Jan Kołeks Leichnam. Ich lade herzlich ein!

Studentin 04:05

Schluss jetzt!!!!! Katholand!!!! KATHOKRATIE! KathoTalibisierung!!! Kathodebilisierung!!!! Kathokastration, geistige!!!! Kathopöbel verfaule hier und bete deine Kathogötzen an, kauf heilige Knochen und koch dir Kathobrühe!!!!! Ich mach ein Erasmussemester un dihr geht mir am Aaaaaaaaaaaaaaaaaaarsch vorbei. Wie mich dieses Land ankoooooo oooo oooooo tzt!ı ı!ı!!!!!

A-theist 04:07

Vielleicht sollten wir zuerst irgendein Opfer bringen? Gibt es hier irgendwo eine Kathojungfrau?

PolishKamikaze 04:08

A-theist dich hamse wohl mit dem Messer getauft, wenn du stirbst hast du versch*ssen. Erst kriegste ne Vorhautrekonstruktion und dann wartet in den Kesseln des Satans ein Platz auf dich und diese schwuchteln aus dem TV

UnzufriedenerPole 04:09

die hecken irgendwas aus lästern Gott setzen den Kindern Flausen in den Kopf

MutterPL 04:09

Das muss den Kindern von Kind an eingebläut werden

TypOhneBart 04:09

Jezuz Christus König von Polen

MutterPL 04:09

Und die MUTTERgottes Königin

GanznormalesMädel 04:09

anormal

MutterPL 04:09

alle anders!

Krätze 04:10

Alle anderen verpisst euch

A-theist 04.10

Katholiban nach kathostan!

Studentin 04:10

in VIEHwaggons nach Dunkelwalde

PolishKamikaze 04:10

in die gaskammer mit euch in die gaskammer

Benek 04:10

AUSMERZEN DEN bODENSATZ!!!!ı!!!!!

ProfessorHab. 04:13

....Kastrieren ....sicherlich aber die wilde HORDE mit Namen EU Das ist keine Befreiung sondern eine UNFREIHEIT der Triebe, die exponentiell wachsen und zu Perversionen und Überfällen führen .... Wir werden deswegen einfach von Ppornografie überschwemmt und leben in ständiger BEDROHUNG. ich hoffe, dass es mehr solche Widerstreiter gegen die freiwillige Bestialisierung der eigenen Person des Nächsten gibt. Ja zurSTATUE! ja zur EXHUMIERUNG!

Benek 04:14

Ja zur Exumierungıııı!

PolishKamikaze 04:14

Exkumieren wir Jan Kołek

Krätze 04:14

Ja zur statur ja zur ekxumierung!!ı

MutterPl 04:14

alle anders!

GanznormalesMädel 04:14

anormal

Krätze 04:15

Alle anderen verpisst euch

Nun war die ganze Kanne Tee leer. Ich ging ins Bad und pinkelte so lange, dass ich dabei fast vom Schlaf übermannt worden wäre. Das unterirdische Klopfen hatte aufgehört, und in dem obskuren Badezimmer herrschte jetzt vollkommene Stille. Ich musste wieder an den Besuch bei Dawid vor vielen Jahren denken, als ich ins Bidet gemacht hatte und meine Schwester mit ihrem Blütenkranz auf dem Kopf und im langen Hippiekleid mich umarmte und sich vor Lachen bog. Und sich wenige Monate später in demselben Kleid das Leben nahm. Ich ging in die Küche zurück, kochte mir eine neue Kanne Tee und fing wieder an, die Internetnachrichten durchzusehen. Und da fand ich etwas, das mein Gedächtnis wohl nur unbewusst aufnahm. Ramoh. Homar. Dawid. Er war immer noch hier und wachte.

Alicja 04:27

Ramoh schrieb: -a

...

Schlechte Tarnung

Ramoh 04:27

Ich will Deine Aufmerksamkeit nicht davon ablenken, was wirklich wichtig ist

Alicja 04:28

Wie hätte sie sie genannt?

Ramoh 04:28

Katzenfresser

PolishKamikaze 04:28

Verp....t euch von hier freimaurer

Alicja 04:29

Ich komme zu dir

Ramoh 04:29

Nein. Erst, wenn alles vorbei ist

Alicja 04:29

Warum?

Ramoh 04:30

Es ist wenig Ze

*

Marcin schloss sich mir einfach an, als ich morgens laufen ging. Nach Dawids Nachricht war ich für wenige Stunden in einen unruhigen Halbschlaf gefallen, Gertrud Blütchen unter dem Kopfkissen, weil mich der abgerissene Satz »Es ist wenig Ze« in leise Panik versetzt hatte. Warum wollte Dawid mir nicht mehr sagen? Ich starrte auf die Buchstaben, die wieder eigenartig ausgeblichen und zittrig aussahen und vor meinen Augen verschwammen wie Tinte im Wasser, doch Dawid schwieg und meldete sich trotz meiner Bitten nicht mehr. Dafür beschimpfte mich PolishKamikaze, der neben diversen anderen Defiziten offensichtlich an Schlaflosigkeit litt. Schon um sechs war ich draußen und bemerkte, wie sich jemand in der noch dichten Dunkelheit von Herrn Alberts Haus her näherte. Marcin. Er war in Joggingkleidung und trug eine lustige rote Bommelmütze, als wollte er seinem Gastgeber bei ausgefallenen Kopfbedeckungen in nichts nachstehen.

»Ein Geschenk«, erklärte er mir ungefragt und trabte im Tempo des geübten Läufers los.

Ich laufe immer allein, es ist für mich eine Zeit der Stille und Konzentration, in der ich Kraft für den Tag sammle. Nun wartete ich fast darauf, dass Marcin etwas sagen und auf diese Weise meiner Verärgerung einen Grund liefern würde, doch er schwieg. Er lief hinter mir den schmalen Weg zwischen blattlosen Bäumen entlang, ich hörte nur seinen Atem und das Auftreffen seiner Füße auf der weichen Erde. Ich legte leicht an Tempo zu, und aus dem Augenwinkel sah ich Marcin unter seiner roten Mütze lächeln, genau wie er gelächelt hatte, als ich durch das Fenster in sein Zimmer stieg. Mir schoss der Gedanke durch den Kopf, dass Dawid heute ähnlich aussehen könnte, wenn sein Leben anders verlaufen wäre, wenn wir damals die Mansardenwohnung mit dem Fenster zum Park gefunden hätten und zum Wandern ins Riesengebirge gefahren wären. Vielleicht war der Mann hinter mir anstelle des Jungen in Doc Martens herangewachsen und lebte für ihn? So wie ich für meine verlorene Schwester lebte?

»Bist du schon mal mit dem Rucksack in die Berge wandern gegangen?«, fragte ich.

»Das letzte Mal in den Pyrenäen. Möchtest du mit mir wandern gehen?«

»Warum nicht.«

Ich beschloss, diesem Zweierlauf eine Chance zu geben, und nach einer Weile fanden unsere Schritte einen gemeinsamen Rhythmus. Wir liefen durch die morgendliche Waldesstille. Hier, unter den Ästen der Bäume, lag der Nebel so dicht, dass er die Schritte erschwerte wie beim Waten durch Wasser. Die Luft war erfüllt vom Geruch alter Blätter und modernden Holzes, im tiefen Schatten leuchteten hier und da weiße Schneeflecken. Wir näherten uns der Lichtung und liefen kurz darauf in offenes Gelände, über uns ein perlgrauer Himmel, aus dem Schneeflocken stäubten. Der Morgen zog herauf. Aus unseren Mündern drang Dampf, ich empfand einen angenehmen Druck in der Brust und spürte, wie das Blut schnell durch meinen Körper strömte. Die Schrecken der Nacht verblassten, der aufgeknüpfte Kater im Garten und all die Verdächtigungen kamen mir jetzt vor wie ein böser Traum. Marcin sah mich im erbarmungslosen Morgenlicht an, das unsere Gesichter so zeigte, wie sie waren. Meine Augen von unbestimmter Farbe, die zu hellen Brauen und den asymmetrischen Mund. Alle Fältchen, Poren und Narben. Es gab eine Zeit in meinem Leben, in der ich hatte schön sein wollen, um das zu fühlen, was meine Schwester empfunden hatte, doch die Fraulichkeit, die sie so liebte, wirkte bei mir aufgesetzt und lächerlich wie das Prinzessinnenkostüm auf dem Schulball. Zu dem, was zwischen mir und Marcin war, passte keines der Wörter, mit denen Mann-Frau-Geschichten normalerweise bezeichnet werden. Ich dachte an Dawids Komplimente, von denen Ewa mir erzählt hatte, banale Schwärmereien eines verliebten Jungen, die in meinen Ohren jedoch wunderschön klangen, und an sein Gesicht, wie es jetzt war, furchterregend und von Krankheit gezeichnet. Marcin und ich waren lebendig, in unseren Nachforschungen miteinander verbunden. Auch wenn unsere Nähe nur im Hier und Jetzt zählte.

»Du läufst schön«, sagte Marcin und diese Worte gefielen mir, ich küsste ihn.

Wir liebten uns auf der Lichtung bei Schloss Fürstenstein, hastig und etwas ungeschickt, wie Gymnasiasten, und als ich danach auf dem gefrorenen Rasen lag, wurde mir bewusst, dass ich, die eher bodenständige als romantische Schwester, etwas getan hatte, was in Ewas Augen eines Kinostars namens Daisy Tabor würdig gewesen wäre. Marcin streckte seine Hand nach mir aus, der Schnee begann dichter zu fallen, als schüttelte jemand den Himmel über uns aus, die Flocken setzten sich auf unsere Gesichter und schmolzen bei der Berührung mit der warmen Haut.

Als Ewa starb, hatte es auch geschneit. Die Erinnerung an meine verlorene Schwester rief mir plötzlich die Gesichter der drei verschwundenen Kinder ins Gedächtnis, denen ich auch nicht hatte helfen können: Andżelika, Patryk, Kalinka. Ich sagte ihre Namen laut auf, und es klang wie damals, als ich sie zum ersten Mal aussprach, an dem Teich, wo Andżelika verschwunden war. Wie ein Appell zu Ehren der Gefallenen.

»Andżelika, Patryk, Kalinka«, sprach Marcin mir nach. »Ich glaube, wir werden sie finden.« Seine Stimme schien im Schneegestöber von weit her zu kommen.

Ich erinnerte mich daran, wie ich an einem Abend vor vielen Jahren meine Unterkunft in der Wohnsiedlung »Freundschaft« verlassen hatte, um mich umzubringen, und stattdessen zu laufen begann. Auf dieser Lichtung war noch etwas anderes, meine Schwester und Dawid hatten es gespürt.

»Wir werden sie finden?«, wiederholte ich Marcins Worte, die aus meinem Mund längst nicht so überzeugt klangen. »Woher weißt du, dass wir sie finden werden?«

»Gestern ist Katzinka bei mir vorbeigekommen.«

»Du kennst Katzinka?«, wunderte ich mich, obwohl ich mich eigentlich über nichts mehr hätte wundern sollen.

»Sie kennt mich. Sie hat mir die Mütze geschenkt.«

»Und Katzinka hat dir gesagt, dass wir die verschwundenen Kinder finden werden?«

»Nicht mit diesen Worten, aber das war es, was sie meinte.«

Ich stützte mich auf und sah Marcin an. Er lag mit geschlossenen Augen da, in seinem dunklen Haar hatten sich Schneeflocken verfangen. Zwischen Hosenbund und Hemd entdeckte ich ein Stück nackte Haut und den Bauchnabel. Er war schön.

»Es gibt mehrere von ihnen«, sagte ich. »Sie haben die unterschiedlichsten Namen, füttern heimatlose Tiere, aber das ist noch nicht alles, was sie tun. Fürstin Daisy war ihre Freundin oder vielleicht sogar eine von ihnen, sie gab ihnen Essen aus der Schlossküche, ließ sie in den Kellerräumen übernachten. Manche verschwinden, aber es kommen immer neue nach, wer weiß woher. Dieser Ort zieht sie aus irgendwelchen Gründen an. Herr Albert weiß mehr über sie als andere.« Ich sprach zu Marcin, aber in Wirklichkeit fasste ich laut und in einfachen Worten für mich zusammen, was weder einfach war noch sich zusammenfassen ließ.

»Ja, Alicja.« Marcin öffnete nicht die Augen.

»Weißt du, wer sie sind? Katzinka und die anderen Katzenfrauen?«

Marcin schwieg eine Weile, und mir war, als hörte ich den Schnee fallen.

»Das ist eine Frage der Benennung. Die Namen, die es gibt,

Katzentanten, Katzenfrauen, Katzenmütter, Katzige passen alle nicht ganz. Es ist deswegen leichter zu sagen, dass ich nicht weiß, wer Katzinka ist, aber dass ich ihr glaube.«

»Ewa hat dasselbe über die Katzenfresser gesagt. Sie fand, dass die Namen, die es gibt, nicht immer ganz passen, aber dass man sie irgendwie benennen müsse.«

Marcin öffnete die Augen, seine Iris war dunkel und nicht von der Pupille zu unterscheiden.

»Manchmal kann man etwas verhindern, wenn man es benannt und verstanden hat«, sagte er. »Manchmal kann man etwas geraderücken.«

Ich sah ihn eindringlich an, als könnte ich dadurch in ihn hineinblicken, doch das brachte kein Ergebnis. Marcin ließ sich nicht durchschauen, er war jemand, der zuhörte und den man berühren musste. Ich legte meinen Kopf auf seinen Bauch, sein Nabel, die Hieroglyphe der Leere, an meinem Mund. Er war Herrn Alberts Neffe, der Sohn von Adalbert, der als Kind Tiere getötet und Menschen Schlimmes angetan hatte. Adalbert war ein Katzenfresser, und ich hatte keine Ahnung, welchen Weg er zurückgelegt hatte, bevor er Marcins Vater wurde. Ich wusste auch nicht, wer Marcins Mutter war, und, noch schlimmer, ich wusste nicht, wie ich ihn danach fragen sollte – etwas, das mir selten passiert. Obwohl mir sonst so viel daran lag, die Geschichte eines Menschen und einer Sache in Erfahrung zu bringen, schien mir das jetzt nicht das Wichtigste. Sein Körper war warm, ich mochte seinen Geruch und seinen Geschmack, berührte mit der Zunge seinen Bauchnabel. Ich fragte Marcin, ob ihm Katzinkas Schuhe aufgefallen seien. Rote »Relaks«-Stiefel. Ewa hatte Katzmarska solche Stiefel geschenkt. Ob es etwa dieselben waren?

»Das sind nach wie vor gute Schuhe.« Marcin lächelte, stand auf und hielt mir seine Hand hin. Einen Moment lang standen wir uns Auge in Auge gegenüber. »Meinst du, wir könnten irgendwann einmal einfach zusammen zu Abend essen und dann ins Bett gehen? Ich bin nicht mehr der Jüngste.«

Ich lachte und wunderte mich, wie hell meine Stimme klang. Wir liefen denselben Weg zurück, über unseren Köpfen krächzten die inzwischen erwachten Krähen, es schneite immer noch.

Am Waldrand begegneten wir zwei Männern mit Säcken und Spaten, die ihren Schritt beschleunigten, als sie uns bemerkten. Wahrscheinlich gehörten sie zu den Schatzsuchern, die immer noch den Wald bei Schloss Fürstenstein umgruben, wie früher mein Vater. Ihre Zahl steigt sprunghaft an, wenn in der lokalen Presse mal wieder ein Artikel über das Projekt Riese und Hitlers Schatz erscheint oder Wrocławer Archäologen ein neues Stück unterirdischen Gang freilegen. Unter dieser Stadt herrscht ein ständiges Leben, Wühlarbeit im Dunkeln. Diese beiden hier sahen aus wie Hobbyschatzgräber. Sie unterschieden sich nur im Alter, ansonsten hatten sie fast gleiche Gesichter mit verschrumpelten knolligen Nasen, feuchten Mündern und tiefliegenden Äuglein wie in Teig gedrückte Rosinen. Der Jüngere spie in einem Bogen Schleim ins Gebüsch. Sie verfolgten uns mit Blicken, und einer von ihnen gab ein unangenehmes Schnalzen von sich. Ich dachte angeekelt, dass sie uns vielleicht von einem Versteck aus beobachtet hatten.

*

Wieder im Haus, kehrte meine Unruhe zurück. Ich setzte mich in die Küche, um an der Reportage zu arbeiten. Von hier aus waren der Garten und der kleine Erdhügel zu sehen, wo ich in der Nacht den Kater begraben hatte. Jetzt bedeckte ihn Schnee. Wasser floss vom Dach und gefror über meinem Fenster zu schmutzigen Eiszapfen, scharf wie Gertrud Blütchen. Auch die Verletzung an meiner Hand sah aus wie ein Eiszapfen oder ein Pfeil, die Wundränder waren entzündet. Ich betrachtete die Gesichter der drei Kinder auf meinem Bildschirm und dachte an Dawids Worte: Es ist wenig Zeit. Dann sah ich auf meinem Telefon und im Mailkonto nach und warf einen Blick in das Internetforum, fand jedoch nirgends eine Nachricht von Homar. Ich versuchte, auf die SMS zu antworten, die er mir von einer anonymen Nummer geschickt hatte, aber das System informierte mich, dass die Nachricht nicht gesendet werden könne. Dafür rief Celestyna an, um mir zu sagen, dass sie mir abends etwas zeigen wolle. Ich würde die Knochenverkäufer kennenlernen. Wie wir zu ihnen kommen? Durchs Kaninchenloch natürlich! Mehr wollte sie mir nicht sagen, und ich konnte spüren, wie sie lächelte. Celestyna würde es fertigbringen, in bester Absicht eine Geburtstagsparty wie aus einem amerikanischen Film für mich auf die Beine zu stellen, wo der Held das Licht anknipst und aus allen Ecken breit grinsende Leute springen und *Surprise!* rufen. Ich mag Überraschungen nicht besonders, denn in meinem bisherigen Leben hatten sie sich meistens als Unglück, bestenfalls als Unannehmlichkeit entpuppt. Ich erklärte mich trotzdem zu allem bereit, da ich spürte, dass ich nur so weiterkommen würde. Celestyna hatte auch Marcin eingeladen, und wieder drängte sich mir der Eindruck auf, dass ich, deren Beruf es ist, durch gezielte Fragen an das nötige Wissen zu gelangen, dieses Mal einfach nicht imstande war, das herauszubekommen, was ich will. Und jetzt hatten sich die beiden auch noch gegen mich verschworen.

Ich wusste, dass ich Wałbrzych auch heute wieder nicht verlassen würde, doch in diesem Haus hielt ich es unmöglich länger aus. Ich steckte Gertrud Blütchen in die Tasche, setzte mich ins Auto und fuhr noch einmal die drei Stadtbezirke ab, in denen die Kinder verschwunden waren: Nowe Miasto, Sobięcin und Stary Zdrój. In der Stadt hingen die ersten Weihnachtsdekorationen, und es herrschte jene hektische Betriebsamkeit, die sich in den nächsten Wochen noch steigern würde, damit die

Bewohner der Altbauten und schäbigen Wohnblocks ein weiteres Weihnachtsfest in dem Gefühl durchstehen konnten, sich erst ausreichend abgestrampelt zu haben, um dann wieder zu viel essen zu dürfen. In dieser Hinsicht unterschied die Stadt meiner Kindheit sich nicht von anderen Städten in diesem Land. Ich hielt vor jedem der Häuser, die ich aufgesucht hatte, und starrte ins Fenster, aber das machte mich auch nicht schlauer. In Sobięcin war Stromausfall, und vor Zofia Sochas Haus stand eine Gruppe verärgerter Leute, die Beleidigungen an die Adresse all jener ausstießen, mit denen es das Schicksal ihrer Meinung nach besser meinte oder deren Fernsehbild wenigstens nicht mitten in der Lieblingsserie erloschen war. Vor dem Engelchenheim in Stary Zdrój prangte ein riesiger geschmückter Weihnachtsbaum mit rhythmisch blinkenden violetten Lämpchen, bei deren Anblick mir schwindlig wurde. Zum Schluss fuhr ich nach Nowe Miasto, in der Hoffnung, das rosarote Mädchen Kamila und seinen Anglervater zu treffen, doch heute hatte ich kein Glück. Die Fenster des alten Hauses waren dunkel, sie spiegelten den schneeschweren Himmel und Schwärme von Vögeln wider, die von ihren Fressplätzen auf den Müllhalden zurückflogen in die Stadt. Als ich mit gesenktem Kopf und leerem Herzen dastand, zerplatzte ein Ei neben mir auf dem Pflaster, und ich ging weiter, wobei ich mir ausmalte, Barbara Mizera habe aus ihrer Küche auf mich gezielt. Oder die Krähen trugen in dieser Stadt die Hühnereier im Flug davon, was auch nicht ausgeschlossen war.

Ich hatte noch eine Stunde und fuhr nach Rusinowa, einem vergessenen Stadtteil am Rand von Wałbrzych, wo im Herbst das private Tierheim in Brand gesteckt worden war. Mit dieser Gewalttat hatte alles angefangen, ähnlich, wie dem Tod meiner Schwester die Ermordung von Katzen und Hunden vorausgegangen war. Bei dem Brand waren die Hauseigentümerin Małgorzata Felis und hundertsiebenundzwanzig Katzen umgekommen. Wer die verbrannten Katzen wohl gezählt hatte? Wie hatte er sich dabei gefühlt? Ich konnte mich des Bildes verkohlter Tierleiber nicht erwehren, die in einer Reihe nebeneinanderlagen wie die Vögel, die Adalbert vor langer Zeit spaßeshalber getötet hatte. Bis jetzt hatte man die Brandstifter noch nicht gefunden, ich wusste nicht, ob überhaupt nach ihnen gesucht wurde. Ich hatte mir eine Straßenkarte aus dem Internet ausgedruckt und mir darauf die Stelle von Małgorzata Felis' Haus markiert, doch ich konnte sie nicht finden und kurvte durch die löchrigen Straßen. Seit meiner Kindheit war ich nicht mehr in Rusinowa gewesen und hatte nun eine weitere Gegend vor Augen, aus der nach und nach alles Leben wich, seit die Bergwerke geschlossen waren. Rusinowa wurde von einer breiten Ausfallstraße durchschnitten, auf der die Autos einherschossen, als fürchteten ihre Fahrer, für immer in Wałbrzych festzusitzen, wenn sie nicht Gas gäben. Ein großer verwilderter Park verschlang wie der kambodschanische Dschungel verfallene Häuser und kleine Läden mit grellbunten Schildern, und die Seitenstraßen, durch die ich fuhr, waren menschenleer und still.

Als ich schließlich doch den richtigen Weg fand, endete er nach ein paar hundert Metern in einem schlammigen, von Reifenspuren durchpflügten Feld. Ich stieg aus und ging zu einem neu errichteten Bauzaun, an dem eine Informationstafel hing. Ich las, dass an der Stelle, wo Małgorzata Felis mit ihren Katzen gelebt hatte, jetzt das Einkaufszentrum »Paradies« entstehen sollte. Ringsum herrschte Leere, die Baumaschinen sahen aus wie riesenhafte Tiere, die den Tod ihrer kleineren Verwandten, der Katzen, hatten rächen wollen, dann aber plötzlich die Lust verloren hatten und mitten in der Bewegung erstarrt waren. Ich zog mich am schwankenden Spanplattenzaun hoch. Meine verletzte Hand schmerzte. Die Maschinen standen einen Meter tief im Wasser, das an manchen Stellen gefroren war, und dort hatten sich kleine Schneeinseln gebildet, in der Mitte des Beckens blubberte es unheilvoll wie in einem Geysir. Von Małgorzata Felis und ihrem Tierheim war keine Spur geblieben. Mir wurde klar, dass mein ganzer Ausflug sinnlos war, und ich fühlte mich entmutigt und verärgert zugleich.

Der Hund war so leise näher gekommen, dass ich ihn erst bemerkte, als er mit seiner feuchten Nase an meine Hand stieß. Er war groß und zottelig, hatte blutunterlaufene Augen, und aus seinem Maul tropfte der Speichel. Bei einem Unfall hatte er den halben Kiefer verloren, denn seine Schnauze triefte nicht nur, sondern war ganz verschoben. Ihm fehlte sogar eine halbe Vorderpfote. Er knurrte ohne besondere Überzeugung, und ich ging in die Hocke, um ihn zu begrüßen. Er verstand, denn er reichte mir seine verstümmelte Pfote, schnupperte an meiner Hand und leckte zur Sicherheit daran. Ich hatte mich noch nie vor Tieren gefürchtet, und hässliche erschienen mir nicht bedrohlicher als schöne – Kakerlaken und Fliegen vielleicht ausgenommen.

»Schiefnase!«, rief eine hohe Stimme undefinierbaren Geschlechts, und zwischen den Bäumen tauchte eine gedrungene bauchige Gestalt auf. Sie trug eine lange rote Daunenjacke, unter der dünne Waden mit kniehoch gekrempelten Hosenbeinen hervorkamen, die Füße steckten in Sportschuhen wie bei einem amerikanischen Rapper. Ihre Kapuze hatte sie so tief in die Stirn gezogen, dass das Gesicht kaum zu sehen war. Die Stimme deutete auf eine Frau oder einen Contratenor hin, die dichte Behaarung der Waden dagegen auf einen Mann oder allenfalls eine sehr männliche Frau. »Er hat Sie nicht gebissen.« Das Wesen machte einen verwunderten Eindruck.

»Beißt er denn sonst?«

»Er beißt nicht nur, sondern wirft die Leute um und hält sie mit den Zähnen am Hals fest. Ich glaube, er war mal bei der Polizei.«

»Der Hund?«

»Ist aus dem Tierheim.« Die Gestalt wedelte mit der Hand Richtung Baustelle und hob leicht den Kopf, unter der Kapuze kam das Gesicht eines Gartenzwergs mit grellrot angemalten Lippen zum Vorschein.

»Aus dem abgebrannten?«, fragte ich.

»Banditen!«, ereiferte sich der Gartenzwerg. »Schmierige Stinktiere! Sarumans Armee!«

Katzenfresser, ergänzte ich in Gedanken.

»Kannten Sie denn Małgorzata Felis?«, fragte ich den gartenzwerghaften Contratenor, etwas verwirrt von der Unmöglichkeit, sein Geschlecht zu erraten. Vielleicht war er ein Transvestitenhobbit, wie ihn selbst Tolkien nicht hätte erfinden können.

»Was gibt's da groß zu sagen. Als das Feuer ausbrach, kam Schiefnase gleich bei mir angerannt. Doch wir sind zu spät gekommen. Die Feuerwehr war schon da, aber es gab nichts mehr zu retten.« In der Stimme des Wesens schwangen Tränen mit.

»Wer hat denn das Grundstück geerbt?«

Der Zwerg blickte mich mit klugen hellen Augen an, ob sein Gesicht das einer Frau oder eines Mannes war, hätte ich immer noch nicht sagen können, doch diesen Gedanken schob ich beiseite.

»Onkel Tante Anverwandte! Ein Paradies wollten die sich hier hersetzen!«, kicherten die grellroten Lippen boshaft.

»Und was ist dann passiert?«

»Alles voll Wasser gelaufen! Alles für die Katz. Als sie angefangen haben zu graben, hat sich rausgestellt, dass darunter Wasser ist. Da haben sie den Onkeln Tanten Anverwandten die Baugenehmigung wieder entzogen und alles abreißen lassen. Das hat einen Schlag gegeben, ganz Rusinowa hat gebebt. Schwarzes Grubenwasser. Feuerverzehrtwasserernährt!«

Der Zwerg mit der roten Jacke lachte jetzt wie irre, Schiefnase gähnte und sein Maul blieb weit offenstehen, als hätte er eine Kiefersperre. Er zitterte und wedelte mit seiner verstümmelten Pfote. Ich meinte zu sehen, dass ihm Tränen aus den Augen rollten.

»Was hat er?«, fragte ich besorgt.

»Wie, was hat er?«, wunderte sich der Zwerg und schnappte nach Luft. »Er lacht!«

»Warum?«

»Damit keiner unser Weinen hört!«

Als ich zu dem Treffen mit Celestyna und Marcin fuhr, kam mir die ganze Situation vollkommen unglaublich und absurd vor. Ich blickte auf meine Hände am Lenkrad, und plötzlich kam mir der unangenehme Gedanke, ich könnte auch über sie nicht die volle Kontrolle haben. Meine rechte Hand, die ich mir bei der nächtlichen Beerdigung des Katers verletzt hatte, kribbelte und schien mir zu allem fähig. Diese Stadt hatte mich zu einer Person gemacht, die ein Solinger Messer mit sich herumtrug, eigenhändig an der steinernen Haustürschwelle geschärft.

*

Das »Kaninchenloch« entpuppte sich als die Tierhandlung unweit der Kirche der Schmerzensmutter, sie befand sich in einem abblätternden Altbau, der sich an seinen Nachbarn lehnte, als liefe er Gefahr, vor Erschöpfung einzunicken. Früher gab es hier eine Fleischerei, Ewa und ich kamen manchmal dort vorbei, wenn wir durch die Stadt streiften. Fleischfressende Falle, sagte meine finstere Schwester zu dem Geschäft. »Weißt du, Kamelin, einmal ist hier jemand wahnsinnig geworden und dann ist Bluuut geflossen! Krach, krach, knackten die Knochen. Durch Mark und Bein!« – »Ist dabei ein Guter oder ein Böser gestorben?« – »Ein sehr, sehr Böser, Kamelin!« Sie kannte unzählige solche Geschichten, die aus ein paar Krumen entstanden und aufgingen wie Hefeteig. An den Fleischerhaken, die mir mit ihren scharfen Spitzen Angst einjagten, hingen zu besseren Zeiten Speckscheiben und bläuliche Wurstketten, kurz vor dem Fall des Kommunismus dann gar nichts mehr. Die beleibte Verkäuferin starrte melancholisch in die Ferne, den Busen auf die Ladentheke gestützt, sie sah aus wie eine Büste aus Plastilin. Ihre untere Hälfte bekam ich nie zu Gesicht, dafür war die obere, von einer steifen schwarzen, wie mit Pech bestrichenen Frisur gekrönte Hälfte umso imposanter. Die hoch auf die Stirn gezeichneten Brauenbögen gaben ihrem Gesicht das Aussehen eines erstaunten Mephisto, die aufgeworfenen Lippen schimmerten rosig. Meine Schwester meinte, die Verkäuferin sei eine äußerst geheimnisumwitterte Person. Auch wenn wir längst an dem Geschäft vorbei waren, hing der Geruch nach Räucherspeck, Salpeter und Tierleibern am Rande der Verwesung noch lange in der Luft. Ewa fand ihn widerlich, doch ich konnte mich nicht entscheiden, ob er Ekel oder eher Magenknurren bei mir verursachte.

Jetzt prangte über dem Eingang ein nagelneues Schild: »Zoohandlung Kaninchenloch«. Außer einem kleinen Ladentisch, auf dem die Kasse stand, nahmen Käfige und Aquarien den gesamten Raum ein, und als wir uns hineindrängten, brach unter den schuppen-, fell- und federbedeckten Bewohnern ein Aufruhr aus. Eine Zeitlang konnte ich nur blinzeln, überwältigt vom Kreischen der Vögel und den schillernden Fischen hinter Glas. Ich stand direkt vor einem Aquarium, in dem ein Schwarm flinker Fischleiber nach einem nur ihm selbst bekannten Plan im Walzertakt hin und her wogte, die Geschöpfe hatten an den Seiten grellbunt glimmende Streifen. Ich rechnete schon fast damit, jeden Moment Musik von Strauß zu hören. Stattdessen sagte eine Stimme:

»Roter Neon!« Hinter den Aquarien trat ein Mann hervor.

»Adam!«, rief Celestyna erfreut.

»Adam Szymczyk«, stellte sich der Inhaber des Kaninchenlochs vor, ein entfernt an Putin erinnernder Mann von sanftgelber Färbung, mit kleinen blitzenden Augen, strohgelbem Schnurrbart und einer Narbe auf der Stirn. Er trug eine Anglerweste mit unzähligen kleinen Taschen, wie man sie auf jedem Wochenmarkt in Polen erstehen kann. Normalerweise tragen solche Westen traurige ältere Männer, die jede Hoffnung auf den großen Fang aufgegeben haben und höchstens ein Päckchen Taschentücher und eine Schachtel Zigaretten in den Taschen verwahren. Auf den Besitzer des Kaninchenlochs traf das nicht zu. In Adams ausgebeulter Weste steckten knisternde Plastiktüten, Kunststoffdosen unbekannten Inhalts, Streichhölzer, Kügelchen aus Alufolie, Stifte, Stöckchen, Bambusstäbchen, ein Taschenmesser, eine Coladose, diverse Brillen, Kescher, Katzenleckerli, eine angewelkte Nelke und eine keck aus der linken Brusttasche ragende pralle Kaustange für Hunde.

»Neon?«, fragte ich verwirrt. Ich hatte keine Ahnung von Aquariumsfischen.

»Ein Fisch aus der Gattung der Salmler. Recht anspruchsvoll. Für Anfänger in der Aquaristik nicht zu empfehlen«, warnte mich Adam, und ich kam gar nicht dazu, ihm zu erklären, dass ich keineswegs vorhatte, mir ein Aquarium anzuschaffen. »Der Neon ist gern in Gesellschaft ruhiger Fische mit ähnlichen Ansprüchen. Dazu eignet sich der Neonsalmler beispielsweise ganz hervorragend.« Adam zeigte auf das Aquarium daneben, in dem ebenso schillernde dünne Fische hin und her flitzten. »Oder der Keilfleckbärbling.« Er lenkte meine Aufmerksamkeit auf ein paar goldene, rundliche Fische mit schwarzer keilförmiger Zeichnung auf dem Schwanz.

»Sehr schön«, stimmte ich zu.

»Wunderschön!«, freute sich der Ladenbesitzer. »Dann gefällt dir sicher auch der Marmorierte Panzerwels. Das garantiere ich dir sogar. Am Neon wird manchmal bemängelt, seine Farben seien zu grell und aufdringlich, ähnlich ist es mit Skalaren oder Schleierfischen. Aber der Panzerwels ist anders! Eine dezente Schönheit. Verhaltene Eleganz. Sieh ihn dir an!« Der Marmorierte Panzerwels war beige-grau und gefleckt wie ein Leopard, er hatte einen Schnurrbart und kleine, blitzende Augen wie Adam.

»Wirklich hübsch«, pflichtete ich ihm bei.

»Wenn du willst, kann ich dir eine haarsträubende Geschichte vom Panzerwels erzählen! Aber wenn wir erst zum Südamerikanischen Schmetterlingsbuntbarsch kommen, wirst du die Fische in anderem Licht sehen, wetten? Schmetterlingsbuntbarsche! Sie kümmern sich um ihren Nachwuchs wie Säugetiere und Vögel. Du glaubst gar nicht, was für eine fantastische Fortpflanzungsmethode die Maulbrüter haben, die afrikanischen Buntbarsche aus dem Malawi- und Tanganjikasee. Das Weibchen nimmt das Sperma des Männchens ins Maul und …«

»Adam«, bremste ihn Celestyna, »davon vielleicht lieber ein anderes Mal?«

Adam sah die Bibliothekarin mit ähnlich entrücktem Blick an wie die Buntbarsche, und ich dachte, dass Celestyna auf seltsame Weise zu diesem weder besonders großen noch besonders ansehnlichen Mann in Anglerweste passte. Sie hätten eines dieser Paare abgeben können, die sich auch im Streit noch mit liebevollen Kosenamen betiteln: Sie würde ihn »mein Panzerwels« und er sie »mein Buntbärschchen« nennen.

Ich hätte zu gern gefragt, was sich in Adam Szymczyks Westentasche auf Leberhöhe befand, in der sich ganz eindeutig etwas bewegte, aber ich kam nicht dazu.

»Übrigens haben die Neonfische mich zu einer neuen Erfindung inspiriert«, fuhr der Inhaber fort, und Celestyna seufzte wie eine polnische Ehefrau, eine junge und noch hoffnungsfrohe Maria Waszkiewicz. »Ich habe berechnet, dass das von einem kleinen Neonschwarm reflektierte Licht – ungefähr siebzig, höchstens fünfundsiebzig Stück – eine Vierzig-Watt-Birne ersetzen kann. Was für eine Energieersparnis! Wenn es in jeder polnischen Familie ein Aquarium gäbe und dann noch das von mir erfundene Gerät dazu, dann …«

»Dann würden sie deine Neonfische in Essig und Öl verspeisen«, beendete Celestyna resolut seine Ausführungen, und Adam gab sich geschlagen. »Wisst ihr, warum hier so viele Tiere sind?«, fuhr sie fort. »Adam verkauft sie nur an Leute, die ihm gefallen. Neulich hat er ein Pickelgesicht verjagt, das sich eine Ratte kaufen wollte.«

»So eine schöne kluge Ratte für diesen Hirnamputierten? Nie im Leben!«, warf Adam dazwischen.

»Wenn er das Gefühl hat, jemand würde sich nicht richtig um ein Tier kümmern, verkauft er nicht mal einen dämlichen Guppy«, fasste Celestyna zusammen.

»Guppys sind nicht dämlich«, protestierte Adam.

»Natürlich nicht. Guppys sind nicht dämlich, sogar Taranteln können beim näheren Hinsehen noch einen gewissen Charme entwickeln. Aber das Kaninchenloch ist schon kein Geschäft mehr. Das ist eine Tier-WG – und eine kostenlose Futterausgabestelle für alle Wałbrzycher Katzenfrauen.«

Hier bekam Katzinka also ihr Schmackokatz und die Katzerven, dachte ich und suchte in meinem Gedächtnis nach Adam Szymczyk, wie er früher ausgesehen hatte. Er war ein stiller Junge gewesen, der einmal einen angefahrenen Hund in die Schule mitbrachte. Schade, dass er nicht mein Freund geworden ist. Ich wäre nicht ganz so einsam gewesen. Adam bemerkte meinen Blick.

»Erinnerst du dich noch an Stasio?«

»An welchen Stasio?« Ich verstand nicht.

»Stasio Tarkowski aus Sienkiewicz' *In Wüste und Wildnis*. Wir waren mit der Klasse in dem Film, und die Lehrerin stellte uns hinterher Fragen dazu – was für ein tapferer polnischer Patriot Stasio gewesen sei und so weiter. Aber du hast dich nur für die Kamele interessiert und der Lehrerin ein Loch in den Bauch gefragt. Die hat gar nicht kapiert, was du von ihr wolltest, sie gab dir eine Fünf und sagte, du solltest den Mund halten. Und da hast du dein Federmäppchen auf den Boden geschmissen und gesagt, Stasio sei ein aufgeblasener Großkotz, wenn du Nel gewesen wärst, wärst du in Afrika geblieben, bei Kali, dem Elefanten und den Kamelen. Und alle haben gelacht.«

»Das soll ich getan haben?!« Ich hatte mich als schüchternes Kind in Erinnerung, das niemandem im Gedächtnis blieb. Was Adam jetzt sagte, hätte eher zu Ewa gepasst. »Bist du sicher, dass ich das war?«

Adam betrachtete seine kurzfingrigen Putinhände.

»Ich habe sogar versucht, mich mit dir anzufreunden, ich dachte, du würdest vielleicht mit mir zusammen die Katzen von Schloss Fürstenstein füttern gehen, aber dann …«

»Dann brachte sich deine Schwester um«, sagte Celestyna brutal. »Und Alicja hat sich für dreißig Jahre vom Leben ausgeklinkt.«

»Gehen wir endlich«, meldete sich Marcin zu Wort, der bis dahin nichts gesagt hatte, und unterbrach das beklommene Schweigen, das sich plötzlich im Kaninchenloch breitmachte.

In einem alten deutschen Eichenschrank im hinteren Teil des Ladens war eine schmale Tür, die in einen noch schmaleren Gang führte. Stickige Luft schlug uns entgegen und erschwerte die Bewegungen wie Ektoplasma, es roch schwach nach Räucherwurst. Adam ging mit der Taschenlampe voran, und wir folgten dem schwachen Schein.

»Bald wird eine Erfindung von mir fertig, mit der man Sonnenenergie gewinnen kann. Solarplatten werden auf speziellen drehbaren Auslegern auf dem Dach montiert«, hob unser Gastgeber an, doch ein langgezogener Seufzer Celestynas, die mit einer zweiten Taschenlampe ganz hinten ging, dämpfte seinen Eifer.

Wir kamen an eine Treppe, so tief wie ein Brunnen. Ich roch Tabak, Schweiß, einen Hauch von abgestandenem Parfüm, wie ihn alte Frauen hinter sich herziehen, die jahrzehntelang die Flakons ihrer Jugend gehortet haben.

»Es ist nicht mehr weit!«, rief Adam, seine Stimme klang gedämpft und fremd.

»Wir gehen zum Zimmer, das es nicht gibt«, erklärte Celestyna, und ich musste wieder an Dawid denken, sein gespenstisches Gesicht im Licht des Computerbildschirms. Plötzlich hatte ich das Gefühl, zu ersticken, als hätte ich einen Wattebausch verschluckt. Marcin drückte beruhigend meine Hand. Der Gang endete an einer Wand, unsicher blickten wir die angelehnte Leiter hoch. Adam kletterte hinauf, die Taschenlampe zwischen den Zähnen. Celestyna schlüpfte aus ihren hochhackigen Schuhen und fluchte mit Männerstimme, sie räusperte sich und sagte dann, wieder im weiblichen Tonfall: »Scheiße«. Einer nach dem anderen krochen wir durch eine Luke oben in der Wand. Wir fanden uns in einem Raum wieder, in dem alte Dunkelheit waberte. Adam schloss die Luke, ich hörte, wie eine Feder einrastete.

Wir standen auf einer kleinen Bühne mit Klavier und blickten auf einen achteckigen, von einem Kristalllüster erhellten Raum. Vor den Fenstern hingen geraffte bordeauxrote Vorhänge, dahinter prangten statt Fensterscheiben gemalte Städteansichten, deren Farbe hier und da abblätterte: Venedig und die Rialto-Brücke, Paris mit dem Eiffelturm, der Londoner Big Ben, eine chinesische Pagode und die Türme einer orthodoxen Kirche mit cremefarbenen Kuppeln wie Baiserhäubchen. Auf dem staubbedeckten Boden standen runde Tischchen mit Lurexdecken, die so ausgeblichen waren, dass ihr ehemals goldener Farbton nun an die bleiche Hauthülse schlangenartiger Geschöpfe erinnerte. Von der Lehne eines Stuhls hing eine Boa aus Marabufedern, aschgrau wie verkohltes Papier, der Luftzug ergriff eine der Federn, und wir beobachteten fasziniert ihren plötzlichen wirbelnden Flug. Der Geruch, der auf der Treppe nur schwach spürbar gewesen war, hatte sich hier in kondensierter Form abgesetzt.

»Das Zimmer, das es nicht gibt!«, wiederholte Celestyna und drehte sich kokett um sich selbst, als säßen an den Tischen immer noch Menschen, die sie bewundern wollten.

»Ich hatte vor, hier zu putzen, aber Celestyna meinte, ich sollte besser alles so lassen, wie es ist, damit ihr die Atmosphäre spüren könnt«, erklärte Adam.

»Die Atmosphäre wovon?«, fragten Marcin und ich wie aus einem Mund.

»Früher war hier ein Stripteaselokal.«

Celestyna schien zufrieden mit unserer Reaktion auf diese Neuigkeit.

»Ein Varietétheater namens Moulin Noir«, berichtigte Adam.

»Man kam durch die Fleischerei in ein Stripteaselokal?«, fragte ich, beeindruckt von dieser Allianz.

»Es gab zwei Eingänge«, fuhr die Bibliothekarin fort. »Der, durch den wir gerade gekommen sind, war der Notausgang und nur Eingeweihten bekannt. Gewöhnliche Gäste kamen über den Hinterhof.« Celestyna zeigte auf einen Vorhang, hinter dem sich offensichtlich die Eingangstür befand. »Heute kannst du sehen, wie die Knochenverkäufer dort hereinkommen. Adam hat ihnen dieses Zimmer vermietet.«

»Warum denn das?!«

»Adam hat so seine Geheimnisse«, seufzte Celestyna. »Außerdem wirft die Zoohandlung aus ersichtlichem Grund nicht besonders viel ab.«

Ich sah mich ungläubig um. Die Fleischverkäuferin, über die meine Schwester sich immer lustig gemacht hatte, war nach Feierabend Leiterin eines Nachtklubs gewesen. Moulin Noir. Die Schwarze Mühle in einer Bergbaustadt.

»Die Dicke mit den Mephisto-Augenbrauen hat diese Bar geführt?«, versicherte ich mich.

»Du sagst es«, bejahte Adam. »Sie hieß Ludmiła Szymczyk und war meine Mutter.«

»Entschuldigung«, flüsterte ich.

»Macht nichts«, Adam lächelte. »Für meine Mutter kannst du ja nichts.«

Adam Szymczyks unterbrochene Geschichte

»Mama Ludmiła«, so nannten sie alle. Meine Kindheit verbrachte ich zwischen Fleisch und Räucherwürsten, die sie tagsüber verkaufte, und den Mädchen, die nachts für sie arbeiteten. Ein Bild, das hartnäckig immer wiederkehrt, sind blutbesprenkelte weiße Kacheln und in der Hand meiner Mutter das Hackebeil.

Diese beunruhigende Zusammenstellung hat wahrscheinlich mit einem Schlittenunfall zu tun. Ich war vier Jahre alt, Mama Ludmiła hat mir davon erzählt, weil ich ihn völlig vergessen hatte. Ich hatte ein Loch in der Stirn, außerdem brach ich mir beide Beine und einen Arm. Mama Ludmiła betrachtete meine körperliche Versehrtheit mit äußerster Missbilligung, legte sie doch großen Wert auf Schönheit. Sie fand nicht ohne Grund, dass sie Elizabeth Taylor ähnlich sehe, deren Fotos sie aus Illustrierten ausschnitt und in ein spezielles Heft einklebte. In dieses Heft schrieb sie auch ihre Lebensweisheiten: »Gibt der Herrgott dir eine Zitrone, mach Limonade daraus«, »Manche Träume sind zu schön, als dass man sie sich erfüllen sollte«, »Wozu in die Weite schweifen, wo das Gute liegt so nah«, »Eine Frau muss durch die Hölle gehen, um sich in einen Engel zu verwandeln«. Das sind nur einige ihrer Maximen. Mama Ludmiła war eine Träumerin. Sie liebte die Oper, unser Haus war immer voller Musik, ihre Lieblingsoper war *La Traviata* mit Maria Callas. Bevor sie meine Mutter wurde, hat sie im Chor der Wrocławer Operette gesungen, sie träumte von einer Bühnenkarriere. Den Hang zum Lyrischen verband sie mit einer praktischen Veranlagung, niemand verstand sich so geschickt darauf, das Beste aus dem Gegebenen zu machen. »Na, wie viel darf's heute wohl sein, Herr Karolek?« fragte sie ihren Lieferanten, der es sich bei einer Tasse Prüttkaffee in unserer Küche gemütlich gemacht hatte. Auf der Tischplatte lagen ein Stück totes Tier und ein Hackebeil. Wenn sie sich geeinigt hatten, ergriff Mama Ludmiła das Hackebeil und schlug zu. Diese triviale Tätigkeit erfüllte mich mit fassungslosem Entsetzen, das nasse Klatschen des Fleisches, das Knacken brechender Knochen – sogar jetzt, wo ich es euch erzähle, kriege ich Kopfschmerzen. Von dem Stück, das sie für sich genommen hatte, zweigte meine Mutter immer etwas Fleisch für die Katzenfrauen ab, die, wohl vom Geruch angelockt, zu ihr kamen. Mizzi Katzemich, Katzjuscha, Tantchen Tatz, Agnes Katzenpfot, die heilige Katzandra, Makatza, Maria Katzoff, ich kannte sie alle, warf aber ihre Namen ständig durcheinander, und Mama Ludmiła seufzte nur: »Wie willst du bloß eine Frau finden, Sohn, wenn du ein Weibsbild nicht vom anderen unterscheiden kannst?« Das restliche Fleisch wanderte unter die Ladentheke.

Oft holten Leute Fleisch bei ihr, die auch in die Bar gingen. Lauter hohe Tiere. Direktoren, Doktoren, Sekretäre und die reichsten Privatunternehmer für Champignons, Gartenzwerge oder Seidenstrümpfe. Man ging »zu Mama Ludmiła«, hieß es in Wałbrzych. Der Name Moulin Noir, den sie sich für ihr Lokal ausgedacht hatte, hat sich nie eingebürgert, denn kaum jemand konnte Französisch, aber jeder kannte Mama Ludmiła von der Fleischerei. Samstags kamen auch offizielle Dienstreisende aus Wrocław oder sogar aus Warschau. »Striptease auf Weltklasseniveau, besser als alles, was ich neulich in Sofia oder Bukarest gesehen habe«, schwärmten sie, und manchmal bekam ich Schokolade oder ein Glas Bonbons geschenkt. Einmal ließ ein zerstreuter Kunde nach dem Barbarafest eine Bergmannsmütze mit weißem Federbusch liegen, und ich bastelte eine meiner genialsten Erfindungen daraus: ein wasserdichtes Nest, das ich vor dem Dachbodenfenster anbrachte. Drei Jahre hintereinander hat ein Bachstelzenpärchen darin genistet.

Die Fleischerei, das Zimmer, das es nicht gibt, und unsere Wohnung bilden einen eigenen Organismus. Dieses Haus, das noch die Deutschen erbaut haben, ist ein Labyrinth und birgt viele Geheimnisse. Als man es nach dem Krieg überstürzt in kleinere Wohnungen unterteilte, wurde dieses eine Zimmer versehentlich abgetrennt und zugemauert. Ich war es, der es durch Zufall entdeckte. Nach dem Schlittenunfall durfte ich lange das Haus nicht verlassen, niemand wusste, ob ich jemals wieder sprechen und ein normales Leben außerhalb würde führen können. Mama Ludmiła mästete mich mit Kalbsklößchen und gebratener Hühnerleber, den Gerichten, die ihrer Meinung nach der Gesundheit am förderlichsten waren, doch ich blieb stumm. Sie spielte mir *La Traviata* in voller Lautstärke vor und sang mit Maria Callas um die Wette, aber meine Lippen waren wie zugeschnürt. Körperlich wurde ich wieder gesund, aber mein Kopf hatte gelitten. Zu Hause langweilte ich mich, ich raste auf meinem Dreirad durch die Wohnung, bis ich eines Tages gegen eine Wand prallte, dass der Putz herabrieselte. Ich fiel vom Rad und sagte mein erstes Wort nach dem Unfall: »Bumm«.

Mama Ludmiła war eine patente Frau von rascher Auffassungsgabe, gleich nach der Überprüfung meines körperlichen Zustands begann sie sich für das dumpfe »Bumm« zu interessieren, das die Wand von sich gegeben hatte. Sie klopfte sie ab und schlug dann mit gewohnter Entschlossenheit ein Loch hinein. Durch dieses Loch konnten wir in das Zimmer sehen. Überall lagen Zeitungen verstreut, aus dem Jahr 1945, in der Mitte standen ein Paar elegante Damenschuhe. Wir fanden heraus, dass es vom Zimmer aus zwei verborgene Gänge gab: einer führte zum Ladengeschäft unten, der andere in unseren Keller. Der erste Gang war mit Sperrholz vernagelt, das nach Mama Ludmiłas festem Hieb nachgab, der zweite erwies sich als die Hinterwand unseres mit Einmachgläsern gefüllten Kellerschranks. »Mein Kleiner, uns ist ein Zimmer in den Schoß gefallen, das es nicht gibt«, sie weinte vor Rührung. »Wozu in die Weite schweifen, wo das Gute liegt so nah!« Mama Ludmiła träumte von einem richtigen Varietétheater mit dem Namen Moulin Noir. Diese Idee hatte ihr eine alte Freundin eingepflanzt, eine Wałbrzycher Französin, die vor dem Krieg mit ihrem Mann, einem Kumpel, hergezogen war und sich nie an die neue Umgebung gewöhnen konnte, weshalb sie bis zuletzt von ihrer Jugend auf den Pariser Bühnen schwärmte.

In dem Loch zwischen unserer Wohnung und dem Zimmer, das es nicht gibt, brachte Mama Ludmiła kurz darauf einen venezianischen Spiegel an und davor zwei hölzerne, mit einem Vorhängeschloss verschließbare Fensterläden. Ihr wundert euch wahrscheinlich, wo sie zu den Zeiten, in denen Edward Gierek Erster Parteisekretär war, in Wałbrzych einen venezianischen Spiegel herbekam? Natürlich aus Schloss Fürstenstein. Damals fanden viele Obdachlose oder Landstreicher – die große Katzenschar nicht eingerechnet – Unterschlupf in Kammern und unterirdischen Sälen, es gab so viele, dass ein einzelner armer Nachtwächter es nicht geschafft hätte, bei seiner Runde auch nur die Hälfte des Territoriums in Augenschein zu nehmen. Außerdem war es auch nicht ungefährlich. Eine der Katzenfrauen, Agnes Katzenpfot, wohnte seit geraumer Zeit dort, und der venezianische Spiegel war nur einer der Gegenstände, die sie aus dem Schloss schmuggelte, um Handel damit zu treiben. Agnes Katzenpfot sah selbst für eine Katzendame recht ungewöhnlich aus. Sie hatte eine Augenklappe wie ein Seeräuber, und die blinde Hälfte ihres Gesichts war von einem Brandmal bedeckt, sie humpelte, an ihrer linken Hand fehlten zwei Finger. Sie trug ein altes Ordensgewand mit angesengtem Saum und dazu Gummistiefel. Als ich Mama Ludmiła fragte, was Agnes Katzenpfot widerfahren war, seufzte sie bloß, eine Frau müsse durch die Hölle gehen, um sich in einen Engel zu verwandeln.

Sie sagte mir nie, ob ein Mann denselben Weg nehmen könne, und ich traute mich auch nicht, sie danach zu fragen. Agnes Katzenpfot brachte uns Kerzen, Silberbesteck, einzelne Porzellantassen aus pompösen Gedecken und mottenzerfressene Pelze, die Mama Ludmiła über Antiquariate oder direkt an private Sammler verkaufte. Den Gewinn teilte sie mit den Katzenfrauen. Doch es verband sie etwas mit ihnen, das stärker war als das Geschäft und verpflichtender als bloße Freundschaft. Ich weiß, dass sie ein Geheimnis teilten.

Nicht lange nachdem wir das Zimmer, das es nicht gibt, entdeckt hatten, wurde dort eine wichtige Versammlung abgehalten. Mama Ludmiła erlaubte mir nicht, dabei zu sein, und schloss die Fensterläden vor dem Spiegel, sodass ich nur durch ein Fenster unserer Wohnung beobachten konnte, wie die Katzendamen eine nach der anderen in unseren Hinterhof kamen und sich dabei nach allen Seiten umsahen, unter ihnen drei Frauen, die später die ersten Tänzerinnen des Moulin Noir werden sollten. Diese Frauen waren Opfer häuslicher Gewalt, wie man heute sagt. Damals sagte man, jemandem sei die Hand ausgerutscht oder die Nerven durchgegangen. Die Frauen waren vor ihren Ehemännern, Vätern, Müttern, Liebhabern weggelaufen. Edyta, die Friseuse, eine Hausfrau namens Stasia, die Taxifahrerin Mariola und Darek, der sich seit seiner Kindheit als Daria betrachtete. Mir kamen nur Einzelheiten ihrer Geschichten zu Ohren. Mama Ludmiła schaffte es, die Schönheit dieser Frauen hervorzulocken, oder vielleicht wurden sie auch einfach von selbst schöner, wenn die Angst von ihnen abfiel. Im Zimmer, das es nicht gibt, bekamen sie neue Namen, und Mama Ludmiła brachte ihnen das Tanzen bei. Selbst wenn derjenige, vor dem sie davongelaufen waren, im Zuschauerraum gewesen wäre, hätte er seine Frau oder Tochter unter Bühnenschminke und Perücke nicht erkannt. Außerdem ließ Mama Ludmiła nicht jeden Beliebigen herein. Es waren einfach wunderbare

Jahre! Mama Ludmiła gab Vorstellungen, die einer Diva würdig gewesen wären, musste sie aber auf die kargen Zeiten und die begrenzten Mittel zurechtstutzen. Wenn ihr eine Tanznummer vorschwebte, bei der die Tänzerin sich in einer riesigen Champagnerschale aalte, musste sie mit der Taxifahrerin Mariola in einer Wanne voller Zitronenlimonade vorliebnehmen. Das Getränk lieferte ihr ein Privatunternehmer, der es später zu großem Reichtum brachte und Abgeordneter wurde. »Gibt der Herrgott dir eine Zitrone, mach Limonade daraus«, pflegte Mama Ludmiła zu sagen.

Ich saß die meiste Zeit unter dem Klavier und schaute zu. Damals dachte ich, alle Frauen schlüpften nachts in kurze Glitzerkleider und tanzten auf Bühnen zu den Klängen mitreißender Musik oder badeten in Wannen mit Zitronenlimonade. Mama Ludmiłas Künstlerinnen erschienen mir so wundervoll wie die exotischen Fische, die ich im Wrocławer Zoo gesehen hatte. Manchmal bekam ich vor lauter Aufregung Kopfweh, mir verschwamm alles vor den Augen, und ich meinte in den Gesichtszügen der Tänzerinnen die Gesichter der Katzenladys zu erkennen, bis ich unvermutet einschlief und von Frauen in Federn und Flitter träumte. Nur Mama Ludmiła und ich wussten, dass dieses Zimmer zwei Zugänge hatte, ein einziges Mal kam es vor, dass ein Parteibonze den Geheimausgang benutzen musste, um einem anderen Gast aus dem Weg zu gehen. Er schenkte mir später ein altes Plastikmodell einer sowjetischen Rakete mit der Hündin Laika darin. Es war kein gelungenes Geschenk. Seitdem musste ich immerfort an die arme Laika denken, wie sie in der Erdumlaufbahn kreiste und an Hunger, Angst und Verzweiflung einging. So etwas darf man keinem Hund antun. Wenn die Fleischerei und das andere Geschäft geschlossen waren, meistens montagabends, traf Mama Ludmiła sich mit den Katzendamen. Ich sah sie durch die Fleischerei hineingehen: Mizzi Katzemich, Katzjuscha, Tantchen Tatz, Agnes Katzenpfot, die heilige Katzandra, Makatza, Maria Katzoff und die stämmige Pola Katernberg, die sich eines Frühjahrs der Gruppe anschloss und in Wirklichkeit ein Mann war. Mama Ludmiła erlaubte mir nicht, bei diesen Treffen dabei zu sein, und meine Neugier ist bis heute unbefriedigt geblieben, denn als ich nach Wałbrzych zurückkam und meinen Laden eröffnete, tauchten die Katzenfrauen sogleich wieder auf, allerdings ohne mir etwas zu verraten. »Bleib, wo du bist, Junge«, sagte eine, die Maria Katzoff ähnelte, zu mir, als ich junge Skalare abfischte. »Hier?«, fragte ich für alle Fälle. Sie bejahte, auch wenn es eher wie ein Maunzen klang. Also blieb ich.

Die kleine Wohnung mit dem venezianischen Spiegel, die ich früher mit Mama Ludmiła geteilt habe und in die ich euch heute zu einer kleinen Stärkung einladen darf, wurde wieder mein Zuhause. Das Zimmer, das es nicht gibt, war damals schon lange verlassen. Mama Ludmiła hatte die Bar wehen Herzens aufgegeben, denn als das alte System zu Ende ging, machte plötzlich das Gerücht die Runde, sie sei ein Spitzel gewesen, eine Mitarbeiterin der Staatssicherheit mit dem Decknamen »Speckschwarte«. In der lokalen Presse wurde ihr vorgeworfen, sie habe aus der Unzucht Kapital geschlagen und bei sich bietender Gelegenheit gleich Aktenmaterial über ihre Gäste gesammelt, überall seien Wanzen versteckt gewesen. Die Vorwürfe trafen sie sehr, vor allem der Deckname »Speckschwarte« musste eine Frau kränken, die Liz Taylor ähnlich sah. Mama Ludmiła war somit nicht begeistert vom politischen Umschwung. »Das war ein System, wie es sich gehört!«, schwelgte sie in Erinnerungen an die Blütezeit des Kommunismus und ihrer Bar. Außerdem sorgte sie sich um meine Zukunft. Mein Interesse am Leben der Tiere und meine Leidenschaft für Tüfteleien missfielen ihr. Ich taugte nicht als Sohn für eine derart praktisch veranlagte Frau. Das Loch in meiner Stirn schloss Höchstleistungen sportlicher oder intellektueller Art aus. Ich wurde schnell müde und vergaß oft sofort wieder, was ich gelernt hatte. »So wird nichts aus dir, Junge«, sagte Mama Ludmiła besorgt. »Mir persönlich wäre es ja lieber, wenn du diese Hobbys aufgeben würdest.«

Sie stopfte mich wie eine Gans, methodisch, gnadenlos. Ihre Absicht war, mich auf Vorrat zu mästen, damit ich von etwas leben könnte, wenn sie einmal nicht mehr wäre. Eine Mahlzeit musste hauptsächlich aus Fleisch bestehen. »Junge, wenn der Herrgott gewollt hätte, dass der Mensch sich von Grünzeug ernährt, dann hätte er ihm vier Mägen gegeben. Wie viele Mägen hat der Mensch?«, fragte sie. »Einen«, sagte ich resigniert, und sie antwortete triumphierend: »Eben!« Als Pausenbrot packte sie mir dick mit Fleisch belegte Brotschnitten ein, die einen Sumoringer satt gemacht hätten, und wenn ich auf dem Schulweg keiner hungrigen Katzenfrau, keiner Katze und keinem Hund begegnete, tauschte ich sie später bei anderen Kindern gegen Brötchen mit Käse oder Marmelade. Dank diesem Umstand erfreute ich mich in meiner Klasse einer gewissen Beliebtheit. Ich weiß nicht, ob du dich noch erinnerst, Alicja, aber auch mit dir habe ich mal ein Tauschgeschäft gemacht. Du hattest kein Pausenbrot dabei und hast mir als Gegenleistung eine Geschichte angeboten. Während du mein Brötchen gegessen hast, das mit einem überlappenden Schweineschnitzel belegt war, hast du mir die unglaubwürdigste Geschichte aufgetischt, die mir je zu Ohren kam: Es ging um Fürstin Daisys Perlen und Hitlers Enkel, der ein Glasauge habe, in Wałbrzych Uhrmachermeister sei und zu dem du mich einmal mitnehmen könntest, wenn ich wollte. Wenn Mama Ludmiła das gewusst hätte! Sie war eine Frau mit unumstößlichen Prioritäten.

An erster Stelle kamen bei ihr das Essen und die Geschäfte, durch die man an Essen gelangte, und an zweiter Stelle Gott. Bis zum Schluss blieb sie streng gläubig, und besondere Bedeutung maß sie der Beichte bei. Ihre Sünden gestand sie nur Priestern, die sie nicht kannten, und auch nie zwei Mal demselben.

»Warum?«, wollte ich wissen. »Mein Junge, wenn du erst mal erwachsen bist, dann wirst du verstehen, dass eine Frau durch die Hölle gehen muss, um sich in einen Engel zu verwandeln.« In meiner Erinnerung sind Mama Ludmiłas Beichten, mein Unfall und das Hackebeil in ihrer Hand auf eine Weise verknüpft, die mir nicht ganz klar ist. Wir fuhren in die verschiedensten niederschlesischen Städte, wobei Mama Ludmiła sich von einem System leiten ließ, das mir schleierhaft war. Sonntags morgens sagte sie: »Nun, mein Junge, heute müssen wir wohl nach Świdnica.« Ich wusste nie, welche Stadt die nächste sein würde, Legnica, Kłodzko oder vielleicht wieder Wrocław, das wegen seiner vielen Kirchen ein häufiges Ziel unserer Fahrten war. Mama Ludmiła warf sich jedes Mal in Schale und ließ meinem Aufzug dieselbe Sorgfalt angedeihen. In der Stadt angekommen, gingen wir zuerst in eine Kirche, wo Mama Ludmiła die Beichtstühle abschritt, um herauszufinden, ob der jeweils darin sitzende Beichtvater nicht zu jung und nicht zu dünn war. Manchmal fällte sie erst nach drei Runden eine Entscheidung und setzte sich hinten in die Reihe der Sünder. Aber es kam auch vor, dass keiner der Beichtväter ihre Billigung fand und wir eine andere Kirche suchen mussten. »Gehen wir, Junge«, sagte sie dann und nahm mich bei der Hand, »hier sehe ich keinen Grund, die Klappe aufzureißen.« Sie hatte kein Vertrauen zu Jungen und zu Dünnen, aber wenn ein junger Dicker und ein alter Dünner zur Auswahl standen, setzte sie mehr auf Körpermasse. Während Mama Ludmiła beichtete, saß ich in einer Bank und schaute mich in der Kirche um. Am meisten interessierte ich mich für Tiere und versuchte immer, auf den Bildern zwischen den Heiligen mit ihren Leichenbittermienen ein Tier auszumachen. Fand ich auch nur den mickrigsten Vogel auf einem Bild mit Franz von Assisi, war ich schon zufrieden. Ich notierte mir meine Entdeckungen und stellte mir eine Kirche nur für Tiere vor, gewöhnliche Tiere wie Dachkatzen und Promenadenmischungen, aber auch seltene wie Graue Mausmakis, Erdferkel, Satansaffen, Gürteltiere, Schnabeltiere oder Okapis. Nach der Beichte stieß Mama Ludmiła jedes Mal einen zufriedenen Seufzer aus und sagte: »Ach, wie ist mir leicht ums Herz, mein Junge, höchste Zeit, einen Happen zu essen.« Sie misstraute allen Restaurants, und so setzten wir uns auf eine Parkbank, wo sie ein Proviantpaket wie für eine ganze Schulklasse auspackte und sagte, schön sei im Leben nur der Augenblick.

Über meinen Vater, der verschwand, als ich vier Jahre alt war, sprachen wir nie. Er war Zigaretten holen gegangen und nie wiedergekommen, so lautet die offizielle und einzige Version, die ich kenne. Außer Schlägen und wüstem Geschrei habe ich keine Erinnerungen an ihn. Als ich erwachsen war, fing ich an, nach ihm zu suchen. In den Zeitungen von damals fand ich nur so viel: »Wacław Szymczyk, 33 Jahre, vermisst seit dem 11. Januar dieses Jahres. Verzweifelt auf seine Rückkehr warten Ehefrau und Sohn.« Aus der Beschreibung ging hervor, dass Wacław Szymczyk ein mittelgroßer blonder Mann von schlankem Körperbau und ohne besondere Merkmale war, und genau so sah er auf der daneben platzierten Fotografie auch aus. Er erinnerte mich an niemanden, war mir aber auch nicht ganz fremd. Nachdem meine Mutter gestorben war, übernahm ich die Formalitäten, Wacław Szymczyk für tot zu erklären. Als ich die Dokumente unterschrieb, fühlte ich mich wie ein Vatermörder. Bis ich neunzehn war, habe ich bei Mama Ludmiła gewohnt. Danach zog ich aus, trotz ihrer Tränen. Ich musste mich selbst finden. In ihrer Gegenwart wäre das nicht möglich gewesen.

Doch das Schicksal wollte, dass ich Fleisch und Wurst nicht entkam. Als ich in Wrocław eine Unterkunft über einem Blumenladen gefunden hatte, wurde er nach einem Monat zu einem billigen Schnellimbiss umgebaut, morgens weckte mich der Geruch von gebratener Leber mit Zwiebeln. Ich lernte ein

Mädchen kennen, und es stellte sich heraus, dass es eine seltsame Fleischdiät machte und fast ausschließlich Schweinerippchen aß. Schließlich ging ich nach England, aber die einzige Arbeit, die ich dort fand, war in einer türkischen Dönerbude oder einer Wurstfabrik. Ich entschied mich für die Dönerbude als kleineres Übel, denn von Schweinefleisch hatte ich genug. Und dort habe ich Jerry Swan kennengelernt. Genau darauf wollte ich die ganze Zeit hinaus, aber mich hat heute plötzlich das Bedürfnis gepackt, euch von Mama Ludmiła und ihrem Geheimzimmer zu erzählen, das ihre ganze Freude, ihr ganzer Stolz war. Celestyna sagt mir immer, ich solle meine Emotionen nicht unterdrücken. Ich habe sogar schon einen Entwurf für einen elektrischen Stimulator gemacht, der in Situationen anspringt, in denen man seine Emotionen unterdrückt, aber mir fehlt noch ein entscheidendes Teilchen. Jerry Swan drückte seine Gefühle aus, die allerdings meist feindseliger Natur waren. Er konnte England und die Engländer nicht ausstehen, das englische Essen, die Türken und das türkische Essen, er konnte die Arbeit als Geschirrwäscher nicht ausstehen und wusste auch mit seiner freien Zeit nichts anzufangen. Wir alle arbeiteten, weil wir Arbeit brauchten, doch er meinte, ihm sei besonderes Unrecht widerfahren. »Bei mir liegen die Dinge anders«, sagte er, aber niemand nahm ihn ernst. Am meisten ärgerte mich aber, dass unser türkischer Arbeitgeber mich mit Jerry verwechselte, da wir uns in seinen Augen ähnelten, zwei blonde Männer von unscheinbarem Äußeren. Wir arbeiteten zu fünft beim Türken, außer mir und Jerry noch eine Ukrainerin, ein Rumäne und eine ältere Engländerin. Alle arbeiteten schwarz. Mit der Engländerin freundete ich mich an, sie trug den schönen Namen Chantelle Chat und hatte ein Zungenpiercing. Sie war eine große und kräftige Frau, ihre Mutter kam aus Haiti, der Vater war halb Franzose, halb Ire. Chantelles Unterarme und Unterschenkel waren vollständig tätowiert. Bestimmt hätte sie sich wunderbar auf der Bühne des Moulin Noir gemacht. Uns verband die Liebe zu Tieren, und wir ließen beim Türken hin und wieder Fleischreste mitgehen, um die streunenden Katzen auf dem nahen jüdischen Friedhof zu füttern. Jerry Swan hatte große Pläne, die sich laufend änderten. Schnappte er irgendwo auf, dass gefälschte Briefmarken eine gute Verdienstquelle seien, so redete er eine Woche lang von nichts anderem als von Briefmarken, die er billig in Polen herstellen lassen und nach England schmuggeln wollte. Danach kamen die Weihnachtsoblaten. Er investierte in Herstellung und Verkauf, wurde aber dann von ein paar gerisseneren Produzenten aus Częstochowa übers Ohr gehauen und kam schließlich in die Dönerbude zurück. Doch er versuchte es weiter. Einmal bewarb er sich bei einer Reality Show und gelangte tatsächlich in die zweite Runde. Er färbte seine Haare hellblond und ließ sich einen Ring durch die Zunge stechen wie Chantelle. Ein paar Wochen lang übte er sich am Spülbecken in witzigen Kommentaren und beachtete uns gar nicht mehr, weil er sich schon in besseren Kreisen wähnte. Aber seine durchstochene Zunge entzündete sich und schwoll an, so dass er entsetzlich zu lispeln begann. Wir versuchten ihn aufzuheitern, schließlich war er unser Arbeitskollege, und nahmen ihn mit in einen Pub. Und dort brach sich etwas in ihm die Bahn. Er tanzte wie wild Polonaise und sang die polnische Nationalhymne, lachte und weinte zur gleichen Zeit. »Marionetten!«, brüllte er. »Alles Marionetten hier!« Er faselte etwas von einem bulgarischen Vampirkult und einer besonderen Mission, in der ihn der Papst hergeschickt habe. Und er verhöhnte Chantelle und stieß sie herum. Doch das hätte er lieber bleiben lassen sollen. Chantelle klatschte ihm wortlos eine Ohrfeige ins Gesicht, die ihn zu Boden riss. Als er sich wieder aufgerappelt hatte, zischte sie: »Und jetzt entschuldige dich«, doch er spuckte ihr nur ins Gesicht. Chantelle packte ihn beim Kragen und drückte ihn gegen die Wand. Erst da fiel mir auf, wie stark sie war. Sie flüsterte ihm lange etwas ins Ohr, was wir anderen nicht hören konnten. Und Jerry Swans Gesicht veränderte seinen Ausdruck, als kröche etwas durch seinen Gehörgang in sein Innerstes. Als sie ihn losließ, sah er aus wie ein anderer Mensch. Er verließ den Pub und kam nie wieder zur Arbeit in die Dönerbude.

Erst hier sind wir uns wiederbegegnet, kurz nach Mama Ludmiłas Begräbnis. Swan ging die Straße entlang, dicht gefolgt von drei jungen Glatzköpfen. Entweder erkannte er mich tatsächlich nicht oder er tat nur so. Ich war damals gerade aus England zurückgekommen, weil ich erfahren hatte, dass Mama Ludmiła krank war. Inzwischen war sie so dick, dass sie nicht mehr durch die Tür passte, man musste sie mit einem speziellen Kran vom Balkon hieven, um sie ins Krankenhaus bringen zu können. »Mein Junge, ich habe dir noch etwas zu sagen, aber kannst du vorher etwas für mich tun?«, fragte sie. Ich hätte weinen mögen, so schlecht sah Mama Ludmiła aus, und von ihrem Arzt wusste ich, wie schlimm es um sie stand. »Eine Woche noch, vielleicht zwei«, hatte er gesagt. Sie selbst wusste es auch. »Keine Sorge«, beruhigte sie mich mit einer ihrer Lieblingsweisheiten, »eine Frau muss durch die Hölle gehen, um sich in einen Engel zu verwandeln.« – »Was soll ich denn für dich tun, Mama Ludmiła?« – »Versprichst du es mir?« – »Ich verspreche es.« – »Schwörst du es?« Ich schwor es.

Sie wollte ein Abschiedsmahl mit mir, ein Mahl wie in alten Zeiten, obwohl man sie auf strikteste Diät gesetzt hatte. Sie diktierte mir den Einkaufszettel. Schinken, schlesische und weiße Würste, Räucherwurstspezialitäten aus Liszki, ein Stück Teewurst, Brühwürste und Grützwürste, Paprika in Essig, saure Gurken, Biskuits mit Champagnergelee, Vogelmilch, Gummibärchen und Krakauer Käsekuchen. Und Schallplatten sollte ich ihr mitbringen, unbedingt *La Traviata*, denn wie sollte sie ohne Musik sterben, wenn sie nicht ohne sie hatte leben können?

Mit letzter Kraft frisierte und schminkte sich Mama Ludmiła. Sie sah aus wie Liz Taylor. »Leg die Schallplatte auf, mein Junge, und iss«, sagte sie, »denn schön ist im Leben nur der Augenblick.«

Was sollte ich tun, sie aß mit seligem Lächeln, als hätte sie jahrelang hungern müssen, und ich weinte wie damals, als ich aufgebrochen war, um mich selbst zu finden.

»Was wolltest du mir sagen, Mama Ludmiła?« – »Iss erst mal, Junge«, antwortete sie, und ich aß. Bei den Champagnerbiskuits sagte sie: »Wenn ich gestorben bin, werden die Katzenladys dich besuchen kommen. Gib ihnen, was sie verlangen.« Und dann: »Verzeih mir, dass ich deinen Va…« Sie machte eine Pause und nahm noch einen Bissen. »Va…aaaaaah«, stieß sie einen letzten Ächzer aus und verschied. Und ich …

Die Knochenverkäufer

»Sie kommen!« Adam unterbrach seine Geschichte, und wir schafften es gerade noch, einer nach dem anderen unter dem Bühnenboden zu verschwinden. Bereits im Dunkeln hörten wir, wie die Tür zum Zimmer geöffnet wurde. Wir kehrten auf demselben Weg durch den Laden zurück und fanden uns kurz darauf in Adams Wohnung wieder, wo vor dem venezianischen Spiegel ein Tisch mit Getränken und einer Schale Plätzchen stand.

Von hier aus konnten wir das Zimmer sehen, das es nicht gibt, und darin die Knochenverkäufer. Schwer beladen und außer Atem, bepackt mit riesigen karierten Plastiktaschen und Tüten mit der Aufschrift »Biedronka«, »Carrefour«, »Real«. Jeder behielt sein Gepäck dicht bei sich und ließ es nicht aus den Augen, als befände er sich auf dem Bahnhof eines von Unruhen gebeutelten Landes. Einzeln oder in Paaren betraten sie den Raum, in plumpen Schuhen aus plastikhaftem Lederimitat, mit tief in die Stirn gezogenen Mützen, die sie mit einer Bewegung abnahmen, als sollten sie sich vor einem Altar oder einer irdischen Autorität verneigen, die ihrem Schicksal ebenso ungerührt gegenüberstand, einem Chef, Gerichtsvollzieher oder dem diensthabenden Arzt in der Onkologie. Fette und Magere, Alte und Junge, ein Dreiergespann mit Dauerwelle, einmal auberginefarben und zwei Mal blondiert, Schwarzgefärbte und Glatzköpfe, mit fehlenden Vorderzähnen, in knapp unter den Achseln gegürteten Jeanshosen, im Feinstrickpullunder vom Wochenmarkt, mit Kohlerändern um die noch schönen Augen, mit Trauerrändern unter den Fingernägeln, in Trauer über alles Verlorene, aber dennoch voller Hoffnung oder auch guter Hoffnung. So standen sie geblendet im Licht des Kristalllüsters, den Agnes Katzenpfot vor vielen Jahren aus Schloss Fürstenstein geholt hatte, blinzelnd, weil sie durch den Keller und den dunklen Gang gekommen waren, und sahen sich unsicher im Zimmer um. Zwei abseits stehende Schwarzgefärbte erwiesen sich als langhaariger junger Mann und ebensolche junge Frau mit durchstochenen Leibern, fahler Haut und dunkel umrahmten Augen wie Wałbrzycher Bergleute. Auf dem ausgebeulten Rucksack der Frau grinste ein Totenkopf. Die Knochenverkäufer warteten. Ihre Augen streiften den venezianischen Spiegel mit dem müden und zugleich wachsamen Blick derer, die sich in ihrem Leben schon häufig die Beine in den Bauch gestanden haben und doch mit leeren Händen wieder gehen mussten. Ich erkannte die beiden Männer, denen Marcin und ich am Morgen im Wald bei Schloss Fürstenstein begegnet waren. Sie hätten Vater und Sohn oder auch Brüder sein können, doch ihre Ähnlichkeit konnte auch daher rühren, dass das Leben ähnliche Widrigkeiten für sie bereithielt. Mehr und mehr Knochenverkäufer betraten das Zimmer, und die bereits Wartenden rückten nur unwillig beiseite. Marcin und ich tauschten einen Blick, und für einen Moment durchströmte mich Zuversicht, weil wir zusammen auf einer Seite des Spiegels standen. Wieder ging die Tür auf, eine ältere Frau im mächtigen braunen Pelzmantel kam herein, stolperte, nieste und stellte sich vor den venezianischen Spiegel, um einen Blick in ihre Nasenlöcher zu werfen, die haarig und feucht waren. Sie kam uns so nah, dass wir unwillkürlich zurückwichen, obwohl sie uns nicht sehen konnte. Sie glich einer riesigen Bisamratte, aus deren Fell ihr Mantel vermutlich genäht war. Nach dem niesenden Nagetier betrat ein junger Mann das Zimmer, und alle Knochenverkäufer wandten sich ihm zu. Aus unserer Perspektive erinnerte er ein wenig an Jerry Swan, was mich aus irgendeinem Grund beunruhigte. Er sah aus wie der Mitarbeiter des Monats einer dieser Firmen, die selbst nichts produzieren, sondern sich mit sinnlosen Dingen wie Produktvermarktung und Marketinganalyse befassen. Er trug einen Anzug und eine Brille mit eckigem Rahmen, an denen man in Fernsehserien die Werbefuzzis erkennt. Sein Gesicht war nichtssagend wie eine Scheibe Brot und vor Kälte gerötet, das verschwitzte Haar klebte ihm am Kopf. Ich hatte ihn schon irgendwo gesehen, vielleicht sah er aber auch nur so durchschnittlich aus, dass man ihn leicht mit jemandem verwechseln konnte. Auch er ging zum Spiegel, zog einen Kamm aus der Gesäßtasche und kämmte sich die Haare, wobei er sein Gesicht aufmerksam musterte. Es war der Mann aus dem Zug! Ich erkannte ihn an dem runden Holzohrring, der sein Ohrläppchen auseinanderzog. Mich schauderte, als hätte ich in den Wäscheschrank gegriffen und wäre unerwartet an etwas Nasskaltes gestoßen. Ich blickte zu Celestyna, die mir verstehend zulächelte, und da wusste ich, dass sie meine Abneigung teilte. Marcin starrte den Mann durchdringend an, der in diesem Moment etwas sagte und auf die Uhr zeigte. Seine Bewegungen waren abgezirkelt, übertrieben, und in mir flackerte wieder ein Lichtschein der Erkenntnis auf. Zur Antwort nickten ein paar Köpfe zustimmend, und ein Wogen ging durch die Gruppe, bevor sie wieder in erwartungsvolle Starre verfiel. Die alte Frau im Pelz nieste und wischte sich die Nase am Ärmel ab, ein schmächtiger Mann im Feinstrickpullunder zog eine Schachtel Zigaretten aus der Hosentasche, warf einen sehnsüchtigen Blick darauf und steckte sie wieder ein.

»Ich hab da was ausgetüftelt«, sagte Adam auf einmal so laut, dass ich fast in die Höhe sprang vor Schreck, die Leute auf der anderen Seite des Spiegels könnten uns hören. »Sie können uns nicht hören, aber wir hören sie gleich!«, verkündete unser Gastgeber und drückte den Knopf eines Geräts, das ein wenig an den Grundig-Radiorekorder erinnerte, auf dem Ewa und ich vor ungefähr dreißig Jahren immer die Freitagshitparade gehört haben. Es knisterte und knackte, blieb aber ansonsten still. »Es funktioniert nicht«, sagte Adam konsterniert. »Ich glaube, ich muss die Leitung anders verschalten.« Er verschwand hinten in der Wohnung und veranstaltete dabei einen solchen Lärm, als reiße er unterwegs reihenweise zerbrechliche Gegenstände zu Boden.

Celestyna seufzte und langte nach der Plätzchenschale.

»Selbstgebacken«, ermunterte sie Marcin und mich.

Sie waren köstlich, hatten einen reizvollen Beigeschmack nach Kräutern, ich aß eines und nahm mir gleich das nächste. Celestynas Plätzchen stillten zugleich den Hunger und den Appetit auf Süßes, sie sollte sie patentieren lassen, sie sollte sich als Ganzes patentieren lassen oder wenigstens ihr Lächeln. Obwohl der Anblick auf der anderen Seite des Spiegels so beklemmend war, merkte ich, wie die Niedergeschlagenheit der letzten Stunden von mir wich. Plötzlich hörte ich in meinem Kopf ein Stück von Violettas Arie aus *La Traviata*, als hätte jemand Mama Ludmiłas Plattenspieler an- und wieder ausgestellt.

»Was hast du denn in die Plätzchen getan?«, fragte ich, aber Celestyna kam nicht mehr dazu, mir zu antworten, denn im selben Moment ging auf der anderen Seite die Tür auf, und Jerry Swan betrat das Zimmer, der falsche Prophet und selbsternannte Sohn Jan Kołeks, den Adam Szymczyk in England in einer völlig anderen Rolle kennengelernt hatte. Marcin schüttelte den Kopf, als könne er etwas nicht fassen, und ich fühlte eine so heftige Welle der Abneigung in mir hochsteigen, dass ich dankbar ein Glas Wein von Celestyna entgegennahm und es fast in einem Zug leerte. Auf einmal hätte ich gern gewusst, welche Worte Chantelle Chat Jerry Swan eingeflüstert hatte. Wie bei der Versammlung vor der Kirche trug er seine Berufskleidung: weißes, kinnhoch geknöpftes Hemd, dunkler Mantel, Jeans und spitze Cowboystiefel. In die Gruppe der Knochenverkäufer kam Bewegung, und plötzlich hörte ich ihre Stimmen.

Adams Erfindung war angesprungen. Als Erster trat der Mann mit dem Ohrring auf Jerry Swan zu und verbeugte sich kriecherisch, sie drückten einander die Hand. Swan verteilte Anordnungen, und der Bebrillte führte die Menschen zu den Tischen, damit sie ihre Ausbeute vorzeigen konnten.

»Präsentation der Ware!«, er klatschte in die Hände. Dann setzte er sich und packte vorsichtig den Inhalt seines eigenen Aktenkoffers aus.

Manche legten ihre Knochen einfach auf die Tischplatten, andere breiteten sie auf den Zeitungen oder Tüchern aus, in die sie eingewickelt gewesen waren. Zahllose Knochen. Dunkel verfärbt vom jahrelangen Liegen in der Erde oder glatt und gelblich wie Kerzenwachs. Große und kleine. Mehrere Unterarmknochen, ein Oberschenkelknochen, zwei Schienbeine und viele kleinere Knöchelchen von Hand, Genick, Fuß. Teile einer Hüfte, ein Meniskus. Spitze Rippen, ein Stück Kiefer mit drei verbliebenen Backenzähnen. Knochen. Zähne. Das ist alles, was von meiner Familie übrig ist, dachte ich. Jerry Swan ging zwischen den Tischen umher und begutachtete die ausgelegte Ware. Er zeigte auf diesen Knochen oder jenen und fragte, woher er kam.

»Sehr schön!« Er rieb sich die Hände. »Woher kommen die hier?« Er beugte sich über einen besonders prächtigen Knochenberg.

»Von der Lichtung bei Schloss Fürstenstein!«, antworteten die beiden Männer, die sich ähnelten, wie aus einem Mund, denn diese stattliche Beute hatten sie mitgebracht. Die Köpfe der anderen Knochenverkäufer drehten sich neidisch zu ihnen um.

»Von der Lichtung?«

»Welcher Lichtung?«

»Solche Mengen von der Lichtung?«

»Seht seht!«

»Da habt ihr einen ordentlichen Fang gemacht«, lobte Swan.

»Auch ein blindes Huhn findet mal ein Korn!«, kicherten die drei dauergewellten Hausfrauen gehässig, die Aubergine in der Mitte, flankiert von den beiden Blondierten.

»Bei Schloss Fürstenstein?«

»Auf der Lichtung, auf der Lichtung, so viele Knochen gibt es auf der Lichtung?«, schnatterten sie durcheinander.

»Das ist unser Revier!«, protestierten die beiden Ähnlichen. »Jeder gräbt in seinem Revier!«

»Was ist denn das für ein Ton? Hab ich ihm etwa was getan?«, plusterte sich die Aubergine auf.

»Soll jeder bei sich graben!«, ließ sich der ältere Ähnliche nicht unterkriegen.

Swan machte eine beschwichtigende Handbewegung.

»Keine Sorge, meine Herren. Die Reviere sind bekanntlich eingeteilt. Gibt es dort noch viel?«

»Unmengen von Knochen«, antworteten die Ähnlichen einstimmig. »Wir waren schon bis zur Hüfte drin, und immer noch hat's unter den Füßen geknackt«, ergänzte der Ältere.

»Vielleicht war da ja früher 'n Deutschnfriedhof«, mutmaßte der jüngere Ähnliche.

Swan nahm einen Knochen und hielt ihn ins Licht. Es war ein langer, dünner, wie von einem Unterarm. Er betrachtete ihn aus nächster Nähe und roch daran, ich erwartete fast, dass er reinbeißen würde, um wie bei einer Goldmünze die Härte zu prüfen.

»Das sind keine deutschen Knochen«, urteilte er schließlich. »Uralte Piastenknochen sind das. Unsere Knochen, urpolnische Knochen. Bravo, die Herren!«

Den Ähnlichen schwoll der Kamm vor Stolz, aber der Applaus fiel schwach aus, man merkte, dass sie sich keiner besonderen Sympathie erfreuten. Swan setzte seine Begutachtung fort, ging am Spiegel vorbei und warf uns einen selbstverliebten Blick zu. Celestyna ahmte ihn spöttisch nach, und mich überkam ein hilfloser Lachanfall. Früher hatte ich mit Ewa so gelacht, danach dann nie mehr. Ich versuchte, das Kichern zu unterdrücken, das aus mir heraussprudelte, bekam aber bloß einen Schluckauf, Marcin strich mir beruhigend über den Unterarm, und Celestyna schob mir die Plätzchenschüssel herüber, schenkte Wein nach. Ich aß vier Plätzchen, zusammen mit dem Wein schmeckten sie noch besser. Ich stellte mir vor, wie sich der Rotwein mit meinem Blut vermischte, in meinen Adern zirkulierte. Unter Haut und Muskeln meines Unterarms sah ich einen langen dünnen Knochen.

»Und die hier?«, fragte Swan eine füllige Frau mittleren Alters. »Wunderhübsche Knochen! Eine Ware, möchte man fast sagen, von ebensolcher Schönheit wie ihre Besitzerin!«

Die Füllige errötete freudig und zupfte eilig ihre Stirnfransen zurecht, die drei Hausfrauenfreundinnen ließen ein falsches Lachen hören.

»Aber was sagen Sie denn, so kleine Knöchelchen«, erwiderte die Füllige kokett. »Diese wertlosen Dinger habe ich auf dem alten Friedhof in Dziećmorowice ausgegraben.«

»Ordentliche Knochen, tadellos.« Swan war anderer Meinung. »So ein Knochen, der hält Jahre!«

»Aber das sind doch deutsche Knochen, keine polnischen«, warfen die Ähnlichen kritisch ein.

»Deutsche Knochen, aber mit Patina. Durch der Zeiten Lauf veredelt.« Swan hatte das letzte Wort. »Und wie ging es im Revier?«

Die füllige Knochenverkäuferin genoss ganz offensichtlich die Aufmerksamkeit, die ihr zuteilwurde, und zog sich den Pullover über den vorspringenden Brüsten glatt. Sie hatte seltsame, grau verfärbte Zähne mit Lücken, als wären sie angewidert voneinander abgerückt. Ihre Augen waren jünger als der Rest, spiegelten immer noch bessere Zeiten.

»Heimlich und leise, zack zack, als pflanz ich Blumen auf das Grab. Hab mich umgedreht, vorm Kreuz ein Gegrüßet gebetet, keiner da. Wenn's geregnet hat, ist die Erde schön weich, nur ein bisschen mit der Gabel gestochert, schon findet man was.«

»Hoffentlich keinen Haufen Scheiße!«, kicherten die Ähnlichen heiser, doch die Füllige beehrte sie nicht mit Beachtung.

»Die Deutschengräber sind alle abgegrast, da waren unsere schon nach dem Krieg«, fuhr sie fort. »Haben alles Wertvolle mitgenommen, ein Durcheinander hinterlassen. 'n Schädel, nur als Beispiel, kann man da lange suchen«, ergänzte sie bedauernd.

»Die Medizinstudenten, die warn das doch!«, knurrte ein Mann im Pullunder unzufrieden.

»Scharlatane!«, unterstützten ihn die Ähnlichen. »Ohne ein Scheinchen kommste gar nicht mehr dran.«

»Was für Zeiten«, seufzten die Dauerwellen, »Schädel abgestaubt, Gräber ausgeraubt.«

»Schwere Zeiten, in schweren Zeiten schreckliches Leiden«, unterstützte sie eine Hagere in abgewetzter Felljacke, die mit ihrem schweigenden Begleiter an einem Tisch saß und ihn so fest am Arm gepackt hielt, als fürchte sie, er könnte ihr entwischen. Der Mann sah aus, als wäre ihm das Ganze peinlich, er hatte Ränder unter den Augen und die weichen Hände eines Menschen, der nie körperlich gearbeitet hat. Vor ihnen lag ein mickriges Häuflein Knochen, über das Swan sich nun seufzend beugte.

»Was habe ich neulich gesagt?«

Der Mann ließ den Kopf hängen, und seine dürre Ehegattin stieß ihn mit dem Ellbogen in die Seite.

»Na, was hat Herr Swan neulich gesagt?«

Ihr zusammengesunkener Ehemann zuckte die Achseln.

»Aber Schleifen zum Binden habe ich mitgebracht«, versuchte die Dürre ihren Marktwert zu erhöhen, »rot-weiße Schleifen, man könnte die Knochen doch mit dem Hammer und die Stückchen dann auf rot-weiße Blumenschleifen kleben …« Swan ignorierte sie, und der Zorn der Dürren richtete sich gegen ihren bedrückten Mann. »Dass du auch immer den Schwanz einziehen musst«, zischte sie, und er sackte noch tiefer in sich zusammen.

Swan ging weiter und beugte sich über das nächste Knochenhäufchen. Dort blickten ihm die Gruftis mit undurchdringlichem Gesichtsausdruck entgegen. In ihrer Gesellschaft fühlte Swan sich offenbar nicht wohl und sagte deshalb lobend:

»Kleinzeug zwar, aber hübsche Knöchelchen«, worauf das finstere Paar nur gleichgültig mit vier Schultern zuckte. Die beiden sahen aus, als lebten sie hauptsächlich von Chinasuppen aus der Tüte, Würstchen und Amphetaminen. »Und, alles klaro im Revier?«, fragte Swan betont munter, wie Erwachsene mit Jugendlichen reden, wenn sie nicht alt und langweilig wirken wollen. »Cool«, sagte das Mädchen.

»Cool«, bestätigte der Junge.

»Sehr gut, sehr gut«, rieb sich Swan die Hände. »Und hinter dem Krankenhaus?«, wandte er sich an den kleinen, verschreckt wirkenden Mann im Feinstrickpullunder, unter dem sich ein seltsames schwangerschaftsähnliches Bäuchlein wölbte. Vor ihm lagen nur zwei dünne Knöchelchen, die aussahen, als stammten sie von einem Huhn.

»Weggejagt haben sie mich, die Arschlöcher«, sagte er und sah noch verschreckter aus. »Entschuldigung«, er senkte den Kopf.

»Vielleicht«, meldete sich die Aubergine zu Wort, »wenn einer in seinem Revier partout nicht zurechtkommt, sollte man doch überlegen, ob man nicht andere hinschickt. Um den Umsatz zu erhöhen. Heutzutage gibt's so was nicht mehr, ob ich schaffe oder ruh, tausend Złoty stehn mir zu!«

»Gut gesagt!«, sprangen ihr die blondierten Dauerwellen

bei. »Das sind Zeiten für Mutige. Nichts bringen, das gibt's heut nicht mehr.«

»Ich nur als Beispiel«, fiel die Aubergine wieder ein, »ich hab Kinder in der Schule, und das Revier hinterm Krankenhaus wäre für mich viel günstiger. Müsste nur schnell über die Straße und schon wär ich da. Kurz rüber und ruck-zuck was ausgraben.«

»Ruck-zuck was ausgraben«, kamen die Blondierten ihr zu Hilfe. »Einer Mutter steht das zu.«

»Und ich«, traute sich die Dürre, »ich bin eine arme Rentnerin mit Bluthochdruck, und wenn der Herr hier beim Krankenhaus nicht zurechtkommt, tausche ich auch gern mit ihm.«

»Pfui, sich so vorzudrängeln!« Das Hausfrauentrio biss die Rentnerin weg. »Wir sichern uns das Revier, und da kommen Sie plötzlich als Vierte daher? Wir sind Mütter von Schulkindern, Kindergartenkindern, und was sind Sie? Drei junge Mütter gehen doch wohl vor beim Knochengraben. Wer wagt es, einer polnischen Mutter in die Quere zu kommen? Wir können immer sagen, wir graben nach Wurzeln, nach Meerrettich, wir sammeln Kräuter. Hat wer was zu melden? Den quatschen wir in Grund und Boden! Den quasseln wir voll, um den kleinen Finger wickeln wir den! Wir sind Mütter, sagen wir ihm, alles für die Kinder.«

»Ganz schön in Fahrt, die Trutschen«, krächzten die Ähnlichen wie aus einem Mund. »Vorlautes Weibsvolk das, heutzutage!«

»Ich«, entrüstete sich die Mutter-Aubergine, »ich hab in Schweden als Erdbeerpflückerin gearbeitet. Und Sie wollen mir hier was?«

»Hoher Blutdruck und Herzrasen«, ließ die dürre Rentnerin nicht locker. Als sie bemerkte, dass ihr niemand zuhörte, stieß sie ihren schweigenden Ehemann in die Rippen, der leise hinzufügte:

»Krampfadern und Hämorrhoiden.« Doch das reizte sie nur noch mehr.

»Ich schlage vor«, beruhigte Swan die Streitenden, »wir geben unserem Kameraden noch eine letzte Chance. Eine allerletzte. Wenn es ihm wieder nicht gelingt, wenn er uns wieder enttäuscht, können die Damen sein Revier hinter dem Krankenhaus übernehmen.«

Die drei Freundinnen schlugen ein, klatschten sich sechshändig auf die Schenkel.

»Weggejagt haben die mich«, flüsterte das bedrückte Männlein im Pullunder. »Als Perversen beschimpft, mir einen Hund auf den Hals gehetzt.«

Aber Swan beugte sich schon über die Ware der alten Frau im Bisampelz.

Mir schwirrte der Kopf. Ich musste plötzlich an Marcins Bauchnabel denken, was für einen Bauchnabel hatte wohl Celestyna? Und die Bisamratte? Jemand schob mir wieder den Teller mit Plätzchen hin. Das waren keine normalen Plätzchen. »Plätzchen«, sagte etwas in mir, Marcin und Celestyna wechselten bedeutungsvolle Blicke.

»Und was haben wir hier Schönes, Tantchen?!«, brüllte Swan auf der anderen Seite des Spiegels, und die alte Frau im Bisammantel hob den Kopf und fragte:

»Ach wo?«

»Was haben wir hier für Knochen?!«, wiederholte er ebenso laut.

»Was soll denn das Geschrei? Ich bin doch nicht taub. In drei neuen Gräbern hat meiner gesucht, Knochen hat er ausgegraben, das glaubt ihr nicht. Knochen wie gemalt, und welche Kraft! Als ich sie unterm Wasserhahn abgespült hab, ist alles hell geworden, sogar die Milch ist mir geronnen in der Packung.« Selbstzufrieden hob die Alte einen mächtigen gelben Knochen, der in meinen ungeübten Augen einem Hochmeister des Kreuzritterordens oder auch einem Büffel oder Mammut gehört haben mochte.

»Ein Bravo für Tantchen!«, brüllte Swan. Zum Schluss ging er zu dem Mann mit dem Holzohrring und begutachtete dessen Funde, die auf einem geblümten Tuch auslagen. »Hübsche frische Knochen«, sagte er.

Sie waren fast weiß, winzig klein. Leicht rosa angehaucht. Mir wurde komisch zumute, Marcin küsste mich auf die Wange und gab mir noch ein Plätzchen.

»Brave Alicja«, flüsterte Celestyna mir zu wie einer Katze.

»Ein schwieriges Revier, aber bitte sehr, man muss nur wollen, dann geht alles.« Swan war zufrieden. »Jacek, unser Verkäufer der Woche. Sich regen bringt Segen! Knochenarbeit ist zwar schwer, doch am Ende bist du wer. Bravo! Ein Bravo für Herrn Jacek!« Er hob den Arm des Mannes wie ein Schiedsrichter im Ring.

»Knochenarbeit ist zwar schwer, doch am Ende bist du wer!«, brüllten die Versammelten im Chor. Das Muster des Tuches, auf dem die Knochen des Verkäufers der Woche lagen, leuchtete, die roten Blumen schnappten auf und zu wie hungrige Mäuler. Ich fühlte mich immer seltsamer.

»Trink noch was.« Irgendwer, vermutlich Celestyna, hatte mein Glas wieder gefüllt, eine Stimme in meinem Kopf wiederholte »Bravo!« und setze auf Italienisch Violettas Arie fort: *Libiamo, libiamo ne'lieti calici che la belleza infiora. E la fuggevol, fuggevol'ora s'inebrii a voluttà.*

Die drei Mütter sprangen vom Tisch auf und zappelten mit den Beinen, zwischen denen Kinder herauspurzelten und sich mit Puttenflügeln in die Höhe schwangen, wo sie schwerfällig wie Hummeln kreisten. Der unscheinbare Mann im Strickpullunder zwinkerte mir verständnisinnig zu, und auf einmal erkannte ich den Schornsteinfeger, wobei es mir ganz natürlich und irgendwie bedeutsam erschien, dass er an der Versammlung der Knochenverkäufer teilnahm. Die Bisamratte im Pelz schlug mit dem Kreuzritterknochen den Takt, bei jedem Schlag breitete die rote Lache auf ihrer Tischplatte sich weiter aus. »Sie ist hier, ganz nah«, hallten mir Dawids Worte wieder in den Ohren, oder waren es Marcins? Was geschah mit mir? Ich kniff die Augen zu. Durch meinen Kopf ratterte ein grellbunter Zug, aus dem Fenster des Speisewagens lehnte sich die ganze Besetzung von *La Traviata* und sang *Libiamo, libiamo*, Violetta trug einen Bisampelz und war nur Haut und Knochen, Mark und Bein. Alfredo zog aus seinem Mund das blumenbedruckte Tuch, das im Wind flatterte wie ein Feuerschweif. Ich wollte mit, der Zug durfte nicht ohne mich abfahren.

»Wartet auf mich!«, rief ich, bekam aber nur Lachen zur Antwort, *Libiamo, libiamo ne'lieti calici che la belleza infiora. E la fuggevol, fuggevol'ora s'inebrii a voluttà!* »Was hast du bloß in die Plätzchen getan?«, konnte ich gerade noch fragen, bevor ich das Bewusstsein verlor. Das Lächeln der Bibliothekarin war das Letzte, woran ich mich erinnerte.

*

Als ich um drei Uhr nachts erwachte, hatte ich immer noch den Geschmack von Celestynas Plätzchen im Mund, und mein Schädel brummte. Es wunderte mich nicht einmal mehr, dass mein Schlaf wieder um dieselbe Zeit unterbrochen worden war, schließlich wiederholte sich das seit meiner Ankunft Nacht für Nacht. Die Katholiken glauben, dass sich um drei Uhr nachmittags der Himmel öffnet, und beten dann einen Barmherzigkeitsrosenkranz, das ist die Stunde der Barmherzigkeit. Zwölf Stunden früher steht die Hölle offen, die ich auf meiner rauhen, wie versengten Zunge schmeckte. Ich wusste nicht mehr, wie ich nach Hause gekommen war. Außer der Übelkeit erregenden Weinfahne roch ich Marcins Geruch an mir. Also war er hier gewesen, wir hatten uns geliebt. War er hier gewesen? Mein Körper erinnerte sich an ihn, aber in meinem Kopf schwirrten nur Knochen und die Arie *Libiamo* durcheinander, und als ich aufstand, taumelte ich. Unter meinem Kopfkissen rutschte Gertrud Blütchen hervor und erglänzte im Mondlicht, ich hob es auf und ging in die Küche, um mir Tee zu machen. Dort trank ich erst einmal drei Gläser eiskaltes Wasser. »Feuerverzehrtwasserernährt!«, hallte das Kichern des zwergenhaften Wesens in mir wider, das ich beim abgebrannten Tierheim in Rusinowa getroffen hatte. Jetzt erst konnte ich den kräuterähnlichen Nachgeschmack in meinem Mund identifizieren. Marihuana. Also hatte die Bibliothekarin ihre Plätzchen mit Gras verfeinert – seit wir uns wiedergetroffen hatten, wurde ich das Gefühl nicht los, von ihr als Versuchskaninchen missbraucht zu werden. Vielleicht war sie es ja, die mir all diese seltsamen Gestalten auf den Hals hetzte und Gloria durch mein Autoradio sprechen ließ. Ich habe keine große Erfahrung mit Rauschmitteln, ich bin lieber nüchtern, gewaschen und bereit zu einem langen Lauf. Jetzt war an die Stelle der beherrschten Alicja Panzertier ein verlottertes Wesen mit Alkoholfahne getreten.

Ich setzte den Teekessel auf, öffnete das Fenster und sah hinaus. Über den schwarzen Wellen des Waldes ragten die Türme von Schloss Fürstenstein auf wie die Masten eines sinkenden Schiffes, ein winziges Lichtchen flammte auf, glitt von einem Fenster zum anderen und erlosch wieder. Fürstin Daisy suchte ihre Katzen und wusste nicht, dass eine davon nie zurückkommen würde, weil jemand sie in meinem Garten erhängt hatte. Ich hätte alles darum gegeben, jetzt meine Schwester bei mir zu haben. Kurz stellte ich mir vor, dass unsere Leben so verlaufen wären, wie sie es sich erträumt hatte: Dann würde sie aus der großen weiten Welt, die ihr zu Füßen lag, zu Besuch kommen – und ich von wo auch immer, denn was aus mir geworden wäre, wenn ich sie nicht hätte beweinen müssen, konnte ich mir beim besten Willen nicht vorstellen. Unser Vater würde noch leben und glücklich lächelnd aus seinem Zimmer treten, weil seine Töchter da waren, während der Schatz, nach dem er gesucht hatte, längst vergessen tief in der Erde ruhte. Dieses Bild war deutlich und unwirklich zugleich, wie ein Foto mit Blitzlicht, das für einen kurzen Moment Menschen mit roten Augen und flachen Gesichtern aus der Dunkelheit hervortreten lässt. Erst von Dawid hatte ich erfahren, wie weit Ewa in ihren genealogischen Phantasien über Urgroßmütter, Urgroßtanten und Pariser Pianistinnenmütter jüdischer Abstammung gegangen war. Hatte sie gewusst oder geahnt, dass sie in Wirklichkeit die Tochter einer Deutschen war? Ich empfand eine gewisse Befriedigung, dass ich mehr wusste als meine Schwester, und zugleich ein seltsames Bedauern, weil ich von einem Teil ihres Lebens ausgeschlossen gewesen war. Dawid. Irgendetwas ließ mir keine Ruhe. Wie ein schmerzhafter Verrat. Ich setzte mich mit einem Becher grünen Tee an den Tisch und rief mir Dawids Geschichte ins Gedächtnis zurück. Ich wusste, dass er mir eine Spur gelegt hatte, ähnlich dem dunklen Korridor zu dem Zimmer, das es nicht gibt. In dem, was er mir erzählt hatte, war ein geheimer Eingang verborgen, den ich finden musste, um die Vergangenheit zu verstehen und das, was mich jetzt an diesem Ort festhielt. Dawids Geschichte und der Brief meiner Schwester stimmten nicht ganz überein, aber ich konnte noch nicht sagen, welche Stücke nicht zusammenpassten. Beide Geschichten wollten etwas vor mir verbergen, doch auf eine Weise, dass ihr Geheimnis meine Neugier reizte. Ich öffnete das Dokument, in dem ich die Unterhaltung aus dem Internetforum abgespeichert hatte, Dawids Beiträge hatte ich in Fettschrift hervorgehoben. »Sie ist hier. Ganz nah. Es ist wenig Ze«. Das war alles. Ich erinnerte mich, was er geschrieben hatte, doch seine Worte waren aus dem gespeicherten Dokument verschwunden, als wären sie tatsächlich zerflossen. Meine Gedanken kreisten unablässig um Kalinka, das Kind aus schlechtem Hause, verseucht wie von Tschernobyl, wie sich der Kinderheimleiter Marian Waszkiewicz ausgedrückt hatte. Ob Dawid meine Schwäche für dieses Kind gespürt hat? Kannte er den Ort, an dem sich das Mädchen befand? Wollte er, dass ich ihm auf die Schliche kam? Das Problem war, dass ich zwar über Kalinkas Verschwinden schreiben konnte, mir aber nicht sicher war, ob ich auch im realen Leben fähig wäre, nach einem verschwundenen Kind zu suchen. Meine Welt waren die Worte, nicht die Taten. Das Spielchen, das Dawid mit mir trieb, ärgerte mich. Ich ging online, aber weder Homar noch Ramoh waren zu finden. Die Glühbirne an der Zimmerdecke hauchte ihr Leben aus, flackerte und erlosch. Ich schaltete den Computer ab, und in der Küche kehrte Dunkelheit ein. Verwirrung und Chaos, Marihuana-Kekse bis zum Umfallen, unterirdische Gänge und venezianische Spiegel – ich hatte das Gefühl, das alles sei einer anderen Alicja passiert. Einer Alicja, die meine Schwester sich hätte ausdenken können.

Nun saß ich hier mit dem vernachlässigten roten Hans am Küchentisch und dachte über die Vergangenheit nach. Dawid hatte auf dem Wałbrzycher Bahnhof auf Ewa gewartet, somit konnten beide Geschichten, die ich über die letzten Tage ihrer Liebe kannte, gleichermaßen wahr oder falsch sein. Es gefiel mir nicht, wie austauschbar diese beiden Begriffe waren. Hatten sie beide mich also belogen? Aber was wollten sie vor mir verbergen? Vielleicht hatte ich Ewa doch nicht so gut gekannt, wie ich glaubte. Es fing an zu schneien, nasse Schneeflocken setzten sich an die Fensterscheibe, ich spürte, wie ich langsam wieder nüchtern wurde und mich die Traurigkeit überkam. Wäre Celestyna hier, würde sie mich aufheitern, wäre Marcin hier, könnte ich seinen warmen Körper berühren und mich ganz in ihn hineinfallen lassen. Aber neben mir saß nur ein verkrüppelter Teddybär mit aufgetrennter Pfote und heftete seine dummen Glasaugen auf mich. Ich hatte mich bereits daran gewöhnt, allein zu sein – oder eher auf mich allein gestellt, ungebunden und nicht verpflichtet, mich an irgendwen außer an meine Toten zu erinnern –, doch jetzt verspürte ich plötzlich ein unbezwingbares Bedürfnis nach der Anwesenheit eines anderen Menschen. Statt in Selbstmitleid zu verfallen, sollte ich lieber zu Dawid fahren, entschied ich. Da er nicht freiwillig mit mir sprechen wollte, würde ich ihn eben zwingen und so lange an seine Tür klopfen, bis er aufmachte.

Ich stellte den leeren Becher weg und starb fast vor Schreck, als plötzlich draußen in der Dunkelheit etwas aufwirbelte und sich die Gartenpforte öffnete. An der Schwelle stand eine plumpe Gestalt und atmete schwer. Unwillkürlich griff ich nach Gertrud Blütchen. Die Gestalt stampfte mit den Füßen und schüttelte die Feuchtigkeit ab wie ein Tier. Ich öffnete das Fenster, der Geruch von nassem Fell stieg mir in die Nase.

»Hast du ein Wämschen?«, fragte der ungebetene Gast.

»Katzinka?«

»Ja, wer denn sonst? Etwa die heilige Katzandra mit einer Einladung zu Daisys Ball?«, prustete sie, und ihre Augen leuchteten gelblich im Dunkeln. »Ein Wämschen, ob du ein Wämschen hast«, wiederholte sie langsam, als wäre ihr wieder eingefallen, dass ich etwas schwer von Begriff war.

»Ob ich was habe?«

»Einen Überwurf, Mädelchen«, half sie mir weiter.

»Du brauchst einen Überwurf?«

»Schnee fällt. Der Winter, ein strenger Gesell!«, erklärte sie, als machte das die ganze Situation normal und offensichtlich. Ich legte Gertrud Blütchen weg und spürte, wie meine verkrampften Muskeln sich entspannten. Katzinka hatte recht. Die Situation war sonnenklar: Es schneite und sie brauchte eine Jacke, ich hatte eine Jacke und brauchte sie in diesem Augenblick nicht unbedingt.

»Komm herein«, lud ich sie ein, »und trink einen Tee mit mir.«

»Ach nein«, lehnte sie ab, »ich muss gleich weiter.«

»Warum?«

»Den Hungrigen Schmackokatz bringen.« Das war ihre ganze Antwort. Ich nahm also meine warme Jacke vom Garderobenhaken und reichte sie Katzinka hinaus. »Sieh an!«, freute sie sich, betastete den Stoff und schnupperte daran. »Was ein feines Wämschen!« Sie zog die Jacke an, die ihr bis zu den Knien reichte, und drehte sich einmal um sich selbst.

Ich hatte mir die Jacke in einem Sportgeschäft gekauft, direkt vor meiner Abfahrt, sie eignete sich sogar zum Bergsteigen, ich mag haltbare, ordentlich gearbeitete Sachen, in denen ich für alles gewappnet bin. In meiner Jackentasche habe ich immer Feuerzeug, Bleistift und Taschenlampe.

»In der Jackentasche hast du Feuerzeug, Bleistift und Taschenlampe«, setzte ich hinzu, aber Katzinka hatte sich schon umgedreht und verschwand mit einem Satz im Dunkel des Gartens.

»Bleib zu Hause, nicht draußen herumstreifen!«, warnte sie mich noch.

»Warte doch!«, rief ich ihr hinterher, aber sie hörte mich nicht.

»Und schieb den Türriegel vor!«, hörte ich ihre Stimme, nur der Reflektorstreifen am Wämschen blitzte noch einmal auf. Hätte nicht die Jacke am Haken gefehlt, ich hätte Zweifel bekommen, ob diese Begegnung wirklich stattgefunden hatte.

Ich verriegelte die Tür, wie die Katzenfrau mir geraten hatte, trank noch einen Becher Tee und erinnerte mich an Herrn Alberts Geschichte und an die Jacke, die Apolonia Kitti Kitti der kleinen Rosemarie gegeben hatte, meiner künftigen Mutter. Nach dieser Assoziation, die die Kraft einer Erleuchtung hatte, ergriff mich plötzlich eine so übermächtige Schläfrigkeit, dass ich nur noch schwerfällig die Treppe erklimmen und auf mein Bett fallen konnte. Dort schlief ich bäuchlings ein, so tief wie selten, tiefer als gewöhnlich tauchte ich in den Schlaf ein, durchstieß mit dem Kopf eine dünne Glasschicht. Ich gelangte dorthin, wo die endemischen Arten leben, Meereswesen wie Kraken, Leuchtfische, die Herrscher der Unterwasserwelt. Ich schwamm mit Ewa, wir waren im Schwimmbad, das neben dem alten deutschen Stadion in Nowe Miasto lag. Das Wasser war klar, sonnendurchflutet, und wir konnten darin atmen wie Fische. Ewa trug einen hellgrünen, selbstgehäkelten Badeanzug aus Seidengarn und wunderte sich kein bisschen, dass nun ich die ältere Schwester war. Von unten betrachteten wir die Blätter, die an der Wasseroberfläche schwammen, schlugen Purzelbäume und fassten uns bei der Hand, und meinen Körper durchströmte ein nie gekanntes Glücksgefühl. Ich war federleicht, rein und frei von jeder Erinnerung. Ich konnte meiner Schwester von den Lippen lesen, sie sagte Alicjaichhabealicja wie schön war es zu sein siezu habendortistkein Plötzlich geschahetwas als zöge einc dunklewolke auf und alles umunsherum bekam einen grauen Schleier meineschwester sah traurig aus und entfernte sich langsam sielebttot dachte ich und das Wasser trübte sich und dann Dunkles dunkles Wasser Ewa zeigte mit dem Finger auf etwas verzehrtwasserernährt ich sah dass es Gertrud Blütchen war nichttöten dachte ich sie sprach zumir nichttöten aus ihrem Mund verzerrter Mund Luftbläschen wie eine Wunde Verwundetermund ichwusste daswarwichtig ich hörte nichts nichttöten wollte ich schreienaberstille stille sielebttot. Meine Schwester verschwandverschwamm da merkte ich dass ich Gertrud Blütchen inderhand trug daranhatte ich nicht gedacht ummich herum rotes Wasser schwimmen fleischundknochenfetzen.

Ich schreckte aus dem Schlaf hoch und schnappte nach Luft, als wäre ich wirklich gerade aus dem Wasser aufgetaucht. Erst nach einer kleinen Weile begriff ich, dass das Läuten des Telefons meinen Schlaf so abrupt unterbrochen hatte. Wer immer der Anrufer sein mochte – ich war ihm dankbar, dass er mich wieder an die Oberfläche geholt hatte. Doch als ich abhob, hörte ich am anderen Ende der Leitung nur schweres Atmen, als wollte jemand sich einen Scherz erlauben oder litte an einer Krankheit. Der Anrufer antwortete nicht auf meine Fragen »Hallo? Wer ist da?«, und legte nach einer Weile unschlüssigen Schnaufens einfach auf. Er musste ziemlich unerfahren mit derartigen Streichen sein, denn seine Nummer erschien auf meinem Telefon, und so rief ich zurück. Ich erkenne die Stimmen der Menschen wieder, mit denen ich geredet habe, und speichere sie noch lange in meinem Kopf. Manchmal träume ich oder stelle mir vor, dass Menschen mir sagen, was sie während unseres Gesprächs nicht ausdrücken konnten oder was ich mir denken konnte, aber nicht schreiben durfte, weil es unausgesprochen geblieben war. Ich erkannte sie sofort, es war Zofia Socha, Patryks Oma, die mich im Wałbrzycher Palestyna mit pfeffriger Brühe bewirtet hatte.

»Hier spricht Alicja Tabor. Was wollten Sie mir sagen?«

»Iiiiich?«, langgezogene geheuchelte Verwunderung.

»Sie haben mich angerufen.«

Zofia Socha schwieg.

»Können wir uns treffen? Ich komme zu Ihnen«, schlug ich vor.

»Ich bin im Krankenhaus«, platzte Zofia Socha heraus. »Ein Herzkasper, Arterie verstopft. Morgen komm ich unters Messer.«

»Das tut mir sehr leid. Ich möchte Sie noch vor der Operation besuchen. Ich könnte sofort kommen.«

Schweres, schmerzerfülltes Schnaufen.

»Ich war gerade beim Leberhacken, da bleibt mir plötzlich die Luft weg und ich fall um, so wie ich dasteh. Morgen legen sie mich unters Messer«, wiederholte sie. Die Angst in Zofia Sochas Stimme war fast greifbar, Angst gemischt mit galliger Wut. Es gefiel ihr sicher nicht, dass eine fremde Journalistin die einzige Person war, die sie in einer solchen Situation anrufen konnte.

»Es wird sicher alles gutgehen«, beruhigte ich sie, denn solche Worte sind manchmal notwendig, auch wenn sie geschmacksneutral sind wie Wasser. Schweigen, Schnaufen, Zofia zögerte. Ich spürte, wie eine Geschichte in ihr heranreifte.

»In Zimmer sechs liege ich, auf der Inneren.«

Ich lief in die Küche, um einen Kaffee zu trinken, und ein Blick in den Garten reichte, um zu wissen, dass nachts jemand da gewesen war. An meinem Apfelbaum waren Zweige abgeknickt, die Erde um ihn herum war zertrampelt. Ich bekam Angst, jemand könnte Katzinka etwas angetan haben, und rannte hinaus in die Morgenkühle, die schon nach Winter roch. Sofort sah ich, dass der Eindringling die Küchentür aufzubrechen versucht hatte. Bei der Schwelle lagen ein Feuerhaken und ein lederner Handschuh, der Türrahmen war an einigen Stellen beschädigt, unter der abgeplatzten Farbe kam helles Holz zum Vorschein wie Fleisch, doch das solide deutsche Schloss hatte nicht nachgegeben. Deshalb hatte Katzinka mir also geraten, die Tür zu verriegeln, die ich sonst unverschlossen ließ. Sie hatte mich vor dem Bösen bewahrt, das nachts vor meinen Fenstern lauerte. Vielleicht sollte ich wirklich meine Gewohnheiten ändern, da mir nun schon die zweite Person zu mehr Vorsicht riet. Ich ging in die Hocke, um mir einen dunklen Fleck auf der steinernen Stufe näher anzusehen, berührte ihn und wischte angeekelt meinen Finger ab, es war halb gefrorenes Blut, noch flüssig unter einer Eisschicht. Mehr Blut entdeckte ich auf dem verschneiten Rasen, der aussah, als sei er der Schauplatz eines Kampfes gewesen. Unter dem Johannisbeerstrauch, wo ich den Kater begraben hatte, sah ich den Abdruck eines Sportschuhs, ich stellte meinen Fuß daneben, der Abdruck war ein paar Nummern größer und gehörte wahrscheinlich einem Mann. Irgendetwas musste den Eindringling erschreckt haben, sodass er sich verletzt hatte. Oder jemand hatte ihn angegriffen. Ich bückte mich und sah mir die Spuren genauer an, vom Boden stieg intensiver erdiger Geruch auf. Neben dem großen Schuhabdruck war noch etwas. Pfotenabdrücke einer riesigen Katze. Katze?! Wahrscheinlich war ich doch nicht zur Detektivin geeignet. Jetzt drang die Sonne durch die Wolken, irgendwo erklangen Motorengeräusche, eine Autotür wurde zugeknallt, und der Vogel, der über mir herflog, warf einen zarten, blassen Schatten, als wäre er nur probehalber erschaffen. Ich war hier, doch zugleich trennte mich etwas von diesem »Hier«, wie eine hauchdünne Stoffschicht.

Ich spürte, dass ich mich beeilen musste, jemand versengte mir mit seinem heißen Atem den Nacken. Ich hatte keine andere Jacke hier als die, die ich Katzinka geschenkt hatte, und im Schrank fand ich nur Ewas dünnen gelben Mantel, völlig eingestaubt und mit zu kurzen Ärmeln. Ich zog einen dicken Pullover darunter und band den Mantel mit einem alten Ledergürtel zu, der ebenfalls im Schrank lag und sicherlich meinem Vater gehört hatte. Als ich meinen extravaganten Aufzug mit einer Schirmmütze krönte, fiel mir auf, dass ich eher wie eine Katzenfrau aussah als wie eine Reporterin, die von der größten polnischen Zeitung kam. Falls es mir nicht gelingen sollte, jemals wieder von hier wegzukommen, würde ich mich den Katzendamen anschließen, in den Keller von Schloss Fürstenstein ziehen und zur städtischen Attraktion werden. Ich warf Gertrud Blütchen in meine Umhängetasche und fuhr zum Krankenhaus, um Patryks Großmutter zu besuchen. Doch ich kam zu spät. Ein Arzt, das Gesicht zerknittert wie ein Zettel mit einem misslungenen Gedicht, sagte mir, Zofia Sochas Zustand habe sich plötzlich verschlechtert, und sie sei in den Operationssaal gebracht worden.

»Kommt sie durch?«, fragte ich, und der Arzt sah mich betrübt an, als hätte ich diese Frage taktloserweise der falschen Person gestellt. Er rieb sich nervös die kleinen, knochigen Hände, die raschelten wie Papier.

»Der menschliche Körper steckt voller Überraschungen«, beschied er schließlich mit so resignierter Stimme, dass er mir fast leidtat.

Wir vereinbarten, dass ich abends anrufen würde. Wenn die Situation dramatisch werden sollte, wie er sich ausdrückte, würde er mich anrufen. Ich hatte mich als Tochter von Zofia Sochas Stiefschwester vorgestellt und bei dieser harmlosen Lüge auf einmal eine Art Verbundenheit mit dieser fremden, wenig sympathischen Frau verspürt. Wäre mein Leben anders verlaufen, wenn ich die Tochter einer Stiefschwester wäre? Die Tante des verschwundenen Patryk mit seinen großen, spitz zulaufenden Ohren, die meinen sogar etwas ähnelten? Ich spürte, dass Patryks Großmutter mir etwas Wichtiges mitteilen wollte. Hatte sie mir etwas verheimlicht? Andżelikas Mutter hatte ihr Kind bereits aufgegeben, Zofia Socha aber lebte nur für ihren Enkel, nährte ihn mit Backhähnchen und ihrer Liebe. Sie sehnte sich nach ihrer verantwortungslosen Tochter und zog deren Sohn groß, der sich nun in Luft aufgelöst hatte. Vielleicht hatte ich in unserem Gespräch keinen Zugang zu ihr gefunden, vielleicht hatte sie auf eine Frage gewartet, die ich nicht stellte? Verzweiflung ergriff mich, wie stets bei einer verlorenen Geschichte. Wenn ich auf einem Friedhof bin, muss ich immer an die ungesagten Dinge der Verstorbenen denken, als vermodere im Sarg statt der Knochen ein Stapel beschriebener Blätter. Nun hing von Zofia Sochas Geschichte möglicherweise das Leben ihres Enkels ab. Ich beschloss, in der Bibliothek unter den Atlanten zu warten wie früher als Kind, das keinen Ort hatte, an den es gehen konnte.

*

Auf dem Marktplatz und in den Seitenstraßen wand sich eine Menschenmenge, feucht und ruhelos wie ein Krake auf dem Trockenen. Alle warteten auf Jerry Swan und die Schmerzensmutterfigur aus Jan Kołeks Vision, die er heute Nachmittag mitbringen sollte. Je näher ich dem Platz kam, desto mühsamer musste ich mich durch das Gewimmel dick eingemummter Leiber drängen. Gesprächsfetzen drangen zu mir vor, Wörter prallten gegen meinen Körper wie Schneebälle.

»Ausgraben!«, brüllte dicht neben meinem Ohr die dicke Bartlady.

»Ausgraben! Raus damit!«, fielen andere ein.

»Vorwärts marsch in den Arsch!«, stimmten die drei Pubertätspickel ein. Ich hatte das Gefühl, dass mein kanariengelber Mantel unnötig die Blicke auf mich lenkte, und zog mir die Kappe tiefer ins Gesicht.

»Alles tut mir weh, ich kann mich gar nicht mehr rühren«, klagte ein Mann der alten Frau sein Leid.

»Haben Sie sich denn schon Knochen aufgelegt? Ich lege mir immer welche auf, und dann lässt es nach. Nachts nimmt man einen elastischen Verband, reibt alles mit Vaseline ein, schluckt Leinsamen dazu.«

»Knochen, nur Knochen sind geblieben«, bohrte sich ein Flüstern in mein Hirn, aber in der Menschenmenge konnte ich nicht ausmachen, wer dort flüsterte. Ich bewegte mich langsam wie in einem Traum, war schon wieder neben der Bartlady.

»Zermalmte Knochen!«, schrie sie, dass das Echo von den Altbaufassaden widerhallte. Dann fiel ihr Blick auf mich, und sie zielte mit dem Zeigefinger auf meine Brust, als wollte sie mich erschießen. »Leichen, Fetzen, brennendes Fleisch!«

Ich spürte, wie Panik in mir aufstieg und ich wieder in die

trüben Wasser meines Traums eintauchte. Etwas entschiedener bahnte ich mir den Weg zur Bibliothek.

»Blutigen Brei haben sie aus Jan Kołek gemacht! Nackt zu Boden gestoßen, zertrampelt!«, kreischte die Bärtige hinter mir her, vielleicht warf sie mir den Tod des Sehers vor.

»Ausgraben!«, brüllten zwei Männerstimmen wie aus einem Mund, und ich erkannte die beiden älteren Herren wieder, Löwenkopf und Poposcheitel, Arm in Arm und aufgepeitscht vom Alkohol. Die letzte Person, die ich bemerkte, war die Alte in Violett, sie trippelte um das Filmteam herum und versuchte erfolglos, Sandra Pędrak-Pyrzycka zum Zuhören zu bewegen.

»Ich wohne im dritten, wissen Sie, und der Bürger Nachbar aus dem vierten, der braut Drogen mit der Polizei! Seit fünfzehn Jahren quält der mich, peinigt der mich.« Da erspähte sie mich, als ich die Stufen zur Bibliothek hinaufsteigen wollte, und packte mich am Ärmel. »Und gesagt haben die zu mir: Wenn du nicht dein Maul hältst, alte Vettel, dann kommst du in eine Tasche und ab in den Wald!« Unter Mühen riss ich mich los, und als sich die schwere Bibliothekstür hinter mir schloss, klopfte mein Herz, als wäre ich einen Marathon gerannt.

Im Lesesaal war niemand bis auf einen alten Mann, der, den Palmtop neben sich und eine Lupe vor das Auge geklemmt, über einem dicken Wälzer saß. Er wirkte eher wie ein Teil des Inventars als wie ein lebendiger Mensch und rührte sich auch nicht, als ich den Raum betrat. Celestyna hatte heute frei, sodass ich von einer Frau mittleren Alters bedient wurde, die der alten Bibliothekarin aus meiner Kindheit äußerst ähnlich sah. Sie hatte die gleiche Warze unter der Nase, aus der weiße, bewegliche Härchen sprießten wie die Schnurrhaare einer Katze. Ich hätte mich nicht gewundert, wenn sie mir eine Neuerscheinung über Kamele und die Tuareg in die Hand gedrückt hätte.

»Ich bin die Tochter«, sagte sie, bevor ich etwas fragen konnte.

»Wie bitte?«

»Die Tochter der alten Bibliothekarin. Sie hatte dieses Buch für dich …«, sie hielt inne, als warte sie auf etwas, vielleicht ein Kennwort.

»*Der Mönch* von Lewis?«, ergänzte ich unsicher.

»Genau!«, sie freute sich und wirkte gerührt. »Wir hatten den *Mönch* für dich zurückgelegt.«

»Danke.«

»Ach, das war nichts Besonderes. Wir haben viele Bücher hier, die auf jemanden warten.«

»Und werden sie alle abgeholt?«

»Leider nein. Die Bücher, die niemand abholt, bringen wir nach zwanzig Jahren in den Keller. Aber bei dir wussten wir, dass du zurückkommen würdest. Mutter hat das immer gesagt. Sie liegt nie falsch bei solchen Dingen.«

»Ihr sehr euch sehr ähnlich, du und deine Mutter.«

»Ja«, seufzte die Bibliothekarin. »Das ist seltsam, wenn man bedenkt, dass sie mich adoptiert hat. Ich kann ihr nicht einmal Vorwürfe machen.«

»Vorwürfe?«

»Dass ich so aussehe.«

»Du siehst völlig in Ordnung aus«, sagte ich wahrheitsgemäß. Eine kleine, zierliche Frau mit rundem Gesicht, großen gelblichen Augen und kurzem Bubikopf.

»Danke, aber du weißt, was ich meine. So schön wie Celestyna bin ich nicht.«

Das stimmte. Keine von uns beiden reichte an Celestyna heran. Ich wechselte das Thema:

»Ich erinnere mich gut an deine Mutter.«

Die Bibliothekarin lächelte zärtlich.

»Sie geht nicht mehr aus dem Haus und sagt immer, dass sie nicht sterben, sondern sich zu Tode lesen will.«

»Das ist ein schöner Tod«, stimmte ich zu.

Die Bibliothekarin blickte auf die Signatur, die ich aufgeschrieben hatte.

»Du willst also auch diese Jahrgänge der Zeitungen sehen«, sagte sie schließlich.

»Wieso auch?«

»Vor kurzem war jemand hier, der mir gar nicht gefiel.«

»Wer?!«

»Ein schwerer, stämmiger Mann. Furchtbare Aura.« Die Bibliothekarin schüttelte sich wie eine Katze, die Thunfisch erwartet hat und Nudeln vorgesetzt bekommt.

»Dreck hat er reingeschleppt!«, donnerte da der alte Mann mit Lupe, zackig wie ein General.

»Onkel Leon«, sagte die Bibliothekarin erklärend. »Genauer gesagt, Großonkel mütterlicherseits.«

»Leon Odrowąż!«, stellte der Mann sich vor.

»Onkel Leon schreibt ein Buch über Schloss Fürstenstein. Er ist ein Daisophiler. Neulich erst hat er unbekannte Briefe von Daisy gefunden. Sein Manuskript ist schon siebenhundert Seiten lang«, erklärte die Bibliothekarin.

»Siebenhundertneun und eine halbe!«, berichtigte sie der alte Mann. »Diese wertvollen Quellen dürfen nicht jedem Beliebigen in die Hände fallen.« Er drohte mir mit dem Finger.

Ein schwerer, stämmiger Mann mit furchtbarer Aura – ich konnte mir denken, wen die Bibliothekarin meinte.

»Marek Waszkiewicz?«, fragte ich. »Hat Marek Waszkiewicz sich dieselben Jahrgänge ausgeliehen?«

»Ja, habe ich doch gesagt«, bestätigte sie. »Aber ausgeliehen hat er sie nicht.«

»Nein? Und warum nicht?«

»Weil er mir nicht gefallen hat.«

»Das erklärt vieles«, gab ich zu. »Hat er dir denn gesagt, wonach er suchte?«

»Hat er«, räumte die Bibliothekarin ein und wechselte einen schnellen Blick mit dem Großonkel.

»Und?«

Die Frau sah mich mit einem rätselhaften Gesichtsausdruck an, ihre gelblichen Augen erinnerten mich an jemanden. Katzinka! Erst jetzt wurde mir bewusst, dass sie Augen wie die Katzenfrau hatte, die in der vergangenen Nacht zu Besuch gekommen war.

»Er interessierte sich für ein Verbrechen, das vor sechs Jahren geschehen ist. Damals ermordete Adam Ryba, ein arbeitsloser Optiker, in Dziećmorowice seine Schwester, die auch seine Geliebte war. Danach stach er sich die Augen aus und rannte nackt davon.«

»Das Kind der beiden überlebte wie durch ein Wunder und wurde nach ein paar Tagen gefunden«, warf ich ein.

»Aber keiner weiß, was weiter mit ihm passiert ist. Du hast also von dem Fall gehört.« Die Bibliothekarin starrte mich an, und ich fühlte mich wie bei einem Verhör.

»Dies und das«, gab ich vorsichtig zu. »Weißt du denn mehr darüber?«

»Die Menschen reden, der Wind trägt's weiter.« Sie winkte ab und wechselte das Thema. »Dieser Waszkiewicz hat gesagt, dass er einen Roman schreibt.«

»Ja, das tut er«, bestätigte ich. Die Bibliothekarin zuckte die Schultern.

»Man kann in guter oder in schlechter Absicht schreiben. Er schreibt in schlechter.«

»Wäre besser, wenn er überhaupt nicht schriebe!«, Großonkel Leon schaltete sich wieder ein.

»Und was hast du ihm gesagt?«

»Dass die Jahrgänge an dich verliehen sind.«

»An mich?!«

»Ja«, bestätigte die Bibliothekarin zufrieden.

»Gut gemacht!«, lobte sie der Großonkel mütterlicherseits. »Tüchtiges Mädel!«

Marek Waszkiewicz! Also war er es, der letzte Nacht versucht hatte, bei mir einzubrechen.

Ich rannte in einem solchen Tempo aus dem Lesesaal, dass ich um ein Haar Madame Michelin, die Putzfrau, umgestoßen hätte, die auf der Treppe stand, eine Zigarette rauchte und missbilligend das Gewimmel zu ihren Füßen betrachtete. Die Menschenmenge auf dem Marktplatz schwappte schon bis auf die Treppe vor der Bibliothek. Ein paar Schaulustige saßen auf der mittleren Stufe und stärkten sich mit Wurstbroten.

»Alles nur Kołek-Lügen«, sagte ein Mann mit vollem Mund.

»Ügen«, nickte ein anderer.

»Sehen Sie mal dort«, Madame Michelin wies mit der gläsernen Zigarettenspitze auf den Platz, »ich glaube, die prügeln sich gleich.«

»Wer prügelt sich mit wem?«

»Die einen mit den anderen«, antwortete sie und stieß eine Rauchwolke aus.

»Und warum?«

»Die einen sind dafür, die anderen dagegen. Oder umgekehrt.«

»Das spielt keine Rolle?«, fragte ich zur Sicherheit.

»Gar keine«, stimmte sie zu.

Die Aussicht, mich erneut durch die Menge kämpfen zu müssen, beängstigte mich, aber ich hatte keine Zeit zu verlieren.

»Gehen Sie unten durch«, riet mir Madame Michelin überraschend.

»Wo unten?«

»Kommen Sie!«

Sie drückte ihre Zigarette aus, und ich folgte ihr zurück in die Bibliothek, in der sich bereits die Dämmerung sammelte. Hinter dem Lesesaal öffnete sie eine niedrige, unter der Treppe verborgene Tür, gab mir eine Stirnlampe, setzte sich auch eine auf und huschte so schnell die Stufen hinunter, dass sogar ich, die geübte Läuferin, ihr kaum folgen konnte. Die Treppe endete an einem Gang, dessen Wände vom Boden bis unter die Decke mit Büchern verstellt waren, und wir rannten, flitzten um scharfe Ecken. Unter der Bibliothek unter den Atlanten lag eine weitere Bibliothek, wie ein Spiegelbild in dunklem Wasser, und ich fragte mich, ob das hier die nicht abgeholten Bücher waren. Die Wände kamen mir vor wie hohe Regale, hinter denen weitere Regale und Gänge existierten und noch andere Wesen außer uns hausten. Buchseiten raschelten, Flüstern war zu hören und das Kratzen von Bleistiftminen auf Papier. Oder bildete ich mir das nur ein?

»Schnell!«, trieb mich die Putzfrau an, ihr Rücken schimmerte hellblau, und sie feuerte Kommandos ab wie ein Navigationsgerät: »Jetzt scharf links abbiegen, geradeaus, nach zwanzig Metern rechts abbiegen, nicht umsehen!« Zum Schluss schob sie mich durch eine schmale Tür am Ende des Ganges und knallte sie hinter mir zu, bevor ich ihr danken konnte. Atemlos blinzelnd sah ich mich um. Ich befand mich im Hinterhof eines Altbaus, wo mich aus einem Fenster im Erdgeschoss ein junger Mann in Unterhemd und rotem Schal anstarrte, über eine Reihe Blumenkästen mit welken Pelargonienstrünken hinweg. Er sah aus, als stünde er schon immer dort und erwartete nichts anderes mehr vom Leben. Ich trat hinaus auf die Straße, auf der das Stimmengewirr vom Marktplatz zu hören war, und fand mein Auto wieder. Als ich zum Engelchenheim fuhr, wusste ich, dass ich mich der Lösung des Rätsels näherte.

Vor dem Kinderheim stand ein Polizeiwagen, daneben ein nervöser junger Polizist mit frisch verkrusteten Rasierschnitten.

»Was ist passiert?«, fragte ich voller Angst, das nächste Kind könnte verschwunden oder eines der verschwundenen Kinder tot aufgefunden worden sein.

»Es ist mir nicht gestattet, Informationen zu erteilen!«, antwortete der Polizist wie aus der Pistole geschossen und stand stramm, ich ließ ihn stehen und rannte über den leeren Spielplatz, auf dem schon der Weihnachtsbaum prangte wie ein großer schlafender Troll. Plötzlich fürchtete ich, eine riesige stachelige Pfote könnte mich von hinten am Genick packen. Auf der Treppe kam ich an drei weiteren Polizisten vorbei, das Gesicht des einen zog sich verkniffen um die knollige Nase zusammen, sodass auch er aussah wie ein Troll.

Marian Waszkiewicz saß an seinem Schreibtisch, den Kopf in die Hände vergraben. Das quergekämmte Seitenhaar hatte sich gelöst und baumelte kläglich neben dem rechten Ohr. Einen kurzen Augenblick hatte ich Lust, diese traurigen Strähnen wieder glattzustreichen, und fühlte mich, als würde ich ihn heimlich beobachten.

»Er ist verschwunden«, sagte er, den Kopf immer noch gesenkt, und erst jetzt begriff ich, dass er weinte.

»Wer?!«

»Marekchen, mein Sohn. Gestern Morgen ist er aus dem Haus gegangen und nicht wiedergekommen. Das Telefon hebt er auch nicht ab«, schluchzte er. Ich ging zum Schreibtisch, berührte seinen Arm und spürte, wie er von Weinen geschüttelt wurde.

»Dabei wollten wir heute mit den Kindern einen Ausflug machen«, sagte er mit erstickter Stimme. Schließlich hob er doch sein rotes, vom Weinen geschwollenes Gesicht zu mir. In seinen Augen lag noch etwas anderes als Verzweiflung. Meine Angst entdeckte in ihnen etwas Verwandtes. »Nach Wrocław zu einer Ausstellung. Der Bus stand bereit, der Proviant auch. Kinder brauchen den Umgang mit Schönheit! Das Panorama von Racławice, das ist Kunst, und nicht, wenn irgendwelche Frauenzimmer nackt in Badeanstalten gehen und Fotos von anderen fetten Weibern machen. Neulich hat so ein Künstler im Fernsehen gesagt, ihn inspirieren fleischfressende Pflanzen und künstliche Gebisse! Ich verstehe das nicht«, weinte der alte Polesier, und ich wusste, dass es nicht die moderne Kunst war, worüber er Tränen vergoss.

»Wovor haben Sie Angst?«

Marian Waszkiewicz sah mich an.

»Wissen Sie, was ein echter Polesier in so einer Situation macht?« Er schnaubte in ein großes kariertes Taschentuch. Ich hatte nicht gewusst, dass jemand noch solche Taschentücher benutzte und jemand anderer bereit war, sie danach zu waschen. »Ein echter Polesier kippt einen Wodka und gibt sich die Kugel! Trinken Sie mit mir? Ich spüre, Sie haben eine polesische Seele, wie Tadzik. Woher kommen Sie?«

»Von hier.«

»Auch nicht schlimm!«

Wir tranken jeder einen doppelten Wodka. Meine Kehle brannte noch, als Waszkiewicz bereits den zweiten einschenkte.

»Wissen Sie, was ich machen würde, wenn ich jünger wäre? Ich würde noch mal ganz von vorne anfangen. Ganz von neuem!« Er wollte seine Faust auf den Schreibtisch donnern lassen, besann sich aber auf halbem Wege eines Besseren, und der Schlag endete in einem kläglichen Klaps.

Wir tranken unsere Gläser leer und saßen eine Weile stumm da, unser Schweigen war so schwer und zäh, dass man es auf einem Schneidebrett hätte zerhacken können wie eine holzige polnische Winterwurzel. Da klopfte jemand an die Tür, und ich hörte die Stimme von Marian Waszkiewicz' Ehefrau.

»Verschwinde!«, knurrte der Ehemann und sah nicht einmal in die Richtung, aus der die Stimme kam, die nun verstummte. Die Schritte der Gattin schlappten davon.

Der Heimleiter goss mir Wodka nach. »Mütter haben keine Ahnung von Kindern!«, explodierte er, riss das Glas hoch und leerte es mit finsterer Entschlossenheit wie Sokrates den Schierlingsbecher. »Das hat seine Mutter aus ihm gemacht. Verhätschelt, getätschelt und auf welchen Weg gebracht?« Er blickte mich an, und ich trank ebenfalls aus. Meine Wangen brannten, die Luft, die ich atmete, war stickig. Also war er es. Das jämmerliche nierenleidende Muttersöhnchen war schuld am Verschwinden der Kinder.

»Erzählen Sie mir von Marek.«

»Ich wollte es nicht glauben! Die haben ihn da reingezogen. Er war immer schon leichtgläubig, eine empfindsame Seele. Eine Künstlerseele.«

»Wo reingezogen?«, fragte ich, aber Marian Waszkiewicz war schon auf einem anderen Dampfer.

»Wir haben immer hinter dem Jungen gestanden. Ich kenn einen Polesier bei der Polizei, der Sohn ist auch bei der Polizei, ein ganz hohes Tier, der hat's zu was gebracht. Ich hab sogar mal gedacht, dass Marekchen da auch, aber. Von Polesier zu Polesier haben wir geredet, einen getrunken. Gab keinen besonderen Anlass, aber er hat aufgegeben, das Studium abgebrochen. Und ohne Studium kann sich ein junger Mann nicht die Hörner abstoßen. Am besten wären sogar Studium und Wehrdienst! Kriegsspiele, Säbelrasseln, das ist die richtige Schule für einen Mann. Ob blond, ob braun, auf Uniform stehn alle Fraun. Habe ich Ihnen von Tadzik erzählt? Wir haben zusammen studiert, wir zwei, immer aus einem Teller und so weiter. Sie erinnern mich sogar ein bisschen an Tadzik. Eine schöne Frau sind Sie!«

Er füllte wieder die Gläser, seine Tränen waren getrocknet. Ich musste herausbekommen, was diesen Mann quälte, bevor wir völlig betrunken waren. Mir schwirrte der Kopf, und ich versuchte, meinen Blick auf die Piłsudski-Büste zu heften, die aus dieser Perspektive an Jerry Swan erinnerte und mir verschwörerisch zuzwinkerte. Die Worte »aus dieser Perspektive an Jerry Swan erinnerte« schienen mir mit einem Mal bedeutsam, und ich wiederholte sie in Gedanken. Kürzlich hatte ich jemanden gesehen, der an Jerry Swan erinnerte, aber Piłsudski war es nicht gewesen. Ich saß neben einer Palme in einem großen Blumentopf, deren Blatt mich am Arm kitzelte, als wollte die Pflanze mir etwas mitteilen.

»Marekchen mag Kinder. Ganz normal, ohne Hintergedanken«, fuhr der Heimleiter fort. »Er mag Kinder«, sagte er noch einmal, und ich bekam Angst, er könnte wieder zu weinen anfangen.

»Mag Kinder«, ermunterte ich ihn sanft.

»Vor dem Kindergarten in Nowe Miasto haben sie ihn aus dem Gebüsch gezerrt, weil er angeblich. Onaniert hatte. Dabei musste er nur eben verschwinden. Er ist doch nierenkrank. Und jetzt muss ich, sein Vater, mit einer Frau über solche Dinge reden!« Der echte Polesier schlug in hilfloser Wut mit der Faust auf den Schreibtisch, und diesmal glückte der Schlag – die Piłsudski-Büste hüpfte. Er trank und schenkte die nächste Runde aus, dann ging er schwankenden Schrittes zu einem Regal mit altmodischen ledergebundenen Büchern. Ich nutzte den Moment seiner Unaufmerksamkeit und kippte meinen Wodka in den Blumentopf mit der Palme. »Sehen Sie mal, hier.« Er setzte sich auf die Lehne meines Sessels, mir stieg sein Geruch nach traurigem alterndem Mann in die Nase. Ich stellte mir ein tristes Schlafzimmer mit tristem Sex oder tristem Sexmangel vor, Maria Waszkiewicz im verschlissenen Nachthemd. Auf den Fotos waren Marek und verschiedene Kinder zu sehen, beim Ausflug, auf dem Spielplatz, unterm Weihnachtsbaum. Viele Mareks, immer inmitten von Kindern. Mein Blick blieb an einem Bild hängen, auf dem die bunten Kleckse von Kinderjacken und Wollmützen vor dem leuchtend weißen Schnee aussahen wie Blumen. Vorne zog ein untersetzter Mann einen Schlitten, die kleine Gestalt, die darauf saß, hielt sich die Hände vors Gesicht, vielleicht blendete sie die Sonne. Bevor mir einfiel, an wen sie mich erinnerte, sagte der Leiter des Kinderheims: »Kalinka.«

Ich wollte schon gehen, als ich spürte, wie meine Bewegungen sich in der plötzlich verdichteten Luft verlangsamten, die mich umfing wie das Ektoplasma aus den Geschichten meiner Schwester.

»Marek hat das Haus seiner Großmutter geerbt«, erinnerte ich mich.

»Dort ist er auch nicht«, schluchzte Marian Waszkiewicz wieder auf, doch in seiner Stimme schwang etwas Bitteres, Zorniges mit. »Er war immer lieber hier, Hotel Mama, Junggeselle eben. Aber manchmal ist er zum Schreiben rübergegangen. Dieses verflixte Buch! Sogar bis drüben hat sie ihm das Essen nachgetragen. Ist ständig hingerannt, aber aufpassen konnte sie nicht auf ihn!«

Plötzlich verspürte ich den Wunsch, das Haus zu sehen, in dem Marek sich in den tapferen Inspektor Twardowski einfühlte. Wenn er sich nachts bei mir einschleicht, nehme ich jetzt auch seinen Schlupfwinkel unter die Lupe, dachte ich. Jemand, der so wenig Talent besaß wie er, musste sicher erst selbst ein Verbrechen begehen, um darüber schreiben zu können. Jemand, der kein eigenes Leben hatte, musste etwas wirklich Furchtbares tun, um zu spüren, dass er lebte. Beim Gedanken daran, dass dieser Mann Kinder entführt und gequält, ihre kleinen Körper misshandelt hatte, packte mich die Wut. Ich wusste, dass ich nach einer Logik vorging, die nichts mit meinem Arbeitsethos und meinen Grundsätzen zu tun hatte, doch die Grenze war bereits überschritten. Jemand war nachts in mein Haus eingedrungen, und ich würde jetzt dasselbe tun, vielleicht gelang es mir ja so, die Kinder zu retten. Die Reportage würde ich nicht schreiben, jetzt wurde um einen höheren Einsatz gespielt.

»Adresse und Schlüssel.« Ich streckte die Hand aus.

»Glauben Sie, dass er es war?«

»Das müssen wir jetzt überprüfen.«

»Müssen wir?« Das Fragezeichen verpuffte wie eine Rauchwolke, Marian Waszkiewicz holte die Schlüssel aus seiner Hosentasche, sie waren warm. Knochen, dachte ich, warme Knochen in einem menschlichen Körper. Unsere Hände berührten sich kurz. »Sie könnten meine Tochter sein!«, platzte er heraus. Er hatte struppige, wild wuchernde Brauen, die Augen wie zwei Seen mit milchigen Schlieren schienen auf etwas zu warten. Eine seltsame Zärtlichkeit ergriff mich, und ich küsste ihn auf die Stirn, die, von einer faltigen Hautschicht bedeckt, leicht klebrig war. Ich dankte diesem Mann, mit dem ich mich trotz allem auf irgendeine Art verbunden fühlte.

Maria Waszkiewicz stand neben der Tür, dicht an die Wand gepresst. »Mach, dass du wegkommst, du Hure!«, zischte sie, oder las ich es von ihrem verzerrten Gesicht ab? Sie hob die Hand, als wollte sie mich aufhalten oder schlagen, doch ich stieß sie beiseite und stürzte in die Toilette, wo ich kniend in ein altes deutsches Klo kotzte, wie es sie hier noch häufig gab, so ausgestattet, dass jeder ausgiebig seine Hinterlassenschaften begutachten konnte. Dann wusch ich mein Gesicht und spülte mir den Mund. Im Spiegel sah ich verändert aus, als blickte mir meine Schwester entgegen. In diesem Zustand konnte ich nicht Auto fahren. Ich ärgerte mich, dass ich mir meine Selbständigkeit hatte nehmen lassen. Draußen unter dem schneienden grauen Himmel rief ich bei Celestyna an, die jedoch nicht abhob, dann versuchte ich es bei Marcin. Es wunderte mich nicht einmal mehr, als die beiden zehn Minuten später gemeinsam auftauchten, als heckten sie wieder etwas hinter meinem Rücken aus.

Wir fuhren schweigend zu Mareks Haus, und ich fragte mich voller Angst, was wir dort vorfinden würden. Der pappige Schnee, der an den Autoscheiben haften blieb, kam mir vor wie Erbrochenes. Eine überwältigende Trauer hatte von mir Besitz ergriffen, als ballten sich in ihr alle Verluste und Todesfälle meines Lebens. Ich kroch unbeholfen auf den Rücksitz und umarmte Celestyna, schmiegte mein Gesicht dicht hinter ihrem

Ohr in ihr rotes Haar, das nach Heu und Puder roch wie Katzenfell. Sie wunderte sich nicht, sondern tätschelte mir beruhigend den Rücken wie einem Säugling. Wie hatte ich sie vergessen können? Wie hatte ich den Tanz der Prinzessin mit Rudolph Valentino vergessen können? Sollte ich all die Jahre in Warschau verlebt haben, ohne mich an das zu erinnern, was wichtig war? Celestyna hatte eine Thermoskanne mit warmem und sehr süßem Kaffee dabei, wie ich ihn nie trinke und der mir jetzt so gut schmeckte, dass ich den Becher nicht mehr absetzen konnte. Ich wollte lieber nicht darüber nachdenken, was sie noch hineingetan hatte. Den Kopf an die Brust der Bibliothekarin gelehnt, sammelte ich Kraft, lauschte auf ihren Herzschlag. Gloria schwieg offenbar in Anwesenheit meiner Freunde, nur die Reporterin Sandra Pędrak-Pyrzycka begeisterte sich im lokalen Radioprogramm über die Massen von Menschen, die immer noch auf den Wałbrzycher Markt strömten. Als Marcin das Auto parkte, waren meine Sinne geschärft wie nach einem erholsamen Schlaf.

Marek wohnte in der Nähe des Palmenhauses, ich kannte die Gegend gut. Von hier aus gelangte man in einer Viertelstunde zu meinem Haus, wir waren also fast Nachbarn. Hier war noch weniger Leben übriggeblieben als in meiner Straße. Wir stiegen bei einem verlassenen Mietshaus mit zugenagelten Fenstern aus, dessen Dach unter der Last der Jahre eingesunken war und aussah, als hätte ein Riese ihm einen Schlag mit der Handkante versetzt. In meiner Kindheit hatte in diesem schon damals verfallenen und eigentümlichen Haus eine Zigeunerfamilie gewohnt, und auf der Treppe, wo jetzt niemand mehr war, hatte fast immer eine mächtige Frau in leuchtend bunten Kleidern gesessen, sie wickelte Bonbons aus und steckte sich eines nach dem anderen in den Mund, sehr zur Enttäuschung der Kinder, die ihr dabei zusehen mussten. Herr Albert und ich waren immer bei ihr stehen geblieben, doch ich erinnere mich nicht, dass wir jemals mit ihr gesprochen hätten, vielleicht hatten die Zigeunerin und mein Freund einfach ihre Verwandtschaft gespürt und sich schweigend darüber gefreut oder auch gegrämt. Neben dem seltsamen Altbau begann ein kleines Sträßchen mit betagten Doppelhäusern, die sich mit schier übermenschlicher Anstrengung gegen den Verfall stemmten. Vor dem ersten, giftgrün gestrichenen wuchs eine prächtige Fichte, die von den Bewohnern bereits mit Weihnachtslichtern geschmückt worden war. Ringsum herrschte absolute Stille, und es schien mir fast nicht glaubhaft, dass hier jemand lebte und Weihnachten feiern würde. Celestyna zückte ihre Glanzcreme und legte eine frische Schicht Lippenrot auf wie eine Kriegsbemalung. Ich erinnerte mich an Gertrud Blütchen in meiner Umhängetasche.

»Heute sind alle auf dem Marktplatz«, sagte Marcin.

Hinter dem grünen Doppelhaus kamen ein leeres Grundstück und dann ein dunkles Haus zum Vorschein, das nach dem Abriss seiner angrenzenden Hälfte allein stehengeblieben war.

»Da ist es«, zeigte Marcin. Ich fragte ihn nicht, woher er das wusste.

Auf dem verschneiten Weg zu Mareks Haustür waren noch vereinzelte Fußspuren zu sehen. Unser Klopfen blieb unbeantwortet. Ich holte die Schlüssel hervor, doch das Schloss gab erst nach, als Celestyna mit ihrem himbeerroten spitzen Stiefel gegen die Tür trat. Hierzulande tragen im Winter alle Schwarz oder Braun, und ich weiß nicht, wo sie ihre farbenfrohen Kleidungsstücke hernahm. Zur Begrüßung schlug uns der Mief ungelüfteter Räume entgegen. Im Vorzimmer standen immer noch schwarze Damenschuhe mit schweißdunkler Innensohle, an der Garderobe hingen ein Spazierstock und ein schwerer Mantel mit Pelzkragen in so tiefer Reglosigkeit, als hätten sie sich bereits mit der Ewigkeit abgefunden. Offensichtlich hatte

Marek hier nach dem Tod seiner Großmutter nichts angerührt.

»Herr Marek!«, rief Celestyna, doch ihre Stimme klang dünn wie der missglückte Einsatz eines Schauspielers auf der Bühne und versickerte in der Stille.

Unten waren Esszimmer, Küche und Bad. Wir sahen in jede Ecke und wateten im grünlichen Licht, das durch die altmodischen Gardinen fiel, sodass ich mir vorkam wie in einem von Adam Szymczyks Aquarien. Auf einem uralten sowjetischen Fernseher der Marke »Rubin« stand eine billige Spieluhr, doch als ich sie aufklappte, ertönte keine Musik, und so standen wir eine Weile da und sahen von eigentümlichem Grauen erfüllt der Balletttänzerin zu, die sich lautlos drehte. Dann stiegen wir beklommen die Treppe hinauf. Das erste Zimmer oben erwies sich als Schlafzimmer mit klobigem Bett und Schrank, eine so leblose Kühle wehte uns an, als wäre die Tür seit Jahren nicht mehr geöffnet worden. Die Frauenkleider im Schrank sahen aus wie gefroren. Als Marcin einen zweiten Raum öffnete, erschrak ich, drinnen stand eine dunkle reglose Gestalt. Erst als Celestyna das Licht anmachte, sahen wir, dass es sich um eine Schneiderpuppe in einem mit Nadeln abgesteckten karierten Kleid handelte. Stoffzuschnitte, eine alte Nähmaschine in hölzernem Koffer, Tüten voller Stoffreste bewiesen, dass in diesem Haus einmal Leben geherrscht hatte, jemand zum Anprobieren gekommen war, gesagt hatte: »Guten Tag, hier unten bitte eine Rüsche, und an der Passe zwei kleine Knöpfe.« Das letzte Zimmer war bewohnt, und der, der dort eingezogen war, brauchte nicht viel. Ein kleiner Schreibtisch, ein Drehstuhl und ein schmales Bett, über das eine Synthetikdecke mit Tigermuster gebreitet war, keinerlei Dinge, die irgendetwas über Geschmack oder Vorlieben des Bewohners ausgesagt hätten. Auf dem Schreibtisch stand nur ein Glas mit Plastikdeckel und etwas Kaffeesatz auf dem Boden, den Celestyna eine Weile betrachtete wie eine

Wahrsagerin, die gute oder schlechte Zeichen herauslesen wollte, und Marcin war irgendwohin verschwunden, ich hörte, wie er Böden oder Wände abklopfte. Ich sah mir die Arzneimittel an, die auf einem Schemel lagen, der als Nachtschränkchen diente. Da gab es Medikamente gegen Nierenschwäche, Vitamine, starke Beruhigungsmittel und Schlaftabletten, eine Dose mit Dornröschenbild und darin Ohrenstöpsel, die zu hautfarbenen Kugeln gerollt waren. An einem klebte ein Haar. Zwischen den doppelten Fensterscheiben schwang sich eine schwere Herbstfliege zum Flug auf und prallte im Versuch, einen Ausgang zu finden, wieder und wieder gegen das Glas. Ich hatte mich immer vor Fliegen geekelt, meine Schwester hielt sie, ähnlich wie Kakerlaken, für Gesandte der Hölle. Ich setzte mich an den Schreibtisch, der Drehstuhl fühlte sich warm an, als wäre gerade erst jemand von ihm aufgestanden, und mit einem Mal überkam mich heftiger Ekel. Brandgeruch stieg mir in die Nase.

»Das ist kein guter Ort«, sagte Celestyna.

Wir gingen wieder nach unten und schauten noch einmal in jeden Winkel, trotzdem verlor unser Ausflug allmählich jeglichen Sinn. Mir fiel das Badezimmer zu, in dem ich mir erst einmal lange die Hände wusch und mich dabei bemühte, nichts zu berühren, obwohl es hier nicht schmutzig war, eher herrschte eine Atmosphäre wie in einer Leichenhalle. Meine verletzte Hand sah immer noch nicht gut aus, die rotgeränderte Wunde glich einem Pfeil, der nach unten zeigte. Ich trocknete mir die Hände mit einem Papiertaschentuch ab und trat automatisch auf den Öffner des Mülleimers.

Er war voller angesengter Papiere, die in Eile hineingestopft worden waren, intensiver Brandgeruch breitete sich aus, und schwarze Fetzchen erhoben sich in die Luft wie Fliegen. Ich zog die zusammengerollten Blätter heraus, sie verstreuten sich auf dem Fußboden. *Die Perlen der Fürstin Daisy*, Mareks Roman. Vielleicht genau das Exemplar, das aus meinem Haus verschwunden war. Das Manuskript musste über eine Flamme gehalten worden sein, denn es waren noch lesbare Textstellen übrig. *Inspektor Twardowski vermutete seit langem, dass das kleine Mädchen Sie lehnte sich an seine starke Schulter und ließ ihre Hand zu seiner männlichen Brust gleiten, in der das edle Herz eines Kämpf Ich finde sie und die Perlen, meine Geliebte, versprach er und berührte ihre Lip Dieser zynische Mann liebt mich, dachte Daisy Das ist er nicht Laufen wir weg Inspektor Konrad Twardowski stieg mit dem Mut eines Löwen in die Tiefe der Erde hina Die Perlen schimmerten wie Mondtränen Inspektor Twardowski wusste, dass die, die ihm den Weg versp Er kroch voran Finster wie sein mit Füßen getretenes Herz und feucht wie seine Augen. Sie wusste, dass Unter der Erde klopften die Hämmer der Berggeister und riefen ihn beim Namen: Konrad, Konrad, Ko Sie wollte ihn nicht gehen la Der beherzte Inspektor Konrad Twardowski noch diesen mächtigsten aller Feinde überw Wieder ins Dunkel hinab steig Wo der Schatten Alles war anders, als es schien spektor Konrad Twardowski in seinem scharfen, aber von finsteren Gedanken geplagten Ge Er wusste, dass Sie ist hier, ganz nah.*

Mein Herz hämmerte so laut, dass ich mich wunderte, warum Marcin und Celestyna nicht schon längst hier waren, von diesem Klopfen alarmiert. Raum und Zeit hatten sich ineinander verdreht wie ein Bauchnabel, mir fiel die letzte Seite von Mareks Roman aus der Hand, der Pfeil zeigte nach unten. Wie eine Münze, die tiefer und tiefer hinter den Futterstoff eines Mantels rutscht, war ich durch eine feine Schicht von der Wirklichkeit getrennt. Im rissigen grauen Fußboden bemerkte ich einen Metallgriff und hörte in Gedanken die Stimme meiner Schwester: »Hast du schon wieder einen Deutschen aus einer Ritze ausgegraben, Kamelin!« Es klang schneidend, Worte wie Glas. Ich zerrte an dem Griff, die Bodenplatte ließ sich mit unerwarteter Leichtigkeit beiseiteschieben – oder waren mir unerwartete Kräfte zugewachsen? Kellerluft schlug mir ins Gesicht. Das plötzlich klaffende Dunkel zog mich mit einer Macht an, als meldeten sich in mir die Gene meines Vaters, der den größten Teil seines Lebens unterirdisch verbracht hatte. Von den Geräuschen angelockt, tauchten endlich auch Marcin und Celestyna auf, und bevor wir alle in die Erde hinabstiegen, starrten wir eine Weile stumm auf das schwarze Loch, das zu unseren Füßen gähnte.

Die Treppe führte steil nach unten, der Gang war schmal und niedrig. Nur Marcin hatte eine Taschenlampe, meine war in der Tasche jener Jacke geblieben, die ich in der Nacht Katzinka geschenkt hatte, und so leuchteten Celestyna und ich uns den Weg mit unseren Mobiltelefonen. Als die Treppe endete, erblickten wir im bläulichen Licht einen gemauerten Tunnel. Die Luft darin war braun und dick wie Kaffeesatz.

»Einer von uns sollte hierbleiben«, sagte Marcin, aber wir hatten jeder unseren eigenen Grund, in die Tiefe zu steigen, und so war es klar, dass wir gemeinsam weitergehen würden.

Der Gang war viel älter als die von den Deutschen angelegten Betontunnel und mit Sicherheit nicht so verlockend wie der Bücherkorridor, durch den Madame Michelin mich heute von der Bibliothek unter den Atlanten ins Freie geleitet hatte. Mir fielen die Legenden vom unterirdischen Labyrinth wieder ein, das sich unter der Stadt erstrecken sollte. Sie ließen darauf schließen, dass die Bewohner dieser Gegend schon immer mit Feuereifer die Erde durchwühlt hatten, vielleicht aus Enttäuschung über das, was sie an der Oberfläche vorfanden. Herr Albert und mein Vater haben immer von hundert Gängen erzählt, die vor ewigen Zeiten gegraben wurden und durch die man von verschiedenen Orten zu Schloss Fürstenstein gelangen konnte. Angeblich verlief einer davon mitten durch den Galgenberg, und ein anderer vom Palmenhaus unter der Lindenallee hindurch direkt bis in die Speisekammer des Schlosses. Ich hatte Herrn

Albert schon mehrmals gefragt, wo genau im Palmenhaus sich der Eingang zum unterirdischen Gang befinde, doch er hatte mir nie eine Antwort gegeben. Zu dem Schatz, dem mein Vater sein Leben gewidmet hatte, führte nur ein einziger Gang, und ich hatte Angst, dass auch ich zum Scheitern verurteilt war.

Plötzlich machte Marcin so unvermittelt Halt, dass ich gegen ihn prallte und Celestyna gegen mich. Neben Marcins Fuß lag ein Kinderschuh. Der billige rosa Kleinmädchenstiefel sah aus wie etwas, das einmal lebendig gewesen war.

»Wie ein Küken«, sagte Marcin, beugte sich über den Fund, und uns alle ergriff das panikartige Gefühl, es sei bereits zu spät. Wir rannten weiter, diesmal führte ich den unterirdischen Marathon an, wollte Marcin nicht an die Spitze lassen. Auf einmal verzweigte sich der Gang, im ersten Moment dachte ich, es sei eine Täuschung, die das Spiel von Schatten und Licht hervorrief, doch es stimmte, wir hatten tatsächlich drei Gänge vor uns, die in verschiedene Richtungen führten.

»Trennen wir uns«, entschied ich, »wir haben keine Zeit.«

»Alicja.« Marcin hatte Angst um mich, doch ich brauchte seine Angst nicht, ich brauchte Kraft. Und Kraft gab mir die Art, wie er meinen Namen aussprach.

»Wir sehen uns oben«, sagte ich entschlossen, um nicht pathetisch zu klingen, doch es kamen mir andere Worte in den Sinn, die ich seit Jahren nicht mehr benutzt hatte. Ich wollte ihn nicht verlieren. Ich wollte Celestyna nicht verlieren. Dann entschied ich mich für den Gang, der nach links führte. Manchmal schlägt man im Leben einfach irgendeine Richtung ein, es muss vorwärtsgehen, auch wenn alle Wege gleichermaßen aussichtslos erscheinen.

Marcins und Celestynas Schritte verhallten, und ich blieb allein im Dunkel zurück, das nur vom bläulichen Lichtschein meines alten Telefons erhellt wurde. Ich hatte vergessen, es aufzuladen, und wusste, dass das Licht bald schwächer werden würde. Irgendwo in der Tiefe des finsteren Tunnels, in der Dunkelheit so dicht wie der gepresste Schmutz im Beutel eines Staubsaugers, meinte ich Schritte zu hören, danach ein Knirschen von Metall auf Stein. Der Gang wurde enger, und ich musste mein Tempo verlangsamen, kurz darauf senkte sich die Decke so tief, dass ich gebückt ging und fast mit dem Rücken am Stein entlangscheuerte. Um die aufsteigende Angst in Schach zu halten, sagte ich in Gedanken das Gebet meiner Schwester auf: »Gottesmutter Gluckenputte hat zwei Flügelein o behüt uns unter Flügeln unter Federn dein.« In diesem muffigen Grab stiegen plötzlich so deutliche Bilder in mir hoch, dass sie dicht unter der Oberfläche meiner Erinnerung gelauert haben mussten. Der rote Hans, Ewa und ich zusammengekauert in der Truhe. »In Deckung, Panzersoldat!« Und sie oben auf dem Deckel, riesengroß. Der Gürtel ihres Morgenmantels wie eine rosa Schlange, und ein Lichtstreifen, der durch die Ritze dringt, schmal wie die Kante eines Papiers. »Pipinelke, du hast ja schon wieder eingepinkelt, schschsch.« Über meinem Kopf donnernde Schläge auf den Truhendeckel. »Das passiert nicht wirklich, du träumst bloß, Pipinelke, du träumst. Gottesmutter Gluckenputte hat zwei Flügelein o behüt uns unter Flügeln unter Federn dein.« Meine Schwester hatte es nicht geschafft, mich vor der Erinnerung zu bewahren, ich trug sie in mir wie einen versteinerten Fötus, aber es war ihr gelungen, mich so fest zu behüten, dass ich die Katzenfresser erst jetzt in mir wiederfand, wo ich stärker war. Hätte ich mich einen Schritt weiter in die Untiefen dieses Bildes hineinbegeben, wäre ich nicht mehr imstande gewesen, weiterzugehen, denn dort, wo nur noch Tod ist, hat Bewegung keinen Sinn. Da entdeckte ich im Lichtschein des Telefons den zweiten rosa Stiefel. Ich beschleunigte meinen Schritt, obschon ich am Ende meiner Kräfte war und jetzt fast auf Knien kroch. Als ich das Ende des Tunnels erreichte, wusste ich nicht, ob mir Schweiß oder Tränen den Blick verschleierten.

Vor mir ragte eine Wand auf. Ich betastete sie im bläulichen Schein, der nur noch ganz schwach war, ein Irrlicht. Mein Telefon hatte keinen Empfang, bald würde es vollkommen nutzlos sein. Die Wand war glitschig und von Moos bewachsen, das sich anfühlte wie das nasse Fell des roten Hans, und als ich den Kopf hob, sah ich nichts als Dunkelheit. Verzweiflung befiel mich. Es war alles vergeblich, ich hatte mich getäuscht. Wie mein Vater hatte ich den falschen Weg gewählt. Wie er hatte ich verloren. Ich schaltete mein Telefon aus, denn wenn die Batterie ganz aufgäbe, käme ich hier nicht mehr heraus. Den Rückweg ohne Licht zu bewältigen wäre zu viel gewesen für mich. Ich ließ mich resigniert zu Boden rutschen und lehnte meinen Rücken gegen die Wand. Nicht einmal meine eigene Hand sah ich, wenn ich sie vors Gesicht hob, und die Berührung der Finger an meiner Wange fühlte sich fremd und unheimlich an, als kauerte neben mir im Dunkeln eine finstere Zwillingsschwester. Ringsum herrschte vollkommene Stille. Ich weiß nicht, wie lange ich dort hockte, alle Angst war verflogen.

Meine Augen gewöhnten sich an die Dunkelheit, die mir undurchdringlich vorgekommen war, jetzt hatte ich den Eindruck, dass sie sich über mir etwas lichtete, als würde sie aufgesaugt. Angestrengt starrte ich nach oben, jetzt war ich mir sicher, dass der schmale Tunnel irgendwohin führte, wo die Luft klarer und heller war. Ich stellte mich auf die Zehenspitzen und nahm auf einmal einen anderen, zarten Geruch wahr, einen Hauch von Leben – oder war es eine barmherzige Sinnestäuschung? Plötzlich ergriff mich eine Hochstimmung, als hätte ich von Celestynas Plätzchen gegessen. Vielleicht war doch noch nicht alles verloren. Ich befühlte die moosbewachsene Mauer, bis ich gefunden hatte, was ich suchte. Auf der Höhe meines Gesichts begann eine Leiter aus Metall, die unterste Sprosse gab etwas nach, als ich an ihr zog, und ich erkannte das knirschende Geräusch wieder, das ich von weitem gehört hatte.

Der Aufstieg verengte sich nach oben hin, mein Rücken streifte wieder fast die Steinwand, als ich nach oben kletterte. Ich kam an ein Metallgitter, das den Ausgang versperrte. Der warme beruhigende Geruch nach Erde und Grün war unverkennbar. Ich stemmte mich gegen das Gitter und versuchte, es nach oben zu drücken, aber es saß zu fest. Der Lärm, den ich machte, erschreckte mich, und ich horchte eine Zeitlang, konnte aber kein anderes Geräusch ausmachen. Ein zweiter Versuch, das Gitter anzuheben, endete ebenfalls erfolglos, aber da fiel mir ein, dass Gertrud Blütchen in meiner Umhängetasche lag. Ich schaltete das Telefon an und besah mir in seinem schütteren Lichtschein die Konstruktion des Gitters, dann hob ich, das Telefon zwischen die Zähne geklemmt, mit dem Messer einen Metallbolzen an. Es glückte, allerdings entglitt mir das Telefon und fiel in die Tiefe, und keine Macht der Welt hätte mich dazu gebracht, noch einmal hinunterzusteigen.

Ich streckte den Kopf aus dem Loch und wusste gleich, wo ich mich befand. Der Tunnel aus Mareks Badezimmer führte in das Palmenhaus und endete in einer künstlich angelegten Höhle, deren Wände von Leuchtmoos bewachsen waren, *Schistostega osmundacea*, erinnerte ich mich, den Namen hatte mir Herr Albert beigebracht. *Schistostega osmundacea* war immer noch dort und leuchtete in intensivem Grün, sein Licht hatte mir den Weg aus dem unterirdischen Gang gewiesen. Der Anblick des Mooses freute mich, als hätte ich einen alten Freund wiedergetroffen. Vorsichtig kroch ich aus der Höhle. Auf das Glasdach fiel der Schnee, doch hier drinnen herrschte heißer und schwüler Sommer. Das Gewächshaus war verfallen und seit vielen Monaten nicht mehr in Benutzung, es stand zum Verkauf, doch wegen des Mangels an Interessenten wucherten die Pflanzen vor sich hin. Eine Oase. So hatte ich mir als Kind eine Oase vorgestellt, und wie enttäuscht war ich von den echten Oasen gewesen, die ich später in afrikanischen Wüsten sah. Ich atmete tief die frische Luft ein und fühlte mich in dieser Ruhe wie ein Störenfried. Daran, dass ich, naiv und wehrlos, von jemandem hergelockt worden sein könnte, verschwendete ich keinen Gedanken. Natürlich hatte ich das Messer dabei, aber schließlich hatte ich es noch nie in einem Kampf benutzt. Ich wollte das Mädchen finden, das im unterirdischen Gang seine Schuhe verloren hatte. Weiter nichts. Ich spürte, dass es hier war, doch woher ich diese Sicherheit nahm, war mir nicht klar.

Sie lag im Raum mit den Bananenpalmen und dem kleinen Teich. Tot oder schlafend. Kalinka. Nur ein schmaler Weg zwischen Kletterpflanzen und großen Farnen trennte uns. Das kleine Mädchen war nackt. Neben ihr lagen ihr Lieblingstier, die Plüschkatze, und eine karierte Decke. Jemand hatte das Kind hierhergebracht und liegenlassen, jemand hatte es vorher ausgezogen. Kalinka. Meine Schwester – ich – Rosemarie. Plötzlich meinte ich das Rascheln von Blättern und Schritte zu hören und schloss die Hand fester um Gertrud Blütchen. Kalinka lebte. Sie atmete langsam, und als ich vergeblich versuchte, sie zu wecken, begriff ich, dass man ihr Medikamente verabreicht hatte. Ihr Körper war kühl, aber die Stirn glühte und war schweißbedeckt. Ich zog den gelben Mantel aus und wickelte den zarten Körper mit den dünnen Ärmchen und Beinchen ganz darin ein. Die Decke wollte ich nicht anfassen, sie hatte etwas Widerwärtiges an sich wie eine tote Haut. Dass jemand diesen kleinen Körper hätte zerstören können, erfüllte mich mit solchem Entsetzen, dass ich einen Moment lang wie gelähmt verharrte, am liebsten wäre ich hier in dieser schneebedeckten Palmenoase geblieben, das kleine Mädchen an mich gedrückt, wie meine Schwester mich an sich gedrückt hatte. Doch da übernahm Alicja Panzertier das Ruder, und ich hoffte, dass sie es nie mehr fahrenlassen würde. Ich hob die leblose Kalinka auf, nahm die Plüschkatze mit und machte mich auf den Weg, so schnell es eben ging mit dieser Last. Ich war sicher, dass mich jemand beobachtete, ich spürte seine Anwesenheit, aber in diesem Augenblick war mir egal, wer es war und welche Absichten er hegte. Kalinka stöhnte, und ich hatte den Eindruck, ihr Atem werde schwächer, ich eilte durch Araukarien, Zantedeschien, Euphorbien und achtete nicht darauf, ob ich Lärm machte. Ich musste so schnell wie möglich mit ihr ins Krankenhaus. Irgendwo knirschte Metall, hinter meinem Rücken verschwand jemand durch den Höhleneingang im Untergrund.

Zuerst hörte ich die Stimmen, eine klang fest und entschieden, die andere murrend, ich sah den Lichtstrahl einer starken Taschenlampe.

»Alicja!«, rief jemand, bevor ich mich verstecken konnte.

Adam Szymczyk, der Besitzer des Kaninchenlochs. Neben ihm der Wächter, ein alter Mann, der sich kaum noch auf den Beinen hielt und immer wieder beteuerte, er habe nichts gesehen, nichts gehört und wolle keine Schwierigkeiten. Rasch steckte er den Geldschein ein, den Adam ihm gab, und ließ uns sichtlich erleichtert hinaus. Die Welt bedeckte eine immer dickere Schicht Schnee, er fiel unablässig, und nach der unterirdischen Dunkelheit und dem Dämmerlicht des Gewächshauses wunderte es mich, dass immer noch Tag war.

»Was ist mit ihr?«, fragte Adam besorgt.

»Sie wurde mit irgendwas vollgepumpt. Sie schläft.«

Adam beugte sich über das Mädchen, und ich wollte es unwillkürlich abschirmen.

»Mit Lebewesen kenne ich mich aus«, beruhigte er mich und legte seine Hand an den Hals des Mädchens, schloss die Augen. Er roch nach Katzenfutter und Rasierwasser, war zugleich Putin ähnlich und schön wie ein Marmorierter Panzerwels. »Wir müssen uns beeilen«, sagte er und öffnete die Tür eines alten hellblauen Lieferwagens mit der Aufschrift »Kaninchenloch«. Zwei fröhliche Häschen sprangen durch den Schriftzug, auf der Motorhaube schwamm ein Schwarm exotischer, aus bunter

Klebefolie ausgeschnittener Fische. Die Karosserie sah aus, als wäre sie von Hand mit Ölfarbe bemalt.

»Vielleicht rufen wir besser einen Krankenwagen?«

»Mit meinem sind wir schneller«, sagte Adam beruhigend, doch das Aussehen seines Wagens weckte Zweifel daran.

Ich setzte mich mit Kalinka in den Armen auf den Vordersitz. Unter dem Mantel ragten ihre nackten Füße hervor, sie hatte lackierte Zehennägel. Ich bedauerte, dass ich die rosa Stiefelchen nicht mitgenommen hatte, die sie im unterirdischen Gang verloren hatte. Ich kaufe ihr neue, dachte ich, ja, das werde ich tun, ich kaufe eine Jacke für mich und für Kalinka ordentliche Sportschuhe.

»Atme weiter, wir sind gleich da«, bat ich das schlafende Kind.

Wir fuhren viel schneller, als ich es Adams schwerfälligem Lieferwagen zugetraut hätte, und ich dachte, dass dieser Mensch noch mehr Geheimnisse hüten musste. Vielleicht waren seine Unbeholfenheit, das Loch in der Stirn und die Anglerweste nur eine Tarnung, denn ein Junge, der unter den Augen der Katzenfrauen und bei einer Mutter wie Ludmiła aufgewachsen war, musste schließlich etwas Besonderes sein.

»Celestyna, Marcin?«, fragte ich. »Ist mit ihnen alles in Ordnung?«

»Ja. Sie sind gesund und munter. Marcin hat mich geschickt. Ich soll dich nicht allein lassen.«

»Das hat er gesagt?« Adam hielt den Blick fest auf die Straße gerichtet. »Er meint, jemand könnte uns gefährlich werden. Er hat Angst um dich.«

Also wusste Marcin wieder einmal mehr als ich. Ich fragte mich, ob ich jemals erfahren würde, wer er war und warum er sich in dieser Stadt aufhielt.

»Jemand wollte, dass dieses Mädchen gerettet wird«, sagte ich und drückte das Kind, das etwas Unverständliches murmelte, fester an mich. Adam überholte vier Autos, ich hatte das Gefühl, wir würden gleich abheben. »Wer, wenn nicht Marek?«, fragte ich rhetorisch, und Adam zuckte die Achseln. Marek musste es gewesen sein. Ich war erleichtert, weil sich nun alles aufklärte, und zugleich irgendwie enttäuscht, dass jemand, der so unschuldig aussah, sich als der Schuldige herausstellte. »Hat er Kalinka entführt und danach hat sich sein Gewissen gerührt? Hat er Angst bekommen, weil er wusste, dass wir ihm auf der Spur sind?« Adam schwieg und zuckte wieder nur die Achseln. Das auf meinem Schoß schlafende Mädchen bewegte leicht den Kopf. Seine Wimpern waren lang und sehr dunkel. »Bist du erstaunt, dass er es ist?«, fragte ich.

»Er ist manchmal ins Kaninchenloch gekommen.«

»Marek? Warum?«

»Um sich die Fische anzusehen. Und die Mädchen, die sich die Fische ansahen. Wir haben uns immer ein bisschen unterhalten. Es muss ihn schon jemand dazu angestiftet haben, falls er wirklich einem Kind etwas angetan haben sollte.«

»Und weißt du schon, wer ihn angestiftet haben könnte?«

»Ich habe da so einige Leute im Verdacht, seit ich mit Andżelikas Bruder geredet habe.«

»Du hast mit Oskar Mizera geredet?«

»Das war Celestynas Idee. Sie kann sogar mit Tieren reden. Und der Kleine ist nicht dumm, nur leicht autistisch.«

Ich dachte an den kleinen Jungen mit den Augen wie Eiswürfel, das dreckige Haus, den röhrenden Fernseher, und wollte das Mädchen, das ich aus der Dunkelheit gerettet hatte, umso dringender beschützen. »Er hat Andżelika nicht. Der schwarze Mann aus dem Fernseher«, das hatte Oskar Mizera damals gesagt. Warum habe ich seine Worte nicht ernst genommen? Schließlich hat er mir erklärt, wer seine Schwester entführt hatte. Der schwarze Mann aus dem Fernseher. Er musste Jerry Swan in den Lokalnachrichten gesehen haben.

»Jerry Swan?«

»Wer denn sonst?«, bestätigte Adam. »Celestyna meint, er wäre zu so etwas fähig«, fügte er hinzu.

»Aber du kennst ihn besser«, warf ich ein.

Adam sah unverwandt auf die Straße, die Scheibenwischer schoben den Schnee beiseite, der im Schein der Rücklichter rot schimmernte.

»Swan würde viel für Geld tun, aber noch mehr für den Ruhm«, sagte er.

»Für so etwas würde ihn niemand bewundern. Die Leute würden ihn eher lynchen«, entgegnete ich.

»Deswegen passt hier etwas nicht zusammen. Entweder haben sie es gemeinsam getan, Swan und Marek, oder es war keiner von ihnen.« Der Besitzer des Kaninchenlochs raste durch die Stadt, und als ich ihn von der Seite ansah, kam sein Gesicht mir plötzlich älter vor, uralt wie die Katzenfrauen.

Marek und Jerry Swan. Das pädophile Muttersöhnchen, das sich in seinem Buch in den wackeren Inspektor Twardowski verwandelte, und der falsche Prophet, der Jan Kołeks Tod schamlos für seine Zwecke nutzte. Da hatten sich die Richtigen gefunden. Swan konnte entfesseln, was Marek unter Kontrolle hielt, und ihm einreden, er habe das Recht, seinem Verlangen nachzugeben. Er konnte in ihm die Arroganz des Schriftstellers anstacheln, der sich mehr erlauben durfte als gewöhnliche Menschen. Ich streichelte Kalinkas Kopf, ihre Augäpfel bewegten sich unter den Lidern, ihre Haut war bleich, fast durchsichtig, und sie hatte Reste von Lippenstift am Mund. Ich wickelte sie fester in den gelben Mantel, obwohl ich es war, die ein kalter Schauer durchfuhr.

»Sie muss überleben«, sagte ich.

»Das muss sie«, bestätigte Adam. Er überholte zwei Lastwagen, fuhr auf den Gehsteig, um einen Zusammenstoß zu vermeiden, und wechselte zurück auf die Fahrbahn.

»Wenn das hier vorbei ist, erzählst du mir vom Leben dieser Fische, die sich um ihre Brut kümmern. Vom Leben der Schmetterlingsbuntbarsche. In Ordnung?«

»Aber gerne. Ich erzähle dir von der Prinzessin von Burundi, das musst du unbedingt hören.« Ohne die Straße aus den Augen zu lassen, tätschelte Adam mir begütigend den Oberschenkel wie einem Hund oder Pferd.

Es empfing uns der Arzt, mit dem ich am Morgen gesprochen hatte. Er schüttelte den Kopf und bedauerte sichtlich, immer noch keine guten Nachrichten für mich zu haben. Er sah aus, als trüge er an einer zu schweren Last und hätte niemanden, an den er sie abgeben konnte. Meine Tante, wie er Zofia Socha nannte, lag immer noch bewusstlos auf der Intensivstation, und jetzt brachte ich ihm schon die nächste Patientin. Im grellen Licht des Wartesaals, das unseren Gesichtern einen leuchtmoosgrünen Schimmer verlieh, war außer uns nur ein Mann mit einem Plüschpanda auf dem Schoß. Wir setzten uns in die zweite Stuhlreihe, und erst jetzt berichtete mir Adam, dass Celestyna Andżelika gefunden hatte, und die Art, wie er das sagte, verriet sofort, dass das Mädchen nicht mehr lebte. Mir fiel ihre Mutter ein, Barbara, die in ihrer schmutzigen Küche eine Zigarette nach der anderen rauchte und ausrechnete, ob sich aus dem Elend Kapital schlagen ließe. Der kleine Bruder Oskar. Die Kinder der Wałbrzycher Schmerzensmutter, die sie ebenso wenig beschützen konnte wie die irdischen Mütter. »Suche die Ungeliebten.« So lauteten die Worte des Anglers Eugeniusz, die seine Tochter mir damals am Teich wiederholte. Nun wusste ich, was er im Sinn gehabt hatte. Niemandem lag wirklich etwas an Andżelika und Kalinka, niemand hatte sie beschützen können.

»Und der Junge? Patryk Miłka?«, fragte ich.

»Sonst war niemand dort. Nur die tote Andżelika.«

Marcins Tunnel endete in einem unterirdischen Raum, in

dem die Entführer offensichtlich pornografische Filme mit den Kindern und einigen Tieren gedreht hatten. Dort hatten sie Andżelika und Kalinka festgehalten, unter der Erde hinter einer massiven Tür, in einer Betonhöhle. Dort gab es alles: die komplette Ausrüstung, einen Filmbereich mit Bett und Kinderzimmer, Spielsachen, Unmengen von Plüschtieren und Puppen, Erotikspielzeug. Chirurgische und gynäkologische Instrumente, Schlafmittel, Spritzen. Computer. Halsband, Leine, Käfige, und darin zwei Hunde, die vor Angst schier wahnsinnig waren. Fotos von Kalinka, Andżelika und anderen Mädchen. Kleine Mädchen und Hunde. Die kleinen Körper penetriert, geschändet, gezwungen, die intimsten Stellen zu entblößen. Manchmal bewusstlos, wie Leichen in obszönen Posen arrangiert. Fotos über Fotos: eine erstaunte Katze auf dem Bauch eines Mädchens, dem man einen Vibrator in die Scheide gesteckt hatte, eine Männerhand auf einem Hundekopf, der Hund leckt den Schritt eines Mädchens, ein gefesseltes Mädchen, kopulierend mit einem Hund, ihr Gesicht schmerzverzerrt, beide mit Halsbändern. Ich spürte, dass wir etwas viel Mächtigerem gegenüberstanden als Jerry Swan und Marek Waszkiewicz. »Katzenfresser«, hörte ich meine Schwester flüstern.

Marcin hatte entdeckt, zu welchem Zweck die Mädchen entführt worden waren, und er wusste sicher am besten von uns allen, wen und was er suchte, doch es war Celestyna, die Andżelikas Leichnam fand. Ihr Gang war am längsten und am schwierigsten, mit zahlreichen Sackgassen und Verzweigungen. Der Verwesungsgestank ließ keinen Zweifel, aber Celestyna lief weiter. Auf einem Wegstück gab es so wenig Sauerstoff, dass sie fast ohnmächtig wurde und entweder Halluzinationen hatte oder tatsächlich einer kleinen Frau mit roten Stiefeln begegnete, die ihr wieder aufhalf und ihr Wasser zu trinken gab. Der Gang führte zu einem betonierten Raum, in dem es so stickig war, als wäre die Luft zu Gelee geworden, Celestyna tastete reflexartig nach einem Lichtschalter. Doch was sie im Licht sah, entsetzte sie noch mehr als die Dunkelheit, durch die sie sich bis hierher vorgekämpft hatte. In einer Betonwanne, die den eckigen Waschbecken in ehemaligen Deutschenhäusern glich, lag etwas unter einem fleckigen Laken. Celestyna hob den Stoff an und sah ein totes Mädchen. Sie wusste sofort, dass es Andżelika sein musste, obwohl das Mädchen schon seit Wochen nicht mehr lebte. Im Haar hatte es eine Schmetterlingsspange. Es war nackt, die Unterarme fehlten. Celestyna wusste nicht, was sie tun sollte, sie wollte Andżelika nicht dort lassen, doch wenn sie ihre Überreste auf den Arm genommen hätte, wären sie zerfallen. Als Marcin sie fand, war Celestyna in einem seltsamen, tranceähnlichen Zustand, sie bestand darauf, dort zu bleiben, um das verlorene Kind beweinen zu können.

»Warum?«, fragte ich Adam, obwohl ich die Antwort schon kannte.

Er starrte auf ein Wandplakat, das Lungenflügel wie verkohlte Korallen zeigte und vor den Folgen des Rauchens warnen sollte, und ich wusste, dass er es aus Taktgefühl tat, damit keiner von uns die Tränen des anderen sah.

»Celestyna sagte, dass später niemand mehr um Andżelika weinen wird.«

»Wir weinen um sie.«

Der Mann mit dem Plüschpanda auf dem Schoß sah schon eine Weile unsicher zu uns herüber und fragte nun, nach einigen Minuten schweigenden Schniefens:

»Sie haben doch hoffentlich nichts dagegen, wenn ich mich anschließe?«

Ich weiß nicht, wie lange wir Andżelika Mizera aus Nowe Miasto beweinten, aber ich hatte das Gefühl, dass wir unsere Tränen nicht vergebens vergossen. In mir hatten sie sich jahrelang angesammelt, ein riesiger Tränenvorrat, und es war, als durchflutete eine reinigende salzige Welle alle Orte, die Trauer in mir weckten, sie überschwemmte den Keller in meinem Haus, trug schaukelnd die Truhe davon, in der Ewa und ich uns vor Mutter versteckt hatten, schwappte die Treppe hinauf und riss Haushaltsgegenstände, das kamelfarbene Sofa, den roten Hans aus der DDR, alle Aufzeichnungen und Karten aus Vaters Bibliothek mit sich und ergoss sich dann durchs Fenster in den Garten, floss weiter in den Wald und stieg an bis zur Lichtung, wo deutsche Soldaten jüdische Gefangene ermordet hatten, wo sowjetische Soldaten ein deutsches Mädchen vergewaltigt hatten, wo meine Schwester gestorben war und wo jetzt die Knochenverkäufer auf der Suche nach frischer Ware die Erde durchwühlten. Wir weinten im Wartesaal des Krankenhauses, jeder für sich, aber Arm in Arm, Adam vom Kaninchenloch, der Mann mit dem Panda und ich, Alicja Panzertier. Ich hatte niemals zuvor so geweint und werde wohl auch nie wieder so weinen, und am Ende erschien der Arzt und sagte:

»Sie kommt durch.«

Doch als weder ich noch Adam auf seine hoffnungsfrohen Worte hin zu schluchzen aufhörten, setzte er sich zu uns in den Wartesaal, nahm seine Brille ab und seufzte zuerst tief, winkte dann mit der Hand ab und weinte mit uns.

Später ging ich für eine Weile in mein Haus und klappte den Computer auf, um nachzusehen, ob Homar Ramoh Dawid im Netz lauerte. Ich brauchte ihn, denn ich spürte, dass nur er meine Zweifel zerstreuen konnte. Dawid hatte mir gesagt, dass wenig Zeit sei, und er hatte recht gehabt. Von ihm hatte ich erfahren, dass Kalinka ganz nah war, in einem Versteck beinahe unter meinem Keller. Der rachedurstige Troll, wer immer er war, wusste noch etwas, was er mir bis jetzt nicht verraten hatte. Die wütende Meute rottete sich um die neue Nachricht zusammen, dass auf dem Marktplatz wieder zahlreiche Anhänger Jerry Swans versammelt waren. Sie überrannten mich, wie die Rote Armee Rosemarie überrannt hatte.

Schwall III

Krysia 17:10

Pennt ihr, ihr Penner? Eeeeeeeeeeeeerrrrrrrrstäääää!

VolleKante 17:11

undich hab mir schon wieder voll die kante gegeben

HelleRosalia 17:13

Meine Lieben! Wir, die wir durch das Leid verbunden sind, zünden wir Kerzen an beten wir, denn die Stunde der Wahrheit naht. Wir haben bis jetzt eintausendzweihundertsechsundsiebzig Unterschriften für Jan Kołeks Exhumierung gesammelt und das ist unser großer Erfolg. Bald wird die Wahrheit uns vor Augen stehen. Es gibt auf dieser Erde viele Menschen, die auf positive Weise verrückt sind! Weiter so, meine Lieben. Komm und lies in meinem Blog über Hellseherei, übernatürliche Dinge, Suche nach Vermissten. usw.: rosaliasiehtdiehellederseele.blog.com. Dort findet ihr den Link zu zwei Petitionen wegen der Exhumierung. Und wer nicht bei uns sein kann, der zünde hier eine virtuelle Kerze an (*)(*)(*)

TypMitBart 17:14

(*)(*)(*)

TypOhneBart 17:14

(*)(*)(*)(*)(*)(*)(*)

PolishKamikaze 17:14

Einen Märtyrertot ist er gestorm.Ausgraben dann sieht mann wer dahinter steckt (*)(*)(*)

Benek 17:15

Respekt ausgraben dannSieht mans! (*)(*)

Krätze 17:15

Sieht mans!!! (*)

Studentin 17:15

Was sieht man ihr Blödköppe? Dass euerKołek in echt gestorben ist?booooaaaahh

Passant 17:17

Blöde Tussi!!!!1Leierfotze!!!

TypischerTyp 17:17

Pejes-Tussi Fotenleckerin

PolishKamikaze 17:17

hält ihrn aaaaaaaaaaaarsch hin für deutsches geld

TypMitBart 17:17

Macht für jüdisches Geld ihr Vaterland schlecht

MutterPL 17:18

Verkaufen unsere Kinder an Bulgarische Pädophile

SexyRationalistin 17:20

Ich frage mich nur was das kostet ..... Und aus welcher Tasche das kommen soll Solche Gelder könnte man für was Nützlicheres ausgeben wie arme Kinder oder hungernde Alte, oder umgekehrt,Was soll sone Leiche mir nützen oder der Gesellschaft?....

Studentin 17:21

Diese Blödköppe verstehn dich doch eh nicht

MutterPL 17:21

Den Leichnam aufbewahren für die Kinder

ProfessorHab. 17:24

.... Ich verstehe die heutige Welt und ihre HEUTIGEN FRAUEN wirklich immer weniger .... Sie haben das für ihr GESCHLECHT natürliche Interesse am »normalen WEISSEN Mann« verloren, mit allen seinen Schwächen aber auch unzweifelhaften STÄRKEN wie Erfindergeist, Inteligenz, Fähigkeit zu Reparaturen, HÄRTE, Kraft, Kampfgeist, der Wille »unbekannte Lande« zu erobern .... Die Jahre des Feminismus, die genmanipulierte Nahrung, die ständige Kontrolle durch Kameras, Lasertätowierungen und eingeimpfte Chips, die Ortung von Menschen durch Satelliten, die Vermischung der Rassen durch »In vitro«, Tschernobyl, Japan, die Lagerung von radioaktivem Abfall und »kosmischem Müll« in POLEN und die Erderwärmung wegen den ganzen parfümierten Seifen und Damendeodorants undsoweiter haben die Menschen genetisch und geistig verdorben .... Sehen wir uns nur die vielen Katastropfen heute an und dann haben wir ein deutliches Bild. Bravo meine Damen! Dank euch ist das Ende der menschlichenRASSE nah ....

GanznormalesMädel 17:25

Ich nur als Beispiel glaub dass es früher gar nicht so viele andere gab

TypMitBart 17:25

Alle andern sind genau so keine davon sind anderes als die andern

TypOhneBart 17:25

ganz und gar nich anders

MutterPL 17:26

Verkaufen unsere Kinder an Bulgarische Pädophile

Benek 17:26

Alle andern verp***sssssssst oioiiiiiiiiich

Studentin 17:26

Blödkopp sch*ss dir mal nicht in deine grabbeltischjeans

SexyRationalistin 17:28

Kinder Verschwinden Arbeitslosigkeit Denkt mal nach was ihr da von euch gebt

Benek 17:28

Ich hasse und hier braucht man nicht denken

ProfessorHab. 17:30

Um uns zu QUÄLEN haben sich alle verschworen Man muss geradeheraus sagen dass der Niedergang unserer Stadt von offensichtlichen KRÄFTEN verursacht wird, Die wollen unsere frühere einstige MACHT vergessen machen. Unsere unbesiegbare Kavallerie bei Wien und unsere anderen Erfolge wie zum Beispiel in Moskau zu herrschen was nicht einmal Napoleon gelungen ist. Deswegen muss die Statue aufgestellt werden und Jan Kołeks Exhumierung muss zu Genüge getan werden. Dem VATERLAND zu Ehren.Das Alte Ägypten hat ähnlich geendet Seht hier unter www.polenwieaegyptenx.com.pl

Krätze 17:32

Graben wir gemeinsam wie Brüder

Benek 17:32

Wer nicht gräbt ist schwul

MutterPL 17:36

Den Kindern die Ohren zuhalten

TypMitBart 17:37

Sie sagen, da liegtein obdachloser Zigeuner drin und nicht Jan Kołek

Passant 17:37

Wer?

PolishKamikaze 17:38

Wer?/ du kooooooooootzt mich an beklooppter Freimaurer Ist doch klar wer den Anschlag in New York gemacht hat die sieben Zwerge vielleicht?/ Räudige wie du ham zusammen mit der CIA Bin Laden gekauft

Krätze 17:38

Juden nach I$$rael!!!. Aber zigeuner sind ein problem, die kommen ja nichtmal irgendwo her

TypMitBart 17:39

Und immer auf uns polen

TypOhneBart 17:39

Alles vertuscht vertauscht

Krätze 17:39

Graben wir gemeinsam wie Brüder

PolishKamikaze 17:40

Unser Leib unser Grab Wir haben das Recht

SexyRationalistin 17:42

Ich würd einfach nur gern wissen, was die Kosten für sone Aktion sind wo der Balg wieder ausgegraben wird …?? Denn ich bin aus meiner Tasche dagegen. Mit euerm eigenen könnt ihr meintwegen ein ganzen saurierpark ausgraben, aber nicht mit meinem. Das Geld könnte man für was nützlicheres ausgeben, ein Glas Schulmilch oder herrenlose Tiere …

UnzufriedenerPole 17:44

als pole geboren zu werden ist einfach pech

MutterPL 17:44

Kein Ende kein Ende unserer Marter!

ProfessorHab. 17:44

Das waren AUSLÄNDISCHE Dienste … »JEMANDEM« lag daran ………………

TypMitBart 17:44

Leiche lag im Müll Ähnlichkeit gleich null

ProfessorHab. 17:44

Alles vertuscht vertauscht

TypischerTyp 17:44

Schreien wir alle Provokation!!!1!!

MutterPL 17:45

Den Kindern die Ohren zuhalten

PolishKamikaze 17:45

Wollt ihr die Wahrheit dann grabt sie aus

TypMitBart 17:45

Das war nicht derselbe, den sie in den Sarg gelegt haben

TypOhneBart 17:45

Unser Kołek war das nicht

MutterPL 17:46

Den Leichnam aufbewahren für die Kinder

Krätze 17:46

Graben wir gemeinsam wie Brüder

Benek 17:46

Vorwärts marsch in den Arsch

A-theist 17:47

Grabt grabt ihr schwarze Masse

Krätze 17:47

Vorwärts marsch in den Arsch

Studentin 17:47

In den dunklen Arsch des Mittelalters

MutterPL 17:47

Reden unsern Kindern Blödsinn ein

Benek 17:48

Dieser Sarg soll uns regieren

PolishKamikaze 17:48

Unser Leib unser Grab Wir haben das Recht

UnzufriedenerPole 18:01

Ich möchte mal noch was dazu sagen Als ich nach Spanien mit ner Gruppe Leute und Frauen zur Weinernte bin Da haben sich die Polinnen praktisch alle von Marokkanern vögeln lassen. Auch die verheirateten, mit Kindern … machte keinen Unterschied und bei manchen sind die sogar durchs Fenster reingeklettert wie Affen drei vier auf einmalWie soll denn da ein normaler Mann noch Hoffnung haben????!!!

TypischerTyp 18:02

Wenn ich mir das so anguck dann hat der Mann Keine Hoffnung

TypMitBart 18:02

Vertuschungen Verbrechen

TypOhneBart 18:03

Ganz Polen ausgeraubt

GanznormalesMädel 18:04

Meine Schwester wohnt in UK deswegen weiß ich, dass es total viele so Fälle gibt Die Polinnen haben null Selbstachtung, lassen sich an jeder Straßenecke durchficken von Männern, die keine Polen sind, Und wenn man so eine mal fragt, warum sie das macht, dass heißt es wegen der Kohle und dass es super ist einen Mann aus eim anderen Land zu haben Oder sogar weils »Spaß« macht …

NegerBimbo 18:05

ich liben weißer aaaaaaaa*rsch, ich liben polnischer aaaa aa8aaa8rsch

Londonna 18:05

sonen pechschwarzen neger den wuerd ich vernaschen mruu uuuuuuuuuuuuuu uuuuuuuu

ProfessorHab. 18:07

Leute, wacht auf. Wegen den verkäuflichen polinnen kommen TERRORISTEN in unser Land und nach Wałbrzych die Kinder entführen. Das ist eine organisierteJudenverschwörung, weil die unsere *Religion* und Kultur von innen zersetzen!!!! Um diesen schon immer polnischen Boden mit Mischlingen zu besiedeln. Lassen wir uns nicht einreden, Jan Kołek wäre eines NATÜRLICHEN Todes gestorben, denn es wurde ein Mord verübt, ein schreckliches und HINTERHÄLTIGES *Vebrechen.* Nur sein exhumierter Leichnam kann Antwort auf die Fragen erteilen, die wir ihm stellen wollen. Dieser Körper wird wieder den GEIST in uns erwecken! Lasst es uns gemeinsam tun, Landsmänner, exhumieren wir!!!! Ich möchte noch an den Film Die Schönheit der Exhumierung auf youtube erinnern. Da GIBTS was zu sehen

StimmeDerWahrheit 18:09

!!1!111Respekt lassen wir nicht die Fremden nicht exhumieren!!!!1

Benek 18:09

Respekt nicht exhumieren

Krätze 18:09

Exhumieren du Vollidiot

Jan Kołek 18:10

Quatscht nicht rum grabt mich endlich aus

PoleInDerFremde 18:11

Hey hey, tschuldigt maedels ich schreib aus dublin und damit jetzt keiner was sagt ich hab ne ordentliche arbeit in der wurstfabrikich sag nur soviel die Polinnen sind zu hause anstaendig aber im ausland fuehren sie sich auf wie nuuuutten – ich weiss wovon ich rede tut mir leid so direkt. Gruesse aus Dublin wo es heute morgen neblig war. ☺

ProfessorHab. 18:12

Man sollte den ELTERN erklären wenn ihre Tochter sich für andere Länder interessiert, wenn sie »plötzlich« Urlaub in Ägypten machen will …., dass dann der SATAN schon ein Auge auf sie geworfen hat. Wenn sie unsere Jungs nicht angucken will, wenn sie nicht mit Janek oder Marek ausgehen will, dann steht Ahmed schon vor der Tür … Wenn sie Nein zu Brot und Wurst sagt, zum »normalen« POLNISCHEN Essen und Geld für einen Döner, den Chinesen will, dann hat sie der …. VIRUS …. schon gepackt. Schützen wir unsere Töchter vor den Terroristen, denn würden wir sie etwa nicht vor der Pest oder einer noch SCHLIMMEREN kRAKHEIT schützen wol len?

Benek 18:13

Ins Kohlenmonoxid Huren in die Gaskammer!!!!111!1

MutterPL 18:13

Den Kindern die Ohren zuhalten

NegerBimbo 18:14

ich liben polnischer fetter arsch. Ich liben auch Piroggen.

MutterPL 18:15

Verkaufen unsere Kinder an Bulgarische Pädophile

HelleRosalia 18:19

Meine Lieben! Die Minuten vergehen wie im Flug und wir haben weitere zweihundert Unterschriften unter der Exhumierungspetition. Ich bitte euch, vereinen wir uns hier gemeinsam unter dem Motte Exhumierung. Ja zur Schmerzensmutterfigur,

Ja zu Jan Kołeks Exhumierung, zweimal Ja und wir gewinnen. Wir sind schon ganz nah dran, alle positiv verrückten Freunde der Exhumierung und der Figur. Komm und lies in meinem Blog über Hellseherei, übernatürliche Dinge, Suche nach Vermissten. usw.: rosaliasiehtdiehellederseele.blogspot.com. ACHTUNG Link zur Petition für das Schmerzensmutterdenkmal aus Jan Kołeks Vision. Bald kann man sich wieder für Pilgerfahrten nach Licheń eintragen, Mittagessen mit im Preis Zur Auswahl gibt's lecker Hähnchen oder Schweinekotlett. Ich lade herzlich ein!

ProfessorHab. 18:23

Wenn das RECHT, das ein FEINDLICHES ELEMENT von »allgemein bekannter« Herkunft festgesetzt hat, sich dem widersetzt, wenn Provokation auf Provokation »versucht«, die WAHREN POLEN zu entzweien, würde ich wie in der Besatzungszeit vor nichts zurückweichen Im Geheimen mit einem Kreis »Vertrauter« .... Im Verborgenen, NACHTS, hinter der Friedhofsmauer, im Verband mit den Seelen der Ahnen, den »stummen« Zeugen unserer VÄTER. Ausgraben, damit Polen Polen bleibt ... Die Wahrheit liegt in diesem Sarg! Dieser SARG soll uns regieren!!!!!11!!!!

Benek 18:23

Respekt! Dieser Sarg soll uns regieren

Studentin 18:24

Hau ab Alter Gräben graben in Dunkelwalde

Benek 18:24

Ausgraben ausgraben wer nicht graben will verp***sssssssst sich!!!!!!!!!!!!!!!!!!!!!!!!!!!1111

StimmeDerWahrheit 18:25

Die Majestät des TODES hat es an sich, dass Mörder, als »niedere Kreaturen«, immer Spuren hinterlassen. Auf diesen Spuren folgt ein großer Teil der Gesellschaft mit uns dem Sarg. AUSGRABEN!1

MutterPL 18:25

Den Leichnam aufbewahren für die Kinder

Gast 18:26

Hier: http://erfahredeintodesdatum.com dann weißt du was wichtig ist im Leben. Ich habs gemacht und weiß es!

Krätze 18:26

zieh leine spammer sonst naht dein todesdatum schneller

HelleRosalia 18:27

Ihr Lieben ich freue mich so die Liebe siegt wir haben schon zweitausend Unterschriften gegen die Feinde der Exhumierung und der Statue die Wahrheit siegt Wir werden immer mehr und kommen dem Ziel immer näher. Ja zur Figur, Ja zur Exhumierung, meine Lieben, halten wir zusammen. Und wer nicht hier bei uns sein kann der zünde ein Kerzlein an (*)(*)(*) Komm und lies in meinem Blog über Hellseherei, übernatürliche Dinge, Suche nach Vermissten. usw.: rosaliasiehtdiehellederseele.blogspot.com. Zur Einnerung: Tragt euch für die Pilgerfahrt nach Licheń ein. Lecker Mittagessen mit im Preis.

SexyRationalistin 18:29

Habt ihr nichts anderes, wofür ihr euer Geld ausgeben könnt, ihr Katholiban? Ganz Europa lacht über dieses Katholand. Und du Rosalia werd am besten unbefleckt schwanger, müh dich hier nicht länger ab.

PolishKamikaze 18:29

Diese ganze Union ist ein einziges schwules Missverständnis

Benek 18:29

Schwule aus der Union verp*sssssssssssssssst eueueuchch chch

ProfessorHab. 18:32

.... Der Inhalt von Kołeks SARG wurde absichtlich durcheinandergebracht um unsere PATRIOTISCHE Initiative auf dem Wałbrzycher Marktplatz zu verpfuschen und durch Zweifel zu zersetzen. Das ist GEZIELTE MANIPULATION und eine VERSCHWÖRUNG, die absichtlich vor Weihnachten WEIHNACHTEN ausgeheckt wurde, das wie allgemein bekannt ist eine gewisse Gruppe von Leuten nichts angeht, während die WAHREN POLEN verbissen am Tisch diskutieren. NUN, JEMAND muss das so EINGEFÄDELT haben, damit – es so kam, wie es kam!

TypMitBart 18:34

Dem Recht auf *Exhumierung* stellen sich die MÖRDER in den Weg

Benek 18:34

Mörder verp*sssssssssssssst euch!!!!!!!!!!!!11111!!!!!!!

Hofnarr 18:34

Jeder wahre polnische Patriot sollte mindestens ein Mal exhumiert werden

Benek 18:34

Respekt mindestens ein Mal

PolishKamikaze 18:34

Wenn schon denn schon

UnzufriedenerPole 18:35

als pole geboren zu werden ist einfach pech

MutterPL 18:35

Kein Ende kein Ende unserer Marter!

ProfessorHab. 18:35

Das waren AUSLÄNDISCHE Dienste … »JEMANDEM« lag daran …………………

TypMitBart 18:35

Leiche lag im Müll Ähnlichkeit gleich null

ProfessorHab. 18:36

Alles vertuscht vertauscht

TypischerTyp 18:36

Schreien wir alle Provokation!!!1!!

MutterPL 18:36

Den Kindern die Ohren zuhalten

PolishKamikaze 18:37

Wollt ihr die Wahrheit dann grabt sie aus

TypMitBart 18:37

Das war nicht derselbe, den sie in den Sarg gelegt haben

TypOhneBart 18:37

Unser Kołek war das nicht

MutterPL 18:37

Den Leichnam aufbewahren für die Kinder

Krätze 18:38

Graben wir gemeinsam wie Brüder

Benek 18:38

Vorwärts marsch in den Arsch

A-theist 18:38

Grabt grabt ihr schwarze Masse

Krätze 18:38

Vorwärts marsch in den Arsch

Studentin 18:39

In den dunklen Arsch des Mittelalters

MutterPL 18:39

Reden unsern Kindern Blödsinn ein

Benek 18:39

Dieser Sarg soll uns regieren

PolishKamikaze 18:40

Unser Leib unser Grab Wir haben das Recht

Homar 18:40

Ich brenne, Alicja

Die Schmerzensmutter

Es war dunkel, fast Nacht, als Marcin und ich beim Marktplatz ankamen. Dawid hatte sich nicht mehr gemeldet, doch seine Worte »Ich brenne, Alicja« ließen mir keine Ruhe. Ich hatte immer noch den brandigen Geruch in der Nase, der mich in Mareks Haus auf die Spur seines vernichteten Manuskripts gebracht hatte. Dass er der Schuldige war, stand für mich so gut wie fest, und ich nahm an, dass ich nur aus Mitleid anfangs daran gezweifelt hatte. Wir mussten ihn finden. Ich wusste nicht, was Marcin vorhatte, aber ich für meinen Teil wollte Marek Waszkiewicz ein paar Fragen stellen, denn später, auf der Polizei, würde es keine Gelegenheit mehr dazu geben. Er hatte von meinem Telefon, das mir im unterirdischen Gang heruntergefallen war, bei Marcin angerufen, doch das Gespräch wurde unterbrochen, als hätte er es sich anders überlegt oder als hätte ihn jemand mit Gewalt von seinem Vorhaben abbringen wollen. Marek konnte lediglich sagen, dass er sich mit mir treffen wolle, mit Alicja Tabor. Marcin hatte im Hintergrund das Stimmengewirr einer Menschenmenge gehört, und es gab in dieser Stadt um diese Zeit nur einen so belebten Ort: den Marktplatz, auf dem sich die Leute seit den Morgenstunden drängten und die Statue der Schmerzensmutter erwarteten. Sie sollte heute von Jerry Swan hergebracht und neben dem Springbrunnen aufgestellt werden.

»Wir müssen ihn finden«, wiederholte Marcin, und in seiner Stimme lag eine solche Entschlossenheit, dass ich mich wieder zu fragen begann, wer dieser Mann eigentlich war, zu dem ich durchs Schlafzimmerfenster eingestiegen bin.

»Wer bist du, Marcin Schwartz?«

Wie gewöhnlich antwortete er nicht, und ich wusste, dass ich ihn als den einzigen Menschen in Erinnerung behalten würde, der nicht bereit gewesen war, mir seine Geschichte zu schenken. Ich musste mich mit dem begnügen, was er getan hatte, seit wir uns kannten. Und mit dem festen Druck seiner Hand, als wir uns nun durch die nicht eben freundlich gesinnte Menge drängten. Marek hatte Marcin nicht gesagt, warum er mich suchte, aber ich wusste, dass Menschen mich meistens treffen wollten, um mich von ihrer Version der Ereignisse zu überzeugen, die sie die einzig wahre nannten. Selbst dieser bedauernswerte Pädophile hatte das Recht auf seine Geschichte, und ich war bereit, sie mir anzuhören. Irgendwo hier musste er sein, vielleicht beobachtete er uns sogar. Dennoch schien mir Swan um einiges gefährlicher.

Die Erwartung legte sich wie Schweinskopfsülze über den Platz. Die angekündigte Zeremonie war verschoben worden – warum, wusste niemand. Auf dem Platz wurden rasch ein paar Verkaufsstände mit Schmalzbroten und sauren Gurken aufgestellt, von tragbaren Grills stieg der kräftige Geruch nach gerösteter Schweineschulter und Würstchen auf, mit Taschen beladene Männer bahnten sich den Weg durch die Menge und warben:

»Warmes Bier, kaltes Bier, Wodka, warmes Bier, kaltes Bier.«

Eine findige Alte zog ein Wägelchen hinter sich her und rief: »Hausgemachte Piroggen, Tee!«

In einem Hauseingang hatten die Knochenverkäufer ihre Ware auf einem Feldbett mit Wachstuchdecke ausgebreitet, ihr Stand war dicht umlagert. Die eisernsten Fanatiker waren immer noch auf dem Posten. Vor einem geschlossenen Lebensmittelladen hielt die dicke Bartlady mit zurückgelegtem Kopf ein Nickerchen, ihr Mund stand offen, ihre Knie waren weit gespreizt. Die beiden Herren, Poposcheitel und Löwenkopf, leerten ein paar Schritte weiter eine Flasche Amarenawein und stritten sich. Poposcheitel raffte sich noch einmal halbherzig auf:

»Jetzt sagen Sie mir nicht, dass der.«

Und Löwenkopf knurrte:

»Dass ich was? Das haben Sie gesagt, nicht ich!«

Sie starrten sich feindselig an, tranken jeder einen Schluck und schwiegen.

»Mir ist so langweilig«, quengelte ein Kind, das in eine silberne Jacke verpackt war wie ein Truthahn in Alufolie, und seine Mutter drohte, ohne es anzublicken:

»Geh mir nicht auf die Nerven, sonst setzt's was.«

In einem Altbau ließen ein paar Jungen ein Laken mit der Aufschrift »Welcome in Dunkelwalde« aus dem Fenster hängen, doch niemand beachtete sie, und so standen sie unschlüssig da und wippten im Takt der Musik, die vom Platz herüberschallte. Dort, wo einmal das Teehaus Madras gewesen war, verschnaufte auf ein paar Klappstühlen ein Grüppchen älterer Damen mit gelben Plaketten auf der Brust, offensichtlich hatten sie die Gelegenheit für einen Einkaufsbummel genutzt. Eine von ihnen, deren Dauerwelle sich kräuselte wie ein Widdervlies, holte ihr Häkelzeug heraus und fuchtelte mit der Nadel, dass das weiße Garnknäuel in ihrem Schoß tanzte.

Die Frauen folgten uns mit den Blicken, Menschen wie sie erkennen immer sofort, wer dazugehört und wer nicht. In ihr Raunen mischte sich plötzlich ein anderer Ton, rhythmische Schläge von Metall auf Stein. Es klang fast wie das Klopfen, das ich so oft unter meinem Haus gehört habe. Wir erreichten den Marktplatz, wo die Pubertätspickel, des Wartens offenbar überdrüssig, mit den Ständern der Scheinwerfer auf den Springbrunnen einprügelten.

»Die zerlegen den Brunnen«, sagte jemand mit unverhohlener Bewunderung. Die Gesichter der Glatzköpfe glänzten wie lackiert, in bierseliger Trance schlugen sie zu, verbissen und mit aller Kraft.

»Aber meine Herren, das geht doch nicht! Das ist doch …«,

versuchte ein Mann sie aufzuhalten, der aussah wie ein pensionierter Physiklehrer, doch sie beachteten ihn nicht.

»Kannst du nicht einmal die Klappe halten?« Die Ehefrau fasste den Tollkühnen am Ärmel und zog ihn in die Menge. Ich erkannte sie, es waren die Knochenverkäufer mit der magersten Ausbeute im Zimmer, das es nicht gibt. Der Arm der Ehefrau schnappte zu wie ein Karabinerhaken. Diese Szene brachte das Kind in der silbernen Jacke zum Lachen, und sein Vater rief, ohne den Blick von den Glatzköpfen abzuwenden:

»Ruhe, sonst setzt's was!«

Schwarze Steinplatten barsten, Glas splitterte, Scherben und Wasser spritzten.

»Vorwärts marsch in den Arsch!!!«

»Hau zu, Krätze!«

»Hau zu, Benek!«

»Hau zu, Kamikaze!«

»In den Arsch mit dem Brunnen!«

»In den Arsch mit allem!«

»In den Arsch mit dem Arsch!«

»Vorwärts marsch in den Arsch!!!«

Die Luft beim zerstörten Brunnen war wutgeladen, explosiv wie Benzindämpfe. Als nur noch ein Haufen nasser Schutt übrig war, stürzten sich die Umstehenden darauf, um auch die Reste kurz und klein zu schlagen. Ein stämmiges Mädel, gebräunt wie ein Brathähnchen, donnerte seinen Leinenbeutel gegen die kümmerlichen Reste des Springbrunnens. Es musste etwas sehr Schweres in der Tasche sein, denn ein Stück Steinplatte sprang ab, flog in die Menge und prallte einem alten Mann gegen den Rücken, der ächzte, schwankte, sich aber wacker aufrecht hielt.

»Damals im Partisanenkampf bei Lublin«, hob er mit Fistelstimme an, doch es übertönte ihn das Grölen der Pickelglatzen, die um den Steinhaufen herumsprangen und schrien:

»Wer nicht mitmacht, der ist schwul!«

Da die Menschenmenge nicht reagierte, stürzten sie in die dichter werdende Dunkelheit davon. Ihr Gebrüll wurde vom Klirren zertrümmerter Fensterscheiben begleitet.

»Fick das verfickte Ding«, rief das Brathähnchen seiner nur unerheblich blasseren Freundin zu, die gegen den Springbrunnen trat. Eine Fontäne schoss in die Höhe.

»Wasser!«, schrie das Kind in der silbernen Jacke so schrill, dass einige der Versammelten sich die Ohren zuhielten. Die beiden Mädchen brachen in Gelächter aus und stürmten den Pickelglatzen hinterher.

»Wasser!«, stöhnte Gloria, die in fiebriger Eile angelaufen kam, der ergraute Zopf wehte hinter ihr her wie ein Banner, in der Hand hielt sie einen Stapel Papier. »Nicht zufällig ist die Schmerzensmutter so weiß wie in den Worten des Propheten, die in seinem Gedicht verewigt sind«, hob sie an, doch niemand hörte ihr zu. »Ich bitte um Verzeihung.« Unbeirrbar erklomm sie die zertrümmerten Marmorplatten, um ihre Ansprache von einem höheren Punkt aus zu halten, räusperte sich und setzte noch einmal an: »Liebe gemeinsam hier Versammelte! Ich bitte um Verzeihung! Eine Petition für die Benennung einer Schule nach unserem Bruder Jan Kołek.« Sie streckte die Hände aus, um die Blätter zu verteilen, doch niemand wollte die Petition unterzeichnen. Nach einem ganzen Tag Warterei fanden die Menschen, dass ihnen mehr zustand. Die Zerstörung des Springbrunnens hatte sie nur kurzzeitig unterhalten.

»Was ist mit Jerry Swan?! Was ist mit der Statue?!«, bestürmten sie Gloria, aber die Lateinlehrerin wusste auch keine Antwort. Dennoch gab sie nicht auf.

»Ich bitte um Verzeihung! Zünden wir Kerzen an, versenken wir die Ruine des Brunnens in einem Lichtermeer. Wenn nötig, lassen wir uns daran anketten! Mit Leib und Leben in Jan Kołeks Namen!«

Der Wasserstrahl aus dem Trümmerhaufen änderte seine Richtung und zielte auf Gloria, die den Stapel mit der Petition fallen ließ, schwankte und der Länge nach hinschlug. Sandra Pędrak-Pyrzyckas Filmteam, das die Brunnenzerstörung verpasst hatte, lief auf die prustende, planschende Lehrerin zu.

»Welche Stimmung ist hier heute unter den Versammelten zu spüren?«, schleuderte die Reporterin ihr beherzt die erste Frage entgegen und streckte das Mikrofon aus.

»Verzeihung!« Gloria rückte ihre Brille zurecht und richtete ihren Blick auf die Kamera, die nasse weiße Bluse klebte an ihren Brüsten. »Einsam und allein, wurde ich kaltblütig den Medien zum Fraß vorgeworfen!«

Jemand kicherte boshaft:

»Miss Wet T-Shirt!«

Jemand schimpfte:

»Beschissenes Land. Da heißt's, die Muttergottes kommt, und was kriegen wir? Eine alte Plunschkuh.«

»Alte Plunschkuuuuh«, wiederholte das Kind in der silbernen Jacke begeistert, seine Mutter, die fasziniert Glorias Schmach beobachtete, tadelte es mechanisch:

»Gehmirnichaufdienervensonstsetztswas.«

Marcin bekam einen Anruf und sprach leise auf Deutsch in sein Telefon.

»Ich weiß, wer«, verstand ich, und etwas später, »bald«.

Die Reporterin ließ von Gloria ab und fragte nun die anderen Leute, was sie über die umstrittene Statue der Schmerzensmutter dachten.

»Wer nicht mit uns ist, der ist, wie man so schön sagt, gegen uns«, verkündete Löwenkopf, doch Poposcheitel setzte hinzu, er sei anderer Meinung, wer gegen uns sei, der sei gar kein Pole. Und kein Pole, was das heiße, das wisse man ja schon.

»Was denn?«, wollte die Reporterin wissen, doch die Antwort ging in Gegröle unter. Eine Gruppe junger Leute zog mit Transparenten über den Platz: »Weg mit Kathostan!« Endlich war wieder was los. Die Stimmung der Menschenmenge schlug um, als hätte man die bittere Warterei mit einem Häubchen Sprühsahne versüßt, der Lieblingszutat aller Rentner. Löwenkopf und Poposcheitel staksten steifbeinig herbei, zwei Betrunkene, die noch wussten, dass sie betrunken waren, und deshalb so tun wollten, als wären sie es nicht.

»Pfui, besoffene Schweine«, kommentierte das dauergewellte Dreiergespann und drängte sich Hand in Hand nach vorn. »Haut ab, ihr Perversen!«, fauchten sie die jungen Leute an. Sie trugen alle ähnliche Stiefel mit zahlreichen Ziernähten und Nieten und sahen aus wie die drei Musketiere. Aus dem Weg, die Mütter kommen! Die Alte in Violett nutzte Glorias kläglichen Zustand, ergriff ihren Arm und legte los.

»Hören Sie! Ich wohne im dritten, und der Bürger Nachbar aus dem vierten, der braut Drogen mit der Polizei. Viecher haben die mir eingeschleust. Und von den Medien will mir keiner helfen«, jammerte sie.

Marcin drückte noch immer meine Hand und ließ seinen Blick über die Menge schweifen, ich wusste nicht, nach wem er Ausschau hielt. Nach Marek Waszkiewicz? Nach Jerry Swan? »Ich weiß, wer«, hatte er eben in den Hörer gesagt, und ich hätte zu gern gewusst, mit wem er gesprochen hatte. Warum konnte er so gut Polnisch? Warum wollte er in keiner Sprache von sich erzählen? Dass Marcin Schwartz kein Abenteurer war, konnte ich mir mittlerweile denken. Ein Schatzsucher wie mein Vater war er wohl auch nicht. Er war offenbar hergekommen, um die Kinder zu retten und die Entführer zu finden, und er tat dergleichen nicht zum ersten Mal. Ich spürte seine Anspannung.

Da ging ein Schauer durch die Menge, als hätte jemand einen Stein mitten in einen Fischschwarm geworfen. Irgendetwas war im Gange – doch was, sah ich erst, als ich mich auf die

Zehenspitzen stellte. Ein Sarg. Er schwebte über den Köpfen der Menschen dahin.

»Jerry Swan«, sagte Marcin, und ich hatte ihn auch entdeckt, im weißen, weit aufgeknöpften Hemd und langem Mantel. Der schwarze Mann aus dem Fernsehen, hinter ihm die Knochenverkäufer mit einem Sarg auf den Schultern. Die Menge trat auseinander, manche bekreuzigten sich, andere knieten nieder. Der Leichenzug erreichte die Überreste des Springbrunnens und machte auf Swans Zeichen hin Halt. Die Männer setzten den Sarg ab.

»Jerry Swan, unser Erlöser!«

»Blut und Marter, weißer Adler!«

»Heilige Gebeine, heilig, heilig.«

»Leichnam dieser Erde.«

»Wunderschön!«

»Heilig.«

»Leiche der Leichen, über Leichen.«

»Gemartert!«

Swan stand da, die Augen gen Himmel gerichtet. Einzelne Schneeflocken kreiselten über dem Marktplatz, das Schweigen verdichtete sich, nur das Wasser aus dem Brunnen trommelte auf den Sargdeckel wie Regen auf ein Fensterbrett.

»Ich komme heute nicht zu euch«, sagte Swan schließlich mit einer melodischen Frauenstimme.

»Was sagt er?« Die Alte in Violett hörte schlecht.

»Ich komme heute nicht zu euch!«, brüllte die Bartlady sichtlich missgelaunt.

»Komme nicht? O blutige Marter mein«, sagte die Alte verwirrt.

»Ich komme nicht zu euch«, wiederholte Swan. »Ich komme nicht eher zu euch, o ihr gemarterten Menschen dieser seit jeher polnischen Erde, als bis …« Er reckte den Zeigefinger zum Himmel und erstarrte wie versteinert.

»Ich komme nicht eher, als bis …«, wiederholte er bedächtig, als übersetze er aus einer Fremdsprache. Indessen strich Gloria ihre Bluse glatt, knöpfte ihren Mantel zu und pflanzte sich neben Swan auf, um deutlich zu machen, wo ihr Platz war. Swan holte tief Luft:

»Ich komme nicht eher zu euch, als bis ihr mit der Statue die Knochen des unschuldig ermordeten Jan Kołek gerächt habt. In diesem Sarg hier rufen die grausam getöteten leblosen Überreste des Jan Kołek euch um ein weiteres Geldopfer an. Ich sehe meine Statue, eine große Statue«, säuselte Swan weiter mit lieblicher Frauenstimme, und die drei gestiefelten Freundinnen begriffen als Erste.

»Die Muttergottes!«, riefen sie. »Die Muttergottes spricht durch ihn! Wie zu Jan Kołek. Zu uns! Leute! Sie will eine große Statue!«

Swan senkte bescheiden die Lider und schwieg eine Weile, um die Nachricht bei den Menschen ankommen zu lassen.

»Ich möchte eine große Statue«, bestätigte er schließlich, »keine kleine. Ich bringe euch den leblosen Leichnam des Jan Kołek hierher, auf dass er zu eurer Großzügigkeit spreche. Auf dass dieser leblose Leichnam euch an die Worte erinnere, die ich an ihn gerichtet habe, auf dass eure Großzügigkeit seine gemarterten Gebeine räche.«

»Dieser leblose Leichnam«, echote die Alte in Violett, »von meinem Bürger Nachbarn getötet.«

»Wollt ihr«, fuhr Swan fort, »dass die unschuldigen verschwundenen Kinder in die sehnsuchtsvollen Arme ihrer Nächsten zurückkehren? Wollt ihr, dass meine alles überragende Statue, wie es sie in keiner anderen Stadt Polens, ja selbst auf der ganzen Welt kein zweites Mal gibt, selbst von Wrocław aus zu sehen sein wird? Dass Ströme von Gläubigen zu ihren Füßen pilgern, um sich die allerheiligsten Reliquien zu holen, die dieser Boden in Überfülle birgt wie Kohle?«

»Wir wollen! Wir wollen! Wir wollen!«

Da wurde mir klar, dass Swan alles ganz genau geplant hatte. Andżelikas Tod war vielleicht noch ein Versehen gewesen. Wahrscheinlich hatte er sich am Anfang gedacht, er würde den Menschen Geld für die Marienfigur aus der Tasche ziehen und danach die missbrauchten Kinder zurückbringen, sodass er als Held dastünde. Und sich auf diese Weise noch mehr Geld erschleichen. Den armen, dümmlichen Marek hatte er die Drecksarbeit erledigen lassen. Offensichtlich wusste Swan noch nicht, dass Kalinka sich nicht mehr im unterirdischen Labyrinth befand und Marek ihn verraten hatte. Oder wusste er es und hatte einfach beschlossen, seine letzte große Rolle bis zum Schluss durchzuziehen?

»Wir wollen!«, skandierte die Masse.

Ich hätte größte Lust gehabt, dem erbärmlichen Schauspiel ein Ende zu setzen, doch Marcin hielt mich zurück.

»Der läuft uns nicht davon.«

»Versprichst du mir das?«

Er nickte, mir wurde plötzlich klar, dass ich Swan nicht aufhalten, sondern umbringen wollte. Marcin beugte sich vor und küsste mich, und die Bartlady erdolchte uns fast mit Blicken.

»Keine Schweinereien hier!«

»Jan Kołeks blutige, gemarterte Überreste, auf bestialische Weise verschwörerisch ermordet«, drang Swan weiter in die Zuhörer, »sie rufen zu euch.«

»Sie rufen: Grab uns wieder ein, du Leichenschänder!«, rief ein schmaler bebrillter Junge aus dem Fenster des Altbaus, und ein paar Köpfe drehten sich zu dem Laken »Welcome in Dunkelwalde« um.

»Welcome, welcome«, wiederholte die Dame mit Bart. »Die immer mit ihrem Welcome, und beim Real kostet das Kotelett jetzt schon fünfzehn sechzig.« Sie sah verärgert aus.

Swan gab nicht auf:

»Diese leblosen Überreste bitten euch um eine bescheidene Gabe, ein Opfer von Herzen, damit sie in Frieden ruhen können. Damit dieser reinste, dieser in seiner Marter noch ungesühnte Erdensohn von den Würmern gefressen werden kann, wollen wir das?«

»Wir wollen!«, entfuhr es der Alten in Violett.

»Wir wollen!«

»Wollen wir nicht!«

»Lasst eure Gaben wie Manna auf diesen Sarg herniederregnen«, fuhr Swan fort, »in die aufgestellte Spendendose. Ihr Menschen an diesem Sarg hier, seid stark! Seid großzügig zu diesen Gebeinen! Diese Stadt hat eine größere Statue verdient als Rio de Janeiro. Kein Fremder soll uns ins Gesicht spucken. Lasst uns eine größere Figur errichten. Lasst uns im Leichnam dieses Namens siegen!«

»Lasst uns siegen!«, wiederholte die dicke Bartlady, in ihrer Stimme war ein neuer, bitterer Ton.

»Am Tage von Christi Geburt wird diese Figur dank eurer Gaben errichtet sein, das verspreche ich euch.« Swan sprach immer noch mit Frauenstimme. »Und sollte euch«, er reckte einen Finger zum Himmel, »dasselbe widerfahren wie vor zweitausend Jahren meinem Sohn, dann ist dies Blutvergießen nicht unsere Schuld.«

»Blut, Marter, Würmer!«, rief die Menge.

»Wir gestatten es den dreckigen Niederträchtlern nicht, dass Jan Kołeks Märtyrertod und die verschwundenen Kinder dem Vergessen anheimfallen, denn wir sind Millionen. Und für die Statue sammeln wir Millionen!«

»Millionen!«, brüllte die Menge, doch statt Begeisterung lag in diesem Schrei eine gallige Wut, als wären allen plötzlich die Lottomillionen in den Sinn gekommen, die immer nur den anderen in den Schoß fielen.

»Vereint mit jedem Tropfen unseres Blutes vergessen wir nie

das Blut unseres heldenhaft gefallenen Jan Kołek! Die Millionen unserer edlen Herzen!«

»Millionen! Blut Marter Jan Kołek!«, skandierte die Menge, die inzwischen so aufgewühlt war, dass ich im Getümmel versehentlich Marcins Hand losließ und ihn aus den Augen verlor. Panik stieg in mir auf, ich wurde von den Massen gegen eine Hauswand gedrängt und fürchtete schon, die aufgebrachten Leiber könnten mich zerquetschen.

»Wir werden dieses Blut beim Sarg hier verteidigen bis zum letzten Tropfen polnischen Blutes!« Swan war in seine Männerstimme zurückgefallen, doch die Menge hatte sich der Herrschaft seiner Worte entzogen, sie kochte.

»Blut! Blut Sarg Jan Kołek!«

»Dem Blut der Unschuldigen zu Ehren lasst uns Geldopfer für die verschwundenen Kinder bringen! Werfen wir unsere Spenden dem Hass in den Rachen, sollen sie das Heldenblut unseres Erdensohnes ehren!«, ereiferte sich Swan, doch der Sinn seiner Worte drang nicht mehr zu den Menschen durch.

Ich roch gärendes Obst, es brodelte und blubberte, »Rachen geschmissen, drauf geschissen«, ächzte jemand neben mir mit letzter Kraft. Sie hatten auf ein Wunder gewartet, und es war nicht gekommen. Vergeblich hatten sie auf die Statue der Schmerzensmutter gewartet. Wieder einmal war alles Warten umsonst gewesen. Und da schrie das übermütige Kind in der Silberjacke, das sein Vater auf die Schultern genommen hatte, damit es besser sehen konnte, plötzlich mit gellender Stimme:

»Der Mann da will Geld haben! Aus meiner Spardose will der Geld?«

»Geld will der, Geld?«, zischelte die Menge. »Von unseren Renten, für unsere Medikamente?«

»Geld?«, wiederholte die Bartlady missbilligend.

»Von Müttern will der Geld?«, tuschelten die drei Dauerwellen pikiert.

»Für Drogen«, ergänzte die Alte in Violett und rief dann: »In die Tasche mit ihm und ab in den Wald!«

»Betrüger!« Eine junge Frau riss ihr Transparent »Katholiban nach Kathostan« hoch.

»Der Satan hat euch den Kopf verwirrt, damit ihr nicht mehr klar denken könnt«, verteidigte sich Swan, aber seine Macht schmolz dahin. Er wich zurück und stieß gegen Jan Kołeks Sarg.

»Ein Betrüger?«, fragte Poposcheitel nach.

»Ein Täuscher und Schummler!« Löwenkopf hatte schon keine Zweifel mehr und schleuderte die leere Amarenaweinflasche zu Boden.

»Bestohlen hat er euch, der Betrüger!«, stimmten die Jungen mit dem Laken ein. »Es gibt gar keine Statue!«

»Blut Marter Würmer!« Machtvoll war die Stimme der Menge, sie stieß in den Himmel wie eine Gabel in Kartoffelpüree. »Heute!«, grölte der Chor. »Wir wollen Blut! Blut!! Blut!!!«

Wer stürzte sich als Erster auf Jan Kołeks Sarg? Unter wessen Fausthieb gab das Holz nach? Swan versuchte noch, etwas zu sagen, aber es beachtete ihn niemand mehr, fast wäre er niedergetrampelt worden. Er konnte gerade noch ausweichen, dafür erwischte es Gloria. Die Menge fegte über sie hinweg und war schon beim Sarg, wer zuerst kommt, mahlt zuerst, und wer zuerst mahlt, lässt keinen Zweiten mehr ran, sie rissen und zerrten, Knochen splitterten, Holz knackte, Fleisch schmatzte. Stofffetzen, Knöpfe, Sargnägel, Socken, Gürtel und Schuhe flogen, die weiße Unterhose, das Unterhemd, die Totenschuhe made in China, durch die sich kein Wurm je durchfressen würde. Einen Schuh fing die Alte in Violett auf wie einen Brautstrauß und starrte ungläubig auf dieses unerwartete Geschenk des Himmels. Offenbar verlieh es ihr ungeahnte Kräfte, denn sie warf sich mit Kriegsgeheul ins Getümmel. Sie rissen und zerrten, wühlten und gruben, mit Krallen und Zähnen, Nagelfeilen,

Kunstnägeln, Häkelnadeln, Taschenmessern. Wer sich etwas unter den Nagel gerissen hatte, versteckte es schnell, denn man wusste ja nie. Wenn es um Leichen geht, ist der Mensch des Menschen Wolf! Und Jan Kołeks Leiche war eine schöne Leiche, frisch aus dem heiligen Boden ausgegraben!

»Eine schöne Leiche«, ächzte die dicke Bartlady. »Und eines Märtyrertodes gestorben!«

»Eine Leiche, die man getrost der Welt zeigen kann«, ergänzte Poposcheitel. Da müsse er widersprechen, sagte Löwenkopf, so eine Leiche habe die Welt nicht verdient.

»Perlen vor die Säue. Eine Basilika wie in Licheń* müsste hier gebaut werden, sie müssten Schloss Fürstenstein zu einem neuen Wałbrzycher Licheń umbauen. Bloß größer und schöner! Und dort die Leiche ausstellen!«

»Fürstenstein wird Licheń! Fürstensteinwirdlicheń! Fürstensteinwirdlicheń!«, fielen die drei Mütter ein.

»So eine Leiche dürfen nur Auserwählte sehen! Am besten in einer Vitrine im großen Saal. Das Schloss muss zu einem Mausoleum umgebaut werden!« Löwenkopf war Feuer und Flamme, aus seinen Ohren rauchte es. Die beiden älteren Herren stürzten sich mit Kampfgeheul auf die Leiche, Frauen fielen über Jan Kołeks Überreste her und rafften sie an sich, die Arme ausgebreitet wie Seesterne, Männer wollten Leichenkraft – und manch einer spürte sie schon. Was war das für eine Wunderleiche! Die Demonstranten warfen ihre Transparente weg und wollten probieren, was ihren Gegnern so schmeckte.

Am Ende wären fast keine Leichenteile mehr für die drei alleinerziehenden Mütter und eine Rentnerin abgefallen, die sich dreist zwischen sie gedrängt hatte. Die Mutter in Aubergine

* Wallfahrtsort mit der größten Basilika Polens, in der ein Gnadenbild der »Schmerzensmutter Gottes, der Königin von Polen« verehrt wird. (Anm. d. Ü.)

und die junge Nichtmutter mit den starken Arbeitshänden gingen mit erhobenen Fäusten aufeinander los.

»Hände weg von unserer Leiche! Knochen wie ein Soldat, scharf wie Säbel. Augen wie Kleinode!«

»Fingernägel wie Muscheln«, flüsterte der linkische Mann im Strickpullunder und schloss die Hand um seine winzige Beute. Ein kleiner Untersetzter mit Schnauzbart rannte mit Jan Kołeks Kopf unter dem Arm davon, so schnell ihn seine kurzen Beine trugen, ein anderer setzte ihm nach und schrie:

»Gib sofort meinen Kopf zurück, verdammt noch mal!«

Die ältere Dame mit dem dauergewellten Widdervlies spießte etwas auf ihre Häkelnadel, das wie ein Penis oder ein Finger aussah, stopfte es in ihre »Real«-Plastiktüte und trabte zufrieden davon. Die Bartlady ergatterte ein ganzes Bein und schwang es sich über die Schulter, stolzgeschwellt und machtvoll wie eine Kriegsgöttin. Als die Leiche gefleddert war, ging es an den Sarg, dass die Sägespäne flogen, denn wer kein Stück Kołek ergattert hatte, fand, in der Not schmeckt ein Sarg genauso gut. Kiefernholz hell wie Fleisch, ein rosa Stofffetzen wie Haut, die schmelzenden Schneeflocken darauf wie heiliges Blut.

Wo der Springbrunnen gestanden hatte, war nun nichts mehr außer ein paar zerbrochenen Flaschen und schmutzigen Papptellern. Swan war in der Menge untergetaucht, und kurz dachte ich, es wäre ihm vielleicht so ergangen wie Jan Kołeks Leichnam. Die Menschen strebten eilig in alle Richtungen davon und schirmten ihre Gesichter ab. Ich fühlte mich vollkommen verloren. Und da entdeckte ich ihn. Marek. Er stand im Schatten einer Einfahrt neben einem geschlossenen Schuhgeschäft und betrachtete die schwindende Menschenmenge. Plötzlich veränderte sich sein Gesichtsausdruck, er krümmte sich zusammen, als habe er Bauchschmerzen, und setzte zur Flucht an. Was ihn so ängstigte und wovor er floh, wusste ich nicht. Er rannte unbeholfen davon, wankend auf seinen stämmigen

X-Beinen. Ich dachte erschrocken, er habe mich vielleicht bemerkt, aber als ich ihm nachlief, sah ich, dass Mareks plötzliche Eile einen anderen Grund hatte. Er floh nicht. Er verfolgte Jerry Swan. Ich heftete mich an ihre Fersen. Marek blickte sich nicht um, aber er spürte wohl, dass ich hinter ihm lief, denn er legte an Tempo zu. Ich sah ihre Rücken, ganz normale Rücken, ich sah die Füße, ganz normale Füße, an jedem waren sicher fünf Zehen. »Warum sehen die Katzenfresser so aus wie wir?«, fragte ich meine Schwester. »Weil sie so sind wie wir«, antwortete sie, und eher spürte ich die schreckliche Wahrheit hinter ihren Worten, als dass ich sie verstand. »Kann ich ein Katzenfresser werden?« – »Du nicht, Kamelin. Du nicht.« – »Und wie heißen die Leute, die gegen die Katzenfresser kämpfen? Sind das die vier Panzersoldaten? Oder ist es Stierlitz, der so tut, als wäre er ein Deutscher?« – »Ich weiß es nicht, du musst dir etwas ausdenken, *meine Kleine.*« Ich dachte an meine Schwester, an Rosemarie und Andżelika. An das schlafende Mädchen, das ich heute ins Krankenhaus gebracht hatte. An Gertrud Blütchen in meiner Tasche. Am liebsten hätte ich jetzt Marcin hier gehabt, damit er seine Pistole zog und die beiden einfach erschoss wie in einem Actionthriller. Ich stellte mir ein leises hygienisches Klicken vor, auch wenn ich noch nie miterlebt hatte, wie jemand wirklich erschossen wurde. »Manche verdienen es nicht, dass man sie zu verstehen versucht«, hatte der Leiter des Engelchenheims gesagt. Was würde aus mir, wenn ich ihm recht geben müsste? Marek folgte Swan in einem gleichbleibenden Abstand und zog sich in Hauseingänge zurück, wenn er stehen blieb. Ich verstand nicht, was diese Vorsicht sollte. War denn jetzt, wo Marek Waszkiewicz Kalinka gerettet hatte, das Band zwischen ihm und Swan gerissen, und sie standen sich als Feinde gegenüber? Es sah ganz so aus, als wollte Marek nicht, dass Swan ihn entdeckte. Ich wollte auch nicht, dass mich jemand entdeckte, aber in dem gelben Mantel war ich so unauffällig wie ein entflogener Kanarienvogel. Wir kamen an der Kirche der Schmerzensmutter vorbei, und als Swan in die Straße einbog, an der sich die Zoohandlung Kaninchenloch befand, wurde mir klar, dass er zum verborgenen Zimmer unterwegs war.

Das Kaninchenloch war verwüstet, unter Swans Füßen knirschte das Glas der zersplitterten Schaufensterscheibe. Marek Waszkiewicz tapste auf Zehenspitzen hinter ihm her wie ein Tanzbär. Ich sah zerschlagene Aquarien, tote Fische auf dem Fußboden, leblose Marmorierte Panzerwelse, Schleierschwänze, Skalare und Neonsalmler, ein kleines Pelztier mit zerschmettertem Schädel, tote Vögel von der Farbe meines Mantels. Swan beschleunigte seinen Schritt und verschwand in dem Eingang, der zum Zimmer führte, das es nicht gibt. Ich war direkt hinter Marek Waszkiewicz, hörte ihn atmen, sah einen aufgekratzten Pickel in seinem Nacken und seine verschwitzten Haare. Vorsichtshalber holte ich Gertrud Blütchen aus meiner Tasche. Wie handlich doch sein Griff war und wie glänzend seine Klinge. Marek hielt an und blickte sich um, ich weiß nicht, ob Hass oder Angst in seinen Augen lag. »Mamusia«, flüsterte er. Plötzlich sah ich wie in einem vorgespulten Film Menschen und Ereignisse an mir vorbeiziehen, alles verband sich zu einem Ganzen, das mir zugleich offensichtlich und unglaubwürdig erschien. Bevor seine Bedeutung ganz zu mir vordringen konnte, traf mich etwas hart am Hinterkopf, und die Bilder zerstoben in alle Richtungen wie Mohnkörner. Gertrud Blütchen glitt mir aus der Hand, ich machte ein paar Schritte und schlug zwischen den toten Welsen auf dem Boden auf.

Als ich wieder zu Bewusstsein kam, berührte etwas Weiches mein Gesicht. Ich blickte in die Augen eines Wesens, das mir eine Katze zu sein schien. Seine Schnurrhaare kitzelten meine Wange, die gelblichen Augen betrachteten mich forschend. Ich hoffte, dass ich mich irrte, aber es sah alles danach aus, als hätte dieses Wesen eben das Blut von meinem Gesicht geleckt.

»Der Schädel ist heil und ganz. Die Pfoten auch«, sagte die Katze. Ihr Gesicht war von Fältchen überzogen, sie hatte eine Nase wie ein Mensch, einen Hut mit Feder auf dem Kopf und einen Ring durch die Augenbraue.

»Dein Schädel ist heil und ganz«, wiederholte sie. »Steh auf, Mädelchen, wir machen jetzt die Eingänge zu.«

»Eingänge?«

»Was denn sonst? Die Milchbar mit Schmackokatz?« Die Katze lachte krächzend, und jetzt erkannte ich sie.

»Katzinka? Bist du es, Katzinka?«

»Wer sonst? Vielleicht Apolonia Kitti Kitti auf Erdenausflug? Jetzt lieg da nicht rum wie ein schlaffer Sack. An die Arbeit.« Sie reichte mir ihre kräftige Hand, deren Druck sich bekannt anfühlte. »Hier muss geputzt werden«, sagte sie entschlossen, »eine furchtbare Unordnung das!«

»Unordnung«, wiederholte ich etwas dümmlich.

»Die Leiche verschlungen«, seufzte Katzinka, »so was kann es geben in diesem Land an der Weichsel.« Sie trug meine Jacke und dieselben roten »Relaks«-Stiefel wie immer. Nun stampfte sie ungeduldig mit dem Fuß auf und schob mich zum Eingang des Kaninchenlochs. »Rühr dich!«

»Und du?«

»Die Zeit rennt. Ich lauf schnell die Eingänge zumachen«, sagte sie noch einmal und verschwand im Hinterzimmer, ich hörte, wie sie den Schrank öffnete, durch den man in den unterirdischen Gang stieg.

»Welche Eingänge? Warum kannst du nicht mit mir reden wie ein normaler Mensch?!«, rief ich ihr hinterher, erntete aber nur ein Lachen, als hätte ich etwas Lustiges gesagt.

Als ich das Kaninchenloch verließ und tief die kühle Luft einatmete, ging mir auf, dass ich mich erstaunlich frisch und munter fühlte, wenn man die Erlebnisse der letzten Stunden und den Schlag auf den Kopf bedachte. Gertrud Blütchen hatte ich verloren, aber meine Handtasche war noch da, und bevor ich recht begriff, was eigentlich geschehen war, sah ich Jerry Swan. Er rannte aus dem Hinterhof, wo sich der Eingang zum Zimmer, das es nicht gibt, und zu Adams Wohnung befand, blieb in der Einfahrt stehen und blickte sich nervös um. Unterwegs musste er seinen schwarzen Mantel verloren haben. Er hielt sich den linken Arm, und ich bemerkte, dass er verletzt war. Nun erinnerte er kaum noch an den beseelten Redner vom Marktplatz. Ich bekam Angst, dass bei dem Kampf, den er geführt hatte, Celestyna oder Adam etwas zugestoßen war. Oder Marcin. Swan bemerkte mich, in seinen Augen sah ich ein kurzes Erkennen aufflackern.

»Die vorwitzige Journalistin«, sagte er langsam mit zusammengebissenen Zähnen. Er schätzte unsere Kräfte ab, spannte seine Muskeln an, und ich dachte schon, er würde mich angreifen, doch dann stürzte er nach kurzem Zögern los und rannte davon. Ich sah seinen Rücken und dachte nicht daran, was ich tun würde, wenn ich ihn eingeholt hätte. Gertrud Blütchen hatte ich nicht mehr, aber mein Körper war so biegsam und leicht wie eh und je, vielleicht dank dieses Katzenwesens, das mein Gesicht geleckt hatte. Swan legte an Schnelligkeit zu, doch ich wusste, dass er mir nicht entkommen konnte, mich packte eine seltsame Fröhlichkeit, als wäre ich leicht beschwipst. Wir kamen an den Grunwald-Platz, wo Menschen auf den letzten Bus warteten, liefen über einen Weg so schwarz wie Lava, wildes Hupen ertönte, und ich sah aus dem Augenwinkel das erschrockene Gesicht einer Frau, deren Auto fast meine Hüfte berührt hätte. Swan drehte sich um, unsere Blicke trafen sich.

»Lauf!«, schrie ich und wäre fast in ihn hineingerannt, doch er beschleunigte gleich wieder, schwer trampelten seine Füße auf der Erde, Schlamm spritzte auf. Hinter uns heulte eine Polizeisirene, vor uns erhob sich eine Wand von Bäumen, der Galgenberg, dahinter der Sobieski-Park. Das Heulen kam näher, ich konnte nur vermuten, dass die Polizei hinter dem lebendigen oder toten Marek und der Person her war, die mich beim Kaninchenloch angegriffen hatte. Wir erreichten das Wałbrzycher Bergbaudenkmal, Swan umkreiste die steinernen Bergleute, die wie vor Verzweiflung erstarrt schienen und in dieser Stadt der überschwemmten Bergwerke auch wahrhaftig einiges zu beweinen hatten. Ein verspätetes Liebespaar saß eng umschlungen auf einer Parkbank, trank Wein aus einer Flasche und sah uns mit verschleiertem Blick hinterher, ich erkannte in ihnen die beiden Gruftis.

»Hey ... die spielen Fangen«, sagte die eine.

»Lass sie doch«, erwiderte der andere gleichgültig.

Swan stürzte sich blindlings in die Büsche am Galgenberg, ich setzte ihm nach. Ein Stück hügelaufwärts begann ein steiler, schneebedeckter Spazierpfad, rein und weiß wie die Milchstraße. Die Geräusche der Stadt verstummten, die Luft war kalt und klar, über den Baumwipfeln stand der Himmel voller Sterne, spitz wie aus Glas. Ich verspürte keine Müdigkeit, ich wusste, dass ich stundenlang so hätte laufen können. Als der Gejagte auf dem immer steileren und glatteren Pfad sein Tempo verringerte, wurde auch ich langsamer. Ich wünschte mir, dass dieser Lauf nie enden würde, sehnte mich aber zugleich danach, alles hinter mir zu haben und dem Menschen Auge in Auge gegenüberzustehen, der Jan Kołek aus dem Grab geholt und wer weiß welche anderen Verbrechen begangen hatte. Ich wollte herausfinden, wozu ich fähig war. Auf der anderen Seite des Parks sah ich die Lichter der Stadt, die mir auf einmal sehr freundlich erschien. Swan lief jetzt bergab in Richtung Stary Zdrój, aber ich ließ ihn nicht verschnaufen, sondern beschleunigte meinen Lauf. Ich jagte ihn über menschenleere Gehsteige zwischen schlafenden alten Häusern und vergitterten Läden hindurch, vorbei an der Konditorei Oleńka, dem Apollo-Kino und einigen geschlossenen, zu dubiosen Lagerhallen umgebauten Fabriken. Ich hörte den schweren Atem des Verfolgten, der pappige Schnee schmatzte unter seinen Füßen. Mein Geist war klar und offen, ich spürte nichts als die Bewegung, empfand keinen Hass. Mit einem Mal war ich mir sicher, dass Kalinka sich erholen würde. Sie war nicht verloren wie meine Schwester und Rosemarie! In meinem gelben flatternden Mantel scheuchte ich Swan durch das verschlafene und stille Szczawienko, Lichter blinkten an Nadelbäumen, Plastikweihnachtsmänner erklommen Gesimse und trieben Plastikrentiere an. Über Pfade zwischen schneebedeckten, unberührten Feldern, die wie mit Zuckerguss überzogen glänzten, gelangten wir zum Wald. Ich wusste, dass Swan keine Kraft mehr hatte. Er wollte einen Haken schlagen und sich in der Dunkelheit der Bäume verstecken, schaffte es aber nicht durch das Dickicht, der Wald stieß ihn zurück, verschloss sich vor ihm. Er kehrte auf den Pfad zurück, stolperte und keuchte, fuchtelte mit den Händen, um sein Gleichgewicht zu halten, und stürzte schließlich doch. Ich verlangsamte meinen Schritt, hatte ihn schon eingeholt.

»Du beschissenes Weibsstück«, röchelte er.

»Lauf!«, schrie ich, und der Wald warf mir das Echo zurück.

Ich wusste, dass ich nicht allein war. Zwischen den Bäumen huschte eine dunkle Gestalt einher, die uns begleitete, seit der Pfad durch den Wald verlief. Ich erkannte die Jacke, die ich Katzinka geschenkt hatte, und die roten Stiefel. Wie war die Katzenfrau so schnell hierhergekommen? Und war sie es wirklich? Das würde ich nie erfahren. Mir schoss der Gedanke durch den Kopf, dass ich selbst es war, ein anderes Ich, das mich durch die Dunkelheit begleitete.

»Lauf!«

Swan rappelte sich auf, setzte sich in Bewegung, der Mond drang durch die schneeschweren Wolken, es wurde beinahe hell. Wir taumelten auf die Lichtung am Fuß von Schloss Fürstenstein, er zuerst, ich gleich nach ihm. Alles um uns herum erstarrte in Erwartung.

*

»Wer bist du?«

»Ich heiße Alicja.«

»Kommst du mich besuchen?«

»Ich habe dir dein Kätzchen mitgebracht.«

»Bleibst du noch ein bisschen hier?«

»Ja.«

»Ist es jetzt Nacht?«

»Ja, du hast sehr lange geschlafen.«

»Ich habe vom Meer geträumt. Warst du schon mal am Meer?«

»Ja.«

»Kannst du so rauschen wie das Meer?«

»Ich kann es versuchen.«

*

»In der Morgendämmerung kann man genauso gut zu Abend essen wie in der Abenddämmerung, denn für einen kurzen Moment sind sie sich doch sehr ähnlich«, sinnierte Herr Albert.

»Dass es eine Morgen- und Abenddämmerung gibt, schließt aber den Unterschied zwischen Tag und Nacht nicht aus«, fügte Marcin hinzu.

Das war einer der längsten Sätze, die er ungefragt von sich gegeben hatte, seit ich ihn kannte. Wir saßen in meiner Küche. Ich weiß nicht, warum sie sich immer hier treffen wollten, vielleicht, um allem Schlimmen, das sich in diesem Haus abgespielt hatte, etwas entgegenzusetzen. Herr Albert, Marcin, Adam und Celestyna. Und der rote Hans aus der DDR, denn ich hatte es noch immer nicht übers Herz gebracht, ihn wegzuschmeißen. Als ich frühmorgens zurückkam, völlig entkräftet von den Ereignissen auf dem Marktplatz, der nächtlichen Verfolgungsjagd und dem Krankenbesuch bei Kalinka, hatte ich die Pfote des Bären geflickt und ihn in die Waschmaschine gesteckt. Nach allem, was vorgefallen war, sehnte ich mich nach alltäglichen Verrichtungen: Schmutziges waschen, Zerrissenes nähen. Herr Albert, Marcin, Adam und Celestyna standen nacheinander vor meiner Tür und schienen im grauen Morgendämmer unwirklich wie Ektoplasma, das sich vorübergehend zu den Gestalten meiner Freunde geformt hatte.

Celestyna hatte frisches Brot mitgebracht, das noch dampfte, und ich sah ihr zu, wie sie auf der Suche nach einem Messer mehrere Schubladen aufzog, jede ihrer Bewegungen war wie ein Tanz. Adam konnte seinen Blick nicht von ihr abwenden. Er hatte wie immer seine Anglerweste an, aber nun ragte ihm keine Hundekaustange aus der Brusttasche, sondern ein mit Mohnkörnern besetzter Holzlöffel steckte in einer Art Knopfloch, unter der Weste trug er ein weißes, schief zugeknöpftes Hemd und um den Hals eine Krawatte. Er sah aus wie jemand, der sich aus Verzweiflung schon zum Sterben hinlegen wollte, als er plötzlich das Blinken einer Taschenlampe und die ausgestreckte Hand eines anderen Menschen erblickte. Dieser andere Mensch war vermutlich Celestyna. Auf Adams Stirn klebte ein dickes Verbandspflaster, das er von Zeit zu Zeit erstaunt betastete, als sei ihm etwas schier Unglaubliches wieder eingefallen. Marcin briet Rührei, und vermutlich konnte keiner von uns ganz begreifen, wie nach alldem, was wir gesehen hatten, zerlassene Butter noch so köstlich duften konnte.

Wir aßen schweigend und prüften mit der Zunge, ob wir tatsächlich überlebt hatten und noch Geschmack empfinden konnten. Sogar Herr Albert langte herzhaft zu. Erst danach war die Zeit gekommen, zu erzählen, was jedem von uns am gestrigen Tag widerfahren war. Herr Albert sah uns der Reihe nach an, als wolle er sich jedes Gesicht genau einprägen, rückte seine Fliegermütze mit der altbekannten Handbewegung zurecht, faltete ein druckfrisches Exemplar der Wałbrzycher Zeitung auseinander und las vor:

SENSATION IN UNSERER STADT!
REPORTERIN GEGEN BETRÜGER

Die bekannte Reporterin und gebürtige Wałbrzycherin Alicja Tabor bewies gestern außergewöhnlichen Mut und Geistesgegenwart. Nach einer wilden Verfolgungsjagd überwältigte sie den verletzten Jerzy Ł. (Pseudonym Jerry Swan, 39) und machte damit eine polizeiliche Intervention überflüssig. Der selbsternannte Prophet Ł. der als Demagoge und Betrüger entlarvt wurde, versuchte vergeblich, der furchtlosen Reporterin zu entkommen, die mit detektivischer Akribie seine schändlichen Machenschaften offengelegt hatte. Ungeachtet der drohenden Gefahr für Leib und Leben, der späten Stunde und der widrigen Witterungsverhältnisse verfolgte Tabor den flüchtigen Ł. vom Wałbrzycher Marktplatz bis zu Schloss Fürstenstein. Dem dramatischen Dauerlauf, der sich über 15 Kilometer hinzog, hielt das Herz des Betrügers nicht stand, er musste mit einem Herzinfarkt ins städtische Krankenhaus eingeliefert werden. Jerzy Ł. wird verdächtigt, sich unrechtmäßig mehr als 645.000 Złoty angeeignet zu haben, die er arglosen Bürgern unserer Stadt aus der Tasche gezogen haben soll. Auf hinterlistige Weise brachte er seine Unterstützer dazu, Grabstätten zu schänden und menschliche Knochen als Reliquien zu verkaufen. Darüber hinaus sagte er den Bewohnern unserer Stadt die Errichtung einer Statue der Schmerzensmutter zu, wovon hier bereits mehrfach berichtet wurde. Die finanziellen Mittel dafür soll er sich von gutgläubigen Witwen erschlichen und in der Folge für den Erwerb von Luxusartikeln und eines teuren Autos ausgegeben haben.

»Das ist alles, was ihm vorgeworfen wird?!«, fragte ich. »Hinter den Entführungen steckt nicht Swan?«

Herr Albert und Marcin tauschten einen vielsagenden Blick, Celestyna seufzte und Adam betrachtete trübselig den Löffel in seinem Knopfloch.

»Das Beste kommt noch«, sagte er.

»Das Schlimmste«, verbesserte ihn Celestyna.

»Das Schlimmste«, stimmte Herr Albert ihr zu und schlug eine andere Seite der Zeitung auf.

EIN SCHOCK!

DAS FURCHTBARE VERBRECHEN ZWEIER PERVERSER

Vergangene Nacht kam endlich Licht in den Fall der beiden entführten Mädchen Andżelika M. (6) und Kalinka J. (5). Auch wenn sich der normale Menschenverstand dagegen sträubt, eine derart schockierende und grausame Wahrheit zur Kenntnis zu nehmen, dürfen und können wir unseren Lesern diese Informationen nicht vorenthalten. Verantwortlich für das Verschwinden der Mädchen sind die beiden Täter Maria W. (58) und Paweł K. (42). Die Kinder wurden in unterirdischen Räumlichkeiten festgehalten, die zu einem Gebäude im Besitz von Maria W. in der Gegend von Szczawienko gehören. W. befindet sich derzeit in Untersuchungshaft. Ihr Komplize ist auf der Flucht. Wie aus sicherer Quelle zu erfahren war, ist Paweł K. Mitglied eines internationalen Kinderporno-Rings. Wir fühlen uns verpflichtet, zu berichten, dass in den schockierenden pornographischen Filmen auch Tiere eine Rolle spielen. Dank des tatkräftigen Einsatzes unserer Polizei konnte leider nur Kalinka J. lebend geborgen werden, die sich zur Zeit in der Obhut unserer Wałbrzycher Ärzte auf dem Weg zur Genesung befindet. Das Mädchen wächst als Waise im hiesigen »Engelchenheim« auf, dessen Leiter Marian Waszkiewicz, ein verdienter Bürger unserer Stadt, gestern noch zu aufgewühlt war, um das Geschehen zu kommentieren. Beistand leistet ihm sein Sohn Marek W.

(35), von Beruf Schriftsteller, der uns in einem kurzen Interview mitteilte, er wolle alles daransetzen, um diese Tragödie mit der Feder zu rächen. Der Tod der kleinen Andżelika durch die Hand dieser Perversen liegt wie ein schwarzer Schatten über der schmerzvollen Geschichte unserer schönen Stadt, und die Polizei setzt alles daran, um auch das dritte Kind zu finden, Patryk Miłka (5) aus Sobięcin. Eine ausführliche Berichterstattung über die aufsehenerregenden Einzelheiten zu diesem erschütternden Fall finden Sie in der Wochenendausgabe unserer Zeitung.

Herr Albert nahm seine Brille ab und sah uns mit schutzlosen kurzsichtigen Augen an. Er rückte seine Fliegermütze zurecht und nickte, offensichtlich reichten ihm diese Informationen, um alles zu verstehen, doch ich hatte noch Fragen. Die erste war rein rhetorischer Art und lautete: »Mit der Feder zu rächen?«, während ich auf die zweite, »Wer ist Paweł K.?!«, am liebsten sofort eine Antwort erhalten hätte. Die Zeitung hatte nur ein unscharfes Foto veröffentlicht. Jeder von uns hätte aus der Ferne und mit Hut so ausgesehen. Da meldete sich Marcin zu Wort, der bis dahin geschwiegen hatte:

»Paweł Kupczyk, vierundvierzig und nicht zweiundvierzig Jahre alt, Sohn von Kazimierz Mierzwa und Urszula Mierzwa, geborene Kupczyk. Er ist in Wałbrzych aufgewachsen. Der Vater hat Selbstmord begangen, die Mutter ist kürzlich verstorben. Kupczyk besuchte die Fachschule für Bauwesen und zog dann nach Deutschland. Er saß sechs Jahre wegen zahlreicher Diebstähle und Einbrüche im Gefängnis und lernte dort Mitglieder eines Kinderpornorings kennen. Nach seiner Entlassung nahm er den Mädchennamen seiner Mutter an. Paweł Kupczyk ist außerdem als Arnold Schmidt, Mirosław Makara, Claus Lebioda und Agnieszka Mulawa bekannt.«

»Agnieszka?«, ächzte Celestyna.

»Agnieszka Mulawa«, bestätigte Marcin. »Wird per Steckbrief gesucht. Arbeitete als Kindergärtnerin in Szczecin. Paweł Kupczyk ist sehr gut darin, sein Erscheinungsbild zu verändern, in der Masse unterzugehen.«

»Warum denn?«, fragte ich verwirrt.

»Manchmal nur aus Spaß, zum eigenen Vergnügen. Aus demselben Grund quält er Tiere. Er sieht gern andere Lebewesen leiden.«

»Was für ein Scheusal«, warf Adam dazwischen.

»Scheusal«, gab ich ihm recht, »und sonst noch?«

»Paweł Kupczyks Aufgabe besteht darin, Kontakte anzubahnen«, fuhr Marcin fort.

»Und was heißt das?«, fragte Adam, der aussah, als sei er einer Ohnmacht nah oder müsse sich übergeben.

»Er sucht nach geeigneten Leuten, durch die er an neue Kinder kommt. Dann verwischt er die Spuren. Er stiftet Verwirrung und amüsiert sich prächtig dabei.«

»Deswegen hat er auch versucht, den Verdacht auf Jerry Swan zu lenken«, schloss Celestyna.

»Denn Swan passte«, spann ich den Faden weiter, »er passte haargenau.«

»Sie sehen sich sogar ähnlich oder, besser gesagt, Paweł Kupczyk glich sein Erscheinungsbild dem Swans an. Er gab sich für Swan aus, er säte Böses«, Marcins Worte klangen wie eine Anklage.

»Deswegen redete Andżelikas Bruder immer von einem schwarzen Mann aus dem Fernsehen. Er war am Teich Paweł Kupczyk begegnet, der Jerry Swan sehr ähnelte.« Celestyna barg ihr Gesicht in den Händen.

»Und ich habe ihn in meinem Garten für dich gehalten!«, fiel mir ein, und ich berührte Marcins Arm.

»Man kann ihn leicht mit anderen Menschen verwechseln«, gab Marcin zu.

»Jetzt sag uns endlich«, bat Celestyna, »wer dieser Kupczyk

ist. Haben wir ihn schon mal gesehen? Kennen wir das Dreckschwein?«

»Ich zeige euch ein paar Fotos.«

Wir beugten uns über den Bildschirm seines iPods. Ich erkannte Kupczyk sofort. Er war der Mann aus dem Zug, der bedauernswerte Briefträger, der übereifrige Knochenverkäufer, der fröhliche Schornsteinfeger mit den Kalendern, der bärtige Bettler aus der Pizzeria. Auf einem Bild war er genauso gekleidet wie Swan. Der schwarze Mann aus dem Fernsehen. Ein Katzenfresser. Er war es, der den Kater aufgeknüpft, sich in mein Haus geschlichen, das Tierheim in Rusinowa niedergebrannt hatte. Nicht erkennbar, vollkommen unauffällig, so wie wir. Meine Schwester hatte recht.

»Paweł Kupczyk ist aus der Stadt verschwunden«, wandte Marcin sich an mich. »Marek hat ihn aufgescheucht, als er nach Kalinka Jakubeks Verschwinden etwas zu ahnen begann. Er war es, der in den unterirdischen Gängen pornographisches Material und Andżelikas Leiche gefunden hat. Und Kalinka, die dort versteckt war. Er hat sie durch den Gang ins Palmenhaus gebracht.«

»Also hat Marek doch etwas von Inspektor Twardowski an sich.« Ich schüttelte ungläubig den Kopf. »Und was passierte dann mit Kupczyk?«

»Er ist mir jetzt schon das zweite Mal entwischt«, antwortete Marcin ärgerlich.

»Das zweite Mal?« Marcin und Herr Albert wechselten wieder einen Blick.

»Das ist jetzt nicht wichtig.« Marcin hatte nicht die Absicht, uns mehr zu verraten. »Wichtig ist, dass er entkommen ist.«

»Schade, dass du nicht auch hinter diesem Kupczyk hergerannt bist«, seufzte Celestyna. »Swan hat es verdient, aber der andere noch viel mehr.«

»Ich bin Reporterin und keine Auftragsmörderin.«

»Schade. Ich kenne noch ein paar andere Leute, die du jagen solltest.«

»Zum Beispiel diejenigen, die das Kaninchenloch so zugerichtet haben«, warf Adam traurig ein. »Alle Schmetterlingsbuntbarsche sind hinüber, die meisten Panzerwelse auch.«

Ich dachte an die toten Fische in Adams Laden, an das niedergebrannte Tierheim, den erhängten Kater in meinem Garten.

»Ja, das ist wirklich schade«, gab ich zu.

»Vielleicht bekommst du noch die Gelegenheit dazu.« Marcin lächelte. »Wenn du willst.«

»Ja, ich glaube, ich will«, erwiderte ich. »Aber wie kommt es, dass wir aus dem Ganzen herausgehalten werden? In der Zeitung steht nicht, wie Kalinka gefunden wurde.«

»Marian Waszkiewicz«, klärte Celestyna mich auf, »der Leiter des Engelchenheims.«

»Du warst bei ihm?«

»Ein trauriger Mensch, und so empfindsam!«, sagte sie gerührt. »Wir haben uns lange unterhalten. Er wollte mich porträtieren.«

»Hast du ihn um den Finger gewickelt?«

»Das hat sie«, bestätigte Adam.

»Der Heimleiter kennt einen Polesier bei der Polizei«, fuhr Celestyna fort. »Oberkommissar Mackiewicz. Der Polizei ist es ganz recht, wenn sich nicht herumspricht, dass wir und nicht sie das Versteck gefunden haben und dass du Kalinka gerettet hast. Von Marian Waszkiewicz soll ich dir ausrichten, dass er dich unbedingt sehen müsse. Alicja Tabor. Das sei sehr wichtig. Hast du noch irgendwelche Fragen?«

Ich schüttelte den Kopf, zu überwältigt von den Ereignissen.

»Aber ich.«

»Dann frag.« Ich schickte Celestyna ein blasses Lächeln.

»Trägst du immer Schuhe, mit denen du rennen kannst?«

»Immer.«

»Und warum hast du Swan nicht einfach eingeholt und festgehalten?«

»Ich weiß es nicht. Ich konnte wohl nur hinter ihm herlaufen.«

»Ein Katz-und-Maus-Spiel!« Am Lächeln der Bibliothekarin sah ich, dass sie verstand.

Bei Kaffee mit Kardamom, dessen intensiver Duft den Muffgeruch des alten Hauses überlagerte, erzählten Adam und Celestyna, wie sie die Wahrheit über Maria Waszkiewicz herausgefunden hatten. Sie hatten sich an Mareks Fersen geheftet, weil sie immer noch glaubten, er habe die Kinder entführt. Seine Mutter war es, die sie auf die Spur ihres Sohnes gesetzt hatte. Als sie Maria Waszkiewicz sahen, wussten sie, dass auch sie nach Marek suchte, und weil sie so verzweifelt wirkte, beschlossen sie, sie nicht aus den Augen zu lassen. Was beim Springbrunnen geschah, interessierte Maria Waszkiewicz nicht, sie drängte sich durch die Menschenmenge und fragte die Versammelten nach Marek, schüttelte ein paar Aufdringliche ab, die in ihr eine von Swans Anhängerinnen erkannten und wissen wollten, wann denn nun endlich die Marienfigur kommen werde. Maria brüllte den Namen ihres Sohnes in solcher Lautstärke, dass die Umstehenden sich die Ohren zuhielten und fragten, was denn die Alte hier den ganzen Platz zusammenschreie. Hatte die noch alle Tassen im Schrank? Sie schnappte sich einen der Pickelglatzen, stieß ihn gegen eine Mauer und schrie: »Gebt mir mein Kind zurück!«, aber der Glatzkopf riss sich los, zeigte ihr einen Vogel und floh. Sie schnürte im Kreis um den Wałbrzycher Marktplatz, schnüffelnd wie ein Jagdhund.

»Ich habe ja noch keine Kinder«, sagte Celestyna sinnend, »ich weiß nicht, ob Mütter ihre Kleinen am Geruch erkennen können.«

Marcin, Herr Albert und ich wussten es auch nicht, aber

Adam meinte, es sei möglich. Mama Ludmiła habe angeblich einen außerordentlichen Geruchssinn gehabt. Er wollte uns sofort mehr davon erzählen, aber Celestyna lenkte ihn entschlossen auf Maria Waszkiewicz zurück. Die beiden sahen, wie sie die Stufen zur Bibliothek unter den Atlanten hinaufstürzte und an der Tür rüttelte – vielleicht hatte sie gewittert, dass ihr Sohn vor kurzem dort gewesen war –, doch niemand machte ihr auf. So eilte sie weiter und wurde von ein paar Pilgerinnen erkannt, die beim ehemaligen Teehaus Madras auf die Schmerzensmutter warteten und sie bedrängten, wo denn heute die Knochenverkäufer seien. Man hat uns versprochen, sie wären hier, was ist denn nun damit, wo gibt's die Knochen? Nun waren sie extra mit dem Bus angereist, aus Jaworzyna, aus Świdnica und eine sogar aus Legnica! War das die feine Art, andere Leute so zum Narren zu halten, und auch noch kurz vor Weihnachten? Sie ließen nicht von ihr ab, doch Mareks Mutter wand sich schließlich aus ihrem Griff. Sie musste eine frische Fährte erschnüffelt haben, denn kaum hatte sie sich losgerissen, hastete sie geradewegs zum Kaninchenloch. Vor dem alten Gebäude blieb sie stehen, legte den Kopf in den Nacken, obwohl sie von dort aus nichts sehen konnte, und hielt die Hand auf die Stelle gepresst, wo unter ihrem riesigen weichen Busen das Herz pochte. Celestyna und Adam beobachteten sie vom Eingang des Nachbarhauses aus.

»Sie tat mir schon fast leid«, seufzte Adam, »aber dann …«

»Aber dann tauchten die drei Pickelglatzen mit Baseballschlägern und Brechstangen auf, und Maria Waszkiewicz baute sich vor ihnen auf wie ein Fels«, fuhr Celestyna fort. »Wahrscheinlich wollte sie die zerstörerische Energie ausnutzen, die sie ausstrahlten.«

»Dass solche Perverslinge sich hier in unserer Stadt ausbreiten müssen!«, sagte Maria Waszkiewicz, und die Pickel begriffen erst nicht, wen und was sie meinte. Sie hatten gerade den

Springbrunnen kurz und klein geschlagen und waren noch so aufgepeitscht, dass sie ihre Worte auf sich bezogen. »Hast du das gehört, Benek?«, fragte der eine drohend. »Und du, Kamikaze, hast du es gehört?«, fiel der zweite ein, es hätte nicht viel gefehlt, und sie hätten sich auf sie gestürzt. Da setzte Maria Waszkiewicz erklärend hinzu: »Der hier, der tut so, als ob er Viehzeug verkauft, und treibt sich mit wem rum?« – »Mit wem denn?«, fragten die Pickelglatzen, plötzlich interessiert. »Mit dieser Transe aus der Bibliothek«, spie sie angewidert aus. »Vorwärts marsch in den Arsch …?«, die Glatzen wechselten zögernde Blicke. Ganz offensichtlich zählten Bibliothekarinnen nicht zu ihrem Bekanntenkreis. »Die Rothaarige aus der Bibliothek, das ist ein Kerl, keine Frau«, erläuterte ihnen Mareks Mutter. »Die Rote mit den Titten?«, dämmerte es einem Glatzkopf, doch das Lichtchen erlosch gleich wieder. »Wie jetzt?« – »Nach vorne raus verkauft er Viecher, als ob er ganz normal wär, und hintenrum ist er ein Schwuler!«, brachte Maria Waszkiewicz es auf den Punkt. Da fiel der Groschen. »Eine Schwuchtel!«, johlten sie erleichtert. »Wer nicht mitmacht, der ist schwul! Vorne Viehzeug, hinten schwul. Verschwuchtelte Viecher!« – »Und mir wollte er keine Ratte verkaufen«, rutschte es Krätze heraus. »Ich sag, ich will eine Ratte, und er sagt, nein, die Ratte hier ist reserviert.« – »Was? Kein Rattenvieh wollte er dir verkaufen? Schwuchtel! Eine Schwuchtel ist das! Verkauft verschwuchteltes Viehzeug! Hau zu, Krätze! Hau zu, Kamikaze!« Glas splitterte.

»Aber ich habe Adam festgehalten«, sagte Celestyna, »ich bin auf seinen Rücken gesprungen und habe ihn festgehalten.«

»Ich wollte mich losreißen und bin mit dem Kopf gegen die Wand geschlagen«, fuhr Adam fort und befühlte wieder den Verband an seiner Stirn. »Und da ist mir plötzlich einiges wieder eingefallen. Aus meiner und Mama Ludmiłas Vergangenheit.« Er sah uns mit seinem erstaunten Gesichtsausdruck an, der ihm, wie ich langsam befürchtete, von nun an bleiben würde.

»Sie schlugen alles kurz und klein, aber ich habe ihn festgehalten«, sprach Celestyna weiter, »denn den Pickelglatzen war es egal, ob Panzerwels, Hamster oder Mensch.«

»Würmchen«, sagte Adam.

»Würmchen?«, fragten Marcin und ich wie aus einem Mund, und das erfüllte mich mit solcher Trauer, als wäre die gemeinsam verbrachte Zeit schon jetzt nur noch Erinnerung.

»So hieß der Hamster, den sie erschlagen haben. Würmchen. Ich gebe den Tieren immer Namen, auch wenn es mir dann schwerer fällt, mich von ihnen zu trennen.« Tränen liefen Adam übers Gesicht, doch er fand in seinen vielen Westentaschen kein Taschentuch, weswegen Celestyna ihm ihres gab und weitererzählte. Als die Glatzen nach vollbrachter Verwüstung in Hochstimmung weiterzogen, lief Maria Waszkiewicz in das Kaninchenloch und beschnupperte hastig Wände und Boden, nach ihrem enttäuschten Gesichtsausdruck zu urteilen, war jedoch auch die Fährte, die sie hier vorfand, nicht mehr frisch.

»Da dachten wir noch, sie habe herausgefunden, dass ihr Sohn an den Entführungen beteiligt war, und wolle ihn mit ihrem eigenen Körper vor dem nahenden Arm des Gesetzes schützen«, sagte Adam.

»Wir hatten noch nichts begriffen«, stimmte Celestyna ihm zu.

»Nichts. Aber das, was wir noch nicht begriffen hatten, stellte sich am Ende als noch schlimmer heraus.« Adam sah niedergeschlagen aus. »Wir blieben dort und versuchten, im Kaninchenloch zu retten, was zu retten war. Manche Tiere waren weggelaufen, aber die Fische natürlich nicht.«

»Die Fische nicht«, wiederholte Celestyna und seufzte. »Kurz darauf erschien dann Jerry Swan am Horizont.«

»Er sah kleiner aus als sonst«, setzte Adam hinzu.

»Wie geschrumpft und durch die Mangel gedreht«, bekräftigte Celestyna. »Hinter ihm kam Marek angeschlichen.«

»Aber der sah größer und energischer aus«, beschrieb ihn Adam.

»Wir folgten ihnen und sahen, dass Swan durch den offiziellen Gang vom Keller aus zu dem Zimmer wollte, das es nicht gibt. Also liefen wir in Adams Wohnung, um durch den venezianischen Spiegel zu beobachten, was geschehen würde«, sagte Celestyna.

»Geschehen würde«, echote Adam und tauschte einen Blick mit Celestyna, der mir voller Entsetzen schien.

»Erst kam Swan in das Zimmer, das es nicht gibt, und gleich danach Marek«, fuhr Celestyna mit der Geschichte fort. »Er brüllte: Was hast du mit dem Jungen gemacht?, und stürzte sich auf Swan.«

»So furchtlos wie Kommissar Konrad Twardowski aus seinem Roman«, ergänzte ich.

»Furchtlos«, stimmte Adam zu.

»Aber trotzdem nicht besonders geschickt, denn schon nach einer kurzen Weile saß Swan auf seiner Brust und brüllte: Du bescheuertes Weichei, das war nicht ich!« Celestyna fühlte sich so in ihre Rolle ein, dass Herr Albert seine Hände an die Stellen legte, wo sich unter der Fliegermütze seine Ohren befanden.

»Und dann kam Maria Waszkiewicz in das Zimmer gestürmt.« Adam betrachtete verwundert einen Schlüsselanhänger mit Muttergottesbild, den er aus seiner Westentasche geholt hatte, und fragte sich anscheinend, wie er dort hineingeraten war.

»Maria mit einem Messer in der Hand«, präzisierte Celestyna.

»Meinem Messer«, warf ich ein. »Sie hat mich auf den Kopf geschlagen und mir Gertrud Blütchen entwendet.«

»Marekchen!, rief sie. Mein Kind!, und rammte Swan das Messer in den Arm, obwohl sie eher auf seinen Rücken gezielt hatte.« Celestyna holte mit einem unsichtbaren Messer aus. »Da packte Marek, der sich unter Swan hervorgewälzt hatte, ihre Hand und entwand ihr das Messer. Und richtete die Spitze auf sie!« Die Bibliothekarin redete jetzt so schnell, als wollte sie diese Geschichte loswerden wie eine verschluckte Fliege.

»Und ich stellte meine Erfindung an«, mischte sich Adam ein, »und jetzt muss ich dazusagen, dass ich eine Verbesserung für das Aufnahmegerät gebastelt habe. Daran habe ich lange gesessen. Wer weiß«, sein Gesicht hellte sich für einen Moment auf, »vielleicht kann ich sie ja sogar patentieren lassen?«

»Und dieses Mal funktionierte die Anlage sofort.« Celestyna sah Adam an. »Jerry Swan rannte verletzt davon, Mutter und Sohn blieben allein zurück. Mutter und Sohn in dem Zimmer, das es nicht gibt.« Celestyna betrachtete ihre dunkelblau lackierten Fingernägel. »Ich wollte immer Kinder haben, doch seit ich die beiden zusammen gesehen habe, bin ich mir nicht mehr sicher. Aber vielleicht sollte ich von vorn anfangen.« Sie richtete sich auf und trank einen Schluck von Herrn Alberts Zitronenlikör, der unversehens auf dem Tisch aufgetaucht war. »Mein Söhnchen! Kind!, rief Maria Waszkiewicz, und Marek fiel das Messer aus der Hand, er sackte völlig in sich zusammen.«

»Es war sehr unangenehm, das mit anzusehen.« Adam schauderte.

»Marek saß an der Wand, er hatte das Gesicht in die Hände vergraben und kam uns so klein vor. Mehr wie ein Kind als wie ein erwachsener Mann. Er weinte und hob das Gesicht, es sah aus, als blickte er uns an und wüsste von dem venezianischen Spiegel. Maria Waszkiewicz eilte zu ihm, doch er kroch so hastig davon, als habe er Angst vor ihr.«

»Marek hat von nichts gewusst«, warf Adam ein. »Wenigstens am Anfang, als Andżelika Mizera aus Nowe Miasto verschwand. Er kannte sie nicht und hat sie nie gesehen. Celestyna hat über einen Polizisten herausbekommen, dass Marek früher als Spanner bekannt war. Einmal wurde er vor dem Kindergarten in Nowe Miasto geschnappt, ein andermal von einem Schulhof in Podzamcze verjagt.«

»Aber er hat nie einem Kind etwas angetan«, setzte Celestyna hinzu. »Als er anfing, das Buch zu schreiben, bekam sein Leben einen Sinn, endlich hatte er etwas für sich gefunden, und damals habe ich ihn kennengelernt. Wir haben uns zwar nie unterhalten und er hat mir nie in die Augen gesehen, aber wir wussten beide, dass es den anderen gab. Er kam oft in die Bibliothek, blätterte in alten Zeitungen, setzte eine geheimnisvolle Miene auf, kritzelte Dutzende von Karteikarten voll, rannte alle paar Minuten zur Toilette.« Celestyna schüttelte sich. »Er hatte so einen Tick, sich ständig an die Nase zu fassen, sie zwischen Zeige- und Mittelfinger zu klemmen, dass ich immer Sorge hatte, er könnte die Bücher mit Rotz beschmieren. Ich mochte ihn nicht, wie man Leute nicht mag, die einem leidtun und einen gleichzeitig abstoßen.«

»Eine widerliche Art des Mitgefühls«, stimmte ich ihr zu.

»Aber besser als gar keins«, warf Marcin ein, und Herr Albert räusperte sich, als sei er nicht ganz einverstanden.

»Er kam sich immer mit einem anderen Besucher ins Gehege, Herrn Leon, der auch ein Buch über Fürstin Daisy schreibt.« Celestyna lächelte bei der Erinnerung an den rüstigen Daisophilen.

»Ja, den habe ich kennengelernt«, sagte ich. »Leon Odrowąż hat schon mehr als siebenhundert Seiten über Fürstin Daisy geschrieben.«

»Beide interessierten sich für Bücher über die Geschichte von Wałbrzych und Umgebung, beide hatten eine Vorliebe für verschiedene blutige Details und waren fasziniert vom Geheimnis um Fürstin Daisys Perlen. Der alte Leon konnte Marek so wenig leiden, dass er ihm, wenn er zur Toilette ging, Material entwendete und seine Notizen durchwühlte. Und mir später erzählte, was Marek geschrieben hatte. Seit Kalinka verschwunden war, kam Marek öfter in die Bibliothek als sonst. Jetzt denke ich …«, die Bibliothekarin griff nach ihrem Glas, doch es war leer, und Herr Albert goss ihr Zitronenlikör nach. »Jetzt denke ich, Marek hat absichtlich Spuren gelegt. Er wollte unseren Blick auf etwas lenken, das zu sehen er selbst nicht den Mut hatte. Aber wir alle schauten nur auf ihn, zu sehr passte er ins Bild. Ein missratener, hässlicher Perverser, der von einem wie Jerry Swan zu bösen Taten angestiftet wurde.«

Ich vergrub mein Gesicht in den Händen. Von dieser Entdeckung war ich nur einen Schritt entfernt gewesen, als Maria Waszkiewicz mich auf den Hinterkopf schlug. Irgendetwas war mir genau in diesem Moment aufgegangen, eine Erleuchtung, die unter ihrem Schlag zersplitterte. Celestyna sprach mit einem Gesichtsausdruck weiter, der aussah, als kämen nicht Worte über ihre Lippen, sondern blutige Gazefetzen wie beim Zahnarzt.

»Ich habe es doch nur für dich getan!, schluchzte die Mutter, doch er rückte immer weiter von ihr ab und duckte sich. Sie kroch ihm hinterher, drängte ihn in die Ecke. – Damit du Geld für eine Transplantation hast. Für Geld kann man alles kaufen, auch eine neue Niere. – Nein, stammelte er, und sie beruhigte ihn, ist ja gut, alles ist gut, schschsch, er habe ja immer schon eine Künstlerseele gehabt, den Kopf in den Wolken. Zu sensibel für diese Welt, zu empfindlich. Mein Seelchen! Ich würde doch alles für dich tun. Wenn es dir nur gut geht! Marek hob sein verschwollenes Gesicht zu ihr, sie waren einander so ähnlich. Mamusia, brachte er so leise heraus, dass wir es ihm eher von den Lippen ablasen. Mein Söhnchen! Mamusias einziges Kind. Ich habe nachgeforscht, schon berührten sich ihre Knie, schon streichelte sie seinen Arm. Eine Niere, die kann man sich kaufen. Alles privat, unter der Hand, heimlich und leise. Dann wirst du endlich wieder gesund. Ich habe alles geplant. Wir fahren weg! Schluss mit dieser Marter. Endlich meldete sich Marek zu Wort: Sie war eine von uns, aus unserem Haus. Wie konntest du? Jetzt sah Mutter Marias Gesicht verzerrt und furchterregend aus. Von uns? Du bist mein Kind. Nur du! Für dich habe ich alles geopfert! So viele Marterjahre mit deinem Vater. Aufgeopfert habe ich mich. Du weißt ja nicht, was es heißt, eine Frau zu sein, mit so einem Mann. Jeden Tag! Jede Nacht! Eine einzige Marter, nur für dich! Aber du weißt deine Mutter ja nicht zu schätzen! – Der Sohn gab noch nicht auf. Kalinka war wie eine kleine Schwester für mich! Ein kleines Mädchen, beharrte Marek. Warum gerade sie, Mama? – Das kleine Miststück!, tobte seine Mutter los. Zigeunerbrut. Gerissene Schlange. Hat gequasselt wie ein Wasserfall. Die ist noch klein, die wird sich später an nichts erinnern. Das ist das Frauenschicksal, je früher sie es mitkriegt, desto besser für sie. – Sie ist fünf Jahre alt!, Marek hielt ihr seine Hand mit ausgestreckten Fingern entgegen. Als wäre er wieder ein kleines Kind.« Celestyna schüttelte den Kopf.

»Er ist immer ein Kind geblieben«, warf Marcin ein.

»Fünf Jahre! Maria Waszkiewicz' Gesicht verzerrte sich wieder bedrohlich, und jetzt musste Adam mich festhalten, weil ich größte Lust verspürte, hinzurennen und ihr den Schädel einzuschlagen.«

»Ich musste sie festhalten«, bekräftigte Adam.

»Beim Anblick der ausgestreckten Hand geriet die Mutter in Wut. Fünf Jahre? Willst du mich umbringen? Deine eigene Mutter ermorden? Ich leide für dich seit sechsunddreißig Jahren! Sechsunddreißig Marterjahre. Sieh nur, sie zeigte ihm ihren verletzten Arm, deiner Mutter Blut hast du vergossen! Marek erschrak: Tut es sehr weh? – Und wie! Blut, Schmerz und Marter. Ich habe alles geopfert, lebe nur für dich! Nicht mal Jesus Christus hat so lange gelitten wie ich. Und nun stößt ausgerechnet du mir ein Messer ins Herz. – Ich wollte nicht, dass du für mich zur Mörderin wirst. – Das war ein Versehen! Es ist nicht meine Schuld, dass sie nicht wieder aufgewacht ist. Vielleicht war sie ja krank! – Woher kanntest du sie überhaupt? – Ihre Mutter ist letztes Jahr selbst bei uns angekrochen gekommen, das blöde Weibsstück. Ihr behindertes Balg wollte sie abladen bei uns. Sie kommt nicht zurecht, allein, hat sie gesagt. Solche Kinder sind doch sowieso schon verloren! Ich würde solche Rabenmütter mit dem Tod bestrafen. Mit einem Martertod! Marek schüttelte es, als stünde er kurz vor einer Kolik, aber wir wussten, dass er – genau wie wir auch – die ganze Wahrheit erfahren wollte. Die Mutter ergriff seine Hand und bedeckte sie mit Küssen: Ich war doch nicht dabei. Ich hab nur mitgeholfen, passende Kinder zu finden. Ich war doch nicht dabei! Du glaubst doch wohl nicht, ich hätte dabei sein können? Das Einzige, was ich wollte, war Geld für dich. Ich würde mir für dich meine Hand abhacken lassen. Was habe ich gelitten, als es hieß, meine Niere ist nicht geeignet für dich. Wenn nicht die eigene Mutter, wer hilft dir dann? – Und der kleine Junge, Patryk Miłka aus Sobięcin, war er auch in dem unterirdischen Raum?, fragte Marek. Das befeuerte wieder ihre Wut. Junge?! Hältst du deine Mutter für pervers? Ich würde mir doch niemals die Hände mit so was schmutzig machen! Nicht für alles Geld der Welt. Du willst mich ins Grab bringen, schluchzte sie, hob Gertrud Blütchen vom Boden auf und setzte sich die Messerspitze an die linke Brust. Bitte, hier, töte deine Mutter! Wir dachten schon, das wäre ihr Ende«, seufzte Celestyna, und ich spürte ihr Bedauern, dass es anders gekommen war. »Mamusia! Marek fiel auf das Theater herein und griff nach der bewaffneten Hand seiner Mutter, sie packte seine Rechte und presste Gertrud Blütchen damit an ihre Brust. Dieses Herz, es schlägt nur für dich. Mamusia hat immer alles für dich getan, meine ganze Marter war nur für dich. Ich kenne die Mädchen aus solchen Häusern.

Kleine Nutten. Kaum können sie laufen, drängen die sich schon jedem Kerl auf den Schoß, wackeln mit dem Arsch, machen ihm schöne Augen, und dann werden unschuldigen Männern irgendwelche Schweinereien vorgeworfen. Zigeunerbalg, diebische Elster! Sie zog ihren Sohn an sich, der sich nicht mehr zur Wehr setzte. Wir brauchen die Gnade der anderen nicht, wir geben dein Buch selbst heraus, die werden Augen machen! Ich habe genug beiseitegelegt, das reicht. Wir müssen weg von hier. Hui, wir fliegen, weißt du noch? Das hast du früher immer gesagt: Hui, Mamusia, wir fliegen nach Amerika, nur wir zwei. Und Papa nehmen wir nicht mit? Und du hast gesagt, nein, Papa bleibt in Wałbrzych und weint uns nach. Nun quäl mich nicht mehr, quäl deine Mamusia nicht, heile heile Segen. Was vorbei ist, ist vorbei. Du weißt nichts über Kalinka, woher dieses Kind kommt, aus welchem Haus. Und dein Vater war völlig vernarrt in sie, anstatt sich um sein eigen Fleisch und Blut zu kümmern. Ein Töchterchen hätt er gern gehabt! Schämen soll er sich! Aus Kindern von Perversen kann nichts werden. Das liegt bei denen in den Genen, in den Knochen steckt das, drei Tage Regen, drei Tage Sonnenschein, jetzt kann uns keiner mehr trennen, keiner kann uns etwas tun. Schschsch, mein Söhnchen, Mamusia ist ja bei dir. Sie hielt ihn umfangen, und er lag willenlos, schlaff in ihren Armen. Sie drang auf ihn ein: Alles wird gut, heile heile Segen, hui, wir fliegen nach Amerika, nur wir zwei, mein Söhnchen, nur du und ich. Weißt du noch, wie Mamusia immer für dich gesungen hat, heile heile Segen, drei Tage Regen, wie Mamusia dich gestreichelt und gebadet hat? – Deswegen haben wir nicht gleich begriffen, was sich vor unseren Augen abspielte.«

»Wir haben es nicht begriffen«, stimmte Adam zu und blickte verwundert auf den Löffel, der aus seinem Knopfloch ragte: »Nein.«

»Die Mutter drückte Marek an sich, er schloss die Augen

und sah glücklich aus. Ich musste wegschauen, aber zu spät, dieses Bild bleibt mir für immer. Und dann habe ich die Polizei gerufen.«

Wir fahren

Ich verabschiedete mich von Celestyna und Adam und fuhr dann nach Szczawno-Zdrój, um Dawid noch einmal zu sehen. Ich wollte alle Dinge in dieser Stadt abschließen, und der Besuch bei ihm gehörte dazu. Ewa hatte ihn belogen, doch Dawid konnte sich nie damit abfinden, dass er sie verloren hatte. Ich wollte ihn irgendwie aufmuntern, auch wenn ich nicht glaubte, dass er eine Aufmunterung wirklich zulassen würde. Ich wusste auch nicht, ob er mir die Tür öffnen würde, schließlich kommunizierte er überhaupt nicht mehr mit mir. Doch ich wollte ihm zum Schluss wenigstens noch sagen, dass ich mich immer an den Jungen in Doc Martens erinnern würde, der mit dem Rucksack in die Berge wandern ging. Dass ich sein Bild in meinem Herzen trug, weil die Liebe, die meine Schwester für ihn empfunden hatte, auch ein Teil meiner eigenen Geschichte war, die Geschichte von Alicja, dem Überbleibsel.

Das erste Mal war ich nachts hier gewesen, und so dachte ich zuerst, ich hätte die Straßen verwechselt. Doch ich befand mich in der Kasztanowa-Straße, allerdings war die Nummer dreizehn ein renoviertes Haus, die Fenster blitzten vor Sauberkeit wie spiegelglatte Eisflächen. Eine schöne, alte deutsche Villa. Auf den Fensterbänken blühten Usambaraveilchen und üppige Christsterne. Wo der Gartenteich gewesen war, lächelte ein pappiger Schneemann mit Möhrennase ein Rote-Rüben-Lächeln, neben ihm stand ein Schlitten. Eine junge Frau in Daunenjacke schmückte eine Fichte mit einer glitzernden Kette. Als ich sie grüßte und nach Dawid fragte, nahm sie ihre große Sonnenbrille ab, an deren Bügeln Strass-Steine blinkten, sie sah außerordentlich überrascht aus.

»Da kommen Sie aber viel zu spät. Hier wohnte seit Jahren niemand mehr. Das Haus stand leer, bis sich letztes Jahr ein entfernter Erbe in Kanada fand. Es war eine Ruine, als wir es kauften.«

Ich lehnte mich gegen das Gartentor und krallte meine Finger um das kühle Metall. Knochen, dachte ich, kalte Knochen in kalter Erde. Die blonde Frau bat mich in den Garten.

»Sie haben das Haus letztes Jahr gekauft?«, fragte ich mit einer Stimme, die dumpf klang wie aus einem Tunnel unter Schloss Fürstenstein.

»Und was wir da drinnen nicht alles gefunden haben!«, seufzte die Blondine. »Papierstapel, verschimmelte Bücher, im Klavier war ein Mäusenest, auf dem Dachboden saßen zwei Eulen, eine ganze Woche lang haben wir nur Sachen rausgetragen und verbrannt. Meine Schwiegermutter wollte schon einen Exorzisten holen, weil sie glaubte den Teufel zu spüren.« Die Frau distanzierte sich mit einem Lächeln von dem abergläubischen Familienmitglied. Mit ihrem hübschen ruhigen Gesicht und den sorgfältig blondierten Haaren sah sie aus wie jemand, der jeden Tag seine Familie zu Tisch rief, seinen Kindern die Namen Jakub und Julia gab und Kuchen backen konnte. Sie sah mich forschend, aber freundlich an. »Kannten Sie diesen Dawid? Hier sagen die Leute, es sei eine seltsame Familie gewesen. Unter den Papierhaufen habe ich eine Mappe gefunden und darin zwanzig Jahre alte Zeitungsausschnitte über seinen Tod. Das ist doch eigenartig, nicht?«

»Tod?«, wiederholte ich.

»Ach, das wussten Sie nicht? Er ist im Auto verbrannt. Angeblich hatte ein junger Grieche ihn per Anhalter mitgenommen und sie sind bei Athen zusammen in einen Abgrund gerast.«

»Ich brenne, Alicja«, die Wörter aus Dawids letzter Nachricht blitzten in meinem Gedächtnis auf, ich roch wieder Brandgeruch, der sich in der Luft verbreitete. Den Geruch nach nasser Feuerstelle.

»Es war sogar ein Foto von ihm dabei. Ein gutaussehender junger Mann, groß und dunkelhaarig.« Die Frau zögerte und ich merkte, wie Neugier und Taktgefühl in ihr miteinander rangen. »Kannten Sie ihn?«, fragte sie schließlich doch, aber aus meiner zugeschnürten Kehle drang kein Laut, als würden alle Worte von der Glut erstickt, in der Dawid elend zugrunde gegangen war. »Fühlen Sie sich nicht gut? Kommen Sie, gehen wir ins Haus, ich mache Ihnen etwas zu trinken«, schlug sie vor. »Ich habe frischen Käsekuchen. Mit Pfirsichen. Meine Schwiegermutter sagt zwar immer, bei Käsekuchen nur Rosinen, aber ich bin da anderer Meinung.«

Ich konnte nur den Kopf schütteln, und da kam die blonde Frau auf mich zu und umarmte mich.

»Alles wird wieder gut«, sagte sie und tätschelte mir den Rücken, wie sie es sicher auch bei ihren Kindern tat, wenn ihnen etwas Schlimmes zugestoßen war. So standen wir in der grellen Wintersonne, eine Verzweifelte und ihre Trösterin, zwei einander völlig fremde Frauen. Sie hielt mich fest umarmt, und ich spürte, wie stark die neue Herrin dieses Hauses war, die Bezähmerin seiner Geister.

»Danke«, erwiderte ich, und als ich schon beim Gartentor war, das so ganz anders aussah als jenes, vor dem meine Schwester und ich vor dreißig Jahren gestanden hatten und uns nicht trauten, zum Sonntagsessen bei Dawids Eltern hineinzugehen, drehte ich mich noch einmal um und sagte:

»Dawid liebte ein bestimmtes Mädchen. Er trug Doc Martens und ging gern mit dem Rucksack in den Bergen wandern.«

*

Von dem zweiten Abschied sagte ich niemandem etwas, denn ich hatte versprochen, zu schweigen, und ich wollte mein Versprechen halten. Zofia Socha war aus der Narkose erwacht und wollte mich sehen. Ich solle sie nicht überanstrengen und dürfe höchstens eine Viertelstunde bleiben, hatte der traurige Doktor mich ermahnt. Als ich ihn fragte, in welchem Zustand meine Tante sei, knüllte sein Gesicht sich knittriger zusammen denn je, und er blickte mich so vorwurfsvoll an, dass er nichts weiter sagen musste, um mich wissen zu lassen, dass Patryks Großmutter sterben würde. Schon dass sie wieder aufgewacht war, fand er verwunderlich, fügte aber hinzu, es komme vor, dass Patienten, die schon mit einem Bein im Grab standen, für kurze Zeit erwachten, wenn es unbedingt sein müsse.

»Aber hier gibt es doch gar keinen Grund«, ergänzte der Arzt, und ich fürchtete schon, wir würden wieder zu weinen anfangen wie kürzlich, als ich Kalinka herbrachte.

»Wie lange noch?«, fragte ich und hatte wieder das Gefühl, ihm zu nahe zu treten.

»Einen Tag, vielleicht zwei«, sagte er und eilte weiter zu seinen Patienten, den hell erleuchteten Gang hinunter, unermüdlich und tieftraurig.

Zofia Socha lag in einem Isolierzimmer mit giftig gelb gestrichenen Wänden, die die Kranken wahrscheinlich aufheitern sollten. Der Geruch nach frischer Farbe hing noch in der Luft. Ich sah ihr Gesicht, die Mundwinkel, die vor langer Zeit herabgefallen waren und entschieden hatten, es wäre kaum lohnenswert, sich wieder zu heben, da auf alles Schöne doch unweigerlich der nächste Kummer folgt. Die wachsamen schwarzen Äuglein waren das Einzige, was an Zofia Sochas zerschnittenem und verbrauchtem Körper noch beweglich war, doch selbst sie waren nicht mehr blank, sondern blickten matt, als hätten sie im Sand gelegen. Die Großmutter des verschwundenen Patryk sah mir mit gut gespieltem Missmut entgegen.

»Durch einen Schlauch lassen die mich pinkeln«, verkündete sie. »Ich hab der Schwester schon gesagt, dass ich's bis zum Bad schaffe, aber nein. Die wissen alles besser. Haben die Weisheit mit Löffeln gefressen.«

»Ich bitte den Arzt, den Katheter herauszunehmen«, versuchte ich sie aufzumuntern, denn ich fand, dass jemand, der im Sterben lag, pinkeln können sollte, wie und wo er nur wollte.

»Jetzt liege ich hier wie dieser Lazarus! Kann weder kochen noch sonst was schaffen!«

»Manchmal braucht man auch eine Ruhepause.«

Sie schnaubte verächtlich.

»Eine schöne Ruhepause ist das!«

Ein so schweres Schweigen kehrte ein, dass selbst der Zeiger der Wanduhr sich nur mühsam voranschleppte, als wäre das Uhrwerk in zähe Gelatine getaucht.

»Und das Essen«, sagte Zofia Socha schließlich und verzog ihr Gesicht, »einfach fürchterlich. Gemüsesuppe, gedämpftes Gemüse. Bin ich etwa eine Kuh?«

»Sie durften nach der Operation schon wieder essen?«, wunderte ich mich.

»Nein, aber ich habe es gerochen!«

»Wenn Sie nach Hause kommen, kochen Sie sich eine ordentliche Brühe.«

Sie hielt ein hämisches Lächeln zurück, deren Anflug in ihren Hamsteräuglein aufflackerte. Sie wusste, dass ich log. Ihre Unterarme waren von Tropfkanülen zerstochen und mit bläulichen Blutergüssen übersät. Die Arme einer Leiche.

»Falls ich nicht wieder nach Hause kommen sollte ...« Sie führte den Satz nicht zu Ende, die Hamsteräuglein beobachteten mich scharf.

»Bitte sagen Sie mir, wie ich Ihnen helfen kann.«

»Ich habe niemanden mehr«, stieß sie bitter hervor. Gequält kroch der Uhrzeiger eine Minute weiter.

»Ich auch nicht«, sagte ich, und da blickte Zofia Socha mich zum ersten Mal offen an. Ich sah Verzweiflung, Angst und einen winzigen Funken Hoffnung in ihren Augen.

»Schwören Sie bei Gott, dass Sie es niemandem verraten.« Sie fasste mich mit ihrer heißen, harten Hand beim Arm.

»Ich glaube nicht an Gott«, sagte ich.

»Na, das ist ja noch schöner«, fauchte sie, »glaubt nicht an Gott! Und an was glaubt sie dann?« Ihr Händedruck erinnerte mich an die Hand meiner verlorenen Schwester, wenn wir spielten, wer es bei Grün schneller schaffte, einen Fuß auf die Straße zu setzen. Es war immer sie, die gewann.

»Ich glaube, dass man schlimme Taten verhindern und alles so gut machen sollte, wie man kann.«

Zofia Socha schwieg und bewegte nur ihre bleichen, aufgesprungenen Lippen, sie schmeckte meine Worte ab.

»Gut, das geht auch«, bekannte sie schließlich. »Ich habe mir von Anfang bis Ende zurechtgelegt, wie ich es Ihnen sagen soll, aber jetzt bin ich vor lauter Nervosität ganz durcheinander. Womit soll ich anfangen?« Sie sah mich ratlos an.

»Womit Sie wollen, der Rest kommt dann schon von allein.«

»Na gut, dann fange ich bei ihnen an.« Das Sprechen bereitete ihr Schmerz, ich konnte ihn spüren, er war alt und sauer.

»Sie sind gekommen, als meine Tochter gerade nach England abgereist war. Da dachte ich noch, sie käme zurück. Aber sie hat drüben jetzt neue Kinder, das habe ich Ihnen erzählt, glaube ich. Sie war schon seit Jahren nicht mehr hier. Ja, und dann sind sie gekommen. Es war ein Freitag, ich war gerade dabei, Piroggen zu machen, bei mir gibt's freitags immer Piroggen – oder Klöße. Mögen Sie Piroggen? Na, sehen Sie. Die mag jeder! Im Sommer darf's auch Reis mit Waldbeeren sein. Die Suppe zog gerade auf dem Herd. Und Patryk, wie der Piroggen liebt, seit er ganz klein war! Da klingelt es, ich geh hin, frage, wer da ist, und da sagt eine seltsame Stimme: Guten Tag, bitte machen

Sie doch auf. – Fremden mache ich nicht auf, sage ich. Und die Stimme: Ich bin keine Fremde, ich bin auch von hier. Ich hatte plötzlich so ein komisches Gefühl in der Herzgegend, mache die Tür auf. Da steht ein Paar, so in Ihrem Alter, jung, aber nicht mehr ganz jung, ordentlich angezogen, sauber, mit irgendwelchen Papieren in der Hand. Höfliche Leute mit Papieren kenn ich zur Genüge. Wenn Sie von den Zeugen Jehovas sind, dann vielen Dank, sag ich. Und sie darauf: Nein, keine Zeugen Jehovas, bitte machen Sie nicht wieder zu, und streckt mir ihre Hand hin, ich heiße Magdalena Katzmann. Und das ist mein Mann Jürgen. Bitte entschuldigen Sie, wenn ich Sie störe, sagt sie höflich, aber meine Großeltern haben einmal hier gewohnt. – Welche Großeltern?, frage ich. Ich bin Deutsche und lebe in Berlin, vor dem Krieg haben hier meine Großeltern gewohnt. In dieser Wohnung. Ich frage sie verdutzt: Aber Magdalena – das ist doch ein polnischer Name? Und da fängt die an zu weinen und sagt: Ein polnischer, aber auch ein deutscher. Ich habe an der Universität Polnisch studiert und spreche deswegen die Sprache, mein Mann auch ein bisschen. Und der nickt: *Dschjenn dobri*, sehr gefreut. Ich krieg's mit der Angst zu tun, denn dass ein Deutscher Polnisch studiert, das kann doch nicht mit rechten Dingen zugehn. Ich denk, vielleicht hat die jemand geschickt? – Aber das ist meine Wohnung. Mein Eigentum. Ich hab alle Unterlagen da. Mein Mann hat das noch alles beim Amt erledigt, bevor er gestorben ist. – Nein, nein, darum geht es gar nicht, sagt diese Magdalena. Ich wollte es bloß sehen. Hier, ich habe alte Fotos, sie zeigt sie mir, die Bilder, Fotos von Großmutter und Großvater, wie sie hier in der Wohnung sitzen, jünger als ich jetzt. Ich habe sie erst vor kurzem gefunden. Und jetzt wollte ich die Wohnung mit eigenen Augen sehen. Und ich darauf: Ich weiß gar nicht, ob's hier was zu sehen gibt? Patryk hatte sich hinter mir versteckt, und jetzt zieht er mich an der Schürze und fragt: Oma Hobbe, kommen die zu Besuch? Was sollte ich machen? Na, dann mal rein in die gute Stube, sage ich, ich mache gerade Piroggen, die Suppe muss noch ziehen. Mögen Sie Barschtsch? Ich koch eben zu Ende, und Sie können sich umsehen. Aber aus den Augenwinkeln hab ich drauf geachtet, dass die nichts mitgehen lassen. Es schmeckte ihnen, mit Patryk haben sie sich gut verstanden, denn er, Jürgen – fast wie Jurek bei uns –, ist so ein Arzt, der Leuten Sprechen beibringt, die schlecht sprechen können. Logopeede. Und sie ist Lehrerin an der Universität. Haben Sie Kinder?, frage ich. Und sie fängt wieder an zu flennen. Magdalena. Ist wohl nah am Wasser gebaut. Sie ist Ihnen ein bisschen ähnlich, aber etwas ruhiger. Die beiden sind dann noch mal wiedergekommen und haben uns mit dem Auto auf einen Ausflug zu Schloss Fürstenstein mitgenommen. Patrykchen war zum ersten Mal dort, wic sollte ich das auch allein machen, die Welt ist ja so teuer heutzutage, und ich hab richtig Angst gehabt, dass der mir noch krank wird vor lauter Aufregung. Magdalena wusste alles Mögliche, hat ihm von der Fürstin Daisy erzählt, von irgendwelchen Perlen und Katzentanten, die die Perlen nur ganz besonderen Kindern geben, und so ein Lirum-Larum. Bis er Schluckauf hatte. Ich, Oma, ich will jetzt doch nicht mehr Astronaut werden, ich schreib Bücher, sagt er. Oma Hobbe, ich schreib das alles auf! Je länger sie mit ihm sprach, desto weniger hat man gehört, dass sie Deutsche ist. Deutsche, Nichtdeutsche, für mich ist sie wie eine Polin, die Magdalena. Sagt über sich selbst, dass sie ein Mischling ist, keine Rassekatze. Nach einem Monat haben sie uns wieder besucht. Und dann noch mal vor Weihnachten. Ich wollte nicht, dass die im Haus sich die Mäuler zerreißen, hier gibt's viele übelwollende Augen, und Mossadam Husein schläft nicht, also trafen wir uns einmal in Szczawno, dann wieder im Schloss, dann auf eine Pizza im Einkaufszentrum. Einmal sind wir sogar bis nach Wrocław gefahren! Soll doch das Kind mal rauskommen in gesündere Luft, ohne Gas, hab ich mir gedacht, und los sind wir. Magdalena nennt mich jetzt Tante Zosia. Tante, meinetwegen. Und Ihre Tochter, haben sie gefragt. Kommt die zurück? Nimmt sie dann den Kleinen mit? – Ein Fahrrad haben sie ihm gekauft, ich war erst dagegen, aber ich gönn's dem Kind ja. Nur den Kassenbon mit Strichcode, den mussten sie sofort wegschmeißen, da hab ich drauf bestanden. Schütz dich selbst, dann schützt dich Gott. Sie haben uns Fotos gezeigt, ein schönes Haus mit Garten und alles voller Katzen, haben uns erzählt, wie sie die Ferien verbringen. – Kommt uns doch besuchen, haben sie gesagt, aber wo werd ich noch hinfahren auf meine alten Tage? Für mich ist das nichts mehr, das Reisen. Und außerdem, was ist, wenn meine Tochter wiederkommt?«

Die Hamsteräuglein waren forschend auf mich geheftet, prüften, ob man mir wirklich vertrauen konnte.

»Ich bin nicht dumm. Ich wusste, dass sie ihn haben wollten. Aber legal wäre das nicht gegangen. Ich hab gesehen, wie sie den Asozialen aus unserem Haus die Kinder weggenommen haben. Fünf Jahre hat's gedauert und nichts ist passiert, bis der Junge irgendwann einem Ball hinterherrennt und unters Auto gekommen ist, als die Eltern besoffen zu Hause lagen. Bevor da irgendwas passiert wäre, hätte ich längst meine Augen für immer zugemacht, und was wär dann aus dem Kind geworden? Mossadam Husein wartet bloß auf solche Kinder, auf die keiner aufpasst, und ruck-zuck, weg sind sie. Sie haben ihn für die Ferien genommen, die Geschichte, dass er verschwunden ist, habe ich mir selbst ausgedacht. Weil ich böse auf meine Tochter war. Ich sag ihr: Du musst kommen, Patrykchen ist weg. Da war gerade das Mädchen aus Nowe Miasto verschwunden. Ich hab gedacht, jetzt kommt meine Tochter und zeigt, dass ihr doch was an ihm liegt. Aber nichts da. Ich kann nicht kommen, Mama, sagt sie. Soll ich etwa alleine nach ihm suchen? Für was gibt's denn die Polizei! Ich hab geglaubt, mich trifft der Schlag. Ja, und dann hab ich bei der Polizei angerufen und mir die ganze

Geschichte ausgedacht, dass Patryk im Supermarkt verschwunden wäre. Warum im Supermarkt, fragen Sie? Zu viele Leute? Auf solche wie uns achtet sowieso keiner. Da haben Sie aber ganz schön was angestellt, Tante Zosia, hat Magda am Telefon gesagt. Jetzt sind wir eine kriminelle Bande. Und dann hat sie danke gesagt. Und geweint. Ist nah am Wasser gebaut, das Mädchen. Alle ein, zwei Wochen schicken sie mir Fotos. In der Schublade ist meine Handtasche.«

»Wie bitte?«

»Und in der Handtasche ist ein Schlüssel.« Zofia Socha wies mit dem Kinn auf das Nachtschränkchen. »Gehen Sie in meine Wohnung und nehmen Sie die Fotos mit. In der Kommode im Schlafzimmer, unter den Bettbezügen. Da kann sie keiner finden. Aber wenn ich tot bin, kommt sicher meine Tochter und wühlt alles durch, was noch da ist. Versprechen Sie es mir?« Im Gesicht von Patryks Großmutter waren rote Flecken erschienen, wieder fand ihre Hand die meine.

»Versprochen. Ich halte mein Wort.«

»In der Handtasche ist ein kleines Innenfach. Machen Sie es auf. Ist er noch da, hat ihn auch keiner gestohlen?«

Ich hielt den Ring mit dem roséfarbenen Korund zwischen den Fingern, er leuchtete wie ein glattgelutschter Bonbon und strahlte im Krankenhauslicht.

»Geben Sie ihn Magdalena. Sie soll ihn aufbewahren. Wenn Patrykchen sich später mal verlobt, hat er einen Ring von Oma. Echter russischer Rubin.«

»Möchten Sie, dass ich ihnen Bescheid sage?«

Sie sagte etwas, doch so leise, dass ich es nicht verstand. Ich beugte mich über sie, roch den Hauch des Todes.

»Ich möchte, dass Sie hinfahren. Wenn irgendwer fragt, sagen Sie einfach, Sie sind aus meiner Familie. Sie sind meine Patentochter.«

*

Ich lag mit Marcin in seinem Zimmer in Herrn Alberts Haus. Zum ersten Mal war ich durch die Tür und nicht durchs Fenster hereingekommen, und das auch nur, weil ich nach dem nächtlichen Wettlauf mit Jerry Swan immer noch an einer Sehnenzerrung litt. Das alte deutsche Sofa war unbequem, Staubkörnchen wirbelten in der Luft, und im Spiegel an dem klotzigen Eichenschrank, der mächtig war wie ein Panzer, schimmerten unsere Körper grünlich. In meinem Haus hatte ein ähnlicher Schrank gestanden, und bevor er aus dem Leim ging und im Ofen verfeuert wurde, sanken die Bilder der deutschen und polnischen Hausbewohner tief in seinen Spiegel ein und überlagerten einander. Vielleicht diente dieser Spiegel, den Vater damals nach ortsüblicher Sitte an den Gartenzaun gestellt hatte und der sofort von einem Trödler mitgenommen worden war, heute immer noch jemandem? Vielleicht erschien manchmal das Bild meiner Schwester darin, die lautlos die Worte formte: »In Deckung, Panzersoldat!« und den Finger an die Lippen legte? Zeigte er auch die Spiegelbilder von Gertrud, Albert und Adalbert, meinem Vater, Rosemarie-Anna-Lipiec-meiner-Mutter?

Eine schwerfällige Motte, vielleicht stammte auch sie aus deutschen Zeiten, schwang sich aus dem Abgrund unter dem Schrank auf und entschwand meinen Blicken, der Spiegel erfasste ihre kümmerliche Existenz nicht einmal. Wir liebten uns langsam, schweigend, und danach sahen wir zu, wie draußen vor dem Fenster der Schnee fiel. Zum ersten Mal seit dem Tod meiner Schwester erschien er mir nicht feindselig und es wurde mir erst jetzt bewusst, dass Ewa tief unter ihm ruhte, unter dreißig Jahren Schnee. Meine Hand lag auf Marcins Brust. Ich hatte schon immer eine Schwäche für seltsame Körperregionen: den Bauchnabel, die Brustwarzen bei Männern, die weiche Einbuchtung unterhalb des Knies, die Achselhöhle. Stellen, an denen man sieht, wie zerbrechlich der Körper ist, wie anfällig für Verletzungen.

»Und wohin geht es jetzt?«, fragte ich.

»Paweł Kupczyk finden. Wir wissen schon, wo er sich versteckt, und jetzt entkommt er mir nicht mehr.«

»Was machst du, wenn du ihn gefunden hast?«

»Dann spreche ich mein Urteil aus. Ich zähle ihm alle seine Verbrechen auf, einschließlich des letzten.«

»Und danach?«

»Dann habe ich noch eine Spur, die in den Nahen Osten führt. Ein Mädchen, das im Urlaub in Portugal verschwunden ist.«

»Ich meine, was du machst, wenn du dein Urteil ausgesprochen hast. Was du mit diesem Kupczyk machst.«

Marcin schwieg, denn schließlich wussten wir es beide, doch ich musste ihn einfach fragen, der Drang war stärker als ich. In der Stille, die nun einkehrte, betrachtete ich Marcins Bauchnabel. Ich musste an die verrückte Geschichte Adams vom Kaninchenloch denken. Auch wenn Adam es weder uns noch sich selbst so direkt gesagt hatte, ließ sich erahnen, dass seine Mutter mit Hilfe der Katzenladies den grausamen Vater ein für alle Mal beseitigt hatte. Und zwar mit dem Hackebeil. »Ein Katzenfresser weniger«, hätte Ewa in ihrer jugendlichen Unerbittlichkeit gesagt. Ich war dazu nicht fähig. Aber ich konnte versuchen, diejenigen zu verstehen, die dazu fähig waren. Marcin zu verstehen. Ich dachte an Paweł Kupczyk, der so farblos war, so erbärmlich. Ein gerissener, unauffälliger Katzenfresser. Ich drehte mich auf dem Sofa um, damit ich Marcins Gesicht besser sehen konnte.

»Und wenn du dein Urteil aussprichst, nennst du dann ihren Namen? Andżelika Mizera, so hieß das ermordete Mädchen. Ihre Lieblingsfarbe war Rosa und sie kümmerte sich um ihren Bruder.«

»Ja, Alicja. Ich nenne ihren Namen.«

»Und danach bringst du ihn einfach um?«

Schweigen. Seine Hand wanderte langsam meinen Rücken hinab.

»Wir wenden keine Folter an. Hier geht es nicht um Rache.«

»Und du sagst mir immer noch nicht, wer du bist?«

Ich spürte, dass Marcin im Dämmerlicht lächelte. Er hob meine Hand und küsste ihre Innenseite, in meinem Körper erwachte wieder das Begehren.

»Du möchtest Daten und Namen wissen?«

»Ich mag Fakten. In der Schule war ich gut in Mathematik. Mathematik ist wie Laufen. Sie führt immer von einem Ausgangspunkt zu einem Ziel.«

»Ein Fakt ist, dass auch du ein Geheimnis hast, Alicja.«

Ich stützte mich auf den Ellbogen und betrachtete dieses müde, noch junge, aber nicht mehr ganz junge Männergesicht. Es hatte viel Schlimmes gesehen.

»Ein Geheimnis?« Ich dachte, Marcin meine Dawid, doch ich irrte mich.

»Wenn du nach Berlin kommst und Patryk Miłka in seiner neuen Familie besuchst, sag mir Bescheid.«

»Du hast es gewusst! Deswegen hast du dich nicht dafür interessiert, was mit ihm geschehen war. Du wusstest von Anfang an, wo der Junge ist.«

Marcin widersprach nicht.

»Zofia Socha hat sich für einen Neuling gar nicht schlecht geschlagen. Trotzdem hat sie eine Menge Spuren hinterlassen, sodass wir schnell dahinterkamen, was sie getan hatte und warum.«

»Ich habe ihr mein Versprechen gegeben!«

»Und du wirst es auch halten. Das ist der beste Ort für diesen Jungen. Wir handeln nicht immer nach geltendem Recht. Eigentlich umgehen wir es meistens. Niemand wird es je erfahren. Es gibt keinerlei Hinweise.«

»Warst du es also auch, der die Kameraaufzeichnung aus dem Supermarkt hat verschwinden lassen, auf der Zofia Socha zu sehen war?«, dämmerte es mir.

Marcin lächelte schwach.

»Du hast auch das Recht gebrochen, Alicja. Jetzt bist du auf unserer Seite.«

»Auf wessen Seite bin ich jetzt?«

»Ich weiß, dass du Fakten magst. Aber wir sind kein Bund, der sich bei Kerzenschein in Katakomben trifft. Nichts Romantisches. Wir tragen keine schwarzen Umhänge und Hüte, tätowieren uns keine geheimnisvollen Zeichen oder schließen Blutsbrüderschaft. Zu einer politischen Partei gehören wir auch nicht. Wir treffen uns im Internet und manchmal auf einen Kaffee, so wie andere Leute auch. Manche gehen weg, wenn sie merken, dass sie ausgelaugt sind. Dann kommen wieder neue dazu. Manche schaffen es nicht, aufzuhören, denn das, was wir zerstören, wächst wieder nach.«

»Wie nennst du das, was ihr tut? Ich brauche einen Namen, so bin ich eben.«

Schweigen kehrte ein, der alte Holzboden knarrte, kleine Kiefer knabberten am Holz der alten Möbel, leise fiel der Schnee. Ich dachte schon, Marcin würde mir nicht antworten, aber dann sagte er doch etwas.

»Wir jagen die Katzenfresser, wie sie deine Schwester genannt hat. Ich habe keinen Namen für sie. Ich kann sie erkennen. Du bist so ähnlich wie ich. Das reicht.«

»Das reicht«, wiederholte ich. Ins Zimmer tröpfelte quecksilberdichte Dunkelheit, wie es sie nur im Winter gibt und nur hier. Meine Schwester war fasziniert von Quecksilber. Sie zerschlug Fieberthermometer, die man in der Apotheke am Markt für wenige Groschen kaufen konnte, und sammelte das flüssige Metall in einem Glasröhrchen. »Sieh nur, Kamelin, es lebt. An was erinnert es dich?« Wie gern hätte ich mit einem originellen

Vergleich geglänzt, der Ewas würdig gewesen wäre, dem zukünftigen Bühnen- und Fernsehstar. Aber Quecksilber war für mich einfach Quecksilber. »So sieht kondensierte Dunkelheit aus, Pipinelke. Quecksilber ist der Prütt der Dunkelheit. Dunkelheitsprütt!« »Dunkelheitsprütt«, wiederholte ich begeistert. Schade, dass es heute keine Quecksilberthermometer mehr gab wie jene, aus denen meine Schwester kondensierte Dunkelheit herausholte. »Weißt du eigentlich«, fragte sie und tanzte mit dem Glasröhrchen in der Hand durchs Zimmer, »dass ich ganz schwarz anlaufen würde, wenn ich das austränke? Hättest du gern eine schwarze, schwarze Schwester? Sprich mir nach, Kamelin, es war einmal ein schwarzer, schwarzer Wald, in diesem schwarzen, schwarzen Wald war ein schwarzes, schwarzes Haus«, und am Ende kam wie immer die weiße Leiche. Plötzlich verspürte ich Kühle, wie einen kalten Luftzug, obwohl ein warmer Körper neben mir lag. Ich bewegte mich nicht, Marcin hielt für einen Moment den Atem an, und ich wusste, dass auch er die winzige Veränderung um uns herum bemerkt hatte.

Ich sog die Nähe in mich auf, die sich vielleicht nie wieder zwischen uns einstellen würde und die ich noch nie mit einem Mann so empfunden hatte. Aber dennoch wollte ich mehr wissen.

»Erkennst du sie immer? Irrst du dich nie?«

»Ich darf mich nicht irren.«

»Es deutete aber doch alles auf Marek hin, und trotzdem hat sich herausgestellt, dass er unschuldig ist. Ganz im Gegenteil, für kurze Zeit war er sogar ein Held, wie Inspektor Twardowski aus seinem Roman. Als er entdeckte, dass seine Mutter und dieser Kupczyk die Kinder in den unterirdischen Gängen unter seinem Haus gefangen hielten, holte er Kalinka dort heraus. Es hätte nicht viel gefehlt, und sie wäre umgekommen wie Andżelika.« Ganz plötzlich befiel mich eine überwältigende Freude und Erleichterung, dass dieses Kind noch lebte. Ich spürte wieder, wie Marcin in der Dunkelheit lächelte.

»Wenn ich es einmal nicht so genau weiß, findet sich immer eine Katzendame, die mir weiterhilft.«

»Und Jerry Swan? Wusstest du von Anfang an, dass er nur ein feiger Betrüger ist?«

Marcins Lachen war erfrischend wie Wasser, und ich dachte, dass man schon eine große innere Kraft brauchte, um nach diesen Ereignissen noch Platz für ein solches Lachen zu haben.

»Ja, aber er hatte es verdient, sich die Seele aus dem Leib zu rennen. Ich habe noch keine Frau kennengelernt, die einen Feigling zu so einer Hetzjagd gezwungen hätte.« Er beugte sich vor und küsste mich. Ich mochte seinen Mund, die leicht schief stehenden Unterzähne.

»Eine einzige Frage noch. Hat das alles mit Elvira angefangen? Dem Mädchen von Schloss Fürstenstein, das verschwunden ist, als Albert und Adalbert noch Kinder waren?«

»Ich habe ihre Knochen gefunden. Nach ihnen habe ich in deinem Garten gesucht, als du mich angefallen hast. Jeder von uns hat seinen Bereich. Ich suche nach verschwundenen Kindern. Ich muss es einfach tun, so wie du Geschichten sammeln und deine ewigen Fragen stellen musst. Manchmal ist es zu spät, so wie bei Elvira und Andżelika. Aber manchmal gelingt es auch, sie zu retten.«

»Du hast keine Namen für die, die meine Schwester Katzenfresser nannte. Ist das der Grund, warum du nie von Adalbert sprichst? Von deinem Vater?«

»Die vorige Frage sollte doch die letzte sein.«

»Können wir ausmachen, dass das hier die letzte ist?« Ich ließ nicht locker.

»Er zählt nicht. Meiner Meinung nach sind manche Geschichten und Namen es nicht wert, bewahrt zu werden. Adalbert hat keine eigene Geschichte verdient.«

»Wer soll das entscheiden? Schließlich weiß man nie, was bei einer schlimmen Geschichte herauskommt. Du bist sein Sohn.

Ohne ihn gäbe es dich nicht.« Ich merkte, wie Marcins Körper sich anspannte, wir wussten beide, dass wir nie mehr auf dieses Gespräch zurückkommen würden. Mir fiel ein, wie ich damals in der Nacht, als wir uns kennenlernten, auf seinen Rücken gesprungen war, und ich fühlte wieder die harten, angespannten Muskeln unter der Haut seiner hageren Arme und Beine. Als wäre er jederzeit bereit, einen Angriff abzuwehren. Auch das verband uns. Ich dachte an die Waffe, die er bei sich trug. An das Töten. An das, was uns trennte.

»Darüber streite ich mich immer mit Albert«, seufzte Marcin. »Ich wollte nicht, dass er dir von unserer Vergangenheit erzählte. Er hätte dir nichts davon sagen sollen. Ich will nicht, dass du weißt, was Adalbert getan hat – nicht weil ich dir nicht vertraue, sondern weil seine Geschichte es nicht wert ist, erzählt zu werden. Was hat es für eine Bedeutung, woher wir stammen, welche Eizelle und welche Samenzelle am Anfang standen? Es zählt das, was wir jetzt machen.«

»Ich kenne gern die Geschichten von Dingen und Menschen. Je weiter sie zurückreichen, desto besser.«

»Und wenn jemand dir seine Geschichte nicht erzählen will?«

»Zu guter Letzt will es jeder. Ich muss nur den richtigen Moment und die richtige Frage abwarten.«

Marcin seufzte, ich küsste ihn im quecksilbernen Dunkel. Er berührte meine Brüste, und ich dachte, ich würde gern eine offene Fläche sehen, ein weites Wasser, die Augen schließen und bis dorthin tauchen, wo die endemischen Fische warten.

Als ich erwachte, lag die Vorahnung der Morgendämmerung in der Luft, zum ersten Mal hatte ich eine Nacht neben einem anderen Menschen, der nicht meine Schwester war, ruhig durchgeschlafen. Ich trat ans Fenster und erblickte eine schneebedeckte Welt, reglos und rein, als wäre sie eben erst entstanden. Kurz hatte ich den Eindruck, wir beiden wären die

Einzigen in dieser verschneiten Einöde, ich und der schlafende nackte Mann. Doch da tauchte im Garten ein junger schwarzer Kater auf, schmal wie ein Scherenschnitt. Er tastete sich mit eingezogenen Pfoten heran, sank mit sichtlichem Widerwillen in den Schnee ein. Vor dem Fenster hielt er inne und sah in meine Richtung. Ich legte meine Stirn an die kalte Scheibe. Der Kater schaute mich an, gähnte, dass sein rosa Gaumen und zwei Reihen spitzer Reißzähne sichtbar wurden, sprang auf den Zaun und verschwand zwischen den Bäumen. Nur seine Pfotenspuren blieben zurück wie ein Schriftzug in unbekannter Sprache, und ich dachte, dass Katzinka ihn sicher würde lesen können. Ich hörte Marcins Schritte, und gleich darauf umfasste er mich von hinten. Das Kinn auf meinen Kopf gelegt, sah er in die winterliche Landschaft hinaus.

»Ich fahre heute Vormittag«, sagte er. Es wurde zusehends heller, unsere Spiegelbilder in der Scheibe verblassten.

»Es ist Zeit«, sagte ich.

Wir standen einander gegenüber, das unbarmherzige Morgenlicht zeigte ungeschönt unsere Körper.

»Ich bin sehr froh, dass ich dich kennengelernt habe«, sagte ich so, als wäre es der Schlusssatz nach einem Zeitungsinterview, denn das waren gute Abschiedsworte. Marcin streckte mir seine Hand hin, und ich drückte sie.

»Ich auch, Alicja, lauf.«

Ich zog meine Sachen an, die verstreut auf dem Boden lagen, öffnete das Fenster und sprang hinaus ins weiche Weiß.

*

Es war Herrn Alberts Idee. Ein Abschiedsspaziergang zu Schloss Fürstenstein, wo es einen Weihnachtsmarkt gab.

»Wie zu alten Zeiten«, sagte er, als ich mich bei ihm unterhakte.

Wir fuhren mit dem Auto hin, denn mein alter Freund hätte

nicht mehr die Kraft gehabt, durch den Wald den Hügel hochzusteigen wie zu alten Zeiten. Herr Albert, wie immer mit Fliegermütze, trug einen altmodischen Anzug und darüber einen, wie er es nannte, Herbstmantel. Seine roten Handschuhe, die jemand gestrickt haben musste, der sich in dieser Kunst erst übte, sahen aus wie Blumen, und Herr Albert betrachtete sie immer wieder voller Bewunderung.

»Sie sehen heute sehr elegant aus.«

»Nicht wahr?«, freute er sich. »Dazu hatte ich schon lange keine Gelegenheit mehr.«

Als wir aus dem Auto stiegen, ließ er einen Handschuh fallen, und bevor ich ihn aufheben konnte, tat es eine junge Frau, die ihren alten Fiat neben uns geparkt hatte.

»Den hat Ihr Vater verloren«, sagte sie zu mir, und ich erstarrte, gelähmt vor Schmerz.

Herr Albert und ich gingen unter verschneiten Bäumen, und es kamen uns Familien und Paare entgegen, die zu Schloss Fürstenstein gefahren waren, um die heimelige Weihnachtsstimmung zu spüren, wie Sandra Pędrak-Pyrzycka es einladend formuliert hatte. Die Bewohner der Stadt wollten nach all den Greueln aufatmen, das Leben ging weiter. An den Ständen wurden Essen und Glühwein, Weihnachtsbaumschmuck, große glasierte Lebkuchen und Zuckerstangen verkauft. Herr Albert und ich setzten uns an einen Stand und bestellten Pommes frites mit Ketchup. Ich wusste nicht mehr, wann ich so etwas zum letzten Mal gegessen hatte, die einzigen Pommes frites, an die ich mich erinnerte, waren die von der Pommesbude gegenüber dem Palmenhaus, die es seit Jahren nicht mehr gab. Wir lächelten uns an.

»Araukarie, Zantedeschie, Euphorbie«, sagte ich.

»*Nolina microcarpa, Datura, Passiflora alata, Schistostega osmundacea*«, erwiderte Herr Albert. Danach kaufte ich zwei große Becher Glühwein, und wir gingen in den Schlosshof.

»Ein schöner Tag«, sagte jemand neben uns.

»Krasses Megaschloss«, begeisterte sich ein junger Mann, der aussah, als nähme er am motivationsfördernden Betriebsausflug einer Badarmaturenfirma teil.

»Ihr Name war Daisy«, hauchte seine Begleiterin verträumt. Reflexartig griff ich mir an den Hals, wo in der Einbuchtung des Schlüsselbeins, unter dem Schal versteckt, Katzinkas Geschenk ruhte. Fürstin Daisys Perle. Die Sonne ließ den Schnee funkeln, und Kinder versuchten, Schneebälle zu formen, doch der Schnee war zu kalt und zerfiel pudrig in ihren Händen.

»Hier war das Lagerfeuer«, sagte Herr Albert, und ich spürte trotz der Kälte die Glut des Feuers, den Brandgeruch, hörte die betrunkenen Soldaten der Roten Armee.

»Nicht rennen, sonst schwitzt du nur«, ermahnte eine besorgte Mutter ihr Kind. Ich lächelte dem kleinen grauäugigen Geschöpf zu und wünschte ihm im Stillen, dass es weder zu einem ängstlichen Hypochonder noch zu einem selbstzerstörerischen Draufgänger heranwachsen würde. An der Stelle, wo in Herrn Alberts Erinnerung immer noch das Feuer brannte, machte das Kind plötzlich Halt, als besäße es die Gabe, fremde Erinnerungen zu erspüren.

»Du hast die Kleine gerettet«, sagte Herr Albert und salutierte scherzhaft, das Kind lachte und rannte davon.

»Ich war wohl eher zur rechten Zeit am rechten Ort, wie man so schön sagt«, entgegnete ich.

»Aber genau darin besteht es ja, jemanden zu retten.«

Ich wusste, dass Herr Albert sich immer noch die Schuld an dem gab, was Rosemarie widerfahren war, und plötzlich wurde mir klar, wie ähnlich Kalinkas Geschichte war. Genau das versuchte mein guter alter Herr Albert mir zu zeigen.

»Was sagen die Ärzte?«

»Körperlich wird Kalinka wieder gesund. Allerdings lässt sich nicht sagen, woran sie sich später erinnern wird.«

»Das lässt sich nie sagen. Wenn ich dich ansehe, fällt mir zum Beispiel oft Fürstin Daisy ein«, sagte er.

»Daisy?«

»Der Tag, an dem ich sie bei der alten Schlossruine traf. Wie sie sagte, ich sei ein echter Gentleman, als ich ihr die Sachen von Fredi dem Gärtner übergab.«

»Meine Schwester sah Fürstin Daisy ähnlich, nicht ich.«

»So ist es eben mit den Erinnerungen, Alicja. In meiner Erinnerung ähnelte Ewa eurer Mutter, Rosemarie.«

Eine Zeitlang sahen wir einander in der hellen Wintersonne ins Gesicht, und ich stellte mir den Jungen vor, der dieser alte Mann mit Fliegermütze und roten Strickhandschuhen gewesen sein musste, als er Rosemarie auf der Lichtung bei Schloss Fürstenstein traf. Mein Geist weigerte sich, denn ich hatte mich daran gewöhnt, dass es dort, wo meine Mutter war, nichts gab als den Tod. Herrn Alberts Erzählung hatte das Bild eines Mädchens im weißen Kleid heraufbeschworen, doch diese eine Geschichte wollte ich nicht kennen. Die Toten blieben unter der Erde, nichts würde meine Schwester wieder zu den Lebenden zurückholen, sie würde niemals Schauspielerin werden und mit mir zusammen eine Mansardenwohnung mit Parkblick bewohnen. Und ich würde von hier wegfahren. Ich bräuchte bloß an der Weichsel entlangzulaufen, und Rosemaries-Annas-Mutters Schatten bliebe hinter mir zurück, zu schwach, um mich einzuholen.

Wir betraten den Labyrinthgarten beim Südflügel des Schlosses, die Hecken waren schneebedeckt, die Pfade zugeschneit, niemand war vor uns hier gewesen. Die Füße in dieses unberührte Weiß zu setzen war ein Vergnügen und erfüllte mich zugleich mit Trauer, wie die Basiatörtchen aus dem Madras, die ich vor so langer Zeit gegessen hatte.

»Da hinten.« Herr Albert zeigte auf eine Biegung des Labyrinths. »Dort ist der Ausgang des Tunnels, der von der Lichtung hierherführt. Fredi der Gärtner hat ihn mir einmal gezeigt. Ich habe vor ein paar Jahren nachgeschaut, man kann immer noch hindurchgehen. Jetzt bin ich zu alt für solche Eskapaden. Wirst du es dir merken?«

Ich sah Herrn Albert an, und mir wurde bewusst, dass seine Zeit sich tatsächlich dem Ende zuneigte.

»Ich bin alt, Alicja. Ich habe mein Leben gelebt.«

»Ich werde es mir merken«, versprach ich.

»Darf ich Ihnen noch eine Frage stellen?«

Er nickte.

»Von einer Reporterin habe ich auch nichts anderes erwartet.«

»Sie wissen, wo er ist, nicht wahr? Sie wissen, wo der Schatz ist, den mein Vater suchte. Wissen Sie es von dem sterbenden Gefangenen, dessen Hand Sie damals gehalten haben?«

Wieder nickte er, fast unmerklich.

»Willst du ihn, Alicja?«

Ich ließ meinen Blick über die schneebedeckten Berge schweifen, über den perlgrauen Winterhimmel.

»Nein, Herr Albert. Nein.«

Wir setzten uns auf eine Bank, nachdem Herr Albert zuvorkommend den Schnee weggewischt und ein Taschentuch für mich ausgebreitet hatte, vielleicht das von Daisy, denn es sah aus, als hätte es jahrzehntelang im Wäscheschrank gelegen. Wir hielten unsere Gesichter in die Sonne, tranken schweigend den Glühwein. Hinter uns ruhte erhaben und unerschütterlich Schloss Fürstenstein. Eine Frau mit türkisem Pullover und großblumigem Schultertuch erschien mit einer Futterschüssel in der Hand, und aus dem verschneiten Labyrinth trat auf einmal eine Schar Katzen ins Freie. Katzen, die Daisy hier zur Wache zurückgelassen hatte, empfindlich wie Seismographen. Die Katzenfrau blickte uns forschend an und lächelte dann beruhigt.

»Es gibt noch etwas«, unterbrach Herr Albert die Stille, »wovon ich dir erzählen muss, Alicja.«

Albert Kukułkas dritte Geschichte

Selbst wenn die Kukułkas sich gewundert haben sollten, dass sie ein ehemals deutsches Haus und als Dreingabe einen ehemals deutschen Jungen bekamen, ließen sie es sich nicht anmerken. Ihr Leben war wie ein entgleister Zug, der bergabwärts ratterte und dabei wichtige Gepäckstücke verlor, während Koffer, Kind und Kegel anderer Leute zu den Fenstern hereinflogen.

Frau Kukułka fand mich, als sie in den Keller ging, um nachzusehen, was es noch alles gab in diesem Haus, das ihnen zugeteilt worden war. Außer einem Sack keimender Zwiebeln, einer alten Wanne und zwei Flaschen Öl war dort ich. Sie erschrak nicht, sondern brachte mich nach oben, um mich genauer anzusehen, zu baden und mir etwas zu essen zu geben. Sie unterteilte alle Dinge in nützliche, unnütze und reparaturbedürftige. Ich erinnere mich an Musik, die lauter wurde. Herr Kukułka spielte in der Küche Geige und legte sie erst aus der Hand, als seine Frau mit einem Sack Zwiebeln und einem über die Schulter geworfenen Jungen hereinkam. Sie entschieden sich, mich und die Zwiebeln zu behalten. Lange Zeit war ich krank. Mein geschwächter Körper fing sich alle Bakterien und Viren ein wie ein Blitzableiter Blitze. Kaum hatte ich die Windpocken überstanden, da bekam ich Mumps, danach Scharlach und Lungenentzündung, zum Schluss Tuberkulose. Eineinhalb Jahre verbrachte ich in Krankenhäusern. Es irrten damals viele durch die Gegend, die verletzt und verwildert waren wie ich und eine seltsame Sprache sprachen, nicht einmal über meine Fliegermütze wunderte sich jemand, wo es doch Kinder gab, denen Arme und Beine fehlten, die von Kinderlähmung verkrümmt waren oder den Verstand verloren hatten. Die Krankenschwestern versuchten, mir Apolonia Kitti Kittis Mütze abzunehmen, aber als sie sahen, was sich darunter verbarg, entschieden sie, ich solle meinen Kopf vor den anderen Kindern besser nicht entblößen. So wurde die Fliegermütze bloß desinfiziert.

Die Kukułkas nahmen mich als ihren Sohn an, und damit wurde ich zu Albert Kukułka, wechselte zum dritten und letzten Mal meine Identität. Wenn es das Jenseits gibt, Alicja, dann habe ich keine Ahnung, wie ich mich drüben vorstellen soll. Es herrschte ein schreckliches Durcheinander, in dem es ein Leichtes war, Papiere für einen unterwegs verlorengegangen Sohn zu besorgen. Mein neuer Nachname gefiel mir, auch wenn ich ihn anfangs nicht einmal richtig aussprechen konnte. Die Kukułkas sprachen Polnisch in einem singenden Tonfall, der mich zuerst nur an die Soldaten der Roten Armee erinnerte, sodass ich lange kein Wort in dieser Sprache herausbrachte. Sie fragten mich nur ein einziges Mal, wie ich in ihren Keller gelangt war, doch ich wusste nicht, was ich sagen sollte, und so schnitten wir dieses Thema nie wieder an. Sie selbst wussten ja auch nicht, wie sie hierher geraten waren, und fanden es unschicklich, von anderen zu verlangen, auf diese Frage zu antworten. Mama Kukułka und Papa Kukułka, so nenne ich sie in meinem Gedanken.

Als ich wieder gesund wurde, war ich immer noch zu schwach, um zur Schule zu gehen. Außerdem sprach ich nicht gut genug Polnisch. Somit kam eine Lehrerin zu mir nach Hause. Eine ältere, strenge Frau mit Holzbein, die den erleichterten Kukułkas versicherte, dass unter meiner skalpierten Schädeldecke ein einigermaßen heller Verstand sitze. Am meisten interessierte ich mich für Botanik, und wenn ich überhaupt irgendein Talent zeigte, dann ein musikalisches, und so brachte Papa Kukułka mir das Geigespielen bei. Als er mich in dieser Kunst unterwies, zeigte sich, dass ich Melodien im Kopf hatte, die nur ein Instrument brauchten, um aus der Vergessenheit emporzutauchen.

Meine Adoptiveltern lauschten ihnen leicht beunruhigt. Einmal hörte ich ihr Gespräch mit. »Ein deutscher Junge – und Zigeunermusik?«, wunderte sich Mama Kukułka. »Deutsche gibt's eben auch solche und solche«, beruhigte sie Papa Kukułka. »Das Wichtigste ist, dass er gut spielt.«

Mit dem Geigenspiel begann in diesem Frühling auch die Freundschaft mit deinem Vater. Ich spielte in unserem Garten, immer noch ganz beglückt, dass ich es konnte, und er stand am Zaun auf eurem Grundstück, das noch kurz zuvor meiner Stiefmutter Gertrud gehört hatte. Ich spürte seine Anwesenheit, und mein Herz klopfte heftig, denn auch wenn ich es nicht aussprechen konnte, wusste ich doch, dass er an meiner und Adalberts statt in unserem alten Haus wohnte. Erst nach längerem Warten fragte er: »Darf ich zuhören, wie du spielst?« – »Du hörst doch schon zu.« – »Aber es ist höflicher, zu fragen.«

So war dein Vater. Wohlerzogen. Mama Kukułka sagte, jetzt sind wir über den Zaun an richtige Herrschaften geraten, und sie fühlte sich immer etwas unsicher, wenn sie deine Großmutter im Garten sah. Eine winzige Überlegenheit verlieh ihr, dass sie sich besser auf Gartenbau verstand, und so seufzte sie manchmal: »Nun geh schon rüber, Albercik, und zeig ihnen, wie man die Apfelbäume beschneidet, die tänzeln ja drum herum wie ein Hund um einen Igel.«

Sie hat nie erfahren, dass ich einmal in dem Zwillingshaus auf der anderen Seite des Zaunes bei einer deutschen Familie gewohnt habe.

Dein Vater und ich freundeten uns an. Er verbrachte die meiste Zeit mit Lesen, ich spielte Geige oder arbeitete im Garten. Er las mir vor, und ich jätete Unkraut oder experimentierte mit meinen Pflanzen. Durch ihn habe ich viele Bücher kennengelernt, und manche gefielen mir, aber in keinem stand etwas über Menschen wie mich – oder ich habe einfach nicht gut genug zugehört. Wie die anderen Jungen aus der Umgebung gingen wir gemeinsam zu Schloss Fürstenstein und spekulierten darüber, wo wohl der Schatz vergraben sein könnte. Ich zeigte dem ersten Freund meines Lebens die unterirdischen Gänge, die ich kannte wie meine Westentasche, und wir verbrachten Stunden unter der Erde, trugen schwarz angelaufene Münzen, Metallteile von unklaren Gerätschaften, Patronenhülsen, Scherben aus Keramik und Glas zusammen. Wir betrachteten unsere Schätze und träumten wie alle Jungen von Abenteuern und Expeditionen in ferne Länder, doch letztendlich ist keiner von uns jemals für längere Zeit von hier weggegangen. Als Papa Kukułka starb, wusste ich, dass das Ende meiner Schulzeit gekommen war, denn jemand musste seine Rolle übernehmen. Nun war die Zeit reif, meinen Adoptiveltern all das Gute zu vergelten, das sie mir erwiesen hatten. Als ich sechzehn war, begann ich als Gärtner zu arbeiten, und dein Vater ging zum Studieren nach Wrocław.

Wir sahen uns seltener, nur wenn er seine Eltern besuchte, und dann las er mir vor wie am Anfang. Wenn er für seine Prüfungen lernte, saß ich bei ihm und erfuhr während jener vier Jahre viel über Geschichte, das Studienfach deines Vaters. Die meisten Berichte von Kriegen und Friedenszeiten schienen mir nicht das Geringste mit mir selbst zu tun zu haben, sogar wenn sie unsere Gegend betrafen. Ich wartete darauf, dass mein Freund etwas über Zigeuner lernte, doch in seinen Texten über verschiedene fahrende Völker kamen sie nicht vor. Dafür stand dort viel über die schlimmen Taten der Deutschen und die siegreichen Soldaten der Roten Armee. Ich habe deinem Vater nie meine Geschichte erzählt, ich habe sie bis jetzt niemandem erzählt außer dir, Alicja. Nicht, dass ich sie absichtlich geheim gehalten hätte, manche Geschichten müssen einfach etwas ruhen, bevor man sie erzählt. Wir gingen immer noch häufig aufs Schloss, das heißt eigentlich in das Labyrinth unterhalb. In seinem Studium trug dein Vater eine Menge Wissen über diesen

Ort zusammen, unzählige Daten und Fakten, mit denen er mich in Verlegenheit brachte. Aber ich hörte ihm zu, er erzählte mit solcher Leidenschaft, und ich wollte nicht wie ein ungebildeter Flegel dastehen. Es gefiel mir, wenn er über Fürstin Daisy redete, ihren Namen aussprach. Ihre Perlen wollte er unbedingt finden, wie so viele vor und nach ihm. Ich versuchte, ihn von diesem Plan abzubringen, denn auch wenn unter Schloss Fürstenstein vieles verborgen ist – Fürstin Daisys Perlen sind es nicht. Doch ich durfte das Geheimnis nicht einmal meinem Freund verraten.

Jetzt ist die Zeit gekommen, alles zu erzählen. Ich habe Daisy noch einmal gesehen, bevor sie starb. Wir haben schon über Erinnerungen gesprochen, Alicja, und ich weiß nicht, warum mir von diesem Besuch, dem wichtigsten, so wenig im Gedächtnis geblieben ist. Ein paar Bilder, ein paar Worte, gebündeltes Licht. Daisy hatte etwas Helles um sich, wenn ich Schnee sehe, muss ich bis heute an sie denken, wie sie auf dem Totenbett lag. »Nimm sie mit«, sagte sie. »Nimm sie und versteck sie gut.« Die Perlenschnur in meiner Hand war kalt und schwer. »Warum? Was soll ich mit ihr machen?« – »Sie werden kommen und sie sich holen.« – »Wer?« – »Du wirst sie erkennen. Jede soll sich eine Perle nehmen. Bis keine mehr da sind.« – »Warum ich?« – »Weil du sie nicht brauchst. Und jetzt lauf, mein Junge.« Sie lächelte mich an und gab mir die Hand. Ich war mir sicher, dass sie jedes vergangene und zukünftige Geheimnis meines Herzens kannte. Ich versteckte die Perlenkette, wie sie es mir gesagt hatte, und dachte nicht mehr daran. Ich habe mich nur um sie gekümmert, weil Fürstin Daisy mich darum gebeten hatte. Dass eine der Perlen für dich bestimmt war, wusste ich nicht.

Als Erste kam Agnes Katzenpfot, wenige Jahre nach dem Krieg. Es war Herbst, ich verbrannte Laub im Garten, sie kam vom Wald, und mir blieb fast das Herz stehen, als ich eine helle Gestalt zwischen den Bäumen erblickte. Sie sah von weitem aus wie Rosemarie, als ich sie das erste Mal traf. Ich hatte gedacht, alle Katzenfrauen seien alt wie Apolonia Kitti Kitti, doch Agnes Katzenpfot war jung, oder eher alterslos. Auf ihrem Kopf saß eine mit Kunstblumen und Vögeln verzierte Perücke, und ihr Gesicht war sonnenverbrannt, als käme sie gerade aus den Tropen. Sie war in Schloss Fürstenstein eingezogen und verkaufte auf dem Markt alten Trödel, den sie dort fand. Sie blieb lange hier. Vor vielen Jahren kam einmal eine Frau mit Namen Ludmiła zu mir, die dringend Agnes Katzenpfot suchte, doch obwohl wir mit Sicherheit dieselbe Person meinten, beschrieb sie sie ganz anders. Nach Agnes Katzenpfot kamen andere Katzendamen. Manchmal erschreckten sie mich, wenn sie nachts im Garten plötzlich vor mir standen oder frühmorgens ans Fenster klopften. Sie kamen immer dann, wenn ich allein war, und erklärten nie etwas, auch wenn sie sich mir manchmal vorstellten: Katzmarska, Malwa Makatza, Katzinka, Katzjuscha, Ominka. Einmal kam dein Vater, als Tantchen Tatz gerade erst zwischen den Bäumen verschwunden war, aber er bemerkte nichts.

Ich glaube, nicht alle nehmen ihre Existenz so deutlich wahr wie ich, Marcin und du, Alicja. Nach und nach wurde die Perlenschnur, die Fürstin Daisy mir zum Aufbewahren gegeben hatte, kürzer. Ich weiß nicht, was mit den Perlen weiter geschah, wenn sie in die Hände der Frauen gelangten. Wenn etwas Schlimmes im Gange war, so wie jetzt, meinte ich zu bemerken, dass die Zahl der Katzenfrauen zunahm. Aber vielleicht ist das auch nur mein Eindruck. Eine Perle von Daisy ist mir noch geblieben. Ich weiß, wenn ich diese letzte Perle abgebe, ist mein Leben zu Ende, und vielleicht erinnere ich mich ja dann an das Gesicht meiner Mutter. Durch Fürstin Daisy sind die Katzenfrauen zu einem Teil meines Lebens geworden, doch ich habe mich nie bemüht, mehr zu verstehen. Diese roten Handschuhe hat mir letzten Winter eine von ihnen geschenkt, Katzinka. »Ich hab dir ein Paar Pfotenschuhe gesponnen«, sagte sie, und ich finde, sie sind wunderschön, die schönsten Handschuhe, die ich je hatte. Und diesen Winter hat Marcin eine Mütze von ihr bekommen. Aber manchmal kommen sie auch und brauchen selbst etwas: einen Topf, ein Messer, eine Decke. Sie bitten nie um mehr, als jemand ihnen geben kann.

Als dein Vater vom Studium zurückkam und Geschichtslehrer wurde, arbeitete ich schon im Palmenhaus. Wir blieben Freunde. Es gibt eine Art von Freundschaft, bei der man nur zwei, drei gemeinsame Beschäftigungen hat und keine der beiden Seiten mehr oder weniger will, weil beide wissen, dass sie im Notfall aufeinander zählen können. Eines Nachmittags las er mir vor wie immer, und ich schälte im Garten Äpfel. »Ich habe ein Mädchen kennengelernt«, sagte er. Ich weiß nicht, was Intuition ist, Alicja. Ich bin kein gebildeter Mensch und kann nur sagen, dass ich irgendetwas ahnte. »Wie heißt sie?«, fragte ich. »Anna«, sagte dein Vater. »Anna Lipiec.« Dieser Name, der mir nichts sagte, beruhigte mich ein wenig.

Wir verbrachten nun weniger Zeit zusammen, weil es Anna gab. Die Gesellschaft meines Freundes fehlte mir, aber tief in meinem Herzen wusste ich, dass die Einsamkeit mein Schicksal war. In jenem Sommer starb erst Mama Kukułka, und dann lernte ich Anna kennen. »Morgen bringe ich Anna mit«, sagte dein Vater, und ich wartete. Es war ein schöner Sommer, solche Sommer gibt es schon lange nicht mehr in diesem Land, vielleicht wird es sie nie mehr geben. Alles reifte im Überfluss, Erdbeeren, schwarze Johannisbeeren. Ich wartete und sah die beiden schließlich den Weg herabkommen. Sie näherten sich langsam. Wie im Film, dachte ich. »Das ist Anna«, sagte dein Vater, aber es war Rosemarie. In einem hellblauen Kleid mit weißen Möwen. Ihre hellen Haare waren kurz geschnitten und sorgfältig frisiert, starr wie mit Zucker glasiert. Ihr Gesicht wirkte hart, es war das helle und verschlossene Gesicht einer Schaufensterpuppe aus dem Wałbrzycher Warenhaus. Ich brachte kein Wort heraus. »Albert ist sprachlos vor Begeisterung«, lachte dein Vater, und Rosemarie sah mich an und ihre Augen sagten – ich weiß nicht, ob auf Polnisch oder Deutsch oder in irgendeiner anderen Sprache: Nein. Du erkennst mich nicht, und ich erkenne dich nicht. Wir sehen uns zum ersten Mal. »Freut mich, dich kennenzulernen.« Sie streckte mir ihre Hand hin. »Ich bin Anna.«

Selbst wenn dein Vater eine Spannung zwischen mir und seiner Verlobten gespürt haben sollte, so hat er mich nie danach gefragt. Aber vielleicht war er auch einfach nur verliebt, und alles andere war ihm unwichtig. Als Ewa geboren wurde, dachte dein Vater wohl noch, es würde alles von selbst wieder in Ordnung kommen. Aber es kam nicht in Ordnung. Nachts weckte mich das Weinen des Säuglings, Annas Geschrei und die bittende Stimme deines Vaters. Ich weiß nicht, wie ich es ausdrücken soll, aber ich hatte das Gefühl, als wäre dort zusammen mit der Familie noch etwas anderes eingezogen, etwas, das mich in einen Zustand ständiger Wachsamkeit versetzte. »Kann ich etwas für dich tun?«, fragte ich deinen Vater nach einem oder zwei Jahren, aber er schüttelte bloß den Kopf. Dann blickte er auf und bat mich, ihm etwas auf der Geige vorzuspielen.

Wir verbrachten wenig Zeit zusammen. Ich sah, wie er mittags mit Aluminiumschalen aus der Schulkantine nach Hause hastete, wie er den Kinderwagen schob oder sich panisch auf Schloss Fürstenstein flüchtete, wo er in den unterirdischen Gängen verschwand und Träumereien von Daisys Schatz nachhing, der alles verändern sollte. Es gab auch bessere Momente, in denen deine Mutter sich an seiner Seite zeigte, von weitem sahen sie aus wie jede andere Familie. Deine Schwester war ein paar Jahre alt, als ich sie zum ersten Mal so schreien hörte. Es war ein anderes Schreien als normales Kinderweinen, und mich durchfuhr derselbe Schrecken wie damals, als ich Rosemarie umringt von Soldaten sah. An jenem Tag klopfte ich zum ersten Mal an die Tür eures Hauses.

Sie öffnete mir nicht, aber ich spürte ihre Gegenwart hinter der Tür, meinte sogar ihren Atem zu hören. »Rosemarie«, bat ich, »ich will dir helfen. Mach auf. Ich bin es, Albert.« Sie machte nicht auf und ging mir von da an noch weiter aus dem Weg, wusste aber wohl, dass ich ein Auge auf sie hatte. Ich habe nichts begriffen, Alicja. Deine Schwester sah aus wie andere kleine Mädchen, es waren keine Spuren zu sehen. Keine Spuren von Schlägen. Es kam mir nicht in den Sinn, auf wie viele verschiedene Arten man ein Kind misshandeln kann. Und selbst wenn ich es geahnt hätte, so hätte ich doch niemals gedacht, dass eine Mutter so etwas tun könnte. Von jenem Tag an war sie für mich Anna, denn Rosemarie, meine Schwester aus dem Wald, hätte mir die Tür geöffnet.

Dein Vater hatte sich damals schon vollends in die Schatzsuche geflüchtet und glaubte fest, er könne, wenn er den Schatz fände, nicht nur sich selbst, sondern auch seine Frau und seine Tochter glücklich machen. Er war immer unterwegs, traf sich mit anderen Menschen, von denen er Karten und Geheimnisse erwarb, und wir saßen immer seltener im Garten beisammen. Er wich mir aus, als schäme er sich. Als Ewa sechs war und in die Schule kam, begann auch Anna, tage- und nächtelang zu verschwinden. Sie ging fort, wenn dein Vater nicht da war, oder stahl sich nachts hinaus. Einmal kam ich vom Arbeiten zurück und hörte Ewas Weinen aus dem dunklen Haus. Die Tür stand offen. »Anna?!«, rief ich und ging hinein, deine Schwester war im Badezimmer, kauerte vollständig angekleidet mit dem Tornister auf dem Rücken in der leeren Badewanne. »Katzenfresser«, sagte sie, und damals hörte ich dieses Wort zum ersten Mal, bemerkte zum ersten Mal, wie ähnlich sie Rosemarie sah.

Anna war nicht da, überall herrschte entsetzliche Unordnung, das Haus sah ganz anders aus als zu Zeiten Gertruds, die bei diesem Anblick der Schlag getroffen hätte. Dein Vater und ich suchten nach Anna, aber sie kehrte jedes Mal so zurück, wie sie gegangen war, unbemerkt und ohne ein Wort der Erklärung. Sie blieb immer länger fort, und wenn sie wieder auftauchte, wirkte sie verwahrlost, aber ein bisschen ruhiger. Nur einmal, als sie zwei Wochen lang nicht zurückkehrte, rief dein Vater die Miliz, und die fand sie in einem Zug nach Gdańsk, ohne Fahrkarte und Ausweis, in Gesellschaft zweier verdächtig aussehender Männer und mit einem Korb Pilze. Wir erfuhren nie, was das Ziel ihrer Reise gewesen wäre und warum sie zehn Kilo Maronenpilze mit sich herumschleppte. »Behalten Sie sie ein bisschen im Auge, Bürger«, sagte ein Milizionär zwinkernd, und ich bedauerte, Zeuge der Erniedrigung deines gutmütigen, höflichen Vaters zu sein. Die Leute redeten, einer wollte sie hier gesehen haben, der andere dort. Manchmal denke ich, sie lief vor sich selbst davon, vielleicht glaubte sie in nüchternen Momenten an eine Rettung, wenn nicht ihrer selbst, so doch wenigstens Ewas. Als sie mit dir schwanger war, wirkte dein Vater noch fahriger als sonst. »Wir bekommen ein Kind«, sagte er, und ich wusste, dass jeder mögliche Verdacht unausgesprochen bleiben sollte.

Als du auf die Welt gekommen warst, verschwand Anna für einen ganzen Monat. Sie ging im Gebärhemd aus dem Krankenhaus und kam nach vier Wochen in einem roten gepunkteten Kleid und mit kastanienbraun gefärbten Haaren zurück, und noch in derselben Nacht versuchte sie, euer Haus in Brand zu stecken. Heute denke ich, sie wollte, dass man sie einlieferte, weil sie Angst hatte, bei euch zu bleiben. Sie verbrachte ganze Wochen in Kliniken. Du kamst in die Kinderkrippe, danach passte deine Schwester auf dich auf. So erinnere ich mich an euch, Ewa klein und zart, du auf ihrem Arm. Sie trug dich in eurem Garten von Baum zu Baum, von Strauch zu Strauch und plapperte die ganze Zeit. Reden, das konnte sie, und du konntest zuhören. Anna wurde aus der Klinik entlassen, als du drei Jahre alt warst. »Anna kommt wieder«, sagte dein Vater. Sie sei gesund geworden. Als ich sie sah, war sie wieder blond, doch obwohl sie sich ruhig und normal verhielt, spürte ich, dass sich nichts geändert hatte.

Nur einmal in all den Jahren unterhielt ich mich allein mit Anna. Oder vielleicht sollte ich sagen: mit Rosemarie. Ich war im Garten, und sie kam aus dem Haus, was sie vorher nie getan hatte, stellte sich neben mich und betrachtete den Wald. Ich wusste, dass sie sich erinnerte und dass sie in jenem Moment, der sich nie mehr wiederholen sollte, frei von ihren Katzenfressern war. »Wenn sie wieder da sind«, sagte sie auf Deutsch, und es war die Stimme eines kleinen Mädchens, »dann komm und hilf. Tust du das?« Ich erstarrte, die Harke in der Hand. »Das tue ich«, versprach ich. »Das tue ich, Rosemarie.«

Und das tat ich, Alicja. Erinnerst du dich an irgendetwas? Als ich an jenem Tag, aufgeschreckt von einem Schrei, zu euch rannte, war das Erste, was ich dachte: Hoffentlich kann die Kleine sich später nicht mehr daran erinnern. Du hast in der Badewanne gesessen und geblutet, das ganze Wasser war rot. Deine Mutter und Ewa kämpften, und es war ein Kampf auf Leben und Tod. »Sie sind hier!«, schrie Anna. »Ich kann sie unter der Erde klopfen hören. Nachts kommen sie durch die Wanne herein. Sie sind in eure Popos gekrochen! Sie sind in euch. In euren Bäuchen! Dreckig seid ihr! Ihr stinkt und seid dreckig!«

Ewa wand ihr Gertrud Blütchen aus der Hand, aber Anna hatte dich schon verletzt. Nun wollte sie dich zwingen, Desinfektionsmittel zu trinken, dessen scharfer Geruch sich im Badezimmer verbreitete. »Ich hasse dich!«, kreischte Ewa, und das war nicht mehr die Stimme des Mädchens, das ich kannte. Ich packte sie an ihrem dünnen kindlichen Handgelenk, und die Messerklinge glitt am Körper eurer Mutter ab, ohne sie ernsthaft zu verletzen. Ewa ließ Gertrud Blütchen los, blickte mich an, als wäre sie eben erst erwacht, und fragte: »Kamelin?«

Du strecktest deine Arme nach ihr aus und sie hob dich aus

der Wanne, während ich mich über Anna beugte und gerade noch einem Stoß mit dem Messer ausweichen konnte. Ich wusste, dass sie nicht hier bei euch bleiben konnte, und so bestätigte ich Ewas Version, als die Miliz kam. Dass Anna das Messer in der Hand gehalten habe. Sie habe sich selbst verletzt, nachdem sie versucht habe, ihre Kinder zu töten – und Letzteres stimmte.

In jener Nacht, als die Miliz Anna mitnahm und ihr schlieft, betäubt von Beruhigungsmitteln, kamen die Katzenfrauen. Seit dem Krieg hatte ich nie mehr so viele von ihnen auf einmal gesehen. Da standen sie am Waldrand und blickten in eure Fenster: Katzmarska, Katzjuscha, Tantchen Tatz, Katzinka, Ominka, Malwa Makatza und andere, deren Namen ich nicht kannte. Sie sagten etwas, ich konnte ihre Worte nicht hören, aber ich spürte die Energie und Kraft, die von ihnen ausging, wie damals, als sie sich auf der Lichtung um mich kümmerten. Anna wurde in die geschlossene Station einer psychiatrischen Klinik eingeliefert, ab und zu bekam ich von eurem Vater, der sie regelmäßig in dem kleinen Bergstädtchen besuchte, Nachrichten über ihren Zustand. Er glaubte immer noch daran, dass sie wieder gesund werden würde.

Ihr wuchst frei und ungezähmt auf wie die Wildpferde, aber ihr kamt gut zurecht, ihr beiden und der rote Teddybär, den du immer noch nicht weggeworfen hast. Ich dachte, es würde so bleiben, denn ohne Mutter wart ihr in Sicherheit, aber eines Tages sah ich, wie euer Vater aufräumte. Ungeschickt und planlos lief er zwischen Haus und Garten hin und her, fing alles Mögliche an und ließ es wieder liegen. Ich fragte, ob ich ihm helfen könne, was denn los sei? Anna sei wieder gesund, in einer Woche komme sie nach Hause. Ich sage es so einfach, wie ich kann, Alicja. Ewa war schlau und zu allem entschlossen. Sie wusste, dass sie Annas Rückkehr nicht zulassen durfte, denn mit ihr würden die Katzenfresser zurückkommen. Es waren starke Schlafmittel. Sie tränkte ein paar Basiatörtchen aus dem Teehaus

Madras damit, setzte sich in den Bus und fuhr nach Stronie Śląskie. Was fühlten sie, als sie einander ansahen, Mutter und Tochter? Merkte Anna, dass sie vergiftete Törtchen aß? Ich weiß es nicht, und es tut mir leid, dass ich dich mit solchen Fragen zurücklasse. Anna schlief ein, und Ewa fuhr wieder nach Wałbrzych. Niemand bemerkte etwas, niemand hegte einen Verdacht. Am Abend rief jemand aus der Klinik an: Anna liege im Sterben, es gebe keine Hoffnung mehr. Euer Vater fuhr sofort los. Das war das Zeichen, auf das Ewa gewartet hatte, und nun schrieb sie ihre Briefe. Briefe – denn, auch für mich, Alicja, lag in der Bibliothek unter den Atlanten ein Buch bereit, in dem ein Umschlag steckte, ein Fachbuch über Philodendren. Ewa hat mir geschrieben, sie habe eure Mutter vernichten müssen. Dieses Wort benutzte sie. Und nach dem, was sie getan hatte, habe sie das Recht verloren, hier zu sein, bei dir, bei Dawid. »Passen Sie gut auf meine Kamelin auf«, schrieb sie. »Wenn sie groß ist, können Sie selbst entscheiden, was Sie ihr sagen wollen und wann.« Alicja. Deine Schwester hatte es etwas zu eilig, leider.

Sie erwachte nicht mehr, aber eure Mutter wachte wieder auf. Drei Monate lag sie im Koma, und die Ärzte sagten, eines Tages werde einfach ihr Herz stehenbleiben, doch im Frühjahr schlug sie die Augen auf. Deine Mutter lebt, Alicja. Sie ist immer noch in derselben Anstalt. Dein Vater hat mir nicht erlaubt, von ihr zu sprechen, und deswegen haben wir uns gestritten. Nach seinem Tod übernahm ich die Besuchspflichten. Sie ist ruhig und still, Ewa hat zwar eure Mutter nicht vernichtet, aber es ist ihr gelungen, das zu vernichten, was in ihrem Innern lebte. Ich spiele Rosemarie auf der Geige vor und erzähle ihr von Fürstin Daisy. Manchmal spreche ich auch von dir, aber ich weiß nicht, ob sie mich hört.

Das Meer

Sie saß im Garten, fremd. Ich hatte sie als riesengroß in Erinnerung, doch die Gestalt im Rollstuhl war zierlich wie ein kleines Mädchen. Sie hatte weiße Haare und sehr helle Augen, ein altersloses Gesicht, und erst aus nächster Nähe sah ich, dass es von einem reglosen Netz feiner Fältchen überzogen war. Wie ein ausgetrocknetes Meer. Sie blickte starr vor sich hin, die Fingernägel ihrer im Schoß gefalteten Hände waren ein wenig zu lang. Man müsste sie schneiden, dachte ich, und Gertrud Blütchen kam mir in den Sinn, mit dem sie mich damals verletzt hatte. Die beiden Bilder hatten keinerlei Verbindung zueinander. Ich verspürte weder Hass noch Bedauern, nur Trauer über all das, was hätte anders sein können.

Neben uns wässerte eine Gärtnerin in grauer Schürze die Rosenbüsche.

»Essen und atmen kann sie selbständig«, sagte sie. »Und zur Toilette geht sie, aber nicht von allein, man muss sie draufsetzen. Sind Sie das erste Mal hier?«

Ich nickte und setzte mich auf die Bank neben Rosemarie-Anna-Mutter. Die Gärtnerin entfernte sich nicht.

»Manchmal frage ich mich, ob sie an irgendetwas denkt? Für mich wäre das ja nichts, so dazusitzen. Ohne Arbeit könnt ich nicht.«

»Ich weiß es nicht«, bekannte ich.

»Schwer zu sagen, ob so ein Mensch denkt oder nicht denkt«, seufzte die Gärtnerin philosophisch und ging mit der Gießkanne in einen anderen Teil des Gartens, unter ihren Füßen knirschte der Kies.

Wir blieben allein zurück. Es roch nach frischer Erde, auf

dem Rasen glitzerten Tautropfen, die Rosenbüsche trieben zarte Blüten, und es gab keine Fragen, die ich hätte stellen können. Rosemarie-Anna-Mutter würde mir ihre Geschichte nicht erzählen. Ich berührte ihre Hände, sie waren trocken und kühl. Dann beugte ich mich vor und schnupperte an ihrem weißen Haar, es roch wie das frisch gewaschene Fell des roten Hans aus der DDR. Ihre Atemzüge waren ruhig und kaum hörbar.

»Ich heiße Alicja. Ich bin Reporterin und werde Alicja Panzertier genannt«, begann ich.

Sie rührte sich nicht, ihre Augen blickten durch mich hindurch irgendwohin, wo ich keinen Zugang hatte.

»Ich bin deine Tochter. Das Erste, woran ich mich erinnere, ist deine Stimme im Dunkeln, und ich werde so lange zu dir sprechen, bis du dich auch an mich erinnerst.«

Ich hatte Zeit, unendlich viel neue Zeit.

Später, als die Frühlingssonne langsam hinter den Berggipfeln versank, küsste ich sie auf ihren unbewegten Mund und setzte mich ins Auto. Noch lange spürte ich die Berührung auf meinen Lippen. In der Nacht brach ich auf nach Norden, dorthin, wo das nächste Meer war. Ich fuhr sieben Stunden durch schlafende Dörfer und Städte, im Scheinwerferlicht leuchteten die Augen von Tieren auf. Manchmal begegnete ich den dunklen Umrissen später Spaziergänger oder Heimkehrer, und ich fühlte mich seltsam verbunden mit diesen Nachtmenschen und Nachttieren. Auf einem Parkplatz inmitten der Felder machte ich Rast. In einem kleinen Laden, der so grell beleuchtet war, als fürchteten die Menschen, von der Dunkelheit verschluckt zu werden, die über die frisch gepflügten Felder herandrängte, kaufte ich mir eine Flasche Wasser und eine Prince-Polo-Waffel. Ewa meinte, tief in den Prince-Polo-Waffeln sei der Geschmack der Basiatörtchen aus dem Madras verborgen, man müsse sie nur ganz langsam essen, um ihn zu spüren.

»Fahren Sie weit?«, fragte mich ein Mann und ließ sich mit

einem Becher Kaffee und einer Zigarette neben mir nieder. Er hatte verquollene, müde Augen, einen Bierbauch und schön geformte, junge Ohren, die nicht zum Rest seines Körpers passten. Ähnliche Ohren wie Patryk Miłka.

»Ans Meer.«

»*Meer, unser Meer, dich wollen wir verteidigen kühn*. Das haben wir im Ferienlager in Kołobrzeg immer gesungen. Kennen Sie das Lied?«

»Wie ging es noch weiter? *Meer, unser Meer, dich wollen wir verteidigen kühn*, lalala, lalala, *und auf deinem Grunde ehrenvoll ruhn*«, stimmte ich an.

»Genau!«, freute er sich.

»*Und auf deinem Grunde ehrenvoll ruhn, ehrenvoll ruhn*«, sangen wir zweistimmig, und danach fuhr jeder in seine Richtung davon.

Bevor ich es sah, roch ich durch das offene Autofenster den Geruch von Algen und Salz. Klimaanlagen konnte ich noch nie leiden, ich kurbele lieber die Scheibe herunter, um die Welt hereinzulassen. Im Sommer wird es dann meistens zu heiß, im Winter zu kalt, doch genau das gefällt mir. Ich war in einem kleinen Dorf am Meer gelandet, dessen Namen ich vorher noch nie gehört hatte, aber es schien mir ein guter Ort zu sein. Das dachte ich, als ich von der Hauptstraße abbog: Ein guter Ort. Im grauen Licht des bevorstehenden Tages las ich Reklameschilder: »Bratfisch«, »Pommes frites und Reibeplätzchen«, »Fangfrischer Fisch«, »Wohnung mit Meeresblick zu vermieten«, »Warmer Mittagstisch«, »Ital. Eis«, *Zimmer frei.*

Ich parkte auf einem völlig leeren Parkplatz beim Strand. Der Wind hatte den Sand verweht und zu winzigen Dünen aufgetürmt. Ich ging auf die rauschenden Wellen zu. Das Meer war noch von Dunkel durchtränkt, doch nach einer Weile zeigte sich am Horizont ein blutroter Streifen, als hätte jemand Gertrud Blütchen in den Himmel gestoßen und mit der Klinge einen langen Schnitt gezogen. Die Möwen erwachten und kreisten in großer Schar über dem Wasser, meine Augen brannten. Plötzlich wünschte ich mir, diesen Anblick mit jemandem zu teilen, er war zu schön für eine Person allein. Ich wollte mich mit ihr auf eine Düne setzen und ihr die Geschichte von Schloss Fürstenstein, Daisy und ihren Perlen weitererzählen. Ich kehrte zum Auto zurück, um das Mädchen zu wecken, das die ganze Fahrt lang auf der Rückbank geschlafen hatte, die Plüschkatze an die Wange gedrückt.

»Windsbraut sind wir«, fielen mir die Worte Katzinkas und der Wilden Baśka wieder ein. »Windsbraut sind wir«, wiederholte ich.

Schlussbemerkung der Autorin

Wałbrzych, Schloss Fürstenstein und dessen letzte Herrin Fürstin Daisy gibt es tatsächlich. Alles andere ist ein Werk meiner Phantasie. Sucht nicht außerhalb des Textes nach diesen Orten und Menschen. Es gibt sie dort nicht.

Joanna Bator

Inhalt